Administrative Law

魏建新讲行政法

主观题专题精讲

魏建新◎编著　厚大出品

中国政法大学出版社

厚大在线

硬核干货
八大学科学习方法、2022年新旧大纲对比及增删减总结、考前三页纸等你解锁。

定期直播
备考阶段计划、心理疏导、答疑解惑，专业讲师与你相约"法考星期天"直播间。

免费课堂
图书各阶段配套名师课程的听课方式，课程更新时间获取，法考必备通关神器。

法考管家
法考公告发布、大纲出台、主客观报名时间、准考证打印等，法考大事及时提醒。

新法速递
新修法律法规、司法解释实时推送；最高院指导案例分享；牢牢把握法考命题热点。

职业规划
了解各地实习律师申请材料、流程，律师执业手册等，分享法律职业规划信息。

法考干货 | 通关神器 | 法共体

更多信息
关注厚大在线

代总序

做法治之光

——致亲爱的考生朋友

如果问哪个群体会真正认真地学习法律，我想答案可能是备战法考的考生。

当厚大的老总力邀我们全力投入法考的培训事业，他最打动我们的一句话就是：这是一个远比象牙塔更大的舞台，我们可以向那些真正愿意去学习法律的同学普及法治的观念。

应试化的法律教育当然要帮助同学们以最便捷的方式通过法考，但它同时也可以承载法治信念的传承。

一直以来，人们习惯将应试化教育和大学教育对立开来，认为前者不登大雅之堂，充满填鸭与铜臭。然而，没有应试的导向，很少有人能够真正自律到系统地学习法律。在许多大学校园，田园牧歌式的自由放任也许能够培养出少数的精英，但不少学生却是在游戏、逃课、昏睡中浪费生命。人类所有的成就靠的其实都是艰辛的训练；法治建设所需的人才必须接受应试的锤炼。

应试化教育并不希望培养出类拔萃的精英，我们只希望为法治建设输送合格的人才，提升所有愿意学习法律的同学整体性的法律知识水平，培育真正的法治情怀。

厚大教育在全行业中率先推出了免费视频的教育模式，让优质的教育从此可以遍及每一个有网络的地方，经济问题不会再成为学生享受这些教育资源的壁垒。

最好的东西其实都是免费的，阳光、空气、无私的爱，越是弥足珍贵，越是免费的。我们希望厚大的免费课堂能够提供最优质的法律教育，一如阳光遍洒四方，带给每一位同学以法律的温暖。

没有哪一种职业资格考试像法考一样，科目之多、强度之大令人咂舌，这也是为什么通过法律职业资格考试是每一个法律人的梦想。

法考之路，并不好走。有沮丧、有压力、有疲倦，但愿你能坚持。

坚持就是胜利，法律职业资格考试如此，法治道路更是如此。

当你成为法官、检察官、律师或者其他法律工作者，你一定会面对更多的挑战、更多的压力，但是我们请你持守当初的梦想，永远不要放弃。

人生短暂，不过区区三万多天。我们每天都在走向人生的终点，对于每个人而言，我们最宝贵的财富就是时间。

感谢所有参加法考的朋友，感谢你愿意用你宝贵的时间去助力中国的法治建设。

我们都在借来的时间中生活。无论你是基于何种目的参加法考，你都被一只无形的大手抛进了法治的熔炉，要成为中国法治建设的血液，要让这个国家在法治中走向复兴。

数以万计的法条，盈千累万的试题，反反复复的训练。我们相信，这种貌似枯燥机械的复习正是对你性格的锤炼，让你迎接法治使命中更大的挑战。

亲爱的朋友，愿你在考试的复习中能够加倍地细心。因为将来的法律生涯，需要你心思格外的缜密，你要在纷繁芜杂的证据中不断搜索，发现疑点，去制止冤案。

亲爱的朋友，愿你在考试的复习中懂得放弃。你不可能学会所有的知识，抓住大头即可。将来的法律生涯，同样需要你在坚持原则的前提下有所为、有所不为。

亲爱的朋友，愿你在考试的复习中沉着冷静。不要为难题乱了阵脚，实在不会，那就绕道而行。法律生涯，道阻且长，唯有怀抱从容淡定的心才能笑到最后。

法律职业资格考试不仅仅是一次考试，它更是你法律生涯的一次预表。

我们祝你顺利地通过考试。

不仅仅在考试中，也在今后的法治使命中——

不悲伤、不犹豫、不彷徨。

但求理解。

厚大®全体老师　谨识

序 言
PREFACE

对于通过法考客观题考试，只需要参加主观题考试的考生来说，选择一部适合主观题考试的行政法教材尤为重要。

对于主观题考试备考考生而言，虽然已经具有对行政法知识体系的理解和基础知识的积累，但随着时间的久远，曾经掌握的理论知识已经模糊甚至遗忘，需要再次进行知识的强化储备。但考生无须把行政法从头再来，无须把所有知识点重新复习一遍，考生需要的是从理论深度上去理解行政法的规则，学会用行政法的思维去分析案例、解决问题。

主观题区别于客观题，考试的内容在减少，考试的深度却在增加。从考试内容上看，行政组织法、公务员法、行政立法的内容从来没有出现在主观题中，行政行为法和行政救济法中的一些制度（如行政许可与行政强制中的设定评价制度、行政复议中的复议监督制度、行政诉讼中的诉讼强制措施制度以及国家赔偿中的民事、行政司法赔偿制度等）也不会在主观题中考查，考生只需要根据主观题考查范围来确定复习范围。从考试深度上看，根据近些年的行政法主观题命题特点，行政法主观题既要考查行政法基础理论的应用论述（如行政法基本原则、法治政府），也要考查对相关行政行为性质的区分与判断（如行政处罚与行政强制措施、行政确认与行政许可），更要考查对现实案例进行案件事实的准确把握和重点法条的熟练应用。这就要求考生对行政法的考点，不仅要"知其然"，而且要"知其所以然"。

因此本书采取专题形式，更加突出主观题复习的重点内容，更加注重行政法基础理论的实际应用，更加注重具体行政行为概念及其合法性分析，更加注重案例分析中对行政复议、行政诉讼和国家赔偿制度的运用，更加注重对核心法条和法条核心的说理。

本书的每一专题按照 [应试指导]、[核心法条]、[考点阐释]、[小练习]、[考点点拨]、[指导案例]、[经典真题] 和 [案例拓展] 的编写体例展开。

[应试指导] 以考试大纲为标准，点明命题方向和题目类型，帮助考生把握复习备考的重点和难点。

[核心法条] 按照知识专题把核心法条作为必读内容，把法条核心作为必背内容，使考生适应主观卷考试中提供的法律法规汇编，学会找法条，学会用法条。

[考点阐释] 做到内容精炼、详略得当，结构简明实用、条分缕析、图表结合，用科学、严谨、规范又极具针对性的文字图表，系统阐释主观题可能涉及的各个知识要点。

[小练习] 同样的问题，客观题与主观题的作答要求是不同的，客观题是判断，主观题是论述和论证。从历年客观题的真题中寻找典型小案例，并设计成小案例分析题，让考生尽快熟悉案例分析的题目类型，提供的参考答案也是让考生尽快适应案例分析的答题要求。

[考点点拨] 重在陷阱提示：我结合了授课经验对考生常见的认识误区和记忆混淆知识点，用简洁的语言进行分析和提示。

[指导案例] 案例分析题在法考改革后特别关注法律实践中的真实案例，最高法和最高检发布的指导案例直接作为命题素材，通过展示指导案例的裁判要旨帮助考生了解司法实践中的最新观点。

[经典真题] 通过选取历年主观卷中的行政法经典试题，让考生了解考试重点，把握命题思路和命题方向。正所谓，考试大纲确定考试范围，历年真题则确定考试重点。

[案例拓展] 就是为了适应考试中对案例分析题的考查要求：事实分析和法律适用。选取的案例要么是最高人民法院公布的案例，要么是最高人民法院裁判的案例，具备权威性、典型性和应试性，帮助考生熟悉行政法的案例实践。

此外，还有 [提示] [注意] [总结] [魏语绸缪] 等栏目，通过多种方式对一些重要知识点进行提醒说明，实现理解难点、区分混淆点、强化核心考点的目的。

按照"新法必考"的要求，2021年1月22日修订的《行政处罚法》（自2021年7月15日起施行）、2021年2月7日通过的《最高人民法院关于审理国家赔偿案件确定精神损害赔偿责任适用法律若干问题的解释》（自2021年4月1日起施行）、2021年

2月22日通过的《最高人民法院关于正确确定县级以上地方人民政府行政诉讼被告资格若干问题的规定》（自2021年4月1日起施行）、2021年3月1日通过的《最高人民法院关于办理行政申请再审案件若干问题的规定》（自2021年4月1日起施行）和2021年12月6日通过的《最高人民法院关于审理行政赔偿案件若干问题的规定》（自2022年5月1日起施行）是考生在2022年备考中应予重点关注的"新法"。本书已严格按照"新法"对相关内容予以重点阐释。

考生是最富有智慧的，也是最有独立判断能力的。每一位考生都有自己的学习习惯和思维方式，每一本学习资料也有自己的风格和特点，只有适合自己的才是最好的。

"书山有路勤为径，学海无涯苦作舟。"愿本书成为您勤奋路上的捷径，法考苦海中的渡舟！

学而不倦在于固志。从现在开始，坚持下去，2022年您不再错过！

魏建新
2019年1月初版定稿
2020年1月第2版定稿
2021年3月第3版定稿
2022年3月第4版定稿

目 录 *CONTENTS*

　　行政法基础涉及行政法的两个最基本概念——行政和法治政府。本专题的重点是理解和掌握公共行政的含义和行政法各基本原则的内涵、要求，难点是熟练运用行政法理论和法治政府理论分析判断行政法的实务问题，核心考点是行政法原则的应用。

第1讲　行　政

　　行政法是以行政作为规范对象的法律部门，首先需要掌握行政的概念。

一、行政法上的行政属于公共行政

　　行政法上的行政属于公共行政。如何区分管理是私人行政还是公共行政？关键是看管理的背后体现或表达的是私人利益还是公共利益。但是要注意，并不是说所有的公共行政都得由行政机关来做。传统上，国家行政机关实施公共管理。在现代社会中，出现了公共行政多元化现象，除行政机关外，大量的公共部门，甚至一些民营部门，通过各种形式承担和履行公共职能。

　　对于行政法上的行政，首先应该把握它的公共性。其区别于私人行政的关键是：公共行政以公共利益为目的，行政法意义上的行政是指公共行政。

考点点拨

　　行政法规范的是公共行政，在现代社会中，公共行政的承担者除行政机关外，还包括其他担负公共职能的社会组织。案例分析题中会出现对争议性质的判断，解题的关键是要看争议背后的利益属性：若行政管理背后是私人利益，这种管理争议是民法上的民事争议；若行政管理背后是公共利益，这种管理争议是行政法上的行政争议。

二、行政协议属于行政法上的行政

行政协议作为行政法上的行政，是比较特殊的。根据 2020 年开始施行的《最高人民法院关于审理行政协议案件若干问题的规定》（以下简称《行政协议案件规定》）的规定，行政协议是行政机关为了实现行政管理或者公共服务目标，与公民、法人或者其他组织协商订立的具有行政法上权利义务内容的协议。行政协议是以合同的形式实现行政的目的，它更突出的是行政性而不是民事性。行政协议是"为了实现行政管理或者公共服务目标"而订立的，属于行政法意义上的行政。在 2014 年《行政诉讼法》修改之前，行政协议产生的争议是行政诉讼还是民事诉讼呢？各地法院的操作是不一样的。修改后的《行政诉讼法》明确把行政协议产生的诉讼纳入行政诉讼受案范围。为什么会有这种修改呢？因为行政协议属于体现公共利益的公共行政，它只不过是借助了民法上的合同形式来实现公共利益和行政管理目标，本质上属于行政法上的公共行政。

[指导案例]

1. 高校颁发学历证书、学位证书属于行政行为。高等学校对受教育者因违反校规、校纪而拒绝颁发学历证书、学位证书，受教育者不服的，可以依法提起行政诉讼。（最高人民法院指导案例 38 号：田永诉北京科技大学拒绝颁发毕业证、学位证案）

2. 高校授予学位属于行政行为。具有学位授予权的高等学校，有权对学位申请人提出的学位授予申请进行审查并决定是否授予其学位。申请人对高等学校不授予其学位的决定不服提起行政诉讼的，人民法院应当依法受理。（最高人民法院指导案例 39 号：何小强诉华中科技大学拒绝授予学位案）

小练习

案情：某市辖区镇上农民修某家的房屋突然起火，修某打"119"电话求救，市消防队接警后告知修某镇上有消防队。修某打电话到镇上消防队求救，镇上消防队一直没有救援。镇上消防队是私人投资的民间消防队，经当地政府部门批准设立，通过收取防火费来维持消防队的运营成本。防火费由各村村民自愿缴纳，所以只能收取到部分防火费。由于防火费是镇上消防队的经济来源，镇上消防队决定：没交防火费的村子，一概不出车救火。修某所在村近年来一直没有交防火费。

问题：修某与镇上消防队之间的争议属于民事争议还是行政争议？

参考答案：修某与镇上消防队之间的争议属于行政争议。因为"119"电话属于政府为公众提供的公共服务，镇上消防队实施救援应当视为受政府委托履行公共职责，但镇上消防队没有履行公共职责，存在行政不作为。因此，镇上消防队与修某之间的争议属于行政法上的行政争议。

经典真题

案情：某县医院根据上级文件的规定和主管部门批准，向县邮电局申请开通"120"急救电话，县邮电局拒绝开通，致使县医院购置的急救车辆和其他设施至今不能正常运转而遭受损失。县医院遂以县邮电局为被告向县法院提起诉讼，请求判令县邮电局立即履行开通"120"急救电话的职责，并赔偿县医院的经济损失。县邮电局辩称："120"急救电话属于全社会，不属于县医院。根据文件的规定，县邮电局确对本县开通"120"急救电话承担义务，但是不承担对某一医院开通"120"急救电话的义务。原告申办"120"急救电话，不符合文件的规定，请求法院驳回县医院诉讼请求。县人民法院经审理查明：医疗机构申请开通"120"急救电话的程序是：经当地卫生行政部门指定并提交书面报告，由地、市卫生行政部门审核批准后，到当地邮电部门办理"120"急救电话开通手续。原告县医院是一所功能较全、急诊科已达标的二级甲等综合医院，具备设置急救中心的条件。县卫生局曾指定县医院开办急救中心，开通"120"急救电话。县医院向被告县邮电局提交了开通"120"急救专用电话的报告，县邮电局也为县医院安装了"120"急救电话，但是该电话一直未开通。县医院曾数次书面请求县邮电局开通"120"急救电话，县邮电局仍拒不开通。（2002/4/九）

问题：本案县医院与县邮电局之间的争议属于民事争议还是行政争议，为什么？[1]

第2讲 行政法原则

行政法是调整由于行政活动发生的行政关系的法律规范的总和，是规范行政权的法，这是从形式意义上了解行政法。"为什么需要行政法"更多是从实质意义上理解行政法，这个问题的本质就是行政法的目的，体现为行政法的基本原则。

一、行政法目的：控权保民

行政法以行政权为中心，在政府与公民之间，行政法应该是想尽办法控制政府权力来保护公民权利的。控制行政权力，保护公民权利才是行政法存在的价值。《联邦党人文集》中有这么一段话："如果人人都是天使，就不需要政府！如果政府官员是天使，就不需要法律！"可以换一个角度来理解这段话，正是因为并非人人都是天使，人类社会才会像自然界一样弱肉强食，拳头硬的就要欺负拳头软的，人类社会需要政府来保护弱者，这就是政府存在的原因；但是政府官员也有私心，行使行政权力时只考虑他们自身利益就会导致滥用权力，就需要法律来规范政府行为、规制行政权力，这就是需要行政法的原因。

有了行政法，政府行使权力就不能那么随心所欲。英国法谚曰："破败的茅草屋，风能进，雨能进，国王带着千军万马不能进！"这句话把行政法的意义表达得非常形象：公民的破茅草屋破到什么程度呢？风能刮进来、雨能下进来，但是国王带着千军万马进不来。为什么？因为在公民的茅草屋周围有行政法，行政法通过对国王千军万马的行政权进行控制来达到保护破茅草屋的公民权。

行政法不是政府行政的工具，是对政府进行控制的规范，把行政权力关进行政法的笼

---

〔1〕 县医院与县邮电局之间的争议属于行政争议。因为县邮电局与县医院之间就安装电话产生争议的背后是公共利益，"120"急救电话属于一种公共资源，是政府为公众提供的一种公共服务，县邮电局安装开通"120"急救电话是履行其行政职责。因此，县邮电局拒不开通"120"急救电话与县医院的争议属于行政争议。

子里，行政法不是拿来"治民"而是用来"治官"的。

二、行政法原则的基本内容

行政法通过六项基本原则来体现保护公民权、控制行政权的行政法本质。对行政法基本原则的透彻理解，将为掌握行政法的具体规则奠定基础。

（一）合法行政

合法行政实际上是在解决法律与行政权的基本关系，即行政权须符合法律。合法行政原则包括有法必依和无法不为两个方面：①行政机关的任何规定和决定都不得与法律相抵触，行政机关不得作出不符合现行法律的规定和决定；②没有法律、法规、规章的规定，行政机关不得作出影响公民、法人和其他组织合法权益或者增加公民、法人和其他组织义务的决定。换而言之，有法律规定的行政权得依照法律规定做，没有法律规定的行政权就不能行使。即合法行政是法律要约束行政权，行政权得符合法律。

魏语绸缪

结合具体的事例与法律规定来考查合法行政原则，需要考生从事实判断和法律适用上灵活运用合法行政原则。

合法行政是行政法的首要原则、最基础原则，其他五个原则是对合法行政原则的提升或补充。

[注意] 区分合法行政与依法行政

这两个词尽管只有一字之差，但这完全是两个不同层次的概念。依法行政的概念相当于行政法，一般认为行政法就是要依法行政，就是建设法治政府。依法行政包含六个原则——合法行政、合理行政、程序正当、诚实信用、高效便民和权责统一。

小练习

案情： 孙某受他人胁迫而殴打他人致轻微伤，某公安局决定对孙某从轻处罚。

问题： 某公安局的做法是否违反合法行政的要求？

参考答案： 根据《治安管理处罚法》第19条第3项的规定，某公安局以孙某受他人胁迫而殴打他人致轻微伤为由，对孙某应当是减轻处罚或者不予处罚，而不是从轻处罚。因此，公安局的从轻处罚行为违法，违反合法行政的要求。

（二）合理行政

合理行政就是行政权要合乎法理、合乎法律原则、合乎法律精神、合乎法律的宗旨。实际上，从合法行政到合理行政是从形式法治走向实质法治的过程，合理行政是对合法行政的一个重要补充，是在合法行政基础上对行政权的更高要求。

[注意] 合理的前提是合法，如果一个行政行为不合法，就不存在合理问题。

合理行政有三项基本要求：

1. 行政权要公平公正行使，行政权不公平、不公正是在合法基础上对于相对人偏私歧视，不平等地对待相对人。合理行政原则要求行政权的行使不歧视不偏私、公平公正。

2. 行政机关行使行政裁量权时考虑与法律目的相关的因素，不得考虑与法律目的无关的因素。行政机关作出行政决定和进行行政裁量时，只能考虑符合立法授权目的的各种因素，不得考虑不相关因素。

3. 比例原则。比例原则有三方面的要求：

（1）合目的性。其指行政机关行使裁量权所采取的具体措施必须符合法律目的，行政机关在作出决定前要准确理解和正确确定法律所要达到的目的。

（2）适当性。其指行政机关所选择的具体措施和手段应当为法律所必需，结果与措施和手段之间存在着正当性。为达到这一要求，就需要行政机关根据具体情况，判断拟采取的措施对达到结果是否有利和必要。

（3）损害最小。其指行政机关在可以采用多种方式实现某一行政目的的情况下，应当采用对当事人权益损害最小的方式。

总之，比例原则强调行政机关在使用手段时，应该是符合法律目的的，使用的这些手段与结果有适当性，并且在能达到目的的手段中要用最小损害手段。

── 💡 提　示 ────────────────

合理行政原则是针对裁量行政行为的控制，是在合法行政原则基础上对行政权的更高要求，是实质法治的体现。行政裁量案件在行政复议和行政诉讼中可以进行调解，行政复议机关可以作出变更决定，法院可以作出变更判决。

🔭 小练习

案情：廖某在某镇沿街路边搭建小棚经营杂货，县建设局下发限期拆除通知后强制拆除，并对廖某作出罚款 2 万元的处罚。廖某起诉，法院审理认为廖某所建小棚未占用主干道，其违法行为没有严重到既需要拆除又需要实施顶格处罚的程度，判决将罚款改为 1000 元。

问题：法院判决适用了行政法上的什么原则？

参考答案：法院的判决适用了合理行政中的比例原则。县建设局作出罚款 2 万元的处罚，法院判决将罚款改为 1000 元，理由是廖某的违法行为没有严重到需要实施顶格处罚的程度。法院判决认为县建设局的处罚过度，违反了合理行政中的比例原则。

（三）程序正当

程序正当原则首先需要明确两点：①什么是程序？简单地说，程序就是行政权行使的过程或形式。合法行政是对行政权的权限约束，符合程序是对行政权行使的形式要求，现代行政法越来越重视程序。②什么是正当？即从形式上约束行政权的滥用。程序正当原则有三个内涵：

1. 行政信息公开

行政公开要求行政权行使信息应当公开。行政法是控制行政权力的，公开行政信息就能够约束行政权力。阳光是最好的防腐剂，公开是对权力最有效的约束。据数据统计，政府掌握的信息占整个社会信息资源的 70% 以上，政府公开信息有利于政府的科学管理、有利于整个社会的发展。信息公开除了实现对权力最有效的约束外，也能保障公民的知情权、参与权和监督权。只有知道政府干了什么事，才能够监督政府。

> **魏语绸缪**
>
> 程序正当是行政法的基本原则，遵守程序是行政行为合法的要求之一。程序正当包含着程序合法，程序违法属于违反程序正当原则。

2. 公众参与

行政机关作出重要规定或者决定，应当听取公民、法人和其他组织的意见。特别是作出对公民、法人和其他组织不利的决定，要听取他们的陈述和申辩。行政立法过程中的听证，行政处罚过程中的陈述申辩，行政许可过程中的听取意见等，都体现了公众参与。凡是行政机关作出的影响公民、法人和其他组织利益的行为都需要听取公众意见。听取意见是为了保障公民权利，这就是公众参与的重要意义。

3. 回避

回避就是凡是行使行政权力的工作人员与权力行使有利害关系，工作人员都要回避行使这个行政权力。回避目的是保证行政权力能够公平公正实施，也是让相对人接受行政权力的行使结果，这是一种看得见的正义。回避是从行使主体上来约束行政权力，有效预防有利害关系的工作人员滥用手中掌握的权力，谋取私利。

🔭 小练习

问题： 刘某违反治安管理的事实清楚，某公安派出所当场对其作出罚款500元的处罚决定，是否违反程序正当要求？

参考答案： 根据《治安管理处罚法》第100条的规定，200元以下罚款可以当场作出治安管理处罚决定。某公安派出所对刘某作出罚款500元的处罚决定，显然不应当适用简易程序当场处罚，构成程序违法，违反程序正当要求。

(四) 高效便民

这一原则并不难理解，高效便民体现为高效和便民两个方面：高效就是行政权行使的效率要高。便民要求行政权行使的目的是服务、方便老百姓，老百姓到行政机关办事，行政机关要为老百姓减少程序负担，要考虑如何为老百姓提供便利。

[注意] 高效要与合法行政中的有法必依区分开来。法律上给行政权行使规定了大量的期限，期限的目的是要求行政机关积极作为、履行职责，按照法定时限来作出行政行为，这属于高效，不属于合法行政中的有法必依。合法行政强调的是行政权行使要有法律依据，没有法律依据不能作出行为。法律上对行政权行使的期限要求，是行政权效率的体现，要求行政机关积极履行职责。

🔭 小练习

问题： 行政机关将行政许可申请书格式文本的费用由2元降为1元，是否体现了高效便民的要求？

参考答案： 高效便民以合法行政为基础。根据《行政许可法》第58条第2款的规定，行政机关提供行政许可申请书格式文本，不得收费。行政机关将行政许可申请书格式文本的费用由2元降为1元，属于违反法律禁止性规定的违法行为，违反了合法行政原则，不属于高效便民。

(五) 诚实守信

诚实守信包含两点：诚实和守信。

1. 诚实

诚实就是行政信息真实，就是行政机关公布的信息应当全面、准确、真实。通俗地讲，诚实就是政府不骗人。无论是向普通公众公布的信息，还是向特定人或者组织提供的信息，行政机关都应当对其真实性承担法律责任。行政机关不管出于什么目的，也不能采取欺骗的管理方式。

[注意] 把政府应该公开信息与政府提供的信息应当全面、准确、真实区分开来，这属于两个不同的原则。政府应该公开信息，属于程序正当原则中的公开；政府公开出来的信息应当全面、准确、真实，属于诚实守信原则中的诚实。

2. 守信

守信就是信赖保护，保护公民的信赖利益。换而言之，信赖保护就是政府说话要算数，政府不能言而无信、出尔反尔，政府的行为不能朝令夕改。政府很多行为都隐含着预期的利益。政府只要作出行为就应该信守这个行为，因为政府守信就是在保护预期利益。信赖保护有两个方面：

（1）存续保护，即政府不改变行为就是对预期利益的保护，行政行为继续存在就是对行政相对人的保护。非因法定事由并经法定程序，行政机关不得撤销、变更已生效的行政决定。

（2）财产保护，也就是补偿保护。因国家利益、公共利益或者其他法定事由需要撤回或者变更行政决定的，行政机关应当依照法定的权限和程序进行，并对行政相对人因此造成的财产损失依法予以补偿。

信赖保护要求政府：要么别改变行政行为，对行政相对人预期利益进行存续保护；要么改变行政行为，对行政相对人利益损害进行补偿，实现财产保护。

小练习

案情： 某县政府发布通知，对直接介绍外地企业到本县投资的单位和个人按照投资项目实际到位资金金额的千分之一奖励。经张某引荐，某外地企业到该县投资 500 万元，但县政府拒绝支付奖励金。

问题： 县政府的行为违反了行政法上的什么原则？

参考答案： 县政府承诺对引进外地企业到本县投资的单位和个人予以奖励，张某基于对县政府奖励允诺的信赖，为本县引进了外地企业的投资，县政府应当恪守允诺，向张某兑现奖励，但是县政府最终言而无信，拒绝奖励，侵害了张某的信赖利益。因此，县政府的行为违反了诚实守信原则。

（六）权责统一

权责统一原则包括两个方面：权和责。

1. "权"

"权"主要体现在行政效能方面，让行政机关行使权力，法律就要赋予行政机关执法手段，行政机关没有手段是不可能履行职责的。行政机关依法履行经济、社会和文化事务管理职责，要由法律、法规赋予其相应的执法手段，保证政令有效。行政机关面对违法行为，没有使用手段来保障执法，就是在放弃职责。权责统一首先是赋予行政机关执法手段，确保履行职责，保障执法。这体现为"执法有保障"。

2. "责"

"责"包括两个方面：行政职责和法律后果。

（1）职责就是法律赋予权力，就是法律赋予责任，法律赋予权力就是要受到监督，这就是"有权必有责，用权受监督"。"用权受监督"比较好理解，不受约束和监督的权力必然会导致滥用，绝对的权力会导致绝对的腐败。"有权必有责"稍微有点复杂，权力就像一个硬币的两面，在这种场合看到的是硬币正面的行政职权，换一个场合就可能看到的是硬币背面的行政职责。

（2）法律责任既有内部责任，也有外部责任。公务员违法行使权力要被处分，《公务员法》的六种处分责任就是内部责任，可以概括为"违法要追究"。行政权力违法给公民、组织造成损害的，《国家赔偿法》规定要承担赔偿责任，这是外部责任，可以概括为"侵权须赔偿"。

[注意] 区分行政赔偿和行政补偿，行政补偿是诚实守信中的信赖保护的体现，行政赔偿是权责统一中作为法律后果的外部责任。

小练习

案情：某建设局发现所作出的行政决定违法后，主动纠正错误并赔偿当事人损失。

问题：某建设局的做法体现了行政法上的什么原则？

参考答案：建设局所作出的行政决定违法，应当依法承担法律责任，其能主动纠正错误并赔偿当事人损失，属于侵权须赔偿，体现了行政法上的权责统一原则。

[总结]

基本原则	子原则	内 涵	
合法行政	法律优先	（有法必依）实施行政管理，应依照法律、法规、规章进行。	
	法律保留	（无法不为）没有法律、法规、规章的规定，不得作出影响相对人合法权益或者增加相对人义务的决定。	
合理行政	公正公平	行政机关中立，不偏私，平等对待相对人，不歧视。	
	考虑相关因素	行政机关实施行政管理，只应考虑与法律目的相关的各种因素，不得考虑与法律目的不相关的因素。	
	比例原则	适当性	手段必须能够达到行政目的或者至少有助于目的的达成，并且是正确的手段。
		必要性	在有多种同样可达成行政目的之手段可供选择时，应选择对相对人权益侵害最小的手段。
		衡量性	手段不能给相对人权益带来超过行政目的之价值的侵害。
程序正当	行政公开	行政机关有义务公开自己在履行职责过程中制作或者获取的，以一定形式记录、保存的信息。	
	公众参与	行政机关作出重要规定或者决定，应当听取公民、法人或其他组织的意见。	
	回 避	对行政权行使存在不利影响时，应当回避。	

续表

基本原则	子原则	内　　涵
诚实守信	诚　　实	行政机关公布的信息内容应当全面、准确、真实。
	信赖保护	不得随意改变或废止行政授益行为（存续保护）。
		为了公共利益，按照法定程序可以改变或废止行政授益行为，但须对当事人信赖利益的损失进行补偿（财产保护）。
高效便民	高　　效	应当遵守法定时限，积极履行法定职责。
	便　　民	应当提高办事效率，提供优质服务，方便公民、法人和其他组织。
权责统一	行政效能	行政机关履行行政职责，要由法律、法规赋予其相应的执法手段。
	行政责任	作为法律后果和行政职责，实现权力和责任的统一。

考点点拨

论述题中如何阐述法治政府？

法治政府属于行政法的目标，依法行政与法治政府具有同质性，依法行政的六个基本原则属于法治政府的基本内容，法治政府体现为六个方面：①有限政府；②服务政府；③廉洁政府；④效能政府；⑤诚信政府；⑥责任政府。

经典真题

案情： 某省盐业公司从外省盐厂购进 300 吨工业盐运回本地，当地市盐务管理局认为购进工业盐的行为涉嫌违法，遂对该批工业盐予以先行登记保存，并将《先行登记保存通知书》送达该公司。其后，市盐务管理局经听证、集体讨论后，认定该盐业公司未办理工业盐准运证从省外购进工业盐，违反了省政府制定的《盐业管理办法》第 20 条，决定没收该盐业公司违法购进的工业盐，并处罚款 15 万元。盐业公司不服处罚决定，向市政府申请行政复议。市政府维持市盐务管理局的处罚决定。盐业公司不服向法院起诉。

材料一：

（1）《盐业管理条例》（国务院 1990 年 3 月 2 日第 51 号令发布，自发布之日起施行；现已失效）

第 24 条 运输部门应当将盐列为重要运输物资，对食用盐和指令性计划的纯碱、烧碱用盐的运输应当重点保证。

（2）《盐业管理办法》（2003 年 6 月 29 日省人民政府发布，2009 年 3 月 20 日修正）

第 20 条 盐的运销站发运盐产品实行准运证制度。在途及运输期间必须货、单、证同行。无单、无证的，运输部门不得承运，购盐单位不得入库。

材料二： 2016 年 4 月 22 日，国务院发布的《盐业体制改革方案》指出，要推进盐业体制改革，实现盐业资源有效配置，进一步释放市场活力，取消食盐产销区域限制。要改革食盐生产批发区域限制。取消食盐定点生产企业只能销售给指定批发企业的规定，允许生产企业进入流通和销售领域，自主确定生产销售数量并建立销售渠道，以自有品牌开展跨区域经营，实现产销一体，或者委托有食盐批发资质的企业代理销售。要改革工业盐运销管理。取消各地自行设立的两碱工业盐备案制和准运证制度，取消对小工业盐及盐产品进入市场的各类限制，放开小工业盐及盐产品市场和价格。

材料三：2017年6月13日，李克强总理在全国深化简政放权放管结合优化服务改革电视电话会议上的讲话强调，我们推动的"放管服"改革、转变政府职能是一个系统的整体，首先要在"放"上下更大功夫，进一步做好简政放权的"减法"，又要在创新政府管理上破难题，善于做加强监管的"加法"和优化服务的"乘法"。如果说做好简化行政审批、减税降费等"减法"是革自己的命，是壮士断腕，那么做好强监管"加法"和优服务"乘法"，也是啃政府职能转变的"硬骨头"。放宽市场准入，可以促进公平竞争、防止垄断，也能为更好的"管"和更优的"服"创造条件。（2017/4/七）

问题：请基于案情，结合材料二、材料三和相关法律作答（要求观点明确，说理充分，文字通畅，字数不少于400字）：

谈谈深化简政放权放管结合优质服务改革，对推进政府职能转变，建设法治政府的意义。[1]

⚖ **案例拓展**

射阳县红旗文工团诉射阳县文化广电新闻出版局文化行政许可纠纷案

关键词：正当程序

射阳县文化广电新闻出版局于2009年8月19日向射阳县红旗文工团发放了营业性演出许可证，该许可证上未注明有效期限。2009年8月28日，文化部公布新的《营业性演出管理条例实施细则》（现已被修改），并于2009年10月1日起施行。该细则第41条规定：文艺表演团体和演出经纪机构的营业性演出许可证包括1份正本和2份副本，有效期为2年。2013年5月13日，射阳县文化广电新闻出版局在未告知射阳县红旗文工团、未听取射阳县红旗文工团陈述、申辩的情况下，依据《行政许可法》第70条之规定，以射阳县红旗文工团的《营业性演出许可证》已到期为由，作出行政许可注销公告，对射阳县红旗文工团的营业性演出许可证予以注销。该公告在《射阳日报》和射阳县文化广电新闻出版局网站上刊登，但

---

〔1〕 深化简政放权放管结合优质服务改革是当前政府管理创新的重要内容，对推进政府职能转变，建设法治政府的意义有：①深化简政放权放管结合优质服务改革，做好简政放权的"减法"，可以卸载政府不必要的职能和权力，有利于建设有限政府；②深化简政放权放管结合优质服务改革，做好简政放权的"减法"，可以极大方便公民和企业，激发公民和企业的积极性，有利于建设服务型政府；③深化简政放权放管结合优质服务改革，做好简政放权的"减法"，降低政府对市场主体的管制，减少或遏制权力寻租机会，有利于建设廉洁政府；④深化简政放权放管结合优质服务改革，做好优化服务的"乘法"，提高政府的办事效率，政府权力以快捷、高效的方式运行，有利于建设效能政府；⑤深化简政放权放管结合优质服务改革，做好加强监管的"加法"，强化政府在市场监管中的责任，维护公平的市场秩序，有利于建设责任政府。

射阳县文化广电新闻出版局并未送达给射阳县红旗文工团，后射阳县红旗文工团在江苏省文化厅得知该注销行为，认为该行为不合法，诉至法院。

法院裁判：

射阳县人民法院一审审理认为：

1. 射阳县文化广电新闻出版局作为县级以上地方人民政府文化主管部门，依法对本行政区域内营业性演出负有监督管理职责。射阳县红旗文工团认为射阳县文化广电新闻出版局注销其《营业性演出许可证》的行政行为侵犯其合法权益，有权依法提起行政诉讼。

2. 行政机关实施行政管理，除涉及国家秘密和依法受到保护的商业秘密、个人隐私外，应当公开，注意听取公民、法人和其他组织的意见；要严格遵循法定程序，依法保障行政管理相对人的知情权、参与权和救济权。

3. 射阳县文化广电新闻出版局根据2009年10月1日施行的《营业性演出管理条例实施细则》第41条第1款（**现为第38条**）的规定："文艺表演团体和演出经纪机构的营业性演出许可证包括1份正本和2份副本，有效期为2年"，认为射阳县红旗文工团的许可证到期未延续应予注销；射阳县红旗文工团认为射阳县文化广电新闻出版局于2009年8月19日向其发放的《营业性演出许可证》上未注明有效期，应视为长期有效，且射阳县文化广电新闻出版局注销许可证前未调查，亦未将注销决定送达射阳县红旗文工团。法院认为，射阳县文化广电新闻出版局作出注销行为前未告知射阳县红旗文工团、未听取射阳县红旗文工团的陈述、申辩，使作为行政相对人的射阳县红旗文工团未能参与该具体行政行为，丧失了表达意见和为自己利益辩护的机会，违反了程序正当原则，严重侵害了射阳县红旗文工团的参与权与救济权。射阳县人民法院于2014年4月13日作出判决：撤销射阳县文化广电新闻出版局于2013年5月13日所作的行政许可注销行为。

射阳县文化广电新闻出版局不服一审判决，向盐城市中级人民法院提起上诉。盐城市中级人民法院二审审理认为：国务院《营业性演出管理条例》第5条第2款规定，县级以上地方人民政府文化主管部门负责本行政区域内的营业性演出监督管理工作。据此，射阳广电出版局具有监督管理本行政区域内的营业性演出工作的法定职责。射阳广电出版局于2013年5月13日作出"行政许可注销公告"，对射阳县红旗文工团依法取得的"营业性演出许可证"予以注销，之前未告知射阳县红旗文工团依法享有陈述、申辩权，之后又未向射阳县红旗文工团送达该注销决定，程序严重违法。

盐城市中级人民法院于2014年6月5日作出判决：驳回上诉，维持原判。

案例来源：《最高人民法院公报》2018年第8期

专题 2 具体行政行为

应试指导

　　具体行政行为的基本概念是对案例进行分析的理论工具。案例分析题中主要考查：判断具体行政行为的标准是什么？具体行政行为具备什么条件才能构成合法的行政行为？考生需要重点掌握具体行政行为区别于其他行为的标准，分析判断具体行政行为合法性要件这一难点。

第 3 讲　具体行政行为概述

核心法条

《行政诉讼法》

第 12 条　人民法院受理公民、法人或者其他组织提起的下列诉讼：……

（十一）认为行政机关不依法履行、未按照约定履行或者违法变更、解除政府特许经营协议、土地房屋征收补偿协议等协议的；……

第 13 条　人民法院不受理公民、法人或者其他组织对下列事项提起的诉讼：……

（二）行政法规、规章或者行政机关制定、发布的具有普遍约束力的决定、命令；

（三）行政机关对行政机关工作人员的奖惩、任免等决定；……

《行诉解释》[1]

第 1 条第 2 款　下列行为不属于人民法院行政诉讼的受案范围：

（一）公安、国家安全等机关依照刑事诉讼法的明确授权实施的行为；

（二）调解行为以及法律规定的仲裁行为；

（三）行政指导行为；

（四）驳回当事人对行政行为提起申诉的重复处理行为；

（五）行政机关作出的不产生外部法律效力的行为；

---

〔1〕　全称为《最高人民法院关于适用〈中华人民共和国行政诉讼法〉的解释》，以下简称《行诉解释》。

（六）行政机关为作出行政行为而实施的准备、论证、研究、层报、咨询等过程性行为；

（七）行政机关根据人民法院的生效裁判、协助执行通知书作出的执行行为，但行政机关扩大执行范围或者采取违法方式实施的除外；

（八）上级行政机关基于内部层级监督关系对下级行政机关作出的听取报告、执法检查、督促履责等行为；

（九）行政机关针对信访事项作出的登记、受理、交办、转送、复查、复核意见等行为；

（十）对公民、法人或者其他组织权利义务不产生实际影响的行为。

第 2 条第 2、3 款　行政诉讼法第 13 条第 2 项规定的"具有普遍约束力的决定、命令"，是指行政机关针对不特定对象发布的能反复适用的规范性文件。

行政诉讼法第 13 条第 3 项规定的"对行政机关工作人员的奖惩、任免等决定"，是指行政机关作出的涉及行政机关工作人员公务员权利义务的决定。

《行政协议案件规定》

第 1 条　行政机关为了实现行政管理或者公共服务目标，与公民、法人或者其他组织协商订立的具有行政法上权利义务内容的协议，属于行政诉讼法第 12 条第 1 款第 11 项规定的行政协议。

第 2 条　公民、法人或者其他组织就下列行政协议提起行政诉讼的，人民法院应当依法受理：

（一）政府特许经营协议；

（二）土地、房屋等征收征用补偿协议；

（三）矿业权等国有自然资源使用权出让协议；

（四）政府投资的保障性住房的租赁、买卖等协议；

（五）符合本规定第 1 条规定的政府与社会资本合作协议；

（六）其他行政协议。

一、具体行政行为的概念和特点

具体行政行为，是指行政主体依法就特定事项对特定的公民、法人和其他组织权利义务作出的单方行政职权行为。掌握具体行政行为与行政事实行为、内部行政行为、行政协议行为、抽象行政行为、行政指导行为、行政程序行为的区别。

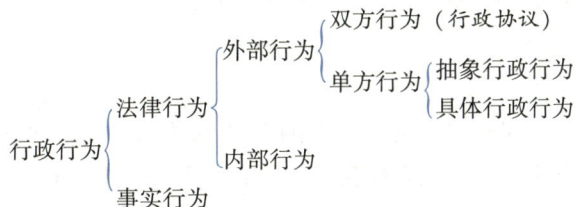

```
                                    ┌─ 双方行为（行政协议）
                        ┌─ 外部行为 ┤
                        │          └─ 单方行为 ┌─ 抽象行政行为
          ┌─ 法律行为 ┤                      └─ 具体行政行为
行政行为 ┤            └─ 内部行为
          └─ 事实行为
```

（一）具体行政行为是法律行为：区别于行政事实行为

具体行政行为是一种法律行为，这是相对于行政事实行为而言的。具体行政行为是行政机关使公民、法人或者其他组织在行政法上的权利义务得以建立、变更或者消灭的行为。行政事实行为是不以建立、变更或者消灭当事人法律上权利义务为目的的行政活动，是行政职权实施中的行为。针对具体行政行为能提起行政诉讼，但事实行为是不能提起行政诉讼的。<u>虽然事实行为不能提起行政诉讼，但是它会产生法律责任，由国家赔偿。无论是具体行政行为还是行政事实行为，只要造成损害，都可能构成国家赔偿。</u>

小练习

案情：某区城管局以甲摆摊卖"麻辣烫"影响环境为由，将其从事经营的小推车等物品扣押。在实施扣押过程中，城管执法人员李某将甲打伤。

问题：对区城管局和执法人员实施行为的性质进行分析。

参考答案：城管局的扣押行为是为了制止甲的违法行为，属于具体行政行为中的行政强制措施；李某将甲打伤的行为不存在行政机关的意思表示，属于行政事实行为。

（二）具体行政行为是外部行为：区别于内部行政行为

行政行为以其适用对象为标准，可以分为外部行政行为与内部行政行为。具体行政行为的外部性体现为行政机关在行政管理过程中对行政系统外的公民、法人或者其他组织所作出的行政行为。内部行政行为，是指行政主体对行政系统内的组织或个人所进行的管理活动。凡是行政系统内<u>上级机关对下级机关、人民政府对工作部门、行政机关对内设机构、行政机关对工作人员</u>所作的行为都属于内部行政行为。行政处罚、行政许可、行政强制和行政公开都是针对行政系统外的公民和组织作出，这属于具体行政行为。

（三）具体行政行为是单方行为：区别于行政协议

行政协议也称为行政合同，是指行政机关为了实现行政管理或者公共服务目标，与公民、法人或者其他组织协商订立的具有行政法上权利义务内容的协议，行政协议是一种双方性的行政行为，不包含命令因素。判断行政协议是否符合四个构成要素，是区分行政协议与民事合同的关键：①主体要素，即必须一方当事人为行政机关；②目的要素，即必须是为了实现行政管理或者公共服务目标；③内容要素，即协议内容必须具有行政法上的权利义务内容；④意思要素，即协议双方当事人必须协商一致。根据《行政协议案件规定》的规定，行政协议包括政府特许经营协议，土地、房屋等征收征用补偿协议，矿业权等国有自然资源使用权出让协议，政府投资的保障性住房的租赁、买卖等协议以及政府与社会资本合作协议等。具体行政行为是单方性的行为，行政机关无须对方同意，就可以单方意志决定实施具体行政行为，且决定后即发生法律效力。

小练习

案情：为了实现城市居民天然气供应，某市规划局发布天然气特许经营权招投标公告，甲公司参与招标并中标，甲公司与市规划局签订《天然气特许经营协议》，市规划局授予甲公司在该市天然气特许经营权。

问题：对《天然气特许经营协议》的行为性质进行分析。

参考答案：市规划局与甲公司签订《天然气特许经营协议》是为了实现城市居民天然气供应，目的是实现公共服务目标，市规划局授予甲公司在该市天然气特许经营权具有行政法上的权利义务内容，因此《天然气特许经营协议》属于行政协议。

（四）具体行政行为是对特定人与特定事项的处理：区别于抽象行政行为

具体行政行为是对特定人或者特定事项的一次性处理，处理的个别性是具体行政行为区别于抽象行政行为的主要标志。抽象行政行为是为不特定事项和不特定人安排的，可以反复适用的普遍性规则。抽象行政行为是能够反复适用的行为，主要包括行政法规、行政规章和其他规范性文件（立法上往往表述为具有普遍约束力的决定、命令）。

小练习

案情： 为落实淘汰落后产能政策，某区政府发布通告：凡在本通告附件所列名单中的企业 2 年内关闭。提前关闭或者积极配合的给予一定补贴，逾期不履行的强制关闭。

问题： 该通告是否属于具体行政行为？

参考答案： 区政府向社会发布通告，但在通告附件中列出企业名单，因此某区政府责令特定企业限期关闭的通告属于具体行政行为，不属于抽象行政行为中的行政规范性文件。

另外，具体行政行为是一种对公民、法人或者其他组织的权利义务进行强制性处理的行为，不同于没有强制性的行政指导行为。具体行政行为也不同于准备性、过程性行为，准备性、过程性行为是为最终作出权利义务安排进行的程序性、阶段性行为，这些行为没有对公民、法人或者其他组织的权利义务产生实际影响，也不构成独立完整的具体行政行为。

［总结］抽象行政行为的特点是对象的不特定性，行政指导的特点是非强制性，单方行政行为的特点是单方意志性，行政协议的特点是双方合意性。

二、具体行政行为的种类

1. 行政处罚。其指行政机关依法对违反行政管理秩序的公民、法人或者其他组织，以减损权益或者增加义务的方式予以惩戒的具体行政行为。

2. 行政许可。其指行政机关根据相对人的申请，通过颁发许可证、执照等形式，依法赋予相对人从事某种活动的法律资格或者实施某种行为的法律权利的具体行政行为。

3. 行政强制措施。其指行政机关在行政管理过程中，为制止违法行为、防止证据损毁、避免危害发生、控制危险扩大等情形，依法对公民的人身自由实施暂时性限制，或者对公民、法人或者其他组织的财物实施暂时性控制的具体行政行为。

4. 行政强制执行。其指行政机关对不履行行政决定的公民、法人或者其他组织，依法强制履行义务的具体行政行为。

5. 行政征收或者征用。其指行政机关为了公共利益的需要，依照法定程序强制征收或者征用相对方房屋、土地、动产并给予补偿的一种具体行政行为。根据 2021 年开始施行的《最高人民法院关于行政案件案由的暂行规定》（以下简称《行政案件案由暂行规定》）的规定，行政征收或者征用包括：①征收或者征用房屋；②征收或者征用土地；③征收或者征用动产。

6. 行政征缴或者收费。其指行政机关根据法律规定，以强制方式取得相对方财产的一种具体行政行为。根据《行政案件案由暂行规定》，行政征缴包括：①征缴税款；②征缴社会抚养费；③征缴社会保险费；④征缴污水处理费；⑤征缴防空地下室易地建设费；

⑥征缴水土保持补偿费；⑦征缴土地闲置费；⑧征缴土地复垦费；⑨征缴耕地开垦费。行政收费包括：①证照费；②车辆通行费；③企业注册登记费；④不动产登记费；⑤船舶登记费；⑥考试考务费。

7. 行政给付。其指行政机关对公民在年老、疾病或丧失劳动能力等情况或其他特殊情况下，依照有关法律、法规规定，赋予其一定的物质权益或与物质有关的权益的具体行政行为。根据《行政案件案由暂行规定》，行政给付包括：①给付抚恤金；②给付基本养老金；③给付基本医疗保险金；④给付失业保险金；⑤给付工伤保险金；⑥给付生育保险金；⑦给付最低生活保障金。

8. 行政裁决。其指行政机关依据法律授权，对发生在行政管理活动中的平等主体间的特定民事争议进行审查并作出裁决的具体行政行为。根据《行政案件案由暂行规定》，行政裁决包括：①土地、矿藏、水流、荒地或者滩涂权属确权；②林地、林木、山岭权属确权；③海域使用权确权；④草原权属确权；⑤水利工程权属确权；⑥企业资产性质确认。

9. 行政确认。其指行政机关依法对相对人的法律地位、权利义务和相关的法律事实进行甄别，予以确定、许可证明并予以宣告的具体行政行为。

[注意] 行政确认与行政裁决的区别

（1）对象不同。行政确认的对象可以是合法行为和事实，也可以是违法行为和事实；可以是有争议的事项，也可以是没有争议的事项。行政裁决的对象必须是相对方提起的有争议的事实。

（2）内容不同。行政确认的内容是确认法律地位、法律关系和法律事实；行政裁决的内容是解决当事人的争议。

（3）法律效果不同。行政确认不创设权利，不增加义务；行政裁决则可以直接增减、免除当事人的权利义务。

小练习

案情：闫某系某公司员工，受单位指派驾驶机动车去巡检公司业务。闫某醉酒后驾驶机动车辆，因操作不当致使车辆发生侧翻，导致颅脑损伤死亡。后闫某的妻子吴某向市人社局提出申请，请求对闫某死亡作出工伤认定，市人社局作出不予认定工伤决定书。

问题：人社局对闫某死亡进行工伤认定的行为属于行政裁决还是行政确认？

参考答案：人社局对闫某死亡进行的工伤认定，是对闫某死亡后其妻吴某能否享受工伤保险待遇资格的认定，并非行政机关对相关的民事纠纷作出居中裁决，因此人社局对闫某死亡进行的工伤认定属于行政确认。

10. 行政不作为（不履行法定职责行为）。根据《行政案件案由暂行规定》的规定，"不履行法定职责"是指负有法定职责的行政机关在依法应当履职的情况下消极不作为，从而使得行政相对人权益得不到保护或者无法实现的违法状态。未依法履责、不完全履责、履责不当和迟延履责等以作为方式实施的违法履责行为均不属于不履行法定职责。

11. 其他具体行政行为。

前述的十类具体行政行为是类型化的具体行政行为，在实践中行政机关会作出大量的具体行政行为，这些行为是上述十类行为无法涵盖的，如行政奖励、行政批复、行政处理等。根据《行政案件案由暂行规定》，行政处理包括：①责令退还非法占用土地；②责令交还土地；③责令改正；④责令采取补救措施；⑤责令停止建设；⑥责令恢复原状；⑦责令公开；⑧责令召回；⑨责令暂停生产；⑩责令暂停销售；⑪责令暂停使用；⑫有偿收回国有土地使用权；⑬退学决定。

考点点拨

把握判定具体行政行为的三个要素：①主体要素，即具体行政行为必须是行政权力主体所实施的行为；②权力要素，即具体行政行为必须是行使行政职权的行为；③法律要素，即具体行政行为是对行政相对人权利义务进行直接处理或产生实际影响的行为。

小练习

案情： 某县政府向某小区居民发布公告称：为进一步落实市政府关于加快旧城改造进度会议精神，经充分讨论和征求意见，决定征收某小区房屋。自公告之日起 180 天内该小区居民完成搬迁，并在规定期限内签订安置补偿协议。

问题： 对县政府发布公告的行为性质进行分析。

参考答案： 县政府针对特定的小区发布公告，不具有反复适用性，不具有普遍约束力，该公告具有强制性，由政府单方面决定，无需小区居民同意即可成立。因此，县政府征收特定小区房屋的公告，是行政征收行为，属于具体行政行为。

经典真题

案情： 1997 年 11 月，某省政府所在地的市政府决定征收含有某村集体土地在内的地块作为旅游区用地，并划定征用土地的四至界线范围。2007 年，市国土局将其中一地块与甲公司签订《国有土地使用权出让合同》。2008 年 12 月 16 日，甲公司获得市政府发放的第 1 号《国有土地使用权证》。2009 年 3 月 28 日，甲公司将此地块转让给乙公司，市政府向乙公司发放第 2 号《国有土地使用权证》。后，乙公司申请在此地块上动工建设。2010 年 9 月 15 日，市政府张贴公告，要求在该土地范围内使用土地的单位和个人，限期自行清理农作物和附着物设施，否则强制清理。2010 年 11 月，某村得知市政府给乙公司颁发第 2 号《国有土地使用权证》后，认为此证涉及的部分土地仍属该村集体所有，向省政府申请复议要求撤销该土地使用权证。省政府维持后，某村向法院起诉。法院通知甲公司与乙公司作为第三人参加诉讼。

在诉讼过程中，市政府组织有关部门强制拆除了征地范围内的附着物设施。某村为收集证据材料，向市国土局申请公开 1997 年征收时划定的四至界线范围等相关资料，市国土局以涉及商业秘密为由拒绝提供。（2012/4/六）

问题： 市政府共实施了多少个具体行政行为？哪些属于行政诉讼受案范围？[1]

---

〔1〕　市政府共实施了 4 个具体行政行为。具体为：征收含有某村集体土地在内的地块的行为；向甲、乙两公司发放《国有土地使用权证》的行为；发布公告要求使用土地的单位和个人自行清理农作物和附着物设施的行为。上述行为均属于行政诉讼受案范围。

第4讲 具体行政行为的合法

核心法条

《行政复议法》第28条第1款 ……按照下列规定作出行政复议决定：

（一）具体行政行为认定事实清楚，证据确凿，适用依据正确，程序合法，内容适当的，决定维持；……

（三）具体行政行为有下列情形之一的，决定撤销、变更或者确认该具体行政行为违法；决定撤销或者确认该具体行政行为违法的，可以责令被申请人在一定期限内重新作出具体行政行为：

1. 主要事实不清、证据不足的；

2. 适用依据错误的；

3. 违反法定程序的；

4. 超越或者滥用职权的；

5. 具体行政行为明显不当的。……

《行政诉讼法》

第69条 行政行为证据确凿，适用法律、法规正确，符合法定程序的……人民法院判决驳回原告的诉讼请求。

第70条 行政行为有下列情形之一的，人民法院判决撤销或者部分撤销，并可以判决被告重新作出行政行为：

（一）主要证据不足的；

（二）适用法律、法规错误的；

（三）违反法定程序的；

（四）超越职权的；

（五）滥用职权的；

（六）明显不当的。

根据《行政诉讼法》和《行政复议法》的规定，判断具体行政行为合法性的条件是：①行为主体符合法定职权范围；②事实证据确凿；③适用法律法规正确；④符合法定程序；⑤不滥用职权；⑥无明显不当。

[注意] 区分具体行政行为合法与违法的构成：六个合法要件同时具备才构成具体行政行为的合法；六个合法要件只要缺少任意一个就构成具体行政行为的违法。

一、行为主体符合法定职权范围

行政机关的职权范围主要由行政组织法和授权法规定。行政机关一定要按照行政组织法的规定，在法定的职权范围内进行管理活动。作出具体行政行为的行政机关必须是享有事务和地域管辖权的行政机关。地域管辖权涉及交由主管部门的空间范围，事务管辖权涉及委托给主管部门的行政任务内容。行政机关是否享有作出行政行为的权限，是否超越法定的职责权限以及是否享有事务管辖权、级别管辖权和地域管辖权，上述任何一方面违法都构成无权限或者超越职权。超越职权，是指行政机关实施行政行为时超越了法律、法规授予其的权力界限，实施了无权实施的行政行为。

二、行为事实证据确凿

具体行政行为应当有确实可靠的证据。作出行政决定要有事实，即存在需要行使行政职权的客观事实。没有事实不能行使权力。没有充分的证据就不能行使国家行政职权，没有证据就是违法行使行政权力。事实应当是确实充分的，只有事实还不够，事实必须是客观的、合法的和与行政决定相关联的。缺乏必要证据和主要证据不足都构成行政行为违法。行政行为缺乏必要的证据，不足以证明被诉行政行为所认定的事实情况。主要证据不足意味着行政机关在没有查清案件基本情况或在没有充分证据证明的情况下就作出了行政行为，行政行为缺乏事实基础。

[指导案例] 事实证据

行政机关在职权范围内对行政协议约定的条款进行的解释，对协议双方具有法律约束力，人民法院经过审查，根据实际情况，可以作为审查行政协议的依据。（最高人民法院指导案例 76 号：萍乡市亚鹏房地产开发有限公司诉萍乡市国土资源局不履行行政协议案）

三、行为适用法律法规正确

依法行政的基本要求就是将法律法规作为处理行政事务的根本准则和依据。行政机关的活动应当服从上级的指示、命令，执行国家发布的关于行政管理的文件，但是根本的依据是宪法和根据宪法制定的法律法规。适用法律不能取决于行政官员的恣意和偏好，而必须以法律所要求的事实条件作为适用法律的根据。只能适用有效的法律，已经失去效力的法律和尚未生效的法律，都不得适用。适用法律、法规错误构成行政行为违法。适用法律、法规错误，是指行政机关作出行政行为时错误地适用了法律、法规。

[指导案例] 法律适用

1. 地方政府规章违反法律规定设定许可、处罚的，人民法院在行政审判中不予适用；[最高人民法院指导案例 5 号：鲁潍（福建）盐业进出口有限公司苏州分公司诉江苏省苏州市盐务管理局盐业行政处罚案]

2. 行政机关作出具体行政行为时未引用具体法律条款，且在诉讼中不能证明该具体行政行为符合法律的具体规定，应当视为该具体行政行为没有法律依据，适用法律错误。（最高人民法院指导案例 41 号：宣懿成等诉浙江省衢州市国土资源局收回国有土地使用权案）

四、行为符合法定程序

程序是实现行政管理目标过程中的方法和形式。法定程序赋予这些方法和形式以权利义务的法律属性，要求行政机关行使职权时必须遵守，行政行为程序是否合法是判断行政行为是否合法的主要标准。行政机关不得违反法定程序，行政机关遗漏程序步骤、颠倒顺序、超越时限以及违反法定行为方式的，所作出的行政行为即违法。程序中有一个共同的地方，就是当事人的程序权利必须得到满足，即当事人的了解权、陈述权和申辩权必须得到行政机关的尊重。如果行政机关不尊重、不满足当事人的程序权利，行政行为就构成违法。行政行为违反法定程序，是指行政机关在实施行政行为时违反了法律规定的作出该行为应当遵循的步骤、顺序、方式和时限等要求。

[指导案例] *法定程序*

高等学校对因违反校规、校纪的受教育者作出影响其基本权利的决定时，应当允许其申辩并在决定作出后及时送达，否则视为违反法定程序。（最高人民法院指导案例38号：田永诉北京科技大学拒绝颁发毕业证、学位证案）

五、行为主体不滥用职权

滥用职权在行政法上是一个实质违法的概念和制度。行政机关的具体行政行为违反了授权法的立法目的，即使在形式上符合条件，它仍然是一个违法的具体行政行为。行政机关在进行行政管理时，不只是机械和简单地按照有关法律和有关条款办事，而且还要执行法律的精神和立法目的。在实践中滥用职权的主要表现有：

1. 不正当的考虑。行政机关或公务员为了小集团利益或者个人利益，故意考虑法外因素或者故意不考虑应当考虑的因素。

2. 故意迟延和不作为。其是指行政机关在处理公民、法人或者其他组织的请求或者申请时，明知自己负有作为义务，却以各种理由故意推脱，拖延履行自己的职责。

3. 不一致的解释和反复无常。不一致的解释，是指行政机关在处理同类案件时，对某些规范不经法定程序故意随意解释，导致这些解释往往相互矛盾和冲突；反复无常，是指行政机关实施行政行为时，没有明确的标准，经常依自己的好恶来主张和决定。

六、行为无明显不当

魏语绸缪

主体滥用职权是从主观角度来认定具体行政行为的违法，行为明显不当是从结果角度来认定具体行政行为的违法。

明显不当是具体行政行为明显不合理，特别是行政机关行使行政裁量作出的具体行政行为明显逾越了合理性的限度。事实上，合理性存在程度上的差异，明显不合理显然不是简单的合理与否的范畴，行政行为已构成违法。

小练习

案情：许某吃早餐时，将私家车东西向停放在快餐店门前的人行通道上，被交通警察罚款100元并当场收缴。许某提起行政诉讼。法院认为，处罚应当考虑违法的基本事实、社会影响，许某停车目的不是影响车辆和人员的通行，主观上并没有违反交通管理的故意，客观上也符合人们的通常认知，违法行为情节显著轻微，给予警告足以达到有序管理和制止违法的目的。

问题：本案罚款100元是否合法？为什么？

参考答案：不合法。许某违法停车行为情节显著轻微，给予警告足以达到有序管理和制止违法的目的，交通警察罚款100元明显逾越了合理性的限度，罚款100元明显不当。

经典真题

案情：2012 年 3 月，建筑施工企业原野公司股东王某和张某向工商局提出增资扩股变更登记的申请，将注册资本由 200 万元变更为 800 万元。工商局根据王某、张某提交的验资报告等材料办理了变更登记。后市公安局向工商局发出 10 号公函称，王某与张某涉嫌虚报注册资本被采取强制措施，建议工商局吊销原野公司营业执照。工商局经调查发现验资报告有涂改变造嫌疑，向公司发出处罚告知书，拟吊销公司营业执照。王某、张某得知此事后迅速向公司补足了 600 万元现金，并向工商局提交了证明材料。工商局根据此情形作出责令改正、缴纳罚款的 20 号处罚决定。公安局向市政府报告，市政府召开协调会，形成 3 号会议纪要，认为原野公司虚报注册资本情节严重，而工商局处罚过轻，要求工商局撤销原处罚决定。后工商局作出吊销原野公司营业执照的 25 号处罚决定。原野公司不服，向法院提起诉讼。（2014/4/七）

问题：材料中，市政府能否以会议纪要的形式要求工商局撤销原处罚决定？[1]

案例拓展

刘以贵诉阜宁县人民政府、阜宁县国土资源局、阜宁县住房和城乡建设局城建行政强制案

关键词：具体行政行为认定与违法

阜宁县安居房屋拆迁有限公司受阜宁县城市资产经营公司（以下简称"城市资产公司"）委托，于 2009 年 12 月组织实施了对刘以贵位于江苏省阜宁县阜城镇崔湾村房屋的拆除。城市资产公司拆除刘以贵案涉房屋前，未与刘以贵达成拆迁安置补偿协议，也未申请有权部门作出房屋行政裁决。

阜告字〔2010〕10 号《阜宁县国土资源局国有建设用地使用权挂牌出让公告》（以下简称"10 号《公告》"）中载明："七、土地交付条件：本次挂牌宗地以现状条件挂牌出让，No.2010-37、38、39 号宗地范围内杆线、建筑物等相关附着物由阜宁县城市资产公司负责在宗地挂牌成交后 3 个月内迁移、拆除结束；No.2010-40 号宗地范围内的建筑物等相关附着物由阜宁县城市资产公司负责在宗地挂牌成交后 1 个月内拆除结束。所有宗地外部条件（水、电、路）均以现状为准。"

阜宁县国土局关于注销土地登记的公告载明："经苏政地〔2010〕245 号批准，阜城镇南方花苑东侧、崔湾路西侧地块（宗地编号：20100419-4），面积为 5.6086 公顷土地收征为国有，根据《土地登记办法》（现已失效）第 50、56 条的规定，注销该

---

〔1〕　市政府不能以会议纪要的形式要求工商局撤销原处罚决定。原因有两个方面：一方面，会议纪要作为内部性很强的行为，以其处理当事人的重大权利是违法的；另一方面，用会议纪要形式要求工商局撤销原处罚决定涉嫌侵犯工商局的职权。

地块范围内所有集体土地使用权，并注销土地证书，具体名单见附表。自公告之日起 15 日内，请原集体土地使用权人将土地证书缴至阜宁县国土局，逾期不缴的，自动废止。"

刘以贵起诉要求确认阜宁县政府、阜宁县国土局、阜宁县住建局共同拆除其房屋违法。

法院裁判：

一审法院认为，刘以贵提交的 10 号《公告》、注销土地登记的公告，均明显与阜宁县政府、阜宁县国土局、阜宁县住建局是否强制拆除或委托强制拆除刘以贵房屋的事实，不具有关联性，其起诉缺乏事实根据，裁定驳回刘以贵的起诉。二审法院裁定驳回上诉，维持一审裁定。刘以贵向最高人民法院申请再审。

最高人民法院认为：

案涉刘以贵的合法房屋无论是何主体实施的强制拆除，均系农村集体土地征收过程中对合法建筑的拆除，宜首先推定系征收实施主体实施或者委托实施的拆除行为，而不应认定为民事主体等实施的拆除。因为现行集体土地征收制度的本质是国家基于公共利益需要实施征收，并由国家依法进行补偿，整个过程均系行政权行使的过程。农村集体土地征收过程中强制拆除合法建筑的法定职权问题，应当结合现行有效的土地管理法律、行政法规、司法解释等规定，依法加以判定。

《土地管理法》第 46 条（现为第 47 条第 1、4 款）规定，国家征收土地的，依照法定程序批准后，由县级以上地方人民政府予以公告并组织实施。拟征收土地的所有权人、使用权人应当在公告规定期限内，持不动产权属证明材料办理补偿登记。《土地管理法实施条例》第 45 条（现为第 62 条）规定，违反土地管理法律、法规规定，阻挠国家建设征收土地的，由县级以上人民政府土地行政主管部门责令交出土地；拒不交出土地的，申请人民法院强制执行。《最高人民法院关于审理涉及农村集体土地行政案件若干问题的规定》第 14 条诸项也明确规定，县级以上人民政府土地管理部门根据《土地管理法实施条例》第 45 条（现为第 62 条）的规定，申请人民法院执行其作出的责令交出土地决定。此外，市、县人民政府土地行政主管部门还依法具有公告征地补偿安置方案，按照征地补偿安置方案组织实施、拨付征地补偿安置费用给相关权利主体等一系列紧密联系、不可分割的法定职权。上述法律规范均表明，在当地市、县人民政府未对补偿安置主体有特殊规定的情况下，拆除征收范围内合法建筑的行政职权归属于土地行政主管部门。职权之所在，即义务之所在，也即责任之所在。实施强制拆除既是土地行政主管部门必须行使的法定职权，也是其必须履行的法定义务，更是其应尽的责任；在法律没有相应授权性规范的前提下，土地行政主管部门无权将法律已经明确规定的行政强制职权再行赋予其他主体行使。

一、二审法院以刘以贵未能提供证据证明阜宁县政府、阜宁县住建局、阜宁县国土局实施了强制拆除行为因而分别裁定驳回起诉和上诉，属于认定事实不清，适用法律错误。

最高人民法院裁定：①本案由最高人民法院提审；②提审期间，中止原裁定的执行。

案例来源：（2017）最高法行申 1337 号行政裁定书

本专题在主观卷中的题目类型是案例分析题，核心考点包括：行政处罚的设定权限、行政处罚与治安处罚的实施主体、行政处罚与治安处罚的适用、行政处罚决定的简易程序与普通程序、治安处罚的调查程序、行政处罚与治安处罚的听证程序、行政处罚与治安处罚的执行程序。考试的难点是熟悉并能够运用行政处罚理论和制度分析解决行政处罚行为的合法性问题。

第⑤讲 行政处罚的概念、种类和设定

核心法条

《行政处罚法》

第2条 行政处罚是指行政机关依法对违反行政管理秩序的公民、法人或者其他组织，以减损权益或者增加义务的方式予以惩戒的行为。

第9条 行政处罚的种类：

（一）警告、通报批评；

（二）罚款、没收违法所得、没收非法财物；

（三）暂扣许可证件、降低资质等级、吊销许可证件；

（四）限制开展生产经营活动、责令停产停业、责令关闭、限制从业；

（五）行政拘留；

（六）法律、行政法规规定的其他行政处罚。

第10条 法律可以设定各种行政处罚。

限制人身自由的行政处罚，只能由法律设定。

第11条 行政法规可以设定除限制人身自由以外的行政处罚。

法律对违法行为已经作出行政处罚规定，行政法规需要作出具体规定的，必须在法律

规定的给予行政处罚的行为、种类和幅度的范围内规定。

法律对违法行为未作出行政处罚规定，行政法规为实施法律，可以补充设定行政处罚。拟补充设定行政处罚的，应当通过听证会、论证会等形式广泛听取意见，并向制定机关作出书面说明。行政法规报送备案时，应当说明补充设定行政处罚的情况。

第12条 地方性法规可以设定除限制人身自由、吊销营业执照以外的行政处罚。

法律、行政法规对违法行为已经作出行政处罚规定，地方性法规需要作出具体规定的，必须在法律、行政法规规定的给予行政处罚的行为、种类和幅度的范围内规定。

法律、行政法规对违法行为未作出行政处罚规定，地方性法规为实施法律、行政法规，可以补充设定行政处罚。拟补充设定行政处罚的，应当通过听证会、论证会等形式广泛听取意见，并向制定机关作出书面说明。地方性法规报送备案时，应当说明补充设定行政处罚的情况。

第13条 国务院部门规章可以在法律、行政法规规定的给予行政处罚的行为、种类和幅度的范围内作出具体规定。

尚未制定法律、行政法规的，国务院部门规章对违反行政管理秩序的行为，可以设定警告、通报批评或者一定数额罚款的行政处罚。罚款的限额由国务院规定。

第14条 地方政府规章可以在法律、法规规定的给予行政处罚的行为、种类和幅度的范围内作出具体规定。

尚未制定法律、法规的，地方政府规章对违反行政管理秩序的行为，可以设定警告、通报批评或者一定数额罚款的行政处罚。罚款的限额由省、自治区、直辖市人民代表大会常务委员会规定。

第15条 国务院部门和省、自治区、直辖市人民政府及其有关部门应当定期组织评估行政处罚的实施情况和必要性，对不适当的行政处罚事项及种类、罚款数额等，应当提出修改或者废止的建议。

第16条 除法律、法规、规章外，其他规范性文件不得设定行政处罚。

一、行政处罚的概念

魏语绸缪

惩罚性是行政处罚行为的本质特性。只要考生抓住这一特征，就能把行政处罚行为从行政行为中辨别出来。

行政处罚，是指行政机关依法对违反行政管理秩序的公民、法人或者其他组织，以减损权益或者增加义务的方式予以惩戒的行为。行政处罚的目的是维护公共利益和社会秩序，保护公民、法人或者其他组织的合法权益。

行政处罚与相关概念的区别如下：

1. 行政处罚不同于行政机关对行政机关工作人员的行政处分。行政处分是《公务员法》规定的行政机关对公务员的行政纪律惩罚。行政处罚是外部行为，而行政处分是内部行为。

2. 行政处罚不同于惩罚犯罪的刑罚。刑事处罚是制裁犯罪的刑事惩罚，当违法行为构成犯罪的，应当依法追究刑事责任，不得以行政处罚代替刑事处罚。行政处罚是行政行为，而刑事处罚是司法行为。

二、行政处罚的种类

行政处罚的种类：①警告、通报批评；②罚款、没收违法所得、没收非法财物；③暂扣许可证件、降低资质等级、吊销许可证件；④限制开展生产经营活动、责令停产停业、责令关闭、限制从业；⑤行政拘留；⑥法律、行政法规规定的其他行政处罚。

1. 声誉罚

警告、通报批评属于声誉罚，声誉罚又称精神罚。

声誉罚，是指国家对行政违法行为人的谴责和告诫，其制裁作用主要是对当事人形成心理压力、造成不利的社会舆论环境。

2. 财产罚

罚款、没收违法所得、没收非法财物都属于财产罚。

罚款，是指行政机关对行政违法行为人强制收取一定数量金钱，剥夺一定财产权利的制裁方法。

没收违法所得，是指行政机关将行政违法行为人占有的，通过违法途径和方法取得的财产收归国有的制裁方法。

没收非法财物，是指行政机关将行政违法行为人非法占有的财产和物品收归国有的制裁方法。

3. 资格罚

暂扣许可证件、降低资质等级、吊销许可证件，是指行政机关暂时或永久地剥夺或降低行政违法行为人拥有的国家准许其享有某些权利或从事某些活动资格的文件，使其丧失或降低权利和活动资格的制裁方法。

责令关闭、责令停产停业、限制开展生产经营活动、限制从业，是指行政机关强制命令行政违法行为人暂时或永久地停止生产经营和其他业务活动的制裁方法。

4. 行为罚

资格罚是对被处罚人获得的行政许可的惩罚，而行为罚是对被处罚人的行为自由的惩罚。

5. 自由罚

行政拘留属于自由罚，自由罚又称人身罚。行政拘留，是指特定行政机关（如公安机关）对违反管理秩序的人短期剥夺其人身自由的制裁方法，常见表现形式是治安拘留。

小练习

案情： 某市自然资源局以"超过出让合同约定的动工开发日期满2年未动工开发"为由向某公司作出《收回国有土地使用权决定书》。

问题： 请对市自然资源局作出《收回国有土地使用权决定书》的行为性质进行分析。

参考答案： 市自然资源局作出《收回国有土地使用权决定书》是行政处罚行为。市自然资源局以"超过出让合同约定的动工开发日期满2年未动工开发"为由作出《收回国有土地使用权决定书》，是对怠于履行开发建设某公司的惩戒，根据《行政处罚法》第2条的规定，属于行政处罚行为。

📖✍ **考点点拨**

　　根据《行政案件案由暂行规定》的规定，行政处罚包括：①警告；②通报批评；③罚款；④没收违法所得；⑤没收非法财物；⑥暂扣许可证件；⑦吊销许可证件；⑧降低资质等级；⑨责令关闭；⑩责令停产停业；⑪限制开展生产经营活动；⑫限制从业；⑬行政拘留；⑭不得申请行政许可；⑮责令限期拆除。

[指导案例]

　　1. 环境行政处罚中违法排污行为的认定。企业事业单位和其他生产经营者通过私设暗管等逃避监管的方式排放水污染物的，依法应当予以行政处罚；污染者以其排放的水污染物达标、没有对环境造成损害为由，主张不应受到行政处罚的，人民法院不予支持。（最高人民法院指导案例 138 号：陈德龙诉成都市成华区环境保护局环境行政处罚案）

　　2. 交通行政处罚中机动车违法行为的认定。礼让行人是文明安全驾驶的基本要求。机动车驾驶人驾驶车辆行经人行横道，遇行人正在人行横道通行或者停留时，应当主动停车让行，除非行人明确示意机动车先通过。公安机关交通管理部门对不礼让行人的机动车驾驶人依法作出行政处罚的，人民法院应予支持。（最高人民法院指导案例 90 号：贝汇丰诉海宁市公安局交通警察大队道路交通管理行政处罚案）

三、行政处罚的设定

　　设定行政处罚，是指国家有权机关创设行政处罚、赋予行政机关行政处罚职权的立法活动。《行政处罚法》要控制处罚权，首先是控制行政处罚权的来源。

（一）行政处罚的设定权限

　　1. 不同法律文件的设定权限不同——从法律规范角度

　　（1）法律可以设定所有的处罚种类，包括行政拘留，法律的处罚设定权没有限制；

　　（2）行政法规可以设定除行政拘留之外的其他处罚；

　　（3）地方性法规除了不能设定行政拘留和吊销营业执照之外，其他所有的处罚都可以设定；

　　（4）规章既包括部门规章也包括地方政府规章，它们能设定罚款、警告和通报批评，并且罚款的数额是有一定限制的，部门规章的最高罚款数额由国务院规定，地方政府规章的最高罚款数额由省级人大常委会规定；

　　（5）除法律、法规和规章以外的其他规范性文件不得设定行政处罚。

　　2. 不同行政处罚的设定主体不同——从行政处罚角度

　　处罚越重，对设定的主体资格要求越高、越严格。

　　（1）行政拘留只能由法律设定。对公民来说，最重的处罚是拘留，只有法律能设定。

　　（2）吊销营业执照的处罚只能由法律和行政法规设定。对于一个企业或者个体工商户来说，最重的处罚是吊销营业执照，只有法律和行政法规能设定。

　　（3）警告、通报批评是所有处罚里最轻的，法律、行政法规、地方性法规、部门规章和地方政府规章都能设定。

[总结]

行政处罚的种类		可以设定该行政处罚的规范性法律文件
行政拘留		法　律
吊销营业执照		行政法规
暂扣许可证件、降低资质等级、吊销许可证件		地方性法规
责令关闭、责令停产停业、限制开展 生产经营活动、限制从业		
没收违法所得、没收非法财物		
法律、行政法规规定的其他行政处罚		
罚　款	不限数额	
	一定数额	部门规章（罚款限额由国务院规定）
警　告		地方政府规章（罚款限额由省级人
通报批评		大常委会规定）

（二）行政处罚的补充设定

1. 行政法规

法律对违法行为未作出行政处罚规定的，行政法规为实施法律，可以补充设定行政处罚。拟补充设定行政处罚的，应当通过听证会、论证会等形式广泛听取意见，并向制定机关作出书面说明。行政法规报送备案时，应当说明补充设定行政处罚的情况。

2. 地方性法规

法律、行政法规对违法行为未作出行政处罚规定的，地方性法规为实施法律、行政法规，可以补充设定行政处罚。拟补充设定行政处罚的，应当通过听证会、论证会等形式广泛听取意见，并向制定机关作出书面说明。地方性法规报送备案时，应当说明补充设定行政处罚的情况。

（三）行政处罚的规定

行政处罚的设定还需要和行政处罚的具体规定区别开来，设定是一种创设，具体规定，是指上位法已经设定的处罚权，下位法可以在上位法设定的处罚权的范围内作出具体规定。如果上位法对违法行为已经作出行政处罚规定，下位法不得再设定，下位法需要作出具体规定的，不得超出上位法规定的给予行政处罚的行为、种类和幅度的范围。

1. 法律对违法行为已经作出行政处罚规定，行政法规需要作出具体规定的，必须在法律规定的给予行政处罚的行为、种类和幅度的范围内规定。

2. 法律、行政法规对违法行为已经作出行政处罚规定，地方性法规需要作出具体规定的，必须在法律、行政法规规定的给予行政处罚的行为、种类和幅度的范围内规定。

3. 国务院部门规章可以在法律、行政法规规定的给予行政处罚的行为、种类和幅度的范围内作出具体规定。

4. 地方政府规章可以在法律、法规规定的给予行政处罚的行为、种类和幅度的范围内作出具体规定。

小练习

案情：《种子法》规定，违法经营、推广应当审定而未经审定通过的种子的，可处以1万元以上5万元以下罚款。某省人民政府在其制定的《某省种子法实施办法》中规定，违法经营、推广应当审定而未经审定通过的种子的，可处以3万元以上5万元以下罚款。

问题：《某省种子法实施办法》是否超越《种子法》的规定？

参考答案：《某省种子法实施办法》超越《种子法》的规定。《种子法》对"违法经营、推广应当审定而未经审定通过的种子的"行为，是给予1万元至5万元的罚款，而省政府规章则是给予3万元至5万元的罚款，很明显是提高了处罚的最低限额，违反了《行政处罚法》第14条第1款"在法律、法规规定的给予行政处罚的行为、种类和幅度的范围内作出具体规定"的要求。

考点点拨

行政处罚设定中的上位法与下位法关系：

（1）尚未制定上位法的，下位法可以在其设定权限内设定行政处罚；

（2）上位法对违法行为已设定行政处罚的，下位法只能在上位法规定的行政处罚的行为、种类和幅度范围内进行具体规定；

（3）上位法对违法行为未设定行政处罚的，下位法不得设定行政处罚，但行政法规、地方性法规可以在其设定权限内补充设定行政处罚。

[**指导案例**] 盐业管理中地方政府规章的行政处罚设定权限

盐业管理的法律、行政法规对盐业公司之外的其他企业经营盐的批发业务没有设定行政处罚，地方政府规章不能对该行为设定行政处罚。[最高人民法院指导案例5号：鲁潍（福建）盐业进出口有限公司苏州分公司诉江苏省苏州市盐务管理局盐业行政处罚案]

经典真题

案情：高某系A省甲县个体工商户，其持有的工商营业执照载明其经营范围是林产品加工，经营方式是加工、收购、销售。高某向甲县工商局缴纳了松香运销管理费后，将自己加工的松香运往A省乙县出售。当高某进入乙县时，被乙县林业局执法人员拦截。乙县林业局以高某未办理运输证为由，依据A省地方性法规《林业行政处罚条例》以及授权省林业厅制定的《林产品目录》（该目录规定松香为林产品，应当办理运输证）的规定，将高某无证运输的松香认定为"非法财物"，予以没收。高某提起行政诉讼要求撤销没收决定，法院予以受理。

有关规定：

《森林法》（相关规定现已删除）及行政法规《森林法实施条例》涉及运输证的规定如下：除国家统一调拨的木材外，从林区运出木材，必须持有运输证，否则由林业部门给予没收、罚款等处罚。

A省地方性法规《林业行政处罚条例》规定"对规定林产品无运输证的，予以没收"。（2009/4/六）

　　问题：依《行政处罚法》，法律、行政法规对违法行为已经作出行政处罚规定，地方性法规需要作出具体规定的，应当符合什么要求？本案《林业行政处罚条例》关于没收的规定是否符合该要求？[1]

第6讲　行政处罚的实施机关、管辖和适用

核心法条

《行政处罚法》

　　第17条　行政处罚由具有行政处罚权的行政机关在法定职权范围内实施。

　　第18条　国家在城市管理、市场监管、生态环境、文化市场、交通运输、应急管理、农业等领域推行建立综合行政执法制度，相对集中行政处罚权。

　　国务院或者省、自治区、直辖市人民政府可以决定一个行政机关行使有关行政机关的行政处罚权。

　　限制人身自由的行政处罚权只能由公安机关和法律规定的其他机关行使。

　　第19条　法律、法规授权的具有管理公共事务职能的组织可以在法定授权范围内实施行政处罚。

　　第20条　行政机关依照法律、法规、规章的规定，可以在其法定权限内书面委托符合本法第21条规定条件的组织实施行政处罚。行政机关不得委托其他组织或者个人实施行政处罚。

　　委托书应当载明委托的具体事项、权限、期限等内容。委托行政机关和受委托组织应当将委托书向社会公布。

　　委托行政机关对受委托组织实施行政处罚的行为应当负责监督，并对该行为的后果承担法律责任。

　　受委托组织在委托范围内，以委托行政机关名义实施行政处罚；不得再委托其他组织或者个人实施行政处罚。

　　第21条　受委托组织必须符合以下条件：

　　（一）依法成立并具有管理公共事务职能；

　　（二）有熟悉有关法律、法规、规章和业务并取得行政执法资格的工作人员；

　　（三）需要进行技术检查或者技术鉴定的，应当有条件组织进行相应的技术检查或者技术鉴定。

　　第22条　行政处罚由违法行为发生地的行政机关管辖。法律、行政法规、部门规章另有规定的，从其规定。

----

　　〔1〕　按照《行政处罚法》第12条第2款的规定，法律、行政法规对违法行为已经作出行政处罚规定，地方性法规需要作出具体规定的，必须在法律、行政法规规定的给予行政处罚的行为、种类和幅度的范围内规定。本案《林业行政处罚条例》关于没收的规定超出了《森林法》及《森林法实施条例》行政处罚行为、种类和幅度的范围，不符合有关要求。

第23条 行政处罚由县级以上地方人民政府具有行政处罚权的行政机关管辖。法律、行政法规另有规定的，从其规定。

第24条第1款 省、自治区、直辖市根据当地实际情况，可以决定将基层管理迫切需要的县级人民政府部门的行政处罚权交由能够有效承接的乡镇人民政府、街道办事处行使，并定期组织评估。决定应当公布。

第25条 2个以上行政机关都有管辖权的，由最先立案的行政机关管辖。

对管辖发生争议的，应当协商解决，协商不成的，报请共同的上一级行政机关指定管辖；也可以直接由共同的上一级行政机关指定管辖。

第27条第1款 违法行为涉嫌犯罪的，行政机关应当及时将案件移送司法机关，依法追究刑事责任。对依法不需要追究刑事责任或者免予刑事处罚，但应当给予行政处罚的，司法机关应当及时将案件移送有关行政机关。

第28条 行政机关实施行政处罚时，应当责令当事人改正或者限期改正违法行为。

当事人有违法所得，除依法应当退赔的外，应当予以没收。违法所得是指实施违法行为所取得的款项。法律、行政法规、部门规章对违法所得的计算另有规定的，从其规定。

第29条 对当事人的同一个违法行为，不得给予2次以上罚款的行政处罚。同一个违法行为违反多个法律规范应当给予罚款处罚的，按照罚款数额高的规定处罚。

第30条 不满14周岁的未成年人有违法行为的，不予行政处罚，责令监护人加以管教；已满14周岁不满18周岁的未成年人有违法行为的，应当从轻或者减轻行政处罚。

第31条 精神病人、智力残疾人在不能辨认或者不能控制自己行为时有违法行为的，不予行政处罚，但应当责令其监护人严加看管和治疗。间歇性精神病人在精神正常时有违法行为的，应当给予行政处罚。尚未完全丧失辨认或者控制自己行为能力的精神病人、智力残疾人有违法行为的，可以从轻或者减轻行政处罚。

第32条 当事人有下列情形之一，应当从轻或者减轻行政处罚：

（一）主动消除或者减轻违法行为危害后果的；

（二）受他人胁迫或者诱骗实施违法行为的；

（三）主动供述行政机关尚未掌握的违法行为的；

（四）配合行政机关查处违法行为有立功表现的；

（五）法律、法规、规章规定其他应当从轻或者减轻行政处罚的。

第33条 违法行为轻微并及时改正，没有造成危害后果的，不予行政处罚。初次违法且危害后果轻微并及时改正的，可以不予行政处罚。

当事人有证据足以证明没有主观过错的，不予行政处罚。法律、行政法规另有规定的，从其规定。

对当事人的违法行为依法不予行政处罚的，行政机关应当对当事人进行教育。

第34条 行政机关可以依法制定行政处罚裁量基准，规范行使行政处罚裁量权。行政处罚裁量基准应当向社会公布。

第35条 违法行为构成犯罪，人民法院判处拘役或者有期徒刑时，行政机关已经给予当事人行政拘留的，应当依法折抵相应刑期。

违法行为构成犯罪，人民法院判处罚金时，行政机关已经给予当事人罚款的，应当折抵相应罚金；行政机关尚未给予当事人罚款的，不再给予罚款。

第36条 违法行为在2年内未被发现的，不再给予行政处罚；涉及公民生命健康安全、金融安全且有危害后果的，上述期限延长至5年。法律另有规定的除外。

前款规定的期限，从违法行为发生之日起计算；违法行为有连续或者继续状态的，从行为终了之日起计算。

第37条 实施行政处罚，适用违法行为发生时的法律、法规、规章的规定。但是，作出行政处罚决定时，法律、法规、规章已被修改或者废止，且新的规定处罚较轻或者不认为是违法的，适用新的规定。

第38条 行政处罚没有依据或者实施主体不具有行政主体资格的，行政处罚无效。

违反法定程序构成重大且明显违法的，行政处罚无效。

第39条 行政处罚的实施机关、立案依据、实施程序和救济渠道等信息应当公示。

第41条 行政机关依照法律、行政法规规定利用电子技术监控设备收集、固定违法事实的，应当经过法制和技术审核，确保电子技术监控设备符合标准、设置合理、标志明显，设置地点应当向社会公布。

电子技术监控设备记录违法事实应当真实、清晰、完整、准确。行政机关应当审核记录内容是否符合要求；未经审核或者经审核不符合要求的，不得作为行政处罚的证据。

行政机关应当及时告知当事人违法事实，并采取信息化手段或者其他措施，为当事人查询、陈述和申辩提供便利。不得限制或者变相限制当事人享有的陈述权、申辩权。

第42条第1款 行政处罚应当由具有行政执法资格的执法人员实施。执法人员不得少于2人，法律另有规定的除外。

第43条 执法人员与案件有直接利害关系或者有其他关系可能影响公正执法的，应当回避。

当事人认为执法人员与案件有直接利害关系或者有其他关系可能影响公正执法的，有权申请回避。

当事人提出回避申请的，行政机关应当依法审查，由行政机关负责人决定。决定作出之前，不停止调查。

第44条 行政机关在作出行政处罚决定之前，应当告知当事人拟作出的行政处罚内容及事实、理由、依据，并告知当事人依法享有的陈述、申辩、要求听证等权利。

第45条 当事人有权进行陈述和申辩。行政机关必须充分听取当事人的意见，对当事人提出的事实、理由和证据，应当进行复核；当事人提出的事实、理由或者证据成立的，行政机关应当采纳。

行政机关不得因当事人陈述、申辩而给予更重的处罚。

第46条 证据包括：

（一）书证；

（二）物证；

（三）视听资料；

（四）电子数据；

（五）证人证言；

（六）当事人的陈述；

（七）鉴定意见；

（八）勘验笔录、现场笔录。

证据必须经查证属实，方可作为认定案件事实的根据。

以非法手段取得的证据，不得作为认定案件事实的根据。

第47条 行政机关应当依法以文字、音像等形式，对行政处罚的启动、调查取证、审核、决定、送达、执行等进行全过程记录，归档保存。

第48条 具有一定社会影响的行政处罚决定应当依法公开。

公开的行政处罚决定被依法变更、撤销、确认违法或者确认无效的，行政机关应当在3日内撤回行政处罚决定信息并公开说明理由。

一、行政处罚的实施主体

行政处罚的实施主体是解决谁来罚的问题。行政处罚原则上应当由行政机关行使，但是考虑到行政管理的现实，符合条件的非政府组织，经过授权或委托也可以实施行政处罚。

（一）行政机关

行政处罚由具有行政处罚权的行政机关在法定职权范围内实施。法律对于行政机关行使处罚权作了一个特别规定，就是处罚权相对集中实施，目的是提高管理效率，防止多头执法、分散执法，因为权力越集中，效率越高。

魏语绸缪

行政处罚权相对集中行使的条件：①国务院或者省、自治区、直辖市人民政府决定；②限制人身自由的行政处罚权不得集中行使。

国家在城市管理、市场监管、生态环境、文化市场、交通运输、农业等领域推行建立综合行政执法制度，相对集中行政处罚权。但是处罚权集中行使容易滥用权力，因此需要程序上和内容上的控制。

程序上的控制就是：国务院或者省、自治区、直辖市政府可以决定一个行政机关行使有关行政机关的行政处罚权。

内容上的限制就是：限制公民人身自由的处罚权只能由公安机关和法律规定的其他机关行使，不能集中行使。

🏠 小练习

案情：某省政府决定由城建规划局统一行使交通管理机关的罚款权、环境保护局的罚款权、公安机关的行政拘留权以及工商行政管理部门的吊销营业执照权。

问题：城建规划局是否能统一行使上述职权？

参考答案：根据《行政处罚法》第18条第2、3款的规定，省政府可以决定城建规划局行使交通管理机关的罚款权、环境保护局的罚款权和工商行政管理部门的吊销营业执照权，但不能行使公安机关的行政拘留权。

（二）被授权组织和受委托组织

被授权组织和受委托组织的区别在于：授权就是把处罚权给授权组织，被授权组织以自己的名义在法定授权范围内行使处罚权，以自己的名义参加行政复议或者行政诉讼并承担处罚的后果；委托是行政机关把处罚权委托给受委托组织，受委托组织以委托机关的名义行使处罚权，由委托机关承担处罚后果。

1. 行政处罚的授权实施

授权的依据是法律、法规，法规既包括行政法规也包括地方性法规。授权的对象是具有管理公共事务职能的组织，既包括事业组织也包括企业组织。

2. 行政处罚的委托实施

行政机关委托实施处罚权的，由行政机关承担后果，委托行为须有法律、法规、规章作为依据。行政机关的处罚权可以委托给管理公共事务职能的组织：①受委托的对象只能是具有管理公共事务职能的组织；②委托实施的行政处罚事项和依据应当向社会公开；③受委托组织不得再委托。

二、行政处罚的管辖

1. 地域管辖

行政处罚由违法行为发生地的行政机关管辖，法律、行政法规、部门规章另有规定的除外。

2. 级别管辖

行政处罚由县级以上地方政府具有行政处罚权的行政机关管辖，法律、行政法规另有规定的除外。

省、自治区、直辖市根据当地实际情况，可以决定将基层管理迫切需要的县级政府部门的行政处罚权交由能够有效承接且符合条件的乡镇政府、街道办事处行使，并定期组织评估。决定应当公布。

3. 管辖争议

2 个以上行政机关都有管辖权，由最先立案的行政机关管辖。对管辖发生争议的，应当协商解决，协商不成的，报请共同的上一级行政机关指定管辖；也可以由共同的上一级行政机关直接指定管辖。

考点点拨

原则上，行政处罚案件由违法行为发生地的县级以上地方政府具有行政处罚权的行政机关管辖。但是要掌握三个例外规定：

1. 违法行为发生地以外的行政机关管辖由法律、行政法规、部门规章特别规定。
2. 县级以下地方政府以外具有行政处罚权的行政机关管辖由法律、行政法规特别规定。
3. 乡镇政府、街道办事处行使县级政府部门的行政处罚权由省、自治区、直辖市决定。

小练习

案情：运输公司指派本单位司机运送白灰膏。由于泄漏，造成沿途路面大面积严重污染。

问题：路面被污染的沿途 3 个区的执法机关是否对本案均享有管辖权？如发生管辖权争议，如何处理？

参考答案：根据《行政处罚法》第22、25条的规定，由于泄漏对沿途3个区的路面都造成了污染，路面被污染的沿途3个区都是违法行为发生地，沿途3个区的执法机关都享有管辖权。如发生管辖权争议，应当协商解决，协商不成的，报请共同的上一级行政机关指定管辖。

三、行政处罚的适用

（一）处罚公开

1. 依据公开

对违法行为给予行政处罚的规定必须公布；未经公布的，不得作为行政处罚的依据。

2. 流程公开

行政处罚的实施机关、立案依据、实施程序和救济渠道等信息应当公示。

3. 裁量公开

实施行政处罚必须以事实为依据，与违法行为的事实、性质、情节以及社会危害程度相当。行政机关可以依法制定行政处罚裁量基准，规范行使行政处罚裁量权。行政处罚裁量基准应当向社会公布。

4. 结果公开

具有一定社会影响的行政处罚决定应当依法公开。公开的行政处罚决定被依法变更、撤销、确认违法或者确认无效的，行政机关应当在3日内撤回行政处罚决定相关信息并公开说明理由。

（二）执法人员

1. 执法资格

行政处罚应当由具有行政执法资格的执法人员实施。

2. 执法人数

执法人员不得少于2人，法律另有规定的除外。

3. 执法回避

执法人员与案件有直接利害关系或者有其他关系可能影响公正执法的，应当回避。当事人认为执法人员与案件有直接利害关系或者有其他关系可能影响公正执法的，有权申请回避。当事人提出回避申请的，行政机关应当依法审查，由行政机关负责人决定。决定作出前，不停止调查。

小练习

案情：某市卫生局经调查取证，认定某公司实施了未经许可擅自采集血液的行为，依据有关法律和相关规定，决定取缔该公司非法采集血液的行为，同时没收5只液氮生物容器。

问题：对调查取证的市卫生局执法人员有何要求？

参考答案：根据《行政处罚法》第9条的规定，没收5只液氮生物容器属于行政处罚。对调查取证的市卫生局执法人员应当适用《行政处罚法》第42、43条的规定，调查取证的市卫生局执法人员应当具有行政执法资格，不得少于2人，与案件有直接利害关系或者有其他关系可能影响公正执法的，应当回避。

（三）处罚证据

公民、法人或者其他组织违法事实不清、证据不足的，不得给予行政处罚。以非法手段取得的证据，不得作为认定案件事实的根据。

1. 证据种类

证据包括：①书证；②物证；③视听资料；④电子数据；⑤证人证言；⑥当事人的陈述；⑦鉴定意见；⑧勘验笔录、现场笔录。

证据必须经查证属实，方可作为认定案件事实的根据。

2. 全过程记录

行政机关应当依法以文字、音像等形式，对行政处罚的启动、调查取证、审核、决定、送达、执行等进行全过程记录，归档保存。

3. 电子技术监控设备收集证据

行政机关依照法律、行政法规的规定利用电子技术监控设备收集、固定违法事实的，应当经过法制和技术审核，确保电子技术监控设备设置合理、标准合格、标志明显，设置地点应当向社会公布。

电子技术监控设备记录违法事实应当真实、清晰、完整、准确。行政机关应当对记录内容进行审核，未经审核或者经审核不符合要求的，不得作为证据。

行政机关应当及时通知当事人违法事实，并采取适当措施，方便当事人查询、陈述和申辩。

📡 小练习

案情： 2021 年 7 月 30 日，某市政府更新全市道路违章视频监控系统。新视频监控系统会自动抓拍道路交通违法行为并生成《拟行政处罚通知书》。该通知书会详细告知当事人行政处罚的内容及事实、理由、依据，并告知当事人依法享有的陈述、申辩、要求听证等权利。根据该通知书的内容，当事人如果对拟作出的行政处罚不服，可以通过下载市政府开发的"E 市政"手机 APP，查找交通部门模块，在该部门模块内提交意见。如果在规定期限内没有提交意见，系统将自动生成《行政处罚决定书》，并通过短信将《行政处罚决定书》发送给被处罚人。该市有关机关通过道路违章视频监控系统对多人作出行政处罚。

问题： 该市有关机关作出的行政处罚是否合法？为什么？

参考答案： 不合法。根据《行政处罚法》第 41 条的规定，道路违章视频监控系统自动抓拍并生成《拟行政处罚通知书》，抓拍的证据没有经过法制和技术审核；被处罚当事人只有下载"E 市政"手机 APP 才能提出意见，变相限制当事人享有的陈述权、申辩权。

（四）从旧兼从轻

行政处罚的依据适用违法行为发生时的法律、法规和规章的规定。但是，作出行政处罚决定时，法律、法规和规章已被修改或者废止，且新的法律、法规和规章不认为是违法行为或者处罚较轻的，适用新的法律、法规和规章。

💡 提　示

　　行政处罚与刑事处罚的从旧兼从轻的精神是一致的。《刑法》第 12 条第 1 款规定，中华人民共和国成立以后本法施行以前的行为，如果当时的法律不认为是犯罪的，适用当时的法律；如果当时的法律认为是犯罪的，依照本法总则第四章第八节的规定应当追诉的，按照当时的法律追究刑事责任，但是如果本法不认为是犯罪或者处刑较轻的，适用本法。

（五）一事不再罚

　　一事不再罚是重复处罚之禁止。对当事人的同一个违法行为违反多个法律规范应当给予罚款处罚的，按照罚款数额高的规定执行，但不得给予 2 次以上罚款的重复处罚。

　　同一违法行为能不能进行不同种类的处罚？

　　罚款和吊销许可证可以同时进行。吊销许可证可比罚款重多了，那为什么可以罚款后再吊销许可证，就不能罚款后再罚款呢？一事不再罚的目的是遏制行政机关罚款的积极性和冲动。

　　[指导案例] 企业事业单位和其他生产经营者堆放、处理固体废物产生的臭气浓度超过大气污染物排放标准，环境保护主管部门适用处罚较重的《大气污染防治法》对其进行处罚，企业事业单位和其他生产经营者主张应当适用《固体废物污染环境防治法》对其进行处罚的，人民法院不予支持。（最高人民法院指导案例 139 号：上海鑫晶山建材开发有限公司诉上海市金山区环境保护局环境行政处罚案）

　　此外，一事不再罚要与责令改正、限期改正结合起来适用。行政机关要求当事人改正而当事人拒不改正的违法行为就不属于"同一违法行为"。

🔭 小练习

　　案情： 交警大队认定 2019 年 7 月 12 日李某在某路段违法停车，决定给予 200 元罚款并责令改正违法行为，但李某并没有开走汽车。2019 年 7 月 17 日交警大队以李某在该路段违法停车为由决定给予 200 元的罚款。李某向法院起诉，法院受理案件。李某认为交警大队处罚违反了一事不再罚，而交警大队认为李某超过一定期限没有改正违法行为而进行处罚不违反一事不再罚。

　　问题： 交警大队罚款是否违反了一事不再罚？

　　参考答案： 2019 年 7 月 12 日交警大队认定李某在某路段违法停车，决定给予 200 元罚款，根据《行政处罚法》第 28 条第 1 款的规定，责令改正违法行为，但李某并没有开走汽车，能改正而没有改正违法行为。2019 年 7 月 17 日交警大队以李某在该路段违法停车为由决定给予 200 元的罚款。李某长时间不改正的违法行为不属于"同一违法行为"，根据《行政处罚法》第 29 条的规定，交警大队没有违反一事不再罚。

（六）陈述申辩权保障

　　尊重和保护被处罚当事人就要保障当事人的陈述权和申辩权，陈述申辩是当事人的正当权利，不能因为当事人的陈述申辩而进行所谓的"态度罚"。具体要求有：

1. 告知权利

行政机关在作出行政处罚决定之前，应当告知当事人拟作出的行政处罚内容及事实、理由、依据，并告知当事人依法享有的陈述、申辩、要求听证等权利。

2. 听取意见

当事人有权进行陈述和申辩。行政机关必须充分听取当事人的意见，对当事人提出的事实、理由和证据，应当进行复核；当事人提出的事实、理由或者证据成立的，行政机关应当采纳。

3. 申辩不得加重处罚

行政机关不得因当事人申辩而加重处罚。

4. 拒绝听取陈述申辩不得处罚

行政机关及其执法人员在作出行政处罚决定之前，未向当事人告知拟作出的行政处罚内容及事实、理由、依据，或者拒绝听取当事人的陈述、申辩的，不得作出行政处罚决定；当事人明确放弃陈述或者申辩权利的除外。

小练习

案情：由于影视明星赵某披露信息存在虚假记载、误导性陈述及重大遗漏，中国证监会作出《行政处罚及市场禁入事先告知书》，对赵某等人给予警告，分别处以30万元罚款并采取5年证券市场禁入措施。

问题：中国证监会作出30万元罚款并采取5年证券市场禁入措施前如何保障赵某的陈述申辩权利？

参考答案：根据《行政处罚法》第9条的规定，罚款和禁入措施都属于行政处罚，中国证监会作出30万元罚款并采取5年证券市场禁入措施应当适用《行政处罚法》第44、45条的规定，中国证监会应当告知赵某拟作出的行政处罚内容及事实、理由、依据，并告知赵某依法享有的陈述、申辩、要求听证等权利；赵某有权进行陈述和申辩，中国证监会必须充分听取赵某的意见，对赵某提出的事实、理由和证据，应当进行复核；赵某提出的事实、理由或者证据成立的，中国证监会应当采纳；中国证监会不得因赵某申辩而加重处罚；中国证监会未向赵某告知拟作出的行政处罚内容及事实、理由、依据，或者拒绝听取赵某的陈述、申辩，不得作出行政处罚决定。

（七）从轻或减轻处罚

为了保障被处罚当事人的正当权益，当事人有下列情形，从轻或减轻处罚：①已满14周岁不满18周岁的人有违法行为的；②主动消除或者减轻违法行为危害后果的；③受他人胁迫或者诱骗实施违法行为的；④主动供述行政机关尚未掌握的违法行为的；⑤配合行政机关查处违法行为有立功表现的。

小练习

案情：运输公司指派本单位司机运送白灰膏。由于泄漏，造成沿途路面大面积严重污染。司机发现后即向公司汇报。该公司即组织人员清扫被污染路面。

问题：该运输公司组织人员清扫被污染路面的行为如何认定？对该运输公司如何处理？

参考答案：运输公司在污染事故发生后立即组织清扫，属于主动消除或者减轻违法行为危害后果的情形，根据《行政处罚法》第32条的规定，应当对运输公司从轻或减轻处罚。

（八）不予处罚

1. 不予处罚的情形

为了保障被处罚当事人的正当权益，当事人有下列情形，不予处罚：

（1）不满14周岁的人有违法行为的；

（2）精神病人、智力残疾人在不能辨认或者不能控制自己行为时有违法行为的；

（3）违法行为轻微并及时纠正，没有造成危害后果的（初次违法且危害后果轻微并及时改正的，可以不予行政处罚）；

（4）违法事实不清、证据不足的；

（5）当事人有证据证明没有主观过错的（法律、行政法规另有规定的除外）；

（6）超出处罚时效的。

2. 行政处罚的时效要求

（1）违法行为在2年内未被有权机关发现的，不再给予行政处罚。

（2）对涉及公民生命健康安全、金融安全且有危害后果的违法行为，在5年内未被有权机关发现的，不再给予行政处罚。

（3）法律另有规定的除外。例如，《税收征收管理法》规定，违反税收法律、行政法规应当给予行政处罚的行为，在5年内未被发现的，不再给予行政处罚。

（4）2年和5年的期限，从违法行为发生之日起计算；违法行为有连续或者继续状态的，从行为终了之日起计算。

🖊️ 小练习

案情：2003年，陆某租赁所在村部分土地进行养殖，并在2003年至2010年间陆续建设了办公用房、库房、羊圈等，但未取得建设工程规划手续。2015年3月16日，区城市管理综合执法局针对陆某违法搭建建筑物的行为立案查处。3月24日，区城市管理综合执法局作出《责令限期拆除决定书》，认定陆某搭建的建筑物未取得建设工程规划许可证，责令陆某于10日内自行拆除违法建筑。陆某认为，其所建办公用房、库房、羊圈等在2011年以前就已建成，区城市管理综合执法局在2015年才认定申请人违反规划，超出了行政处罚的追诉时效。

问题：区城市管理综合执法局作出《责令限期拆除决定书》是否超出行政处罚的追诉时效？

参考答案：陆某搭建的建筑物直到区城市管理综合执法局作出责令限期拆除决定时仍然存在，陆某违法搭建建筑物的行为有继续状态，根据《行政处罚法》第36条的规定，区城市管理综合执法局作出《责令限期拆除决定书》未超出法定追诉时效。

（九）处罚折抵

在一个行为同时构成行政违法和刑事犯罪，并受到行政处罚和刑事处罚的情况下，从当事人的角度考虑，如果前面受过行政处罚的，后面再进行刑事处罚时，行政处罚要折抵刑事处罚：①行政拘留折抵拘役；②行政拘留折抵有期徒刑；③行政罚款折抵罚金。

[注意] 违法行为构成犯罪，人民法院判处罚金时，行政机关尚未给予当事人罚款的，不再给予罚款。

小练习

案情：张某因打伤李某被公安局处以行政拘留15日的处罚并执行。不久，受害人李某向法院提起刑事自诉，法院经审理认为张某的行为已经构成犯罪，判决拘役2个月。

问题：如何确定对张某拘役的执行期限？

参考答案：根据《行政处罚法》第35条第1款的规定，违法行为构成犯罪，人民法院判处拘役时，行政机关已经给予当事人行政拘留的，应当折抵相应刑期。因此，对张某行政拘留的15日应当折抵对张某拘役2个月中的15日刑期。

（十）处罚无效

行政处罚无效的两种情形：

1. 没有依据或者实施主体不具有行政主体资格的。
2. 违反法定程序构成重大且明显违法的。

经典真题

案情：2012年3月，建筑施工企业原野公司股东王某和张某向工商局提出增资扩股变更登记的申请，将注册资本由200万元变更为800万元。工商局根据王某、张某提交的验资报告等材料办理了变更登记。后市公安局向工商局发出10号公函称，王某与张某涉嫌虚报注册资本被采取强制措施，建议工商局吊销原野公司营业执照。工商局经调查发现验资报告有涂改变造嫌疑，向公司发出处罚告知书，拟吊销公司营业执照。王某、张某得知此事后迅速向公司补足了600万元现金，并向工商局提交了证明材料。工商局根据此情形作出责令改正、缴纳罚款的20号处罚决定。公安局向市政府报告，市政府召开协调会，形成3号会议纪要，认为原野公司虚报注册资本情节严重，而工商局处罚过轻，要求工商局撤销原处罚决定。后工商局作出吊销原野公司营业执照的25号处罚决定。原野公司不服，向法院提起诉讼。（2014/4/七）

问题：王某、张某是否构成虚报注册资本骗取公司登记的行为？对在工商局作出20号处罚决定前补足注册资金的行为如何认定？[1]

第❼讲 行政处罚的程序

行政处罚的程序主要是解决怎么罚的问题。行政处罚有两个阶段的程序：①处罚的决定程序；②处罚的执行程序。

---

[1] 王某、张某二者提供虚假验资报告取得公司变更登记，是虚报注册资本骗取公司登记的行为。在工商局作出20号处罚决定前得知此事后迅速向公司补足了600万元现金，系二人对违法行为的纠正。根据《行政处罚法》第32条第1项的规定，当事人主动消除或者减轻违法行为危害后果的，应当依法从轻或者减轻行政处罚。这一纠正行为在实施处罚时可以作为处罚的重要考虑情节。

核心法条

《行政处罚法》

第51条 违法事实确凿并有法定依据，对公民处以200元以下、对法人或者其他组织处以3000元以下罚款或者警告的行政处罚的，可以当场作出行政处罚决定。法律另有规定的，从其规定。

第52条 执法人员当场作出行政处罚决定的，应当向当事人出示执法证件，填写预定格式、编有号码的行政处罚决定书，并当场交付当事人。当事人拒绝签收的，应当在行政处罚决定书上注明。

前款规定的行政处罚决定书应当载明当事人的违法行为，行政处罚的种类和依据、罚款数额、时间、地点，申请行政复议、提起行政诉讼的途径和期限以及行政机关名称，并由执法人员签名或者盖章。

执法人员当场作出的行政处罚决定，应当报所属行政机关备案。

第55条 执法人员在调查或者进行检查时，应当主动向当事人或者有关人员出示执法证件。当事人或者有关人员有权要求执法人员出示执法证件。执法人员不出示执法证件的，当事人或者有关人员有权拒绝接受调查或者检查。

当事人或者有关人员应当如实回答询问，并协助调查或者检查，不得拒绝或者阻挠。询问或者检查应当制作笔录。

第56条 行政机关在收集证据时，可以采取抽样取证的方法；在证据可能灭失或者以后难以取得的情况下，经行政机关负责人批准，可以先行登记保存，并应当在7日内及时作出处理决定，在此期间，当事人或者有关人员不得销毁或者转移证据。

第57条 调查终结，行政机关负责人应当对调查结果进行审查，根据不同情况，分别作出如下决定：

（一）确有应受行政处罚的违法行为的，根据情节轻重及具体情况，作出行政处罚决定；

（二）违法行为轻微，依法可以不予行政处罚的，不予行政处罚；

（三）违法事实不能成立的，不予行政处罚；

（四）违法行为涉嫌犯罪的，移送司法机关。

对情节复杂或者重大违法行为给予行政处罚，行政机关负责人应当集体讨论决定。

第58条 有下列情形之一，在行政机关负责人作出行政处罚的决定之前，应当由从事行政处罚决定法制审核的人员进行法制审核；未经法制审核或者审核未通过的，不得作出决定：

（一）涉及重大公共利益的；

（二）直接关系当事人或者第三人重大权益，经过听证程序的；

（三）案件情况疑难复杂、涉及多个法律关系的；

（四）法律、法规规定应当进行法制审核的其他情形。

行政机关中初次从事行政处罚决定法制审核的人员，应当通过国家统一法律职业资格考试取得法律职业资格。

第59条 行政机关依照本法第57条的规定给予行政处罚，应当制作行政处罚决定书。

行政处罚决定书应当载明下列事项：

（一）当事人的姓名或者名称、地址；

（二）违反法律、法规、规章的事实和证据；

（三）行政处罚的种类和依据；

（四）行政处罚的履行方式和期限；

（五）申请行政复议、提起行政诉讼的途径和期限；

（六）作出行政处罚决定的行政机关名称和作出决定的日期。

行政处罚决定书必须盖有作出行政处罚决定的行政机关的印章。

第60条 行政机关应当自行政处罚案件立案之日起90日内作出行政处罚决定。法律、法规、规章另有规定的，从其规定。

第61条 行政处罚决定书应当在宣告后当场交付当事人；当事人不在场的，行政机关应当在7日内依照《中华人民共和国民事诉讼法》的有关规定，将行政处罚决定书送达当事人。

当事人同意并签订确认书的，行政机关可以采用传真、电子邮件等方式，将行政处罚决定书等送达当事人。

第62条 行政机关及其执法人员在作出行政处罚决定之前，未依照本法第44条、第45条的规定向当事人告知拟作出的行政处罚内容及事实、理由、依据，或者拒绝听取当事人的陈述、申辩，不得作出行政处罚决定；当事人明确放弃陈述或者申辩权利的除外。

第63条 行政机关拟作出下列行政处罚决定，应当告知当事人有要求听证的权利，当事人要求听证的，行政机关应当组织听证：

（一）较大数额罚款；

（二）没收较大数额违法所得、没收较大价值非法财物；

（三）降低资质等级、吊销许可证件；

（四）责令停产停业、责令关闭、限制从业；

（五）其他较重的行政处罚；

（六）法律、法规、规章规定的其他情形。

当事人不承担行政机关组织听证的费用。

第64条 听证应当依照以下程序组织：

（一）当事人要求听证的，应当在行政机关告知后5日内提出；

（二）行政机关应当在举行听证的7日前，通知当事人及有关人员听证的时间、地点；

（三）除涉及国家秘密、商业秘密或者个人隐私依法予以保密外，听证公开举行；

（四）听证由行政机关指定的非本案调查人员主持；当事人认为主持人与本案有直接利害关系的，有权申请回避；

（五）当事人可以亲自参加听证，也可以委托1至2人代理；

（六）当事人及其代理人无正当理由拒不出席听证或者未经许可中途退出听证的，视为放弃听证权利，行政机关终止听证；

（七）举行听证时，调查人员提出当事人违法的事实、证据和行政处罚建议，当事人进行申辩和质证；

（八）听证应当制作笔录。笔录应当交当事人或者其代理人核对无误后签字或者盖章。当事人或者其代理人拒绝签字或者盖章的，由听证主持人在笔录中注明。

第65条 听证结束后，行政机关应当根据听证笔录，依照本法第57条的规定，作出决定。

第67条 作出罚款决定的行政机关应当与收缴罚款的机构分离。

除依照本法第68条、第69条的规定当场收缴的罚款外，作出行政处罚决定的行政机关及其执法人员不得自行收缴罚款。

当事人应当自收到行政处罚决定书之日起15日内，到指定的银行或者通过电子支付系统缴纳罚款。银行应当收受罚款，并将罚款直接上缴国库。

第68条 依照本法第51条的规定当场作出行政处罚决定，有下列情形之一，执法人员可以当场收缴罚款：

（一）依法给予100元以下罚款的；

（二）不当场收缴事后难以执行的。

第69条 在边远、水上、交通不便地区，行政机关及其执法人员依照本法第51条、第57条的规定作出罚款决定后，当事人到指定的银行或者通过电子支付系统缴纳罚款确有困难，经当事人提出，行政机关及其执法人员可以当场收缴罚款。

第70条 行政机关及其执法人员当场收缴罚款的，必须向当事人出具国务院财政部门或者省、自治区、直辖市人民政府财政部门统一制发的专用票据；不出具财政部门统一制发的专用票据的，当事人有权拒绝缴纳罚款。

第72条第1款 当事人逾期不履行行政处罚决定的，作出行政处罚决定的行政机关可以采取下列措施：

（一）到期不缴纳罚款的，每日按罚款数额的3%加处罚款，加处罚款的数额不得超出罚款的数额；

（二）根据法律规定，将查封、扣押的财物拍卖、依法处理或者将冻结的存款、汇款划拨抵缴罚款；

（三）根据法律规定，采取其他行政强制执行方式；

（四）依照《中华人民共和国行政强制法》的规定申请人民法院强制执行。

第73条第3款 当事人申请行政复议或者提起行政诉讼的，加处罚款的数额在行政复议或者行政诉讼期间不予计算。

一、行政处罚的决定程序

行政处罚的决定程序包括简易程序和普通程序，还有在普通程序中比较特殊的听证程序。

（一）简易程序

适用条件	违法事实确凿并有法定依据，对公民处以200元以下、对法人或者其他组织处以3000元以下罚款或者警告的行政处罚的。
	法律另有规定的除外。

续表

处罚决定	执法人员可以当场作出行政处罚决定，向当事人出示执法证件，填写预定格式、编有号码的行政处罚决定书。
	行政处罚决定书应当载明：①当事人的违法行为；②行政处罚的种类和依据、罚款数额、时间、地点；③申请行政复议或者提起行政诉讼的途径和期限以及行政机关名称。
	行政处罚决定书应由执法人员签名或者盖章。
	执法人员当场作出的行政处罚决定，必须报所属行政机关备案。
送　达	行政处罚决定书应当当场交付当事人，当事人拒绝签收的，应当在行政处罚决定书上注明。

（二）普通程序

调查检查	执法人员在调查或者进行检查时，应当主动向当事人或者有关人员出示执法证件。当事人或者有关人员有权要求执法人员出示执法证件。执法人员不出示执法证件的，当事人或者有关人员有权拒绝接受调查或者检查。
	询问或者检查应当制作笔录。
	行政机关在收集证据时，可以采取抽样取证的方法；在证据可能灭失或者以后难以取得的情况下，经行政机关负责人批准，可以先行登记保存，并应当在 7 日内及时作出处理决定。
	行政机关及其工作人员对调查、检查中知悉的国家秘密、商业秘密或者个人隐私，应当依法予以保密。
	符合立案标准的，行政机关应当及时立案。
处罚决定	调查终结，行政机关负责人应当对调查结果进行审查。对情节复杂或者重大违法行为给予行政处罚，行政机关的负责人应当集体讨论决定。
	行政处罚决定前需要法制审核情形： （1）涉及重大公共利益的； （2）直接关系当事人或者第三人重大权益，经过听证程序的； （3）案件情况疑难复杂、涉及多个法律关系的； （4）法律、法规规定。
	行政处罚决定书应当载明：①当事人的姓名或者名称、地址；②违反法律、法规或者规章的事实和证据；③行政处罚的种类和依据；④行政处罚的履行方式和期限；⑤不服行政处罚决定，申请行政复议或者提起行政诉讼的途径和期限；⑥作出行政处罚决定的行政机关名称和作出决定的日期。
	行政处罚决定书必须盖有作出行政处罚决定的行政机关的印章。
	行政机关应当自行政处罚案件立案之日起 90 日内作出行政处罚决定，法律、法规、规章另有规定的除外。
送　达	行政处罚决定书应当在宣告后当场交付当事人。
	当事人不在场的，行政机关应当在 7 日内依照《民事诉讼法》的有关规定送达当事人。 [注意] 当事人同意并签订确认书的，行政机关可以采用传真、电子邮件等方式，将行政处罚决定书等送达当事人。

📖 **考点点拨**

简易程序与普通程序进行比较：

1. 适用范围不同。原则上适用普通程序，例外情况下适用简易程序。适用简易程序的条件如下：

（1）违法事实确凿并有法定依据；

（2）处罚种类和幅度分别是对公民处以 200 元以下的罚款或者警告，对法人或者其他组织处以 3000 元以下的罚款或者警告。

2. 当场处罚与非当场处罚。简易程序又称当场处罚，普通程序又称非当场处罚。

3. 行政处罚决定作出主体不同。简易程序由执法人员作出决定；普通程序由行政机关负责人作出决定，如果情节复杂、处罚更重，则由行政机关负责人集体讨论决定。

4. 行政处罚决定书内容不同。普通程序既需要处罚机关的名称，也需要处罚机关的印章，但是简易程序只需要有处罚机关的名称，有执法人员签名或盖章，没有强制要求行政机关印章。

5. 行政处罚决定书送达方式不同。简易程序当场处罚当场交付，即直接当场送达；普通程序不是当场处罚，作出处罚决定书需要向当事人宣告，宣告完交付，如果找不到当事人宣告或者宣告时当事人不到场，按照《民事诉讼法》的规定 7 日内送达。

🔭 **小练习**

案情： 某区生态环境局执法人员于 2017 年 12 月 19 日现场检查时，认定某药业有限责任公司存在危险废物（废化学试剂）未经环保部门批准擅自转移的行为，违反了《固体废物污染环境防治法》规定，罚款 2 万元。

问题： 区生态环境局执法人员能否当场作出罚款决定？

参考答案： 根据《行政处罚法》第 51 条的规定，对法人组织处以 3000 元以下罚款的，可以当场作出行政处罚决定。区生态环境局对某药业有限责任公司罚款 2 万元，区生态环境局执法人员不能当场作出罚款决定。

（三）听证程序

听证程序，是在行政机关作出重大行政处罚决定之前，公开举行专门会议，由行政处罚机关调查人员提出指控、证据和处理建议，当事人进行申辩和质证的程序。

听证范围	包括：①较大数额罚款；②没收较大数额违法所得、没收较大价值非法财物；③降低资质等级、吊销许可证件；④责令停产停业、责令关闭、限制从业；⑤其他较重的行政处罚；⑥法律、法规、规章规定的其他情形。
听证启动	（1）行政机关应当在处罚前告知当事人有要求举行听证的权利； （2）当事人被告知后 5 日内提出听证要求的，行政机关应组织听证。
听证通知	应当在听证的 7 日前，通知当事人举行听证的时间、地点。
听证公开	除涉及国家秘密、商业秘密或者个人隐私外，听证公开举行。

续表

听证主持人	（1）听证由行政机关指定的非本案调查人员主持； （2）当事人认为主持人与本案有直接利害关系的，有权申请回避。
听证当事人	（1）当事人可以亲自参加听证，也可以委托1至2人代理； （2）当事人及其代理人无正当理由拒不出席听证或者未经许可中途退出听证的，视为放弃听证权利，行政机关终止听证。
听证举行	（1）举行听证时，调查人员提出当事人违法的事实、证据和行政处罚建议； （2）当事人进行申辩和质证。
听证笔录	（1）听证应当制作笔录； （2）笔录应当交当事人或者其代理人核对无误后签字或者盖章，当事人或者其代理人拒绝签字或者盖章的，由听证主持人在笔录中注明； （3）听证结束后，行政机关应当根据听证笔录，作出决定。
听证费用	当事人不承担行政机关组织听证的费用。

[指导案例] 没收较大数额财产属于听证范围

行政机关作出没收较大数额涉案财产的行政处罚决定时，未告知当事人有要求举行听证的权利或者未依法举行听证的，人民法院应当依法认定该行政处罚违反法定程序。（最高人民法院指导案例6号：黄泽富、何伯琼、何熠诉四川省成都市金堂工商行政管理局行政处罚案）

考点点拨

只有纳入听证范围内的行政处罚行为才能适用听证程序，若行政处罚行为不属于法律规定中的听证事项，当事人都无权要求听证。

小练习

案情：某中等职业技术学校内发生一起两名学生死亡、多人受伤的恶性斗殴事件，引发社会强烈关注。市教育局调查后，认为该校存在管理力量、师资力量薄弱，教学秩序混乱的情况，是恶性斗殴事件发生的重要原因，根据《民办教育促进法》的规定，拟作出《吊销办学许可证决定》。

问题：市教育局作出《吊销办学许可证决定》是否适用听证程序？

参考答案：根据《行政处罚法》第63条第1款的规定，市教育局作出《吊销办学许可证决定》前应当告知某中等职业技术学校有要求举行听证的权利，某中等职业技术学校要求听证的，市教育局应当组织听证。

二、行政处罚的执行程序

（一）行政罚款的收缴

1. 罚缴分离

原则上，作出罚款决定的行政机关应当与收缴罚款的机构分离，作出行政处罚决定的行政机关及其执法人员不得自行收缴罚款。当事人应当自收到行政处罚决定书之日起15日内，向指定的银行或者通过电子支付系统缴纳罚款。银行应当收受罚款，并将罚款直接上缴国库。

2. 当场收缴

执法人员当场收缴罚款是例外。

（1）执法人员可以当场收缴罚款，有三种情形：

❶ 依法给予100元以下的罚款的；

❷ 不当场收缴事后难以执行的；

❸ 在边远、水上、交通不便地区，当事人向指定的银行或者通过电子支付系统缴纳罚款确有困难，经当事人提出，行政机关及其执法人员可以当场收缴罚款。

（2）当事人拒绝缴纳罚款。

行政机关及其执法人员当场收缴罚款的，必须向当事人出具国务院财政部门或者省、自治区、直辖市政府财政部门统一制发的专用票据；不出具财政部门统一制发的专用票据的，当事人有权拒绝缴纳罚款。

（二）行政处罚决定的强制执行

当事人逾期不履行行政处罚决定的，作出行政处罚决定的行政机关可以采取下列措施：

1. 到期不缴纳罚款的，每日按罚款数额的3%加处罚款，加处罚款的数额不得超出罚款的数额。

［注意］当事人申请行政复议或者提起行政诉讼的，加处罚款的数额在行政复议或者行政诉讼期间不予计算。

2. 根据法律规定，将查封、扣押的财物拍卖、依法处理或者将冻结的存款、汇款划拨抵缴罚款。

3. 根据法律规定，采取其他行政强制执行方式。

4. 依照《行政强制法》的规定申请法院强制执行。

［总结］罚款的收缴与执行：①当事人到指定的银行或通过电子支付系统缴纳罚款；②100元以下的罚款和不当场收缴事后难以执行的罚款，执法人员可以当场收缴罚款；③到期不缴纳罚款的，每日按罚款数额的3%加处罚款；④根据法律规定，将查封、扣押的财物拍卖或者将冻结的存款划拨抵缴罚款；⑤申请人民法院强制执行。

经典真题

案情： 某省盐业公司从外省盐厂购进300吨工业盐运回本地，当地市盐务管理局认为购进工业盐的行为涉嫌违法，遂对该批工业盐予以先行登记保存，并将《先行登记保存通知书》送达该公司。其后，市盐务管理局经听证、集体讨论后，认定该盐业公司未办理工业盐准运证从省外购进工业盐，违反了省政府制定的《盐业管理办法》第20条，决定没收该盐业公司违法购进的工业盐，并处罚款15万元。盐业公司不服处罚决定，向市政府申请行政复议。市政府维持市盐务管理局的处罚决定。盐业公司不服向法院起诉。（2017/4/七）

问题：

1. 请简答行政机关适用先行登记保存的条件和程序。[1]
2. 《行政处罚法》对市盐务管理局举行听证的主持人的要求是什么？[2]

第8讲　治安管理处罚

核心法条

《治安管理处罚法》

第9条　对于因民间纠纷引起的打架斗殴或者损毁他人财物等违反治安管理行为，情节较轻的，公安机关可以调解处理。经公安机关调解，当事人达成协议的，不予处罚。经调解未达成协议或者达成协议后不履行的，公安机关应当依照本法的规定对违反治安管理行为人给予处罚，并告知当事人可以就民事争议依法向人民法院提起民事诉讼。

第19条　违反治安管理有下列情形之一的，减轻处罚或者不予处罚：

（一）情节特别轻微的；

（二）主动消除或者减轻违法后果，并取得被侵害人谅解的；

（三）出于他人胁迫或者诱骗的；

（四）主动投案，向公安机关如实陈述自己的违法行为的；

（五）有立功表现的。

第20条　违反治安管理有下列情形之一的，从重处罚：

（一）有较严重后果的；

（二）教唆、胁迫、诱骗他人违反治安管理的；

（三）对报案人、控告人、举报人、证人打击报复的；

（四）6个月内曾受过治安管理处罚的。

第21条　违反治安管理行为人有下列情形之一，依照本法应当给予行政拘留处罚的，不执行行政拘留处罚：

（一）已满14周岁不满16周岁的；

（二）已满16周岁不满18周岁，初次违反治安管理的；

（三）70周岁以上的；

（四）怀孕或者哺乳自己不满1周岁婴儿的。

第22条　违反治安管理行为在6个月内没有被公安机关发现的，不再处罚。

前款规定的期限，从违反治安管理行为发生之日起计算；违反治安管理行为有连续或者继续状态的，从行为终了之日起计算。

---

[1]　根据《行政处罚法》第56条的规定，行政机关在证据可能灭失或者以后难以取得的情况下，经行政机关负责人批准，可以先行登记保存，并应当在7日内及时作出处理决定。

[2]　根据《行政处罚法》第64条第4项的规定，听证由市盐务管理局指定的非本案调查人员主持；当事人认为主持人与本案有直接利害关系的，有权申请回避。

第82条 需要传唤违反治安管理行为人接受调查的，经公安机关办案部门负责人批准，使用传唤证传唤。对现场发现的违反治安管理行为人，人民警察经出示工作证件，可以口头传唤，但应当在询问笔录中注明。

公安机关应当将传唤的原因和依据告知被传唤人。对无正当理由不接受传唤或者逃避传唤的人，可以强制传唤。

第83条 对违反治安管理行为人，公安机关传唤后应当及时询问查证，询问查证的时间不得超过8小时；情况复杂，依照本法规定可能适用行政拘留处罚的，询问查证的时间不得超过24小时。

公安机关应当及时将传唤的原因和处所通知被传唤人家属。

第87条第1款 公安机关对与违反治安管理行为有关的场所、物品、人身可以进行检查。检查时，人民警察不得少于2人，并应当出示工作证件和县级以上人民政府公安机关开具的检查证明文件。对确有必要立即进行检查的，人民警察经出示工作证件，可以当场检查，但检查公民住所应当出示县级以上人民政府公安机关开具的检查证明文件。

第89条第1款 公安机关办理治安案件，对与案件有关的需要作为证据的物品，可以扣押；对被侵害人或者善意第三人合法占有的财产，不得扣押，应当予以登记。对与案件无关的物品，不得扣押。

第91条 治安管理处罚由县级以上人民政府公安机关决定；其中警告、500元以下的罚款可以由公安派出所决定。

第97条 公安机关应当向被处罚人宣告治安管理处罚决定书，并当场交付被处罚人；无法当场向被处罚人宣告的，应当在2日内送达被处罚人。决定给予行政拘留处罚的，应当及时通知被处罚人的家属。

有被侵害人的，公安机关应当将决定书副本抄送被侵害人。

第98条 公安机关作出吊销许可证以及处2000元以上罚款的治安管理处罚决定前，应当告知违反治安管理行为人有权要求举行听证；违反治安管理行为人要求听证的，公安机关应当及时依法举行听证。

第99条 公安机关办理治安案件的期限，自受理之日起不得超过30日；案情重大、复杂的，经上一级公安机关批准，可以延长30日。

为了查明案情进行鉴定的期间，不计入办理治安案件的期限。

第100条 违反治安管理行为事实清楚，证据确凿，处警告或者200元以下罚款的，可以当场作出治安管理处罚决定。

第101条 当场作出治安管理处罚决定的，人民警察应当向违反治安管理行为人出示工作证件，并填写处罚决定书。处罚决定书应当当场交付被处罚人；有被侵害人的，并将决定书副本抄送被侵害人。

前款规定的处罚决定书，应当载明被处罚人的姓名、违法行为、处罚依据、罚款数额、时间、地点以及公安机关名称，并由经办的人民警察签名或者盖章。

当场作出治安管理处罚决定的，经办的人民警察应当在24小时内报所属公安机关备案。

第104条 受到罚款处罚的人应当自收到处罚决定书之日起15日内，到指定的银行缴纳罚款。但是，有下列情形之一的，人民警察可以当场收缴罚款：

（一）被处50元以下罚款，被处罚人对罚款无异议的；

（二）在边远、水上、交通不便地区，公安机关及其人民警察依照本法的规定作出罚款决定后，被处罚人向指定的银行缴纳罚款确有困难，经被处罚人提出的；

（三）被处罚人在当地没有固定住所，不当场收缴事后难以执行的。

第107条 被处罚人不服行政拘留处罚决定，申请行政复议、提起行政诉讼的，可以向公安机关提出暂缓执行行政拘留的申请。公安机关认为暂缓执行行政拘留不致发生社会危险的，由被处罚人或者其近亲属提出符合本法第108条规定条件的担保人，或者按每日行政拘留200元的标准交纳保证金，行政拘留的处罚决定暂缓执行。

一、治安管理处罚的概念

治安管理处罚，是指公安机关给予有违反治安管理行为的公民、法人和其他组织的行政制裁。

违反治安管理行为包括扰乱公共秩序的行为，妨害公共安全的行为，侵犯人身权利、财产权利的行为和妨害社会管理的行为。

1. 扰乱公共秩序的行为，是对生产和生活等正常社会活动秩序的侵害。

2. 妨害公共安全的行为，是对不特定多数人生命健康和财产安全的危害。

3. 侵犯人身权利、财产权利的行为，是对特定人和特定财产的侵害。

4. 妨害社会管理的行为，是以危害国家机关正常管理为中心内容的其他违反治安管理的行为。

魏语绸缪

考生可以比照刑法中的犯罪行为种类来区分违反治安管理行为的种类。

二、治安管理处罚的种类

《治安管理处罚法》规定，治安管理处罚共有四个主罚种类和一个附加罚种类。四个主罚是警告、罚款、行政拘留和吊销公安机关发放的许可证；一个附加罚种类是限期出境或者驱逐出境，适用对象仅限于违反治安管理的外国人。

三、治安管理处罚的实施主体和适用

1. 治安管理处罚的实施主体

治安管理处罚由县级以上政府公安机关决定，其中警告和500元以下罚款可以由派出所决定，治安处罚不存在由公安机关和派出所之外的组织被授权和受委托实施的情形。

2. 治安管理处罚的适用

治安管理处罚的适用，是公安机关根据违法行为人的责任能力和行为情节，决定是否给予处罚、给予何种处罚和给予何种程度处罚的活动，实现过罚相当和保证处罚公正。

不予处罚	（1）违反治安管理行为在 6 个月内没有被公安机关发现的； （2）不满 14 周岁的人违反治安管理的； （3）精神病人在不能辨认或者不能控制自己行为的时候违反治安管理的。		
减轻处罚或 不予处罚	（1）情节特别轻微的； （2）主动消除或者减轻违法后果，并取得被侵害人谅解的； （3）出于他人胁迫或者诱骗的； （4）主动投案，向公安机关如实陈述自己的违法行为的； （5）有立功表现的。		
可从轻、减轻 或者不予处罚	盲人或者又聋又哑的人违反治安管理的。		
从轻或减轻处罚	已满 14 周岁不满 18 周岁的人违反治安管理的。		
从重处罚	（1）有较严重后果的； （2）教唆、胁迫、诱骗他人违反治安管理的； （3）对报案人、控告人、举报人、证人打击报复的； （4）6 个月内曾受过治安管理处罚的。		
调解与处罚	条　件	对于因民间纠纷引起的打架斗殴或者损毁他人财物等违反治安管理行为，情节较轻的。	
	适用结果	私了：经公安机关调解，当事人达成协议的，不予处罚。	
		公了：经调解未达成协议或达成协议后不履行的，公安机关应当对违反治安管理行为人给予处罚，并告知当事人可就民事争议依法向法院提起民事诉讼。	

违反治安管理是危害社会的行为，应当予以处罚，原则上不允许当事人以"私了"方式解决。但有例外，即对于因民间纠纷引起的打架斗殴或者损毁他人财物等违反治安管理行为，情节较轻的，公安机关可以调解处理。经公安机关调解，当事人达成协议的，不予处罚。经调解未达成协议或者达成协议后不履行的，公安机关应当对违反治安管理行为人给予处罚，并告知当事人可以就民事争议依法向人民法院提起民事诉讼。对于情节较轻的违反治安管理的行为可以治安调解，治安调解的目的是鼓励私了，尽快消除影响社会稳定的隐患。

小练习

案情：安某放的羊吃了朱某家的玉米秸，二人争执。安某殴打朱某，致其左眼部青紫、鼻骨骨折，朱某被鉴定为轻微伤。在公安分局的主持下，安某与朱某达成协议，由安某向朱某赔偿 500 元。

问题：公安分局能否对安某进行治安处罚？

参考答案：根据《治安管理处罚法》第 9 条的规定，安某与朱某因民间纠纷引起的打架斗殴是违反治安管理行为，属于情节较轻的情形，经公安分局调解安某与朱某就赔偿问题达成协议后，公安分局对安某不予处罚。

四、治安管理处罚的程序

治安管理处罚程序由调查、决定和执行三部分组成。《治安管理处罚法》规定，治安管理处罚的程序，适用《治安管理处罚法》的规定；《治安管理处罚法》没有规定的，适用《行政处罚法》的规定。考生需要重点掌握的是《治安管理处罚法》的特别规定。

（一）调查

调查是关于公安机关查处违反治安管理案件过程的制度，主要包括对报案、控告、举报和投案的受理，对违反治安管理行为人的传唤和询问，对行为人、有关场所和物品的检查。

1. 传唤

对于传唤，原则上应使用传唤证，即书面传唤，例外是口头传唤，但口头传唤有三个要求：①现场发现的违法行为人；②警察出示证件；③在随后询问笔录里面要注明口头传唤。另外，公安机关应该及时将传唤的原因和处所通知家属。

2. 询问

询问实际上是对人身自由的限制：①原则上一般询问时间不能超过 8 小时；②例外情况下可能适用行政拘留处罚的，能够延长到 24 小时；③不能采取连续传唤的方式变相延长询问时间。

[注意] 对被侵害人或者其他证人的询问是"通知"其到公安机关，对违反治安管理行为人的询问是"传唤"其到公安机关。

> **魏语绸缪**
> 治安处罚中的询问查证时间：一般情形——不得超过 8 小时；特殊情形（治安拘留）——不得超过 24 小时。

3. 检查

检查的要求：①原则上 2 名警察出示证件后，拿着县级以上政府公安机关开具的检查证明文件才能够检查；②例外情形是情况紧急的，也可以不需要检查证明文件而立即进行检查；③对公民住所进行检查必须出示检查证明文件。另外，检查都应当制作检查笔录，由检查人、被检查人和见证人签名或者盖章；被检查人拒绝签名的，警察应当在笔录上注明。

> **魏语绸缪**
> 公安机关检查公民住所的三个条件：①警察不得少于 2 人；②警察应当出示工作证件；③警察应当出示县级以上人民政府公安机关开具的检查证明文件。

4. 扣押

扣押的财产必须跟案件有关。涉及被侵害人或第三人的合法财产，不得扣押，应予登记。这是为了保护第三人和被侵害人的合法权益。

[总结]

传 唤	对违反治安管理行为人，经公安机关办案部门负责人批准，使用传唤证传唤。
	现场发现的违反治安管理的行为人，警察经出示工作证件，可以口头传唤，但应在询问笔录中注明。
	公安机关应当及时将传唤的原因和处所通知被传唤人家属。
询 问	询问查证的时间不得超过 8 小时；可能适用行政拘留处罚的，不得超过 24 小时。
	询问笔录应当交被询问人核对，被询问人应当签名或者盖章，询问的警察应当在笔录上签名。

续表

询 问	被询问人要求就被询问事项自行提供书面材料的，应当准许。
	警察询问被侵害人或者其他证人，可以到其所在单位或者住处进行；必要时，也可以通知其到公安机关。
检 查	对与违反治安管理行为有关的场所、物品、人身可以进行检查。
	人民警察不得少于2人，并出示工作证件和县级以上政府公安机关开具的检查证明文件。
	对确有必要立即进行检查的，警察经出示工作证件，可以当场检查，但检查公民住所应当出示县级以上政府公安机关开具的检查证明文件。
	应当制作检查笔录，由检查人、被检查人和见证人签名或者盖章；被检查人拒绝签名的，警察应当在笔录上注明。
扣 押	对扣押的物品，应当当场开列清单一式二份，由调查人员、见证人和持有人签名或者盖章。
	对与案件有关的需要作为证据的物品，可以扣押；与案件无关物品，不得扣押；对被侵害人或者善意第三人合法占有的财产，不得扣押，应当予以登记。

小练习

案情： 公安局警察以田某等人哄抢一货车上的财物为由传唤田某，经询问查证后对田某处以15日行政拘留处罚。

问题：

（1）公安局警察传唤田某是否应当通知田某家属？

（2）公安局警察对田某询问查证时间如何确定？

（3）公安局警察对田某等人哄抢的财物能否扣押？

参考答案：

（1）根据《治安管理处罚法》第83条第2款的规定，公安局警察传唤田某应当及时将传唤的原因和处所通知田某家属。

（2）根据《治安管理处罚法》第83条第1款的规定，公安局对田某处以15日行政拘留，对田某传唤后询问查证的时间应当是不得超过24小时。

（3）根据《治安管理处罚法》第89条第1款的规定，田某等人哄抢的财物是被侵害人合法占有的财产，不得扣押，应当予以登记。

（二）决定

决定是公安机关对违反治安管理案件作出处理结论过程的制度，主要包括决定的程序、决定的送达和结案期限。

1. 简易程序与听证程序的适用条件

（1）违反治安管理行为事实清楚，证据确凿，处警告或者200元以下罚款的，治安处罚适用简易程序作出决定；

（2）适用简易程序作出决定的，应当在24小时内报所属公安机关备案；

（3）吊销许可证及2000元以上的罚款，适用听证程序后作出处罚决定。

[注意] 行政拘留不属于听证的法定范围：①公安机关没有义务告知被拘留人有权要

求举行听证，即使被拘留人申请听证的，公安机关可以拒绝举行听证；②若公安机关告知被拘留人有权要求举行听证，被拘留人申请听证的，公安机关应当举行听证。

2. 治安处罚决定的送达

（1）治安处罚决定无法当场向被处罚人宣告的，应当在2日内送达被处罚人。

（2）有被侵害人的，还应当将决定书副本抄送被侵害人。治安处罚决定书副本抄送给被侵害人，是为了保护被侵害人的权益。

（3）决定给予行政拘留处罚决定的，应当及时通知被处罚人的家属，这是为了保护被限制人身自由人的人身安全。

3. 治安案件的期限

（1）原则上公安机关自受理之日起不得超过30日；

（2）例外情况是案情重大、复杂的，经上一级公安机关批准，可以延长30日。

为了查明案情进行鉴定的期间，不计入办理治安案件的期限。

（三）执行

执行是公安机关实施治安管理处罚决定过程的制度，主要包括罚款和拘留的执行。

1. 罚款的收缴

原则：罚缴分离	罚款决定机关应与收缴机构（银行）分离。
例外：可当场收缴	（1）被处50元以下罚款，被处罚人对罚款无异议； （2）被处罚人在当地没有固定住所，不当场收缴事后难以执行的； （3）在边远、水上、交通不便地区，当事人向指定银行缴纳确有困难，经当事人提出。

注意《治安管理处罚法》与《行政处罚法》规定的不同，执法人员当场收缴的罚款数额分别是50元以下和100元以下。

2. 拘留的执行

执 行	由作出决定的公安机关送达拘留所执行。
	行政拘留处罚合并执行的，最长不超过20日。
不执行	（1）已满14周岁不满16周岁的； （2）已满16周岁不满18周岁，初次违反治安管理的； （3）70周岁以上的； （4）怀孕或者哺乳自己不满1周岁婴儿的。
暂缓执行	条 件 （1）被处罚人申请行政复议、提起行政诉讼的，向公安机关申请暂缓执行； （2）公安机关认为暂缓执行行政拘留不致发生社会危险。
	担保人 （1）与本案无牵连。 （2）享有政治权利，人身自由未受到限制。 （3）在当地有常住户口和固定住所。 （4）有能力履行担保义务。担保人不履行担保义务，致使被担保人逃避行政拘留处罚的执行的，由公安机关对其处3000元以下罚款。

续表

暂缓执行	保证金	每日200元的标准交纳保证金。
		逃避行政拘留处罚执行的，保证金予以没收，行政拘留决定仍应执行。
		拘留决定被撤销或拘留处罚开始执行的，保证金应当及时退还交纳人。

拘留执行制度需要掌握以下问题：

（1）执行一般是送行政拘留所执行。2个以上的治安违法行为都给予拘留处罚，合并执行最长不能超过20日。

（2）暂缓执行制度存在的原因是一旦人身自由被限制就不具有可恢复性。需要掌握两个问题：

❶暂缓执行的条件：被处罚当事人申请行政复议或者提起行政诉讼，向公安机关申请暂缓执行拘留，公安机关认为不执行拘留不致发生社会危险。

❷申请人申请暂缓执行拘留的两种途径：一种是人保，找担保人，担保人有条件限制，必须跟本案没有牵连，享有政治权利，人身自由不能受到限制，在当地有常住户口、固定住所，能履行担保义务；另一种是财保，财保就是交保证金，保证金原则上都应退还，除非逃避行政拘留处罚执行的，保证金予以没收。

魏语绸缪

治安拘留处罚的保证金原则上都要退还当事人，不退还是例外情况——逃避拘留处罚的执行。

[总结] 行政拘留暂缓执行要求四个条件同时具备：①被处罚人对拘留决定申请行政复议或提起行政诉讼；②被处罚人提出暂缓执行拘留的申请；③公安机关认为暂缓执行拘留不致发生社会危险；④被处罚人提供了符合条件的担保人或交纳了保证金。

小练习

案情：李某多次发送淫秽短信、干扰他人正常生活，派出所经调查对李某作出200元罚款的处罚决定。

问题：

（1）派出所能否以自己名义作出处罚决定？

（2）派出所能否当场作出处罚决定？

（3）派出所能否当场收缴罚款？

参考答案：

（1）根据《治安管理处罚法》第91条的规定，公安派出所的法定授权是500元以下罚款和警告，本案派出所能以自己名义作出200元罚款决定。

（2）根据《治安管理处罚法》第100条的规定，警告或者200元以下罚款的，可以当场作出处罚决定，本案派出所能当场作出200元罚款决定。

（3）根据《治安管理处罚法》第104条第1项的规定，被处50元以下罚款可以当场收缴，本案派出所不能当场收缴200元罚款。

经典真题

案情：经工商局核准，甲公司取得企业法人营业执照，经营范围为木材切片加工。甲公司与乙公司签订合同，由乙公司供应加工木材 1 万吨。不久，省林业局致函甲公司，告知按照本省地方性法规的规定，新建木材加工企业必须经省林业局办理木材加工许可证后，方能向工商行政管理部门申请企业登记，违者将受到处罚。1 个月后，省林业局以甲公司无证加工木材为由没收其加工的全部木片，并处以 30 万元罚款。期间，省林业公安局曾传唤甲公司人员李某到公安局询问该公司木材加工情况。甲公司向法院起诉要求撤销省林业局的处罚决定。

因甲公司停产，无法履行与乙公司签订的合同，乙公司要求支付货款并赔偿损失，甲公司表示无力支付和赔偿，乙公司向当地公安局报案。2010 年 10 月 8 日，公安局以涉嫌诈骗为由将甲公司法定代表人张某刑事拘留，1 个月后，张某被批捕。2011 年 4 月 1 日，检察院以证据不足为由作出不起诉决定，张某被释放。张某遂向乙公司所在地公安局提出国家赔偿请求，公安局以未经确认程序为由拒绝张某请求。张某又向检察院提出赔偿请求，检察院以本案应当适用修正前的《国家赔偿法》，此种情形不属于国家赔偿范围为由拒绝张某请求。（2011/4/六）

问题：李某能否成为传唤对象？为什么？[1]

案例拓展

沈某、蔡某诉南通市公安局开发区分局行政不作为案

关键词：治安调解与治安处罚程序

2013 年 9 月 20 日 13 时 5 分左右，江苏省南通市开发区某小区内 1 号门面店主与 2 号门面店主因空油桶堆放问题引发纠纷，双方人员由争执进而引发殴打。南通市公安局开发区分局（以下简称"开发区分局"）接到报警后，指令民警出警并对涉案人员及证人调查取证。2013 年 9 月 22 日，开发区分局将该纠纷正式作为治安案件立案，并多次组织双方调解。10 月 9 日，沈某被传唤接受询问时明确表示不同意调解。12 月 2 日，沈某、蔡某以开发区分局不履行治安管理行政处罚法定职责为由，向法院提起行政诉讼，要求确认被告未在法律规定期限内作出治安处罚决定行为违法。在诉讼期间，被告于 12 月 9 日根据《治安管理处罚法》的规定分别对涉案人员作出行政处罚决定。

法院裁判：

南通市港闸区人民法院一审认为，被告开发区分局是否在法定期限内履行了法定职责，应当从法律、法规规定的办案期限及是否存在不计入办案期限的正当事由两个方面审查。根据《治安管理处罚法》第 99 条的规定，公安机关办理治安案件的期限，自

---

〔1〕 李某不能成为传唤对象。因为根据《治安管理处罚法》第 82 条的规定，治安传唤适用的对象是违反治安管理行为的人，李某并未违反治安管理规定，故省林业公安局不得对李某进行治安传唤。根据《治安管理处罚法》第 85 条第 1 款的规定，可以通知李某到公安机关提供证言。

受理之日起不得超过 30 日；案情重大、复杂的治安案件，经上一级公安机关的批准，可以再延长 30 日。这就意味着公安机关办理治安案件的一般期限为 30 日，最长期限不得超过 60 日。被告于 2013 年 9 月 22 日立案，至 2013 年 12 月 9 日作出行政处罚决定，办案期限明显超过了法律规定的一般办案期限，也超过了最长 60 日的办案期限。

调解亦应当坚持自愿原则，当事人明确表示不愿意调解的，则不应适用调解处理。即使存在调解的事实，那么从原告沈某 10 月 9 日拒绝调解之日起至被告于 12 月 9 日作出行政处罚决定，亦长达 61 日，仍然超过了最长 60 日的办案期限。更何况被告未能在举证期限内提供经上一级公安机关批准延长办案期限的证据。据此，判决确认被告未在法律规定的期限内作出行政处罚决定行为违法。一审宣判后，双方当事人均未上诉。

案例来源：2015 年 1 月 15 日最高人民法院

发布行政不作为十大案例之六

　　本专题在主观卷中的题目类型是案例分析题和论述题，考试的重点是行政许可的设定权限、行政许可的实施主体和实施程序，难点是分析解决行政许可授予过程和监督检查过程中的行政行为合法性问题。

第9讲　行政许可概述和设定

核心法条

《行政许可法》

　　第2条　本法所称行政许可，是指行政机关根据公民、法人或者其他组织的申请，经依法审查，准予其从事特定活动的行为。

　　第14条　本法第12条所列事项，法律可以设定行政许可。尚未制定法律的，行政法规可以设定行政许可。

　　必要时，国务院可以采用发布决定的方式设定行政许可。实施后，除临时性行政许可事项外，国务院应当及时提请全国人民代表大会及其常务委员会制定法律，或者自行制定行政法规。

　　第15条　本法第12条所列事项，尚未制定法律、行政法规的，地方性法规可以设定行政许可；尚未制定法律、行政法规和地方性法规的，因行政管理的需要，确需立即实施行政许可的，省、自治区、直辖市人民政府规章可以设定临时性的行政许可。临时性的行政许可实施满1年需要继续实施的，应当提请本级人民代表大会及其常务委员会制定地方性法规。

　　地方性法规和省、自治区、直辖市人民政府规章，不得设定应当由国家统一确定的公民、法人或者其他组织的资格、资质的行政许可；不得设定企业或者其他组织的设立登记及其前置性行政许可。其设定的行政许可，不得限制其他地区的个人或者企业到本地区从事生产经营和提供服务，不得限制其他地区的商品进入本地区市场。

　　第16条　行政法规可以在法律设定的行政许可事项范围内，对实施该行政许可作出具体规定。

地方性法规可以在法律、行政法规设定的行政许可事项范围内，对实施该行政许可作出具体规定。

规章可以在上位法设定的行政许可事项范围内，对实施该行政许可作出具体规定。

法规、规章对实施上位法设定的行政许可作出的具体规定，不得增设行政许可；对行政许可条件作出的具体规定，不得增设违反上位法的其他条件。

第17条　除本法第14条、第15条规定的外，其他规范性文件一律不得设定行政许可。

一、行政许可概述

（一）行政许可的概念和范围

行政许可，是指在法律一般禁止的情况下，行政主体根据行政相对人的申请，通过颁发许可证或执照等方式，依法赋予特定的行政相对人从事某种活动或实施某种行为的权利或资格的行为。根据《行政案件案由暂行规定》的规定，行政许可包括：①工商登记；②社会团体登记；③颁发机动车驾驶证；④特许经营许可；⑤建设工程规划许可；⑥建筑工程施工许可；⑦矿产资源许可；⑧药品注册许可；⑨医疗器械许可；⑩执业资格许可。

（二）行政许可与行政确认的联系和区别

行政确认，是指行政机关对相对人的法律关系、法律事实或者法律地位给予确定、认可、证明的具体行政行为。根据《行政案件案由暂行规定》的规定，行政确认包括：①基本养老保险资格或者待遇认定；②基本医疗保险资格或者待遇认定；③失业保险资格或者待遇认定；④工伤保险资格或者待遇认定；⑤生育保险资格或者待遇认定；⑥最低生活保障资格或者待遇认定；⑦确认保障性住房分配资格；⑧颁发学位证书或者毕业证书。

1. 行政许可与行政确认的联系

（1）许可中往往存在一个确认的环节，即确认作为许可的前提或基础；

（2）有时许可与确认交织在一起，使一个具体行政行为具有双重形态。

2. 行政许可与行政确认的区别

（1）对象不同。许可一般是使相对人获得某种行为的权利或者从事某种活动的资格；确认则仅仅是确认相对人的法律地位、权利义务和法律事实等。

（2）法律效果不同。许可是允许被许可人今后可以进行某种行为或活动，其法律效果具有后及性，没有前溯性；而确认是对相对人既有的身份、能力、权利、事实的确定和认可，其法律效果具有前溯性。

［指导案例］　建设工程消防验收备案结果通知属于行政确认

建设工程消防验收备案结果通知含有消防竣工验收是否合格的评定，具有行政确认的性质，当事人对公安机关消防机构的消防验收备案结果通知行为提起行政诉讼的，人民法院应当依法予以受理。（最高人民法院指导案例59号：戴世华诉济南市公安消防支队消防验收纠纷案）

二、行政许可的设定

设定权限是关于在相关国家机关中分配行政许可设定权的制度。许可越多，自由越少，行政许可的设定主要是解决行政许可的来源问题，控制许可权的产生。

1. 经常性行政许可的设定

经常性行政许可，由法律、行政法规、地方性法规来设定。尚未制定上位法的，下位法才可以设定行政许可。

对于国务院行政法规设定的有关经济事务的行政许可，省、自治区和直辖市人民政府可以根据本行政区域经济和社会发展情况，经过报国务院批准的程序后，可以在本行政区域内停止实施该行政许可。

2. 临时性行政许可的设定

国务院可以以决定形式，省级地方政府可以以规章形式设定临时性行政许可。

国务院的决定设定非经常性行政许可的条件是：

（1）尚未制定法律；

（2）在有必要的时候；

（3）实施后，除了临时行政许可事项以外，国务院应当及时提请全国人民代表大会及其常委会制定法律，或者自行制定行政法规。

省级地方政府规章设定临时性行政许可的条件是：

（1）尚未制定法律、行政法规和地方性法规；

（2）因行政管理的需要，确需立即实施行政许可；

（3）实施满1年需要继续实施的，应当提请本级人民代表大会及其常委会制定地方性法规。

3. 中央设定行政许可与地方设定行政许可

在行政许可设定中，有三类事项只能由中央设定，地方是不能设定的：

（1）国家统一确定资质和资格的许可；

（2）组织设立登记和前置性许可；

（3）限制其他地区的个人或者企业到本地区从事生产经营和提供服务，限制其他地区的商品进入本地区市场，实际上就是地方保护主义。

[总结]

法　　律	适用范围没有地域限制，申请人取得的行政许可在全国范围内有效。	只能全国统一设定： （1）由国家统一确定的资格、资质的许可； （2）组织的设立登记及其前置性许可。
行政法规		
国务院决定	实施后，除临时性行政许可事项外，国务院应及时提请制定法律，或自行制定行政法规。	
地方性法规	设定上位法没有设定的许可。	地方保护主义禁止： （1）不得限制其他地区的个人或企业到本地区从事生产经营和提供服务； （2）不得限制其他地区的商品进入本地区市场。
省级地方政府规章	因行政管理需要，确需立即实施许可的，省级政府规章可设定临时性行政许可；临时性行政许可实施满1年需要继续实施的，应当提请本级人民代表大会及其常委会制定地方性法规。	

4. 行政许可的规定

行政许可的规定跟行政许可的设定不同，下位法可以在上位法设定的行政许可事项范围内，对实施该行政许可作出具体规定。

制定具体规定有三个要求：①在上位法设定的行政许可事项范围内；②不得增设行政许可；③不得增设违反上位法的其他条件。

行政许可的设定只能采用法律、行政法规、国务院决定和地方性法规、省级地方政府规章的形式，其他规范性文件一律不得设定行政许可。

小练习

案情：《执业医师法》（现已失效）规定，执业医师需依法取得卫生行政主管部门发放的执业医师资格，并经注册后方能执业。

问题：对《执业医师法》规定的取得资格的条件和要求，部门规章能否作出具体规定？

参考答案：根据《行政许可法》第16条第3款的规定，所有的规章都可以对上位法设定的许可实施进行具体规定。因此，对《执业医师法》规定的取得资格的条件和要求，部门规章可以对实施该行政许可作出具体规定。

考点点拨

地方性法规设定行政许可的五个限制：
（1）不得设定国家统一确定的公民、法人或者其他组织的资格、资质的行政许可；
（2）不得设定企业或者其他组织的设立登记的行政许可；
（3）不得设定企业或者其他组织的设立登记的前置性行政许可；
（4）不得设定限制其他地区的个人或者企业到本地区从事生产经营和提供服务的行政许可；
（5）不得设定限制其他地区的商品进入本地区市场的行政许可。

[指导案例]

1. 盐业管理中地方性法规或者地方政府规章的行政许可设定。盐业管理的法律、行政法规没有设定工业盐准运证的行政许可，地方性法规或者地方政府规章不能设定工业盐准运证这一新的行政许可。[最高人民法院指导案例5号：鲁潍（福建）盐业进出口有限公司苏州分公司诉江苏省苏州市盐务管理局盐业行政处罚案]

2. 行政许可应当具有期限。行政许可具有法定期限，行政机关在作出行政许可时，应当明确告知行政许可的期限，行政相对人也有权利知道行政许可的期限。行政相对人仅以行政机关未告知期限为由，主张行政许可没有期限限制的，人民法院不予支持。（最高人民法院指导案例88号：张道文、陶仁等诉四川省简阳市人民政府侵犯客运人力三轮车经营权案）

小练习

案情：地方性法规规定，外地人员到本地经营网吧，应当到本地电信管理部门注册并缴纳特别管理费。

问题：这是否违反《行政许可法》？

参考答案：根据《行政许可法》第2条的规定，经营网吧到电信管理部门注册属于行政许可行为。根据《行政许可法》第15条第2款的规定，地方性法规设定的行政许可，不得限制其他地区的个人或者企业到本地区从事生产经营和提供服务。根据《行政许可法》第58条第1款的规定，地方性法规无权规定对行政许可收费。地方性法规规定，外地人员到本地经营网吧，应当到本地电信管理部门注册是限制其他地区的个人或者企业到本地区从事生产经营和提供服务，缴纳特别管理费是对行政许可收费，都违反了《行政许可法》。

经典真题

案情： 某公司系转制成立的有限责任公司，股东15人。全体股东通过的公司章程规定，董事长为法定代表人。对董事长产生及变更办法，章程未作规定。股东会议选举甲、乙、丙、丁四人担任公司董事并组成董事会，董事会选举甲为董事长。

后乙、丙、丁三人组织召开临时股东会议，会议通过罢免甲董事长职务并解除其董事，选举乙为董事长的决议。乙向区工商分局递交法定代表人变更登记申请，经多次补正后该局受理其申请。

其后，该局以乙递交的申请，缺少修改后明确董事长变更办法的公司章程和公司法定代表人签署的变更登记申请书等材料，不符合法律、法规规定为由，作出登记驳回通知书。

乙、丙、丁三人向市工商局提出复议申请，市工商局经复议后认定三人提出的变更登记申请不符合受理条件，分局作出的登记驳回通知错误，决定予以撤销。

三人遂向法院起诉，并向法院提交了公司的章程、经过公证的临时股东会决议。（2015/4/六）

问题： 请分析公司的设立登记和变更登记的法律性质。[1]

第⑩讲 行政许可的实施主体

核心法条

《行政许可法》

第23条 法律、法规授权的具有管理公共事务职能的组织，在法定授权范围内，以自己的名义实施行政许可。被授权的组织适用本法有关行政机关的规定。

第24条 行政机关在其法定职权范围内，依照法律、法规、规章的规定，可以委托其他行政机关实施行政许可。委托机关应当将受委托行政机关和受委托实施行政许可的内容

---

〔1〕 公司的设立登记为行政许可。《行政许可法》第12条第5项规定，企业或者其他组织的设立等，需要确定主体资格的事项可以设定行政许可。《公司法》第6条第1款规定，设立公司应当依法向公司登记机关申请设立登记。符合《公司法》规定的设立条件的，由公司登记机关分别登记为有限责任公司或股份有限公司。不符合规定的设立条件的，不得登记为有限责任公司或股份有限公司。公司的设立登记的法律效力，是使公司取得法人资格，进而取得从事经营活动的合法身份，符合《行政许可法》第2条的规定，"行政机关根据公民、法人或者其他组织的申请，经依法审查，准予其从事特定活动"，为行政许可。公司的变更登记指公司设立登记事项中的某一项或某几项改变，向公司登记机关申请变更的登记。变更登记是行政许可，理由是未经核准变更登记，公司不得擅自变更登记事项；公司登记事项发生变更时未依法办理变更登记的，需要承担相应法律责任。

予以公告。

委托行政机关对受委托行政机关实施行政许可的行为应当负责监督，并对该行为的后果承担法律责任。

受委托行政机关在委托范围内，以委托行政机关名义实施行政许可；不得再委托其他组织或者个人实施行政许可。

第25条 经国务院批准，省、自治区、直辖市人民政府根据精简、统一、效能的原则，可以决定一个行政机关行使有关行政机关的行政许可权。

第26条 行政许可需要行政机关内设的多个机构办理的，该行政机关应当确定一个机构统一受理行政许可申请，统一送达行政许可决定。

行政许可依法由地方人民政府2个以上部门分别实施的，本级人民政府可以确定一个部门受理行政许可申请并转告有关部门分别提出意见后统一办理，或者组织有关部门联合办理、集中办理。

行政许可的三个实施主体：行政机关、法律法规授权的组织及受委托的行政机关。

一、行政机关

行政许可由具有行政许可权的行政机关在其法定职权范围内实施。可以从便民的角度理解行政机关实施许可：

1. 一个窗口对外。如果一个许可涉及一个行政机关的多个内设机构，为了便民，该行政机关只能让一个机构对外统一受理行政许可申请，统一送达行政许可决定。

2. 统一办理、联合办理、集中办理。这也是为了便民，全国每个市县区都有一个行政许可服务中心，以前申请行政许可需要分别找各个行政机关，现在所有的许可机关都进驻行政许可服务中心，在行政许可服务中心就能实现统一办理、联合办理、集中办理。

3. 相对集中行政许可权。国务院批准的省级政府决定一个行政机关行使有关行政机关的行政许可权，这也是便民，现在有的地方审批局集中行使了工商局、税务局、统计局的行政许可权。

二、被授权的组织

被授权的组织实施行政许可有两点要求：

1. 法律、法规授权的具有管理公共事务职能的组织。

2. 原则上对直接关系公共安全、人身健康、生命财产安全的设备、设施、产品、物品的检验、检测、检疫，应当由符合法定条件的专业技术组织实施，法律、行政法规规定由行政机关实施的除外。

三、受委托的机关

受委托的机关实施行政许可有三点要求：

1. 行政机关依照法律、法规、规章的规定委托其他行政机关。

2. 委托机关应当将受委托行政机关和受委托实施行政许可的内容予以公告。

3. 受委托行政机关不得再委托其他组织或者个人实施行政许可。

考点点拨

1. 授权实施行政许可与授权实施行政处罚进行比较：

（1）授权的依据都是<u>法律、法规</u>；

（2）授权的对象都是<u>具有管理公共事务职能的组织</u>。

2. 委托实施行政许可与委托实施行政处罚进行比较：

（1）行政机关委托的依据都是<u>法律、法规、规章</u>；

（2）委托的对象不同，行政处罚的被委托对象是<u>具有管理公共事务职能的组织</u>，行政许可的被委托对象是<u>其他行政机关</u>。

[总结]

行政机关	行政许可需要行政机关内设的多个机构办理的，该机关<u>应当确定一个机构统一受理行政许可申请，统一送达行政许可决定</u>。	
	行政许可<u>依法由地方政府2个以上部门分别实施的，本级政府可以确定一个部门受理行政许可申请并转告有关部门分别提出意见后统一办理，或组织有关部门联合办理、集中办理</u>。	
	经国务院批准的省级政府决定，一个行政机关<u>集中行使有关机关的许可权</u>。	
法律法规授权的组织	授权依据须是<u>法律、法规</u>	对直接关系公共安全、人身健康、生命财产安全的设备、设施、产品、物品的检验、检测、检疫，除法律、行政法规规定由行政机关实施的外，应逐步由符合法定条件的<u>专业技术组织实施</u>。
	授权对象须是具有管理公共事务职能的组织	
受委托的行政机关	委托实施行政许可必须有<u>法律、法规、规章</u>的明确依据。	
	委托对象必须是<u>行政机关</u>。	

小练习

案情：某公司准备在某市郊区建一座化工厂，向某市规划局、土地管理局、环境保护局和建设局等市政府职能部门申请有关证照。

问题：从高效便民角度出发，市政府如何处理？

参考答案：根据《行政许可法》第26条第2款的规定，市政府可以确定一个部门受理行政许可申请并转告有关部门分别提出意见后统一办理，或者组织有关部门联合办理、集中办理。

第11讲　行政许可的实施程序

核心法条

《行政许可法》

第31条第1款　申请人申请行政许可，应当如实向行政机关提交有关材料和反映真实情况，并对其申请材料实质内容的真实性负责。行政机关不得要求申请人提交与其申请的行政许可事项无关的技术资料和其他材料。

第32条　行政机关对申请人提出的行政许可申请，应当根据下列情况分别作出处理：

（一）申请事项依法不需要取得行政许可的，应当即时告知申请人不受理；

（二）申请事项依法不属于本行政机关职权范围的，应当即时作出不予受理的决定，并告知申请人向有关行政机关申请；

（三）申请材料存在可以当场更正的错误的，应当允许申请人当场更正；

（四）申请材料不齐全或者不符合法定形式的，应当当场或者在5日内一次告知申请人需要补正的全部内容，逾期不告知的，自收到申请材料之日起即为受理；

（五）申请事项属于本行政机关职权范围，申请材料齐全、符合法定形式，或者申请人按照本行政机关的要求提交全部补正申请材料的，应当受理行政许可申请。

行政机关受理或者不予受理行政许可申请，应当出具加盖本行政机关专用印章和注明日期的书面凭证。

第34条　行政机关应当对申请人提交的申请材料进行审查。

申请人提交的申请材料齐全、符合法定形式，行政机关能够当场作出决定的，应当当场作出书面的行政许可决定。

根据法定条件和程序，需要对申请材料的实质内容进行核实的，行政机关应当指派2名以上工作人员进行核查。

第36条　行政机关对行政许可申请进行审查时，发现行政许可事项直接关系他人重大利益的，应当告知该利害关系人。申请人、利害关系人有权进行陈述和申辩。行政机关应当听取申请人、利害关系人的意见。

第38条　申请人的申请符合法定条件、标准的，行政机关应当依法作出准予行政许可的书面决定。

行政机关依法作出不予行政许可的书面决定的，应当说明理由，并告知申请人享有依法申请行政复议或者提起行政诉讼的权利。

第42条　除可以当场作出行政许可决定的外，行政机关应当自受理行政许可申请之日起20日内作出行政许可决定。20日内不能作出决定的，经本行政机关负责人批准，可以延长10日，并应当将延长期限的理由告知申请人。但是，法律、法规另有规定的，依照其规定。

依照本法第26条的规定，行政许可采取统一办理或者联合办理、集中办理的，办理的时间不得超过45日；45日内不能办结的，经本级人民政府负责人批准，可以延长15日，并应当将延长期限的理由告知申请人。

第46条　法律、法规、规章规定实施行政许可应当听证的事项，或者行政机关认为需要听证的其他涉及公共利益的重大行政许可事项，行政机关应当向社会公告，并举行听证。

第47条　行政许可直接涉及申请人与他人之间重大利益关系的，行政机关在作出行政许可决定前，应当告知申请人、利害关系人享有要求听证的权利；申请人、利害关系人在被告知听证权利之日起5日内提出听证申请的，行政机关应当在20日内组织听证。

申请人、利害关系人不承担行政机关组织听证的费用。

第48条　听证按照下列程序进行：

（一）行政机关应当于举行听证的7日前将举行听证的时间、地点通知申请人、利害关系人，必要时予以公告；

（二）听证应当公开举行；

（三）行政机关应当指定审查该行政许可申请的工作人员以外的人员为听证主持人，申请人、利害关系人认为主持人与该行政许可事项有直接利害关系的，有权申请回避；

（四）举行听证时，审查该行政许可申请的工作人员应当提供审查意见的证据、理由，申请人、利害关系人可以提出证据，并进行申辩和质证；

（五）听证应当制作笔录，听证笔录应当交听证参加人确认无误后签字或者盖章。

行政机关应当根据听证笔录，作出行政许可决定。

第50条　被许可人需要延续依法取得的行政许可的有效期的，应当在该行政许可有效期届满30日前向作出行政许可决定的行政机关提出申请。但是，法律、法规、规章另有规定的，依照其规定。

行政机关应当根据被许可人的申请，在该行政许可有效期届满前作出是否准予延续的决定；逾期未作决定的，视为准予延续。

第78条　行政许可申请人隐瞒有关情况或者提供虚假材料申请行政许可的，行政机关不予受理或者不予行政许可，并给予警告；行政许可申请属于直接关系公共安全、人身健康、生命财产安全事项的，申请人在1年内不得再次申请该行政许可。

第79条　被许可人以欺骗、贿赂等不正当手段取得行政许可的，行政机关应当依法给予行政处罚；取得的行政许可属于直接关系公共安全、人身健康、生命财产安全事项的，申请人在3年内不得再次申请该行政许可；构成犯罪的，依法追究刑事责任。

一、行政许可实施的程序步骤

行政许可实施的程序步骤包括申请与受理、审查与决定、期限、听证、变更与延续。

（一）申请

关于行政许可的申请，原则上应当书面申请并且到行政机关办公场所提出行政许可申请，但是为了便民，行政许可申请可以通过信函、电报、电传、传真、电子数据交换和电子邮件等方式提出，行政机关应当建立和完善有关制度，推行电子政务，在行政机关的网站上公布行政许可事项，方便申请人采取数据电文等方式提出行政许可申请。此外，行政机关应当将行政许可的事项、依据、条件、数量、程序、期限以及需要提交的全部材料的目录和申请书示范文本等在办公场所公示，申请人要求行政机关对公示内容予以说明、解释的，行政机关应当说明、解释，提供准确、可靠的信息。

申请人在申请行政许可时的义务——对申请材料真实性负责。提供虚假材料申请的法律后果有：①行政机关不予受理或者不予行政许可，行政许可申请属于直接关系公共安全、人身健康、生命财产安全事项的，申请人在1年内不得再次申请该行政许可；②取得行政许可的，行政机关撤销许可，取得的行政许可属于直接关系公共安全、人身健康、生命财产安全事项的，申请人在3年内不得再次申请该行政许可。

（二）受理

受理属于形式审查，符合形式要求就受理，不符合形式要求就不予受理。为了保护许可申请人：

1. 申请材料存在可以当场更正的错误的，应当允许申请人当场更正。

2. 申请材料不齐全或者不符合法定形式的，应当当场或者在 5 日内一次性告知申请人需要补正的全部内容，逾期不告知的，自收到申请材料之日起即为受理。

3. 行政机关受理或者不予受理行政许可申请，应当出具加盖本行政机关专用印章和注明日期的书面凭证。

（三）审查

审查属于实质审查，而受理的审查是形式审查。实质审查有四个方面要求：

1. 需要对申请材料的实质内容进行核实的，行政机关应当指派 2 名以上工作人员进行核查。

2. 先经下级行政机关审查后报上级行政机关决定的行政许可，下级行政机关应当将初步审查意见和全部申请材料直接报送上级行政机关，上级行政机关不得要求申请人重复提供申请材料。

3. 先经下级行政机关审查后报上级行政机关决定的行政许可，下级行政机关应当自其受理行政许可申请之日起 20 日内审查完毕，法律、法规另有规定的除外。

4. 行政许可事项直接关系他人重大利益的，行政机关应当告知该利害关系人，听取其意见。

（四）决定

1. 决定期限

（1）能够当场作出决定的，行政机关应当场作出许可决定。

（2）一般情况是行政机关应当自受理行政许可申请之日起 20 日内作出决定，经本行政机关负责人批准，可以延长 10 日，并应当将延长期限的理由告知申请人。法律、法规另有规定的除外。

提 示

行政许可决定的一般审查期限是 20 日，法律、法规另有规定的除外。这一规定有三层含义：

（1）法律、法规没有规定的，都适用 20 日审查期限；

（2）法律、法规另有规定的，不管是超过 20 日还是少于 20 日，都适用法律、法规的规定；

（3）法律、法规以外的规范另有规定的，还是应当适用 20 日的审查期限。

（3）行政许可采取统一办理或者联合办理、集中办理的，行政机关办理的时间不得超过 45 日，经本级人民政府负责人批准，可以延长 15 日，并应当将延长期限的理由告知申请人。

实际上，决定的期限是对行政机关审查权的控制。

[总结]　行政许可审查决定的期限：①当场作出行政许可决定；②受理行政许可申请之日起 20 日内作出行政许可决定，经本行政机关负责人批准，可以延长 10 日；③统一办理或者联合办理、集中办理的行政许可，办理的时间不得超过 45 日，经本级人民政府负责人批准，可以延长 15 日。

2. 决定的形式

准予行政许可和不予行政许可都应采取书面决定。不予行政许可决定，应当说明理由。准予行政许可决定，应当予以公开，且公众有权查阅。

提　示

从理论上看，凡是行政机关作出对公民、组织的权利义务有重大影响的决定，一般都须采用书面形式。在行政许可中，受理许可申请、不予受理许可申请、准予许可决定、不予许可决定，一律采用书面形式。

小练习

案情：按照《律师法》规定，申请领取律师执业证书，司法行政机关应当自收到申请之日起 30 日内作出是否颁发的决定。按照《行政许可法》的规定，应当自受理行政许可申请之日起 20 日内作出行政许可决定。2004 年 7 月初，张某向省司法厅申请领取律师执业证书。

问题：省司法厅应当在多长时间内作出是否颁发的决定？

参考答案：根据《行政许可法》第 42 条第 1 款的规定，省司法厅应当适用《律师法》的规定，在 30 日内作出是否颁发的决定。

(五) 发证

发证并非是所有行政许可的必经步骤：

1. 需要颁发行政许可证件的，行政机关应当向申请人颁发加盖本行政机关印章的行政许可证件。

2. 实施检验、检测、检疫的，可以在检验、检测、检疫合格的设备、设施、产品、物品上加贴标签或者加盖检验、检测、检疫印章。

3. 行政机关应当自作出许可决定之日起 10 日内向申请人颁发、送达行政许可证件，或者加贴标签，加盖检验、检测、检疫印章。

(六) 延续

行政许可一般存在有效期，延续是为了保护被许可人的权益。延续有两个步骤：

1. 被许可人应当在行政许可有效期届满 30 日前向作出行政许可决定的行政机关提出申请，法律、法规、规章另有规定的除外。

2. 行政机关应当在该行政许可有效期届满前作出是否准予延续的决定，逾期未作决定的，视为准予延续。

[总结]

申请	(1) 可委托申请，但应亲自到场的除外； (2) 多种申请方式，如电信、电子数据交换、邮件、电报等； (3) 对申请材料的真实性负责。
受理	(1) 不受理； (2) 可以当场更正错误材料的，应当允许当事人当场更正； (3) 材料不符合要求的，应当场告知或者5日内一次性告知补正的全部内容，逾期不告知的，自收到申请材料之日起为受理； (4) 受理。 [注意] 行政机关受理与不受理均应出具加盖本机关印章和注明日期的书面凭证。
审查	(1) 需要对实质内容进行核实的，应指派2名以上工作人员核查； (2) 下级机关先审查后报上级机关决定的行政许可，下级机关将初审意见（20日内审查完毕）和材料全部直接上报，上级机关不得要求申请人重复提供材料； (3) 许可关系他人重大利益的，应当告知该利害关系人。
决定	(1) 当场作出决定。 (2) 受理之日起20日内决定（经本机关负责人批准，可延至30日）；统一办理与联合集中办理的，受理之日起45日内决定（经本级政府负责人批准，可延至60日）。 [注意] 书面决定；不予许可说明理由；准予许可决定予以公开。
发证	作出许可决定之日起10日内颁发、送达许可证，加贴标签，加盖印章。
延续	(1) 需要延续许可的，应在许可有效期届满30日前申请，法律、法规、规章另有规定的除外； (2) 许可机关应在许可有效期届满前决定，逾期视为准予延续。

[注意] 行政许可程序中要重点掌握：

（1）申请人对其申请材料实质内容的真实性负责；

（2）行政机关在审查申请的过程中，应当听取申请人、利害关系人的意见，申请人、利害关系人有权进行陈述和申辩；

（3）行政机关依法作出不予行政许可的书面决定的，应当说明理由，并告知申请人享有申请行政复议或者提起行政诉讼的权利；

（4）通过举行听证进行审查决定的，行政机关应当根据听证笔录，作出行政许可决定。

二、行政许可的听证程序

行政许可的听证程序可以比照行政处罚的听证程序来掌握，因为行政许可的听证程序与行政处罚的听证程序基本规则是相同的，但存在两点不同，这需要重点掌握。

1. 听证程序的启动不同

（1）行政处罚听证程序是依申请启动，凡是属于听证范围内的处罚，只要当事人申请听证，行政机关就应组织听证。

（2）行政许可的听证程序有两种方式启动：一种方式是行政机关根据申请人或利害关

系人的申请来组织听证。还有一种方式是行政机关依职权主动举行听证，有两种情况：第一种情况是法定要求——法律、法规、规章规定实施行政许可应听证；第二种情况是涉及公共利益的重大许可事项——行政机关认为需要听证。

2. 依申请组织听证时行政机关组织听证的时间不同

（1）《行政处罚法》没有规定行政机关组织听证的时间；

（2）行政许可机关组织听证的时间是20日。

[总结]

	行政许可	行政处罚
听证启动	依职权（向社会公告，并举行听证）：①法律、法规、规章规定实施行政许可应听证的事项；②涉及公共利益的重大许可事项，实施机关认为需要听证。	依申请
	依申请：直接涉及申请人与他人之间重大利益关系的许可。	
组织时间	当事人申请的，机关在20日内组织听证。	无规定

小练习

案情： 刘某向卫生局申请在小区设立个体诊所，卫生局受理申请。小区居民陈某等人提出，诊所的医疗废物会造成环境污染，要求卫生局不予批准。陈某等人提出听证要求，卫生局同意并组织听证。

问题： 卫生局组织听证的费用是否由陈某等人承担？

参考答案： 陈某等人是卫生局实施行政许可的利害关系人，根据《行政许可法》第47条第2款的规定，利害关系人不承担行政机关组织听证的费用。因此，陈某等人不承担卫生局组织听证的费用。

经典真题

案情： 孙某与村委会达成在该村采砂的协议，期限为5年。孙某向甲市乙县国土资源局申请采矿许可，该局向孙某发放采矿许可证，载明采矿的有效期为2年，至2015年10月20日止。

2015年10月15日，乙县国土资源局通知孙某，根据甲市国土资源局日前发布的《严禁在自然保护区采砂的规定》，采矿许可证到期后不再延续，被许可人应立即停止采砂行为，撤回采砂设施和设备。

孙某以与村委会协议未到期、投资未收回为由继续开采，并于2015年10月28日向乙县国土资源局申请延续采矿许可证的有效期。该局通知其许可证已失效，无法续期。

2015年11月20日，乙县国土资源局接到举报，得知孙某仍在采砂，以孙某未经批准非法采砂，违反《矿产资源法》为由，发出《责令停止违法行为通知书》，要求其停止违法行为。孙某向法院起诉请求撤销通知书，一并请求对《严禁在自然保护区采砂的规定》进行审查。

孙某为了解《严禁在自然保护区采砂的规定》内容，向甲市国土资源局提出政府信息公开申请。（2016/4/七）

问题：《行政许可法》对被许可人申请延续行政许可有效期有何要求？行政许可机关接到申请后应如何处理？[1]

第⑫讲 行政许可的费用和监督管理

核心法条

《行政许可法》

第8条第2款 行政许可所依据的法律、法规、规章修改或者废止，或者准予行政许可所依据的客观情况发生重大变化的，为了公共利益的需要，行政机关可以依法变更或者撤回已经生效的行政许可。由此给公民、法人或者其他组织造成财产损失的，行政机关应当依法给予补偿。

第58条第1、2款 行政机关实施行政许可和对行政许可事项进行监督检查，不得收取任何费用。但是，法律、行政法规另有规定的，依照其规定。

行政机关提供行政许可申请书格式文本，不得收费。

第69条 有下列情形之一的，作出行政许可决定的行政机关或者其上级行政机关，根据利害关系人的请求或者依据职权，可以撤销行政许可：

（一）行政机关工作人员滥用职权、玩忽职守作出准予行政许可决定的；

（二）超越法定职权作出准予行政许可决定的；

（三）违反法定程序作出准予行政许可决定的；

（四）对不具备申请资格或者不符合法定条件的申请人准予行政许可的；

（五）依法可以撤销行政许可的其他情形。

被许可人以欺骗、贿赂等不正当手段取得行政许可的，应当予以撤销。

依照前两款的规定撤销行政许可，可能对公共利益造成重大损害的，不予撤销。

依照本条第1款的规定撤销行政许可，被许可人的合法权益受到损害的，行政机关应当依法给予赔偿。依照本条第2款的规定撤销行政许可的，被许可人基于行政许可取得的利益不受保护。

第70条 有下列情形之一的，行政机关应当依法办理有关行政许可的注销手续：

（一）行政许可有效期届满未延续的；

（二）赋予公民特定资格的行政许可，该公民死亡或者丧失行为能力的；

（三）法人或者其他组织依法终止的；

（四）行政许可依法被撤销、撤回，或者行政许可证件依法被吊销的；

（五）因不可抗力导致行政许可事项无法实施的；

（六）法律、法规规定的应当注销行政许可的其他情形。

---

〔1〕 根据《行政许可法》第50条的规定，被许可人需要延续依法取得的行政许可的有效期的，应在该许可有效期届满30日前向作出许可决定的行政机关提出申请。但法律、法规、规章另有规定的，从其规定。行政机关应根据被许可人的申请，在该许可有效期届满前作出是否准予延续的决定；逾期未作出决定的，视为准予延续。

一、行政许可的费用

行政许可费用方面有两个基本制度，即禁止收费原则和法定例外的实施。

1. 原则上不得收费

行政机关实施行政许可和对行政许可事项进行监督检查，禁止收取任何费用。对于行政机关提供的行政许可申请书格式文本，也不得收费。

2. 例外收费

行政机关实施行政许可收取费用的，必须以法律和行政法规的规定为依据，并且应当遵守以下要求：①按照公布的法定项目和标准收费；②所收取的费用必须全部上缴国库；③财政部门不得向行政机关返还或者变相返还实施行政许可所收取的费用。

小练习

案情：天龙房地产开发有限公司拟兴建天龙金湾小区项目，向市规划局申请办理建设工程规划许可证，并提交了相关材料。

问题：

（1）如果公司的申请材料不齐全，市规划局应如何处理？

（2）市规划局为公司提供的申请格式文本能否收取工本费？

参考答案：

（1）根据《行政许可法》第32条第1款第4项的规定，公司的申请材料不齐全的，市规划局应当当场或者在5日内一次告知申请人需要补正的全部内容。

（2）根据《行政许可法》第58条第2款的规定，市规划局为公司提供的申请格式文本，不得收费。

二、行政许可的监督管理

行政许可的监督管理需要掌握四个行为：行政许可的吊销、行政许可的撤销、行政许可的撤回和行政许可的注销。这四个行为的适用条件是考试的重点。

1. 行政许可的吊销

被许可人从事行政许可有重大违法行为，吊销行政许可是对被许可人的一种行政处罚。例如，1年内2次酒后驾车一律吊销驾照。

2. 行政许可的撤销

撤销是行政许可决定机关或其上级机关，根据利害关系人的请求或依据职权使违法取得的行政许可丧失效力的处理。违法取得的行政许可有两种情况：一种情况是行政机关违法作出的行政许可，这种情况可撤销，具体包括：①行政机关工作人员滥用职权、玩忽职守作出准予行政许可决定；②超越法定职权作出准予行政许可决定；③违反法定程序作出准予行政许可决定；④对不具备申请资格或者不符合法定条件的申请人准予行政许可；⑤依法可以撤销行政许可的其他情形。被许可人的合法权益受到损害的，行政机关应当给予赔偿。另一种情况是被许可人以欺骗、贿赂等不正当手段取得许可，这种情况应撤销。被许可人基于行政许可取得的利益不受保护。

[注意] 符合可撤销、应撤销的条件，但撤销许可可能对公共利益造成重大损害的，不予撤销。

3. 行政许可的撤回

行政许可撤回的前提是许可是合法的，这是撤回与撤销、吊销的最大区别。行政许可撤回的条件：①行政许可所依据的法律、法规、规章修改或者废止，或者准予行政许可所依据的客观情况发生重大变化的；②为了公共利益的需要。

行政许可撤回的后果：给公民、法人或者其他组织造成财产损失的，行政机关应当给予补偿。

4. 行政许可的注销

注销是对不能继续存在的行政许可进行的程序处理，与吊销、撤销、撤回的最大区别是不涉及被许可人的实体权利。因此，不是因为注销后不能从事许可，而是因为不能从事许可而要注销。注销涉及的五种情形包括：①行政许可有效期届满未延续的；②赋予公民特定资格的行政许可，该公民死亡或者丧失行为能力的；③法人或者其他组织依法终止的；④行政许可依法被撤销、撤回，或者行政许可证件依法被吊销的；⑤因不可抗力导致行政许可事项无法实施的。

[总结]

吊　销		从事行政许可事项有重大违法行为时给予的行政处罚。	
撤　销	撤销机关	行政许可决定机关或其上级机关，根据利害关系人的请求或依据职权。	
	可撤销	可撤销情形	（1）滥用职权、玩忽职守； （2）超越职权； （3）违反法定程序； （4）申请人不具备申请资格或不符合法定条件。
		撤销后处理	撤销对被许可人合法权益造成损害的，应给予赔偿。
	应撤销	应撤销情形	被许可人以欺骗、贿赂等不正当手段取得行政许可。
		撤销后处理	（1）被许可人基于行政许可取得的利益不受保护； （2）对被许可人进行处罚； （3）若取得的行政许可直接关系公共安全、人身健康、生命财产安全，3年内禁止申请该行政许可。
	不撤销	符合可、应撤销条件，但撤销可能对公共利益造成重大损害的，不予撤销。	
撤　回	条　件	（1）公共利益需要； （2）行政许可所依据的法律、法规、规章修改或废止，或者准予行政许可所依据的客观情况发生重大变化。	
	后　果	撤回对被许可人造成财产损失的，应予补偿。	
注　销		（1）行政许可有效期届满未延续； （2）赋予公民特定资格许可，该公民死亡或丧失行为能力； （3）组织依法终止；	

注　销	(4) 行政许可依法被撤销、撤回、吊销； (5) 因不可抗力导致行政许可事项无法实施。

考点点拨

行政许可的撤销、撤回、注销的区别与适用条件：

(1) 撤销、撤回是对行政许可的**实体权利处理**；

(2) 注销只是对行政许可的**程序处理**——不是行政许可被注销导致被许可人不能从事该行政许可，而是被许可人不能从事行政许可导致该行政许可被注销。

小练习

案情：某市安监局向甲公司发放《烟花爆竹生产企业安全生产许可证》后，发现甲公司所提交的申请材料系伪造。

问题：对于该许可证如何处理？

参考答案：根据《行政许可法》第69条第2款的规定，甲公司的《烟花爆竹生产企业安全生产许可证》是通过伪造申请材料取得的，即以欺骗的不正当手段取得的，应予撤销。根据《行政许可法》第70条第4项的规定，甲公司的《烟花爆竹生产企业安全生产许可证》被撤销的，市安监局应当依法办理注销手续。

经典真题

案情：据报道，在城市建设中，有的政府部门发出有关土地使用的许可证照后，因法律、法规、规章的修改、废止，或城市规划修改等许可所依据的客观情况发生重大变化，为了公共利益而撤回已生效的许可。也曾有个别地方的政府部门在颁发土地使用证照过程中确有审查不严的问题，为弥补过错过失而以公共利益需要为由收回已生效的许可；或为了以更高价位将土地出让给他人，而以公共利益需要为由收回已生效的许可。（2007/4/七）

问题：请就上述情况，根据行政法有关原则，谈谈你的看法及建议。[1]

答题要求：

1. 观点明确，论证充分，逻辑严谨，文字通顺。

2. 不少于500字。

---

〔1〕　①行政许可是典型的授益性行政行为，对于合法的行政许可不能撤回与变更，但在不予撤回或变更行政许可将对公共利益严重不利时可以撤回或变更，但必须补偿当事人的信赖利益损失。这体现为行政许可的信赖保护原则。②行政许可信赖保护的重要意义：有利于维护行政许可相对人和第三人合法权益；有利于促进公共利益的最大化、促进社会秩序的稳定；有利于诚信、责任政府的建立。③行政许可信赖保护的适用条件：行政相对人因信赖行政许可而实施行为；行政相对人存在信赖利益，如果相对人以不正当手段获得行政许可，其利益不受保护；公共利益优先于个人利益，撤回或废止行政许可行为所维护的公共利益大于相对人的信赖利益；行政许可的信赖保护优先适用存续保护，以财产保护为补。④行政许可信赖保护的完善建议：对公共利益的界定应该以法律形式明确；赋予相对人对行政许可行为的存续请求权；明确信赖利益的补偿条件、标准、方式和程序；加强行政许可信赖利益的救济保护。

案例拓展

常州德科化学有限公司诉原江苏省环境保护厅、原中华人民共和国环境保护部及光大常高新环保能源（常州）有限公司环境评价许可案

关键词：行政许可的利害关系人

光大常高新环保能源（常州）有限公司（以下简称"光大公司"）拟在江苏省常州市投资兴建生活垃圾焚烧发电BOT项目。2014年，光大公司向原江苏省环境保护厅（以下简称"江苏省环保厅"）报送《环境影响报告书》《技术评估意见》《预审意见》等材料，申请环境评价许可。江苏省环保厅受理后，先后发布受理情况及拟审批公告，并经审查作出同意项目建设的《批复》。常州德科化学有限公司（以下简称"德科公司"）作为案涉项目附近经营范围为化妆品添加剂制造的已处于停产状态的企业，不服该《批复》，向原中华人民共和国环境保护部（以下简称"环境保护部"）申请行政复议。环境保护部受理后，向江苏省环保厅发送《行政复议答复通知书》《行政复议申请书》等材料，并向原江苏省常州市环境保护局发送《委托现场勘验函》。环境保护部在收到《行政复议答复书》《现场调查情况报告》后，作出维持《批复》的《行政复议决定书》。

法院裁判：

江苏省南京市中级人民法院一审认为，德科公司位于案涉项目附近，其认为《批复》对生产经营有不利影响，有权提起行政诉讼，具有原告主体资格。案涉项目环评编制单位和技术评估单位均是具有甲级资质的独立法人，在《环境影响报告书》编制期间，充分保障了公众参与权。江苏省环保厅依据光大公司报送的《环境影响报告书》《技术评估意见》《预审意见》等材料，进行公示、发布公告，并根据反馈情况经审查后作出《批复》，并不违反相关规定。环境保护部作出的案涉行政复议行为亦符合行政复议法及实施条例的规定。一审法院判决驳回德科公司的诉讼请求。江苏省高级人民法院二审认为，江苏省环保厅在审批《环境影响报告书》时已经履行了对项目选址、环境影响等问题的审查职责，故判决维持一审判决。最高人民法院再审审查认为，德科公司并非案涉项目厂界周围的环境敏感保护目标，且当时处于停产状态，没有证据证明德科公司与光大公司之间就案涉环境保护行政许可存在重大利益关系。案涉项目环评过程中保障了公众参与权，江苏省环保厅在作出环境评价许可过程中履行了对项目选址、污染物排放总量平衡等问题的审查职责，亦未侵犯德科公司的权利。江苏省环保厅的环境评价许可行政行为、环境保护部的行政复议行为均符合相关法律、法规的规定。最高人民法院裁定驳回德科公司的再审申请。

案例来源：2019年3月2日最高人民法院发布生态环境保护十大典型案例之五

　　本专题知识点在主观卷中的题目类型是案例分析题，本专题需要重点理解和运用行政强制措施和行政强制执行制度的种类、设定、实施程序，难点是能够运用行政强制理论和法律规定来分析解决行政强制权行使的合法性问题，核心考点是行政强制行为的判断、行政强制的设定权限、行政强制措施的实施程序、行政强制执行的实施程序。

第⑬讲　行政强制的概念、种类和设定

核心法条

《行政强制法》

第2条　本法所称行政强制，包括行政强制措施和行政强制执行。

行政强制措施，是指行政机关在行政管理过程中，为制止违法行为、防止证据损毁、避免危害发生、控制危险扩大等情形，依法对公民的人身自由实施暂时性限制，或者对公民、法人或者其他组织的财物实施暂时性控制的行为。

行政强制执行，是指行政机关或者行政机关申请人民法院，对不履行行政决定的公民、法人或者其他组织，依法强制履行义务的行为。

第9条　行政强制措施的种类：

（一）限制公民人身自由；

（二）查封场所、设施或者财物；

（三）扣押财物；

（四）冻结存款、汇款；

（五）其他行政强制措施。

第10条　行政强制措施由法律设定。

尚未制定法律，且属于国务院行政管理职权事项的，行政法规可以设定除本法第9条

第 1 项、第 4 项和应当由法律规定的行政强制措施以外的其他行政强制措施。

尚未制定法律、行政法规，且属于地方性事务的，地方性法规可以设定本法第 9 条第 2 项、第 3 项的行政强制措施。

法律、法规以外的其他规范性文件不得设定行政强制措施。

第 11 条 法律对行政强制措施的对象、条件、种类作了规定的，行政法规、地方性法规不得作出扩大规定。

法律中未设定行政强制措施的，行政法规、地方性法规不得设定行政强制措施。但是，法律规定特定事项由行政法规规定具体管理措施的，行政法规可以设定除本法第 9 条第 1 项、第 4 项和应当由法律规定的行政强制措施以外的其他行政强制措施。

第 12 条 行政强制执行的方式：

（一）加处罚款或者滞纳金；

（二）划拨存款、汇款；

（三）拍卖或者依法处理查封、扣押的场所、设施或者财物；

（四）排除妨碍、恢复原状；

（五）代履行；

（六）其他强制执行方式。

第 13 条第 1 款 行政强制执行由法律设定。

行政强制，是指为了实施行政管理或达成行政管理人或者其他组织的行政目的，而对行政相对人的人身、财产、行为等采取强制性措施的制度。行政强制包括行政强制措施和行政强制执行。

一、行政强制措施

（一）概念

行政强制措施，是指行政机关在行政管理过程中，为制止违法行为、防止证据损毁、避免危害发生、控制危险扩大等情形，依法对公民的人身自由实施暂时性限制，或者对公民、法人或者其他组织的财物实施暂时性控制的行为。行政强制措施有以下特征：①预防性和制止性，行政强制措施的目的在于预防、制止或控制危害社会行为的发生或扩大；②临时性和中间性，行政强制措施通常是为行政机关的最终处理决定作准备。

（二）具体种类

行政强制措施一般包括两类：

1. 对人采用的强制措施

限制公民人身自由的强制措施，为制止违法行为、避免危害发生、控制危险扩大等情形，行政机关依法对公民的人身自由实施暂时性限制。例如，醉酒的人在醉酒状态中，对本人有危险或者对他人的人身、财产或者公共安全有威胁的，应当对其采取保护性措施约束至酒醒。

2. 对物采用的强制措施

（1）查封，是指行政机关对公民、法人或者其他组织的场所或物品进行封存，不准转移和处理的措施，可以适用于财物，也可适用于场所和设施；

（2）扣押，是指行政机关将公民、法人或者其他组织的财物移至其他场所加以扣留，不准被执行人占有、使用和处分的措施；

（3）冻结，是指限制金融资产流动的行政强制措施，包括冻结存款和冻结汇款。

根据《行政案件案由暂行规定》的规定，行政强制措施包括：①限制人身自由；②查封场所、设施或者财物；③扣押财物；④冻结存款、汇款；⑤冻结资金、证券；⑥强制隔离戒毒；⑦留置；⑧采取保护性约束措施。

[注意] 责令停止违法开采行为与《行政处罚法》第 9 条规定的"责令停产停业"处罚种类很相像，但前者停止的行为是"违法开采"，而不是"开采"。因此，责令停止违法行为属于行政强制措施，而责令停止合法行为属于行政处罚。

（三）行政强制措施的设定

1. 法律的设定权

法律可以对所有的行政强制措施进行设定，且下列行政强制措施的设定由法律保留：①限制公民人身自由的行政强制措施；②冻结存款、汇款；③其他应由法律设定的事项。这些措施只能由法律设定。

2. 行政法规的设定权。行政法规对行政强制措施的设定包括两种情形：

（1）某一领域或事项尚未制定法律，行政法规可以设定除限制公民人身自由、冻结存款、汇款以及其他应由法律设定的行政强制措施以外的其他行政强制措施；

（2）某一领域或事项已出台法律，行政法规只能对已创设的行政强制措施作出细化规定。

3. 地方性法规的设定权

尚未制定法律、行政法规，地方性法规可以设定的行政强制措施只有两类：①查封场所、设施或者财物；②扣押财物。对法律、行政法规已设定的行政强制措施，地方性法规只能作出细化规定。

4. 除法律、法规以外的其他规范性文件，均不得设定行政强制措施。

[注意] 行政强制措施的设定

（1）限制公民人身自由的行政强制措施和冻结存款、汇款的行政强制措施只能由法律设定；

（2）地方性法规只能设定查封和扣押的行政强制措施。

[总结]

行政强制措施的种类		可以设定该行政强制措施的规范性法律文件
限制公民人身自由		法　律
冻结存款、汇款		
其他强制措施	法律规定的	
	法律规定以外的	行政法规（尚未制定法律）
查封场所、设施或者财物		地方性法规
扣押财物		（尚未制定法律、行政法规）

二、行政强制执行

(一) 概念

行政强制执行，是指行政机关或由行政机关申请法院对不履行行政机关依法作出的行政处理决定的公民、法人或者其他组织，采取强制手段，强迫其履行义务，或达到与履行义务相同状态的行为。行政强制执行有以下特征：①执行主体特殊，包括行政机关和人民法院；②执行性，行政强制执行的目的在于以强制的方式迫使当事人履行义务，或达到与履行义务相同的状态。

(二) 具体方式

行政强制执行的方式因执行主体不同而不同，可以分为三类：

1. 代履行，是指当事人拒不履行的义务属于可由他人代替履行的义务时，行政机关请他人代为履行，并要求当事人承担相应费用的执行方式。代履行有两个特征：①当事人应履行的义务为可替代义务，即此义务可以由当事人亲自履行，也可以由他人履行，排除妨碍、恢复原状属于此种义务。如果某项义务必须由当事人亲自履行，不能适用代履行。②代履行的费用应由当事人承担。

2. 执行罚，是指在当事人逾期不履行义务时，行政机关要求当事人承担一定的金钱给付义务，促使其履行义务的执行方式。如当事人不缴纳罚款，行政机关依法加处罚款或者滞纳金，这里的罚款不属于行政处罚。

3. 直接强制执行，是指行政机关直接对当事人的人身或财产实施强制，迫使其履行义务或实现与履行义务相同状态的执行。一般包括：①划拨存款、汇款；②拍卖或者依法处理查封、扣押的场所、设施或者财物等。

根据《行政案件案由暂行规定》的规定，行政强制执行包括：①加处罚款或者滞纳金；②划拨存款、汇款；③拍卖查封、扣押的场所、设施或者财物；④处理查封、扣押的场所、设施或者财物；⑤排除妨碍；⑥恢复原状；⑦代履行；⑧强制拆除房屋或者设施；⑨强制清除地上物。

(三) 行政强制执行的设定

行政强制执行只能由法律设定，行政法规、地方性法规等都不得设定行政强制执行。

[总结] 行政许可的设定主体：①法律；②行政法规；③地方性法规；④省、自治区、直辖市政府规章。行政处罚的设定主体：①法律；②行政法规；③地方性法规；④国务院部门规章和地方政府规章。行政强制措施的设定主体：①法律；②行政法规；③地方性法规。行政强制执行的设定主体：法律。

小练习

案情：某交通局在检查中发现张某所驾驶货车无道路运输证，遂扣留了张某的驾驶证和车载货物，要求张某缴纳罚款1万元。张某拒绝缴纳，交通局将车载货物拍卖抵缴罚款。

问题：对扣留驾驶证和车载货物的行为性质以及拍卖车载货物的行为性质进行分析。

参考答案：根据《行政强制法》第2条的规定，扣留驾驶证和车载货物是对财产的暂时性控制，属于行政强制措施；拍卖车载货物的目的是抵缴罚款，是对罚款的行政强制执行。

> **经典真题**

案情： 孙某与村委会达成在该村采砂的协议，期限为 5 年。孙某向甲市乙县国土资源局申请采矿许可，该局向孙某发放采矿许可证，载明采矿的有效期为 2 年，至 2015 年 10 月 20 日止。

2015 年 10 月 15 日，乙县国土资源局通知孙某，根据甲市国土资源局日前发布的《严禁在自然保护区采砂的规定》，采矿许可证到期后不再延续，被许可人应立即停止采砂行为，撤回采砂设施和设备。

孙某以与村委会协议未到期、投资未收回为由继续开采，并于 2015 年 10 月 28 日向乙县国土资源局申请延续采矿许可证的有效期。该局通知其许可证已失效，无法续期。

2015 年 11 月 20 日，乙县国土资源局接到举报，得知孙某仍在采砂，以孙某未经批准非法采砂，违反《矿产资源法》为由，发出《责令停止违法行为通知书》，要求其停止违法行为。孙某向法院起诉请求撤销通知书，一并请求对《严禁在自然保护区采砂的规定》进行审查。

孙某为了解《严禁在自然保护区采砂的规定》内容，向甲市国土资源局提出政府信息公开申请。（2016/4/七）

问题： 对《责令停止违法行为通知书》的性质作出判断，并简要比较行政处罚与行政强制措施的不同点。[1]

第⑭讲　行政强制措施的实施程序

> **核心法条**

《行政强制法》

第 17 条第 1、3 款　行政强制措施由法律、法规规定的行政机关在法定职权范围内实施。行政强制措施权不得委托。

行政强制措施应当由行政机关具备资格的行政执法人员实施，其他人员不得实施。

第 18 条　行政机关实施行政强制措施应当遵守下列规定：

（一）实施前须向行政机关负责人报告并经批准；

---

〔1〕责令停止违法行为通知在于制止孙某的违法行为，不具有制裁性质，属于行政强制措施。行政处罚和行政强制措施的区别主要体现在下列方面：①目的不同：行政处罚的目的是制裁性，给予违法者制裁是本质特征；行政强制措施主要目的在于制止性和预防性，即在行政管理中制定违法行为、防止证据损毁、避免危害发生、控制危险扩大等。②阶段性不同：行政处罚是对违法行为查处作出的处理决定，常发生在行政程序终了之时；行政强制措施是对人身自由、财物等实施的暂时性限制、控制措施，常发生在行政程序前端。③表现形式不同：行政处罚主要有警告，罚款，没收违法所得，责令停产停业，暂扣或吊销许可证、执照，行政拘留等；行政强制措施主要有限制公民自由、查封、扣押、冻结等。

（二）由 2 名以上行政执法人员实施；

（三）出示执法身份证件；

（四）通知当事人到场；

（五）当场告知当事人采取行政强制措施的理由、依据以及当事人依法享有的权利、救济途径；

（六）听取当事人的陈述和申辩；

（七）制作现场笔录；

（八）现场笔录由当事人和行政执法人员签名或者盖章，当事人拒绝的，在笔录中予以注明；

（九）当事人不到场的，邀请见证人到场，由见证人和行政执法人员在现场笔录上签名或者盖章；

（十）法律、法规规定的其他程序。

第 19 条 情况紧急，需要当场实施行政强制措施的，行政执法人员应当在 24 小时内向行政机关负责人报告，并补办批准手续。行政机关负责人认为不应当采取行政强制措施的，应当立即解除。

第 20 条第 1 款 依照法律规定实施限制公民人身自由的行政强制措施，除应当履行本法第 18 条规定的程序外，还应当遵守下列规定：

（一）当场告知或者实施行政强制措施后立即通知当事人家属实施行政强制措施的行政机关、地点和期限；

（二）在紧急情况下当场实施行政强制措施的，在返回行政机关后，立即向行政机关负责人报告并补办批准手续；

（三）法律规定的其他程序。

第 23 条第 1 款 查封、扣押限于涉案的场所、设施或者财物，不得查封、扣押与违法行为无关的场所、设施或者财物；不得查封、扣押公民个人及其所扶养家属的生活必需品。

第 24 条 行政机关决定实施查封、扣押的，应当履行本法第 18 条规定的程序，制作并当场交付查封、扣押决定书和清单。

查封、扣押决定书应当载明下列事项：

（一）当事人的姓名或者名称、地址；

（二）查封、扣押的理由、依据和期限；

（三）查封、扣押场所、设施或者财物的名称、数量等；

（四）申请行政复议或者提起行政诉讼的途径和期限；

（五）行政机关的名称、印章和日期。

查封、扣押清单一式二份，由当事人和行政机关分别保存。

第 25 条第 1、2 款 查封、扣押的期限不得超过 30 日；情况复杂的，经行政机关负责人批准，可以延长，但是延长期限不得超过 30 日。法律、行政法规另有规定的除外。

延长查封、扣押的决定应当及时书面告知当事人，并说明理由。

第 26 条第 3 款 因查封、扣押发生的保管费用由行政机关承担。

一、行政强制措施的实施主体

1. 行政机关

行政强制措施由法律、法规规定的行政机关在法定职权范围内实施。

[注意] ①行使相对集中行政处罚权的行政机关，可以实施法律、法规规定的与行政处罚权有关的行政强制措施；②行政强制措施应当由行政机关具备资格的行政执法人员实施，其他人员不得实施。

2. 被授权组织

法律、行政法规授权的具有管理公共事务职能的组织在法定授权范围内，以自己的名义实施行政强制措施。

3. 行政强制措施不得委托实施

与行政处罚和行政许可不同，行政强制措施不得委托实施。

[总结] 行政强制措施、行政处罚和行政许可的授权与委托实施的比较

（1）行政处罚和行政许可的授权实施主体都是法律、法规授权管理公共事务的组织，行政强制措施的授权实施主体是法律、行政法规授权管理公共事务的组织，注意授权依据不同；

（2）行政处罚可以委托具有管理公共事务职能的组织实施，行政许可可以委托其他行政机关实施，行政强制措施不得委托实施。

二、行政强制措施的一般程序

实施行政强制措施的一般程序，是指行政机关实施各类行政强制措施均需要遵守的程序环节和要求。行政强制措施的一般程序应当重点掌握四个关键环节。

实施内容	具体要求
报告批准	一般情况：实施前须向行政机关负责人报告并经批准。
	情况紧急：当场实施行政强制措施的，执法人员应当在实施后 24 小时内向行政机关负责人报告，并补办批准手续。
执法人员	2 名以上行政执法人员，出示执法身份证件。
当事人	（1）通知当事人到场； （2）当场告知当事人采取行政强制措施的理由、依据以及当事人享有的权利、救济途径； （3）听取当事人的陈述和申辩。
现场笔录	当事人到场：当事人和执法人员签名或者盖章，当事人拒绝的，在笔录中予以注明。
	当事人不到场：邀请见证人到场，由见证人和执法人员在现场笔录上签名或者盖章。

[注意] 实施行政强制措施前原则上须向行政机关负责人报告并经批准——事前批；但在情况紧急时，可以在实施行政强制措施后向行政机关负责人报告并补办批准手续——事后批。

三、行政强制措施的特别程序要求

除一般程序要求外，行政机关实施限制公民人身自由、查封、扣押、冻结等行政强制

措施的，还须遵循特别程序要求。

（一）实施限制公民人身自由的强制措施

限制公民人身自由的强制措施对公民权利影响较大，应当遵循更严格的程序要求：

1. 当场告知或者实施行政强制措施后立即通知当事人家属实施行政强制措施的行政机关、地点和期限。

2. 在紧急情况下当场实施行政强制措施的，在返回行政机关后，立即向行政机关负责人报告并补办批准手续。

3. 实施限制人身自由的行政强制措施不得超过法定期限。

4. 实施行政强制措施的目的已经达到或者条件已经消失，应当立即解除。

（二）查封、扣押

查封和扣押是实践中最为常见的两种强制措施。对于查封、扣押，在遵循一般程序要求的基础上，还应当遵循特殊的程序要求。

1. 对象

查封、扣押的对象限于涉案的场所、设施或者财物，有三个不得：

（1）不得查封、扣押与违法行为无关的场所、设施或者财物；

（2）不得查封、扣押公民个人及其所扶养家属的生活必需品；

（3）当事人的场所、设施或者财物已被其他国家机关依法查封的，不得重复查封。

2. 形式

行政机关决定实施查封、扣押要求两个文书：查封、扣押的决定书和查封、扣押的清单，具体要求是：

（1）应当制作并当场交付决定书和清单。

（2）决定书应当载明的事项：当事人的姓名或者名称、地址；查封、扣押的理由、依据和期限；查封、扣押场所、设施或者财物的名称、数量等；申请行政复议或者提起行政诉讼的途径和期限；行政机关的名称、印章和日期。

（3）清单一式二份，由当事人和行政机关分别保存。

3. 期限

期限是对行政机关的一种约束，具体要求是：

（1）查封、扣押的期限不得超过30日，法律、行政法规另有规定的除外。

（2）情况复杂的，经行政机关负责人批准，可以延长，但是延长期限不得超过30日。延长查封、扣押的决定应当及时书面告知当事人，并说明理由。

4. 保管

为了保护查封、扣押当事人的合法权益，对保管及其责任有明确要求：

（1）对查封、扣押的场所、设施或者财物，行政机关应当妥善保管，不得使用或者损毁；造成损失的，应当承担赔偿责任。

（2）对查封的场所、设施或者财物，行政机关可以委托第三人保管，第三人不得损毁或者擅自转移、处置；因第三人的原因造成的损失，行政机关先行赔付后有权向第三人追偿。

[注意] 扣押程序中对扣押物品的保护，行政机关有三项义务：①应当妥善保管；②不得使用或者损毁；③对造成的损失承担赔偿责任。

5. 费用

查封、扣押还涉及两项费用：①查封、扣押期间的保管费；②查封、扣押之后对被查封扣押的物品进行检疫、检测、检验、技术鉴定的费用。这两项费用都是由行政机关来承担。

[注意] 扣押程序中保护被扣押当事人合法权益

（1）2 名执法人员的要求；

（2）告知当事人扣押的理由和依据；

（3）当场向当事人交付扣押决定书和清单；

（4）不得扣押与违法行为无关的财物。

小练习

案情： 某区公安分局执法人员以非经许可运输烟花爆竹为由，扣押孙某杂货店的烟花爆竹100 件。

问题：

（1）执法人员能否直接采取扣押措施？

（2）扣押时是否必须制作现场笔录？

（3）实施扣押行为的执法人员有何要求？

参考答案：

（1）根据《行政强制法》第18 条第1 项的规定，区公安分局执法人员应当在实施扣押前向行政机关负责人报告并经批准才能采取扣押措施，执法人员不能直接采取扣押措施。

（2）根据《行政强制法》第18 条第7 项的规定，区公安分局扣押时应当制作现场笔录。

（3）根据《行政强制法》第17 条第3 款和第18 条第2 项的规定，扣押应当由某区公安分局2 名以上具备资格的行政执法人员实施。

第15讲 行政机关强制执行程序

核心法条

《行政强制法》

第35 条 行政机关作出强制执行决定前，应当事先催告当事人履行义务。催告应当以书面形式作出，并载明下列事项：

（一）履行义务的期限；

（二）履行义务的方式；

（三）涉及金钱给付的，应当有明确的金额和给付方式；

（四）当事人依法享有的陈述权和申辩权。

第36 条 当事人收到催告书后有权进行陈述和申辩。行政机关应当充分听取当事人的意见，对当事人提出的事实、理由和证据，应当进行记录、复核。当事人提出的事实、理由或者证据成立的，行政机关应当采纳。

第37条 经催告，当事人逾期仍不履行行政决定，且无正当理由的，行政机关可以作出强制执行决定。

强制执行决定应当以书面形式作出，并载明下列事项：

（一）当事人的姓名或者名称、地址；

（二）强制执行的理由和依据；

（三）强制执行的方式和时间；

（四）申请行政复议或者提起行政诉讼的途径和期限；

（五）行政机关的名称、印章和日期。

在催告期间，对有证据证明有转移或者隐匿财物迹象的，行政机关可以作出立即强制执行决定。

第38条 催告书、行政强制执行决定书应当直接送达当事人。当事人拒绝接收或者无法直接送达当事人的，应当依照《中华人民共和国民事诉讼法》的有关规定送达。

第42条 实施行政强制执行，行政机关可以在不损害公共利益和他人合法权益的情况下，与当事人达成执行协议。执行协议可以约定分阶段履行；当事人采取补救措施的，可以减免加处的罚款或者滞纳金。

执行协议应当履行。当事人不履行执行协议的，行政机关应当恢复强制执行。

第43条 行政机关不得在夜间或者法定节假日实施行政强制执行。但是，情况紧急的除外。

行政机关不得对居民生活采取停止供水、供电、供热、供燃气等方式迫使当事人履行相关行政决定。

第44条 对违法的建筑物、构筑物、设施等需要强制拆除的，应当由行政机关予以公告，限期当事人自行拆除。当事人在法定期限内不申请行政复议或者提起行政诉讼，又不拆除的，行政机关可以依法强制拆除。

第46条第3款 没有行政强制执行权的行政机关应当申请人民法院强制执行。但是，当事人在法定期限内不申请行政复议或者提起行政诉讼，经催告仍不履行的，在实施行政管理过程中已经采取查封、扣押措施的行政机关，可以将查封、扣押的财物依法拍卖抵缴罚款。

第50条 行政机关依法作出要求当事人履行排除妨碍、恢复原状等义务的行政决定，当事人逾期不履行，经催告仍不履行，其后果已经或者将危害交通安全、造成环境污染或者破坏自然资源的，行政机关可以代履行，或者委托没有利害关系的第三人代履行。

第51条 代履行应当遵守下列规定：

（一）代履行前送达决定书，代履行决定书应当载明当事人的姓名或者名称、地址、代履行的理由和依据、方式和时间、标的、费用预算以及代履行人；

（二）代履行3日前，催告当事人履行，当事人履行的，停止代履行；

（三）代履行时，作出决定的行政机关应当派员到场监督；

（四）代履行完毕，行政机关到场监督的工作人员、代履行人和当事人或者见证人应当在执行文书上签名或者盖章。

代履行的费用按照成本合理确定，由当事人承担。但是，法律另有规定的除外。

代履行不得采用暴力、胁迫以及其他非法方式。

第 52 条　需要立即清除道路、河道、航道或者公共场所的遗洒物、障碍物或者污染物，当事人不能清除的，行政机关可以决定立即实施代履行；当事人不在场的，行政机关应当在事后立即通知当事人，并依法作出处理。

行政机关强制执行包括行政机关强制执行和行政机关申请法院强制执行。法律没有规定行政机关强制执行的，作出行政决定的行政机关应当申请法院强制执行。

一、行政机关自行强制执行权限

行政机关自行强制执行权的取得需要由全国人大及其常委会制定的法律授权。

《行政强制法》在规定法律可以授权行政机关自行强制执行时，也给予行政机关可以自行强制执行的两项授权：

1. 行政机关对违法建筑物、构筑物、设施等进行强制拆除的条件

（1）在程序上，行政机关应予以公告，限期当事人自行拆除；

（2）当事人在法定期限内不申请行政复议或者提起行政诉讼，又不拆除。

2. 符合特定条件时对罚款的直接强制执行。对行政机关依法作出金钱给付义务的行政决定，当事人逾期不履行的，在法定期限内不申请行政复议或者提起行政诉讼，经催告仍不履行，行政机关在实施行政管理过程中已经采取查封、扣押措施，可以将查封、扣押的财物依法拍卖抵缴罚款。

[总结]

拍卖、划拨的执行	法律规定具有行政强制执行权的行政机关：海关、税务机关。
违法建筑物的强制拆除	（1）在程序上，行政机关应予以公告，限期当事人自行拆除； （2）当事人在法定期限内不申请行政复议或者提起行政诉讼，又不拆除。
罚款的拍卖执行	（1）当事人逾期不履行的，在法定期限内不申请行政复议或提起行政诉讼，经催告仍不履行； （2）行政机关在实施行政管理过程中已经采取查封、扣押措施； （3）行政机关可以将查封、扣押的财物依法拍卖。

小练习

案情：某市质监局发现一公司生产劣质产品，查封了公司的生产厂房和设备，之后决定没收全部劣质产品、罚款 10 万元。该公司逾期不缴纳罚款。

问题：市质监局能否直接强制执行？

参考答案：根据《行政强制法》第 46 条第 3 款的规定，市质监局在实施行政管理过程中已经采取查封了公司的生产厂房和设备，可以采取将查封的生产厂房和设备依法拍卖抵缴罚款的直接强制执行。但法律并未赋予质监局划拨存款的权力，根据《行政强制法》

第 47 条的规定，市质监局无权采取通知该公司的开户银行划拨其存款的直接强制执行。

二、一般程序要求

对行政机关自行强制执行程序一般应当遵循下列要求：

1. 督促催告

在进行强制执行前，行政机关应利用催告的方式，督促当事人自行履行义务。

（1）行政机关作出强制执行决定前，应当事先催告当事人履行义务。

（2）催告应当以书面形式作出，并载明下列事项：履行义务的期限；履行义务的方式；涉及金钱给付的，应当有明确的金额和给付方式；当事人依法享有的陈述权和申辩权。

2. 陈述与申辩

（1）当事人收到催告书后有权进行陈述和申辩；

（2）行政机关应当充分听取当事人的意见，对当事人提出的事实、理由和证据，应当进行记录、复核；

（3）当事人提出的事实、理由或者证据成立的，行政机关应当采纳。

3. 作出强制执行决定和送达

（1）经催告，当事人逾期仍不履行行政决定且无正当理由的，行政机关可以作出强制执行决定。

（2）强制执行决定应当以书面形式作出，并载明下列事项：当事人的姓名或者名称、地址；强制执行的理由和依据；强制执行的方式和时间；申请行政复议或者提起行政诉讼的途径和期限；行政机关的名称、印章和日期。

（3）在催告期间，对有证据证明有转移或者隐匿财物迹象的，行政机关可以作出立即强制执行决定。

（4）催告书、行政强制执行决定书应当直接送达当事人。当事人拒绝接收或者无法直接送达当事人的，应当依照《民事诉讼法》的有关规定送达。

4. 采取强制执行措施

（1）文书经送达后，行政机关根据执行内容、标的等不同，分别采取不同的强制执行方式，并遵循不同的程序规定。

（2）行政机关不得在夜间或者法定节假日实施行政强制执行。但是，情况紧急的除外。

（3）行政机关不得对居民生活采取停止供水、供电、供热、供燃气等方式迫使当事人履行相关行政决定。

[总结]

催告	作出强制执行决定前，应当事先催告当事人履行义务。
	催告应当以书面形式作出，直接送达当事人。
陈述申辩	当事人收到催告书后有权进行陈述和申辩。
	行政机关应当充分听取当事人的意见。
决定	经催告，当事人逾期仍不履行行政决定且无正当理由的，行政机关可以作出强制执行决定。

续表

决 定	应当以书面形式作出。
	紧急情况：在催告期间，对有证据证明有转移或者隐匿财物迹象的，行政机关可以作出立即强制执行决定。
送 达	催告书、行政强制执行决定书应当直接送达当事人。
	当事人拒绝接收或者无法直接送达当事人的，依照《民事诉讼法》的有关规定送达。
执 行	根据执行内容、标的等不同，分别采取不同的强制执行方式，并遵循不同的程序规定。
	执行禁止：①不得在夜间或者法定节假日实施行政强制执行，情况紧急的除外；②不得对居民生活采取停止供水、供电、供热、供燃气等方式。

小练习

案情： 林某在河道内修建了"农家乐"休闲旅社，在紧急防汛期，防汛指挥机构认为需要立即清除该建筑物，林某无法清除。

问题： 防汛指挥机构能否在法定节假日强制清除建筑物？

参考答案： 根据《行政强制法》第 43 条第 1 款的规定，紧急防汛期属于紧急情况，防汛指挥机构可以在法定节假日强制清除建筑物。

三、特别程序要求

除一般程序要求外，针对具体强制执行措施，行政机关还应遵循特别程序要求。

（一）金钱给付义务的行政强制执行

金钱给付义务的执行方式包括间接执行和直接执行，间接执行方式是滞纳金或执行罚，直接执行方式是划拨和拍卖，间接执行优先于直接执行，这体现了合理行政的比例原则。

1. 间接强制执行

（1）加处罚款或者滞纳金的标准应当告知当事人；

（2）加处罚款或者滞纳金的数额不得超出金钱给付义务的数额。

2. 直接强制执行

（1）行政机关实施加处罚款或者滞纳金超过 30 日，经催告当事人仍不履行的，具有行政强制执行权的行政机关可以强制执行，没有行政强制执行权的行政机关应当申请人民法院强制执行；

（2）划拨存款、汇款应当由法律规定的行政机关决定，并书面通知金融机构，金融机构接到行政机关依法作出划拨存款、汇款的决定后，应当立即划拨；

（3）依法拍卖财物，由有权的行政机关委托拍卖机构依照拍卖法的规定办理。

［总结］

内 容	具体要求
间接执行	（1）加处罚款或者滞纳金的标准应当告知当事人； （2）加处罚款或者滞纳金的数额不得超出金钱给付义务的数额。

续表

内　　容	具体要求		
直接执行	前提：实施加处罚款或者滞纳金超过 30 日，经催告当事人仍不履行的。		
	主　　体	法　　院	没有行政强制执行权的行政机关申请人民法院强制执行。
		行政机关	划拨存款、汇款由法律规定的行政机关决定。
			有权的行政机关可以将查封、扣押的财物依法拍卖抵缴罚款。

（二）代履行

1. 代履行的一般程序

（1）代履行前送达决定书，代履行决定书应当载明当事人的姓名或者名称、地址，代履行的理由和依据、方式和时间、标的、费用预算以及代履行人；

（2）催告履行，代履行 3 日前，催告当事人履行，当事人履行的，停止代履行；

（3）代履行，作出决定的行政机关应当派员到场监督，代履行完毕，行政机关到场监督的工作人员、代履行人和当事人或者见证人应当在执行文书上签名或者盖章。

2. 立即代履行程序

（1）对需要立即清除道路、河道、航道或者公共场所的遗洒物、障碍物或者污染物，当事人不能清除的，行政机关可以决定立即实施代履行；

（2）当事人不在场的，行政机关应当在事后立即通知当事人，并依法作出处理。

[总结]

适用范围	行政机关依法作出要求当事人履行排除妨碍、恢复原状等义务的行政决定，当事人逾期不履行，经催告仍不履行，其后果已经或者将危害交通安全、造成环境污染或者破坏自然资源的。
主　　体	行政机关可以代履行，或者委托没有利害关系的第三人代履行。
一般代履行	（1）代履行前送达决定书； （2）催告履行：代履行 3 日前催告当事人履行，当事人履行的，停止代履行； （3）代履行：代履行完毕，行政机关工作人员、代履行人和当事人或见证人应在执行文书上签名或者盖章。
立即代履行	对需要立即清除道路、河道、航道或者公共场所的遗洒物、障碍物或者污染物，当事人不能清除的，行政机关可以决定立即实施代履行。
	当事人不在场的，行政机关应当在事后立即通知当事人，并依法作出处理。
费　　用	按照成本合理确定，由当事人承担，法律另有规定的除外。

（三）强制执行中的执行和解

要求：

1. 行政机关可以在不损害公共利益和他人合法权益的情况下，与当事人达成执行协议。

2. 执行协议可以约定分阶段履行。

3. 当事人采取补救措施的，可以减免加处的罚款或者滞纳金。

4. 当事人不履行执行协议的，行政机关应当恢复强制执行。

[注意]　执行协议制度的目的是鼓励当事人的自觉履行，但并非所有的行政强制执行都能达成执行协议，只有在不损害公共利益和他人合法权益的情况下才能达成执行协议。执行协议是执行行政决定的一种方式，当执行协议无法实现对行政决定的履行时，就应当恢复对行政决定的强制执行。

小练习

案情： 在行政强制执行过程中，行政机关依法与甲达成执行协议。事后，甲应当履行协议而不履行。

问题： 本案行政机关可采取什么措施？

参考答案： 根据《行政强制法》第 42 条第 2 款的规定，甲应当履行协议而不履行执行协议的，行政机关应当恢复强制执行。

经典真题

案情： 1997 年 11 月，某省政府所在地的市政府决定征收含有某村集体土地在内的地块作为旅游区用地，并划定征用土地的四至界线范围。2007 年，市国土局将其中一地块与甲公司签订《国有土地使用权出让合同》。2008 年 12 月 16 日，甲公司获得市政府发放的第 1 号《国有土地使用权证》。2009 年 3 月 28 日，甲公司将此地块转让给乙公司，市政府向乙公司发放第 2 号《国有土地使用权证》。后，乙公司申请在此地块上动工建设。2010 年 9 月 15 日，市政府张贴公告，要求在该土地范围内使用土地的单位和个人，限期自行清理农作物和附着物设施，否则强制清理。2010 年 11 月，某村得知市政府给乙公司颁发第 2 号《国有土地使用权证》后，认为此证涉及的部分土地仍属该村集体所有，向省政府申请复议要求撤销该土地使用权证。省政府维持后，某村向法院起诉。法院通知甲公司与乙公司作为第三人参加诉讼。

在诉讼过程中，市政府组织有关部门强制拆除了征地范围内的附着物设施。某村为收集证据材料，向市国土局申请公开 1997 年征收时划定的四至界线范围等相关资料，市国土局以涉及商业秘密为由拒绝提供。（2012/4/六）

问题： 市政府强制拆除征地范围内的附着物设施应当遵循的主要法定程序和执行原则是什么？[1]

第16讲　行政机关申请法院强制执行程序

核心法条

《行政强制法》

第 53 条　当事人在法定期限内不申请行政复议或者提起行政诉讼，又不履行行政决

---

〔1〕　按照《行政强制法》第四章的规定，市政府采取强制执行措施应当遵循事先催告当事人履行义务，当事人有权陈述申辩，行政机关应当充分听取当事人意见，书面决定强制执行并送达当事人，与当事人可达成执行协议；不得在夜间或法定节假日实施强制执行，不得对居民生活采取停水、停电、停热、停气等方式迫使当事人执行等程序和执行原则。

定的，没有行政强制执行权的行政机关可以自期限届满之日起 3 个月内，依照本章规定申请人民法院强制执行。

第 54 条 行政机关申请人民法院强制执行前，应当催告当事人履行义务。催告书送达 10 日后当事人仍未履行义务的，行政机关可以向所在地有管辖权的人民法院申请强制执行；执行对象是不动产的，向不动产所在地有管辖权的人民法院申请强制执行。

第 55 条 行政机关向人民法院申请强制执行，应当提供下列材料：

（一）强制执行申请书；

（二）行政决定书及作出决定的事实、理由和依据；

（三）当事人的意见及行政机关催告情况；

（四）申请强制执行标的情况；

（五）法律、行政法规规定的其他材料。

强制执行申请书应当由行政机关负责人签名，加盖行政机关的印章，并注明日期。

第 56 条第 1 款 人民法院接到行政机关强制执行的申请，应当在 5 日内受理。

第 57 条 人民法院对行政机关强制执行的申请进行书面审查，对符合本法第 55 条规定，且行政决定具备法定执行效力的，除本法第 58 条规定的情形外，人民法院应当自受理之日起 7 日内作出执行裁定。

第 58 条第 1、2 款 人民法院发现有下列情形之一的，在作出裁定前可以听取被执行人和行政机关的意见：

（一）明显缺乏事实根据的；

（二）明显缺乏法律、法规依据的；

（三）其他明显违法并损害被执行人合法权益的。

人民法院应当自受理之日起 30 日内作出是否执行的裁定。裁定不予执行的，应当说明理由，并在 5 日内将不予执行的裁定送达行政机关。

第 60 条第 1 款 行政机关申请人民法院强制执行，不缴纳申请费。强制执行的费用由被执行人承担。

《行政处罚法》第 72 条第 2 款 行政机关批准延期、分期缴纳罚款的，申请人民法院强制执行的期限，自暂缓或者分期缴纳罚款期限结束之日起计算。

《行诉解释》

第 155 条第 1 款 行政机关根据行政诉讼法第 97 条的规定申请执行其行政行为，应当具备以下条件：

（一）行政行为依法可以由人民法院执行；

（二）行政行为已经生效并具有可执行内容；

（三）申请人是作出该行政行为的行政机关或者法律、法规、规章授权的组织；

（四）被申请人是该行政行为所确定的义务人；

（五）被申请人在行政行为确定的期限内或者行政机关催告期限内未履行义务；

（六）申请人在法定期限内提出申请；

（七）被申请执行的行政案件属于受理执行申请的人民法院管辖。

第 156 条 没有强制执行权的行政机关申请人民法院强制执行其行政行为，应当自被执行人的法定起诉期限届满之日起3个月内提出。逾期申请的，除有正当理由外，人民法院不予受理。

第157条第1款 行政机关申请人民法院强制执行其行政行为的，由申请人所在地的基层人民法院受理；执行对象为不动产的，由不动产所在地的基层人民法院受理。

第158条第1款 行政机关根据法律的授权对平等主体之间民事争议作出裁决后，当事人在法定期限内不起诉又不履行，作出裁决的行政机关在申请执行的期限内未申请人民法院强制执行的，生效行政裁决确定的权利人或者其继承人、权利承受人在6个月内可以申请人民法院强制执行。

第161条第1款 被申请执行的行政行为有下列情形之一的，人民法院应当裁定不准予执行：

（一）实施主体不具有行政主体资格的；

（二）明显缺乏事实根据的；

（三）明显缺乏法律、法规依据的；

（四）其他明显违法并损害被执行人合法权益的情形。

《行政协议案件规定》第24条 公民、法人或者其他组织未按照行政协议约定履行义务，经催告后不履行，行政机关可以作出要求其履行协议的书面决定。公民、法人或者其他组织收到书面决定后在法定期限内未申请行政复议或者提起行政诉讼，且仍不履行，协议内容具有可执行性的，行政机关可以向人民法院申请强制执行。

法律、行政法规规定行政机关对行政协议享有监督协议履行的职权，公民、法人或者其他组织未按照约定履行义务，经催告后不履行，行政机关可以依法作出处理决定。公民、法人或者其他组织在收到该处理决定后在法定期限内未申请行政复议或者提起行政诉讼，且仍不履行，协议内容具有可执行性的，行政机关可以向人民法院申请强制执行。

申请法院强制执行称为非诉行政案件执行，与行政诉讼执行相对应。申请法院强制执行制度设计的主要理由是：将行政行为的决定权与执行权分离，避免行政机关既是决定机关又是决定的执行机关，避免造成违法执行。由行政机关申请人民法院执行，多一道纠正错误的环节，通过法院对行政机关的监督，起到保护公民、组织合法权益的目的。

一、适用条件

行政机关申请法院强制执行的条件：

1. 行政机关无强制执行权。法律明确授予行政机关自行强制执行权，作出行政决定的行政机关不能申请法院强制执行。

2. 当事人不申请行政复议、不提起行政诉讼、不履行行政决定。

3. 申请期限为自法定起诉期限届满之日起3个月内。

［注意］行政机关批准延期、分期缴纳罚款的，申请人民法院强制执行的期限，自暂缓或者分期缴纳罚款期限结束之日起计算。

［指导案例］具有直接强制执行权的行政机关向法院申请强制执行的处理

办理行政非诉执行监督案件，应当查明行政机关对相关事项是否具有直接强制执行权，对具有直接强制执行权的行政机关向人民法院申请强制执行，人民法院不应当受理而受理的，应当依法进行监督。人民检察院在履行行政非诉执行监督职责中，发现行政机关的行政行为存在违法或不当履职情形的，可以向行政机关提出检察建议。（最高人民检察院检例第 59 号：湖北省某县水利局申请强制执行肖某河道违法建设处罚决定监督案）

二、行政机关提出申请

1. 催告
（1）行政机关申请人民法院强制执行前，应当催告当事人履行义务；
（2）催告书送达 10 日后当事人仍未履行义务的，行政机关可以申请法院强制执行。
2. 管辖法院：①行政机关所在地基层法院；②执行对象是不动产的，为不动产所在地基层法院。适用规则类似于行政诉讼中一般地域管辖和特殊地域管辖。基层法院认为执行确有困难的，可以报请上级法院执行；上级法院可以决定由其执行，也可以决定由下级法院执行。

3. 在特定情况下申请人可以是行政决定确定的权利人或者其继承人、权利承受人。《行诉解释》规定，行政机关根据法律的授权对平等主体之间民事争议作出裁决后，当事人在法定期限内不起诉又不履行，作出裁决的行政机关在申请执行的期限内未申请人民法院强制执行的，生效行政裁决确定的权利人或者其继承人、权利承受人在 6 个月内可以申请人民法院强制执行。

4. 行政机关申请强制执行的材料
（1）强制执行申请书，应当由行政机关负责人签名，加盖行政机关的印章，并注明日期；
（2）行政决定书及作出决定的事实、理由和依据；
（3）当事人的意见及行政机关催告情况；
（4）申请强制执行标的情况；
（5）法律、行政法规规定的其他材料。

三、法院的受理

1. 法院接到行政机关强制执行的申请，应当在 5 日内受理。
2. 行政机关对人民法院不予受理的裁定有异议，可以在 15 日内向上一级人民法院申请复议，上一级法院应当自收到复议申请之日起 15 日内作出是否受理的裁定。

四、法院的审理裁定

1. 一般情况
（1）书面审查，即通过审阅书面材料的方式进行审查；
（2）审查期限为 7 日，即法院应当自受理之日起 7 日内作出执行裁定。
2. 特殊情况，即行政决定的实施主体不具有行政主体资格、明显缺乏事实根据的、明显缺乏法律法规依据的以及其他明显违法并损害被执行人合法权益的：
（1）在作出裁定前可以听取被执行人和行政机关的意见；
（2）审查期限为 30 日，即法院应当自受理之日起 30 日内作出是否执行的裁定。

3. 不予执行裁定

（1）裁定不予执行的，应当说明理由，并在 5 日内将不予执行的裁定送达行政机关；

（2）行政机关对人民法院不予执行的裁定有异议的，可以自收到裁定之日起 15 日内向上一级人民法院申请复议，上一级人民法院应当自收到复议申请之日起 30 日内作出是否执行的裁定。

五、执行费用

1. 行政机关申请人民法院强制执行，不缴纳申请费。

2. 强制执行的费用由被执行人承担。

[总结]

条　件		（1）行政机关无强制执行权； （2）当事人在法定期限内不申请行政复议或者提起行政诉讼，又不履行行政决定的； （3）自期限届满之日起 3 个月内申请执行。
催　告		行政机关申请人民法院强制执行前，应当催告当事人履行义务。
		催告书送达 10 日后当事人仍未履行义务的，行政机关可以申请法院强制执行。
申　请	执行法院	行政机关所在地基层法院。
		执行对象为不动产的，不动产所在地基层法院。
	申请材料	（1）强制执行申请书，由行政机关负责人签名，加盖行政机关印章和注明日期； （2）行政决定书及作出决定的事实、理由和依据； （3）当事人的意见及行政机关催告情况； （4）申请强制执行标的情况； （5）法律、行政法规规定的其他材料。
受　理	受　理	人民法院接到行政机关强制执行的申请，应当在 5 日内受理。
	不予受理	15 日内行政机关向上一级人民法院申请复议，上一级人民法院 15 日内作出是否受理的裁定。
审　查	原　则	一般是书面审查，自受理之日起 7 日内作出执行裁定。
	例　外	听取意见适用于：明显缺乏事实根据的；明显缺乏法律、法规依据的；其他明显违法并损害被执行人合法权益的。自受理之日起 30 日内作出是否执行的裁定。
裁　定	不予执行	法院应当说明理由，并在 5 日内将不予执行的裁定送达行政机关。
		行政机关对不予执行的裁定有异议的，可自收到裁定之日起 15 日内向上一级人民法院申请复议，上一级人民法院应当自收到复议申请之日起 30 日内作出是否执行的裁定。
执　行	紧急情况	为保障公共安全，行政机关可以申请人民法院立即执行。
		经人民法院院长批准，人民法院应当自作出执行裁定之日起 5 日内执行。
费　用		行政机关申请人民法院强制执行，不缴纳申请费。强制执行的费用由被执行人承担。

[注意] 行政协议案件的非诉强制执行主要包括两种情形：

（1）以行政机关作出的履行协议决定作为执行对象申请人民法院强制执行。公民、法人或者其他组织未按照行政协议约定履行义务，经催告后不履行，行政机关可以作出要求其履行协议的书面决定。

（2）以行政机关作出的处理决定作为执行对象申请人民法院强制执行。法律、行政法规规定行政机关对行政协议享有监督协议履行的职权，公民、法人或者其他组织未按照约定履行义务，经催告后不履行，行政机关可以依法作出处理决定。

小练习

案情：某建筑公司雇工修建某镇农贸市场，但长期拖欠工资。县劳动局作出《处理决定书》，要求该建筑公司支付工资，并加付应付工资50%的赔偿金。该建筑公司在法定期限内既未履行处理决定，也未申请行政复议和提起诉讼。县劳动局申请法院强制执行。

问题：

（1）县劳动局申请法院强制执行的期限如何确定？

（2）县劳动局应该向哪个法院申请强制执行？

（3）县劳动局申请执行应当提交哪些材料？

（4）若法院受理申请后，审查期限如何确定？

（5）若法院作出不予执行的裁定是否应当说明理由？县劳动局不服法院的不予执行裁定，如何处理？

（6）若法院作出予以执行的裁定，强制执行的费用由谁承担？

参考答案：

（1）根据《行诉解释》第156条的规定，县劳动局申请法院强制执行其《处理决定书》，应当自某建筑公司的法定起诉期限届满之日起3个月内提出。

（2）根据《行诉解释》第157条第1款的规定，县劳动局申请强制执行，应当向县劳动局所在地的县人民法院申请。

（3）根据《行政强制法》第55条第1款的规定，县劳动局应当提供的材料有：①强制执行申请书；②《处理决定书》及《处理决定书》的事实、理由和依据；③某建筑公司的意见及县劳动局催告情况；④申请强制执行标的情况；⑤法律、行政法规规定的其他材料。

（4）根据《行诉解释》第160条第1款的规定，法院受理申请后，应当在7日内对《处理决定书》的合法性进行审查，并作出是否准予执行的裁定。

（5）根据《行政强制法》第58条第2、3款的规定，法院作出不予执行的裁定，应当说明理由；县劳动局不服法院的不予执行裁定的，可以自收到裁定之日起15日内向上一级人民法院申请复议，上一级人民法院应当自收到复议申请之日起30日内作出是否执行的裁定。

（6）根据《行政强制法》第60条第1款的规定，法院作出予以执行的裁定，强制执行的费用由被执行人某建筑公司承担。

案例拓展

廖明耀诉龙南县人民政府房屋强制拆迁案

关键词：行政强制执行违法

原告廖明耀的房屋位于龙南县龙南镇龙洲村东胜围小组，2011年被告龙南县人民政府批复同意建设县第一人民医院，廖明耀的房屋被纳入该建设项目拆迁范围。就拆迁安置补偿事宜，龙南县人民政府工作人员多次与廖明耀进行协商，但因意见分歧较大未达成协议。2013年2月27日，龙南县国土及规划部门将廖明耀的部分房屋认定为违章建筑，并下达自行拆除违建房屋的通知。同年3月，龙南县人民政府在未按照《行政强制法》的相关规定进行催告、未作出强制执行决定、未告知当事人诉权的情况下，组织相关部门对廖明耀的违建房屋实施强制拆除，同时对拆迁范围内的合法房屋也进行了部分拆除，导致该房屋丧失正常使用功能。廖明耀认为龙南县人民政府强制拆除其房屋和毁坏财产的行为严重侵犯其合法权益，遂于2013年7月向赣州市中级人民法院提起了行政诉讼，请求法院确认龙南县人民政府拆除其房屋的行政行为违法。赣州市中级人民法院将该案移交安远县人民法院审理。安远县人民法院受理案件后，于法定期限内向龙南县人民政府送达了起诉状副本和举证通知书，但该府在法定期限内只向法院提供了对廖明耀违建房屋进行行政处罚的相关证据，没有提供强制拆除房屋行政行为的相关证据和依据。

法院裁判：

安远县人民法院认为，根据《行政诉讼法》第32条（现为第34条第1款）、第43条（现为第67条）及《最高人民法院关于执行〈中华人民共和国行政诉讼法〉若干问题的解释》（注意：因《行诉解释》的生效，该解释已废止，全书下同）第26条之规定，被告对作出的具体行政行为负有举证责任，应当在收到起诉状副本之日起10日内提供作出具体行政行为时的证据，未提供的，应当认定该具体行政行为没有证据。本案被告龙南县人民政府在收到起诉状副本和举证通知书后，始终没有提交强制拆除房屋行为的证据，应认定被告强制拆除原告房屋的行政行为没有证据，不具有合法性。据此，依照《最高人民法院关于执行〈中华人民共和国行政诉讼法〉若干问题的解释》第57条第2款第2项之规定，确认龙南县人民政府拆除廖明耀房屋的行政行为违法。

该判决生效后，廖明耀于2014年5月向法院提起了行政赔偿诉讼。经安远县人民法院多次协调，最终促使廖明耀与龙南县人民政府就违法行政行为造成的损失及拆除其全部房屋达成和解协议。廖明耀撤回起诉，行政纠纷得以实质性解决。

案例来源：2014年8月29日最高人民法院发布征收拆迁十大案例之八

专题 **6** 政府信息公开

应试指导

　　本专题在主观卷中的题目类型主要是**案例分析题和论述题**，考查的重点是信息公开的意义和程序，核心考点是政府信息公开的范围、要求、公开方式和依申请公开的程序、监督救济等内容。

第**17**讲　政府信息公开的范围和主体

核心法条

《政府信息公开条例》

第2条　本条例所称政府信息，是指行政机关在履行行政管理职能过程中制作或者获取的，以一定形式记录、保存的信息。

第3条　各级人民政府应当加强对政府信息公开工作的组织领导。

国务院办公厅是全国政府信息公开工作的主管部门，负责推进、指导、协调、监督全国的政府信息公开工作。

县级以上地方人民政府办公厅（室）是本行政区域的政府信息公开工作主管部门，负责推进、指导、协调、监督本行政区域的政府信息公开工作。

实行垂直领导的部门的办公厅（室）主管本系统的政府信息公开工作。

第4条第1款　各级人民政府及县级以上人民政府部门应当建立健全本行政机关的政府信息公开工作制度，并指定机构（以下统称政府信息公开工作机构）负责本行政机关政府信息公开的日常工作。

第5条　行政机关公开政府信息，应当坚持以公开为常态、不公开为例外，遵循公正、公平、合法、便民的原则。

第10条　行政机关制作的政府信息，由制作该政府信息的行政机关负责公开。行政机关从公民、法人和其他组织获取的政府信息，由保存该政府信息的行政机关负责公开；行政机关获取的其他行政机关的政府信息，由制作或者最初获取该政府信息的行政机关负责公开。法律、法规对政府信息公开的权限另有规定的，从其规定。

行政机关设立的派出机构、内设机构依照法律、法规对外以自己名义履行行政管理职能的，可以由该派出机构、内设机构负责与所履行行政管理职能有关的政府信息公开工作。

2个以上行政机关共同制作的政府信息，由牵头制作的行政机关负责公开。

第14条 依法确定为国家秘密的政府信息，法律、行政法规禁止公开的政府信息，以及公开后可能危及国家安全、公共安全、经济安全、社会稳定的政府信息，不予公开。

第15条 涉及商业秘密、个人隐私等公开会对第三方合法权益造成损害的政府信息，行政机关不得公开。但是，第三方同意公开或者行政机关认为不公开会对公共利益造成重大影响的，予以公开。

第16条 行政机关的内部事务信息，包括人事管理、后勤管理、内部工作流程等方面的信息，可以不予公开。

行政机关在履行行政管理职能过程中形成的讨论记录、过程稿、磋商信函、请示报告等过程性信息以及行政执法案卷信息，可以不予公开。法律、法规、规章规定上述信息应当公开的，从其规定。

第17条 行政机关应当建立健全政府信息公开审查机制，明确审查的程序和责任。

行政机关应当依照《中华人民共和国保守国家秘密法》以及其他法律、法规和国家有关规定对拟公开的政府信息进行审查。

行政机关不能确定政府信息是否可以公开的，应当依照法律、法规和国家有关规定报有关主管部门或者保密行政管理部门确定。

政府信息公开，是指公民、组织对行政机关在行使行政职权的过程中掌握或控制的信息拥有知情权，除法律明确规定的不予公开事项外，行政机关应当通过有效方式向公众和当事人公开。

一、政府信息公开的意义

政府信息公开具有多重意义和作用：

1. 在当今信息时代，信息的价值和意义难以估量，对经济和社会发展的作用巨大，充分发挥信息的效用，是政府的重要职责。

2. 推行政府信息公开，让公众了解政府运作的情况并掌握所需要的资料，是公众行使对政府和国家管理活动的参与权和监督权的前提，是民主政治的核心内容之一。

3. "阳光是最好的防腐剂"，政府信息公开可以将政府的活动置于公众的监督之下，可以推进行政的公正，对防止腐败具有重要作用。

4. 政府信息公开还具有满足公民、组织的需要，推动科学研究发展等功能和作用。因此，推动政府信息公开已成为行政法发展的世界潮流。

二、政府信息公开的范围

政府信息公开的范围，关系着哪些政府信息应当公开，哪些不应当公开。对政府信息公开范围的处理标准是：以公开为原则，以法定不公开为例外。因此，可以从公开标准和不予公开两个方面理解政府信息公开的范围，并且正确处理好公开与保密的关系。

公开与保密是一对矛盾。政府信息公开既要保证公民、法人和其他组织及时、准确地获取政府信息，又要防止出现因公开不当导致失密、泄密而损害国家安全、公共安全、经济安全，影响社会稳定和侵犯公民、法人或者其他组织的合法权益的情况。这就要求行政机关能正确处理公开与保密的关系：①除法定的不予公开事项外，政府信息均应公开。②行政机关公开政府信息，不得危及国家安全、公共安全、经济安全和社会稳定。③要建立政府信息公开保密审查机制，行政机关在公开政府信息前应当依法对拟公开的政府信息进行审查，行政机关对政府信息不能确定是否可以公开时，应当依法报主管部门或保密工作部门确定。④行政机关不得公开涉及国家秘密、商业秘密、个人隐私的政府信息。但是，经权利人同意或者行政机关认为不公开可能对公共利益造成重大影响的涉及商业秘密、个人隐私的政府信息，可以予以公开。

此外，行政机关的内部事务信息，包括人事管理、后勤管理、内部工作流程等方面的信息，行政机关在履行行政管理职能过程中形成的讨论记录、过程稿、磋商信函、请示报告等过程性信息以及行政执法案卷信息，可以不予公开。

三、政府信息公开的主体

政府信息公开的主体主要是行政机关和法律、法规授权的具有管理公共事务职能的组织，这两类主体是政府信息的拥有者，也是政府信息公开义务的承担者。

行政机关的信息包括两类：①行政机关制作的政府信息；②获取的政府信息。行政机关制作的政府信息，由制作该政府信息的行政机关负责公开，2个以上行政机关共同制作的政府信息，由牵头制作的行政机关负责公开。行政机关从公民、法人和其他组织获取的政府信息，由保存该政府信息的行政机关负责公开；行政机关获取的其他行政机关的政府信息，由制作或者最初获取该政府信息的行政机关负责公开。法律、法规对政府信息公开的权限另有规定的，从其规定。

[注意] 行政机关设立的派出机构、内设机构依照法律、法规对外以自己名义履行行政管理职能的，该派出机构、内设机构负责公开与其所履行行政管理职能有关的政府信息。

小练习

案情：区房管局向某公司发放房屋拆迁许可证。被拆迁人王某向区房管局提出申请，要求公开该公司办理拆迁许可证时所提交的区建设局颁发的建设用地规划许可证。

问题：区房管局是否是建设用地规划许可证的公开主体？

参考答案：根据《政府信息公开条例》第10条第1款的规定，建设用地规划许可证不是区房管局制作的，区房管局不是建设用地规划许可证的公开主体。

经典真题

材料一（案情）：孙某与村委会达成在该村采砂的协议，期限为5年。孙某向甲市乙县国土资源局申请采矿许可，该局向孙某发放采矿许可证，载明采矿的有效期为2年，至2015年10月20日止。

2015年10月15日，乙县国土资源局通知孙某，根据甲市国土资源局日前发布的《严禁在自然保护区采砂的规定》），采矿许可证到期后不再延续，被许可人应立即停止采砂行为，撤回采砂设施和设备。

孙某以与村委会协议未到期、投资未收回为由继续开采，并于 2015 年 10 月 28 日向乙县国土资源局申请延续采矿许可证的有效期。该局通知其许可证已失效，无法续期。

2015 年 11 月 20 日，乙县国土资源局接到举报，得知孙某仍在采砂，以孙某未经批准非法采砂，违反《矿产资源法》为由，发出《责令停止违法行为通知书》，要求其停止违法行为。孙某向法院起诉请求撤销通知书，一并请求对《严禁在自然保护区采砂的规定》进行审查。

孙某为了解《严禁在自然保护区采砂的规定》内容，向甲市国土资源局提出政府信息公开申请。

材料二：涉及公民、法人或其他组织权利和义务的规范性文件，按照政府信息公开要求和程序予以公布。推行行政执法公示制度。推进政务公开信息化，加强互联网政务信息数据服务平台和便民服务平台建设。（摘自《中共中央关于全面推进依法治国若干重大问题的决定》）（2016/4/七）

问题：结合材料一和材料二作答（要求观点明确，逻辑清晰、说理充分、文字通畅；总字数不得少于 500 字）：

谈谈政府信息公开的意义和作用，以及处理公开与不公开关系的看法。[1]

第18讲　政府信息公开的程序

政府信息公开的途径有主动公开和被动公开两种：①主动公开就是行政机关把相关信息主动向社会公布，它的对象是不特定的社会公众；②被动公开，一般来说是指特定的对象，即特定的公民、组织向行政机关申请公开信息，也称之为依申请公开。应重点掌握依申请公开政府信息的程序，依申请公开政府信息更具有现实意义：主动公开是针对公众，如果对公众不主动公开信息，公民可以申请公开该信息，因此依申请公开政府信息的法治意义更明显。

核心法条

《政府信息公开条例》

第 29 条　公民、法人或者其他组织申请获取政府信息的，应当向行政机关的政府信息

---

[1] 政府信息公开的意义和作用可以从多个角度分析：①在当今信息时代，信息的价值和意义难以估量，对经济和社会发展的作用巨大，充分发挥信息的效用，是政府的重要职责；②推行政府信息公开，让公众了解政府运作的情况和掌握所需要的资料，是公众行使对政府和国家管理活动的参与权和监督权的前提，是民主政治的核心内容之一；③"阳光是最好的防腐剂"，政府信息公开可以将政府的活动置于公众的监督之下，可以推进行政的公正，对防止腐败具有重要作用；④政府信息公开还具有能满足公民、组织的需要，推动科学研究发展等功能和作用。处理政府信息公开与不公开关系应确立一个基本原则：以公开为常态，以法定不公开为例外。具体可以从以下三个方面分析：①政府信息公开要保证公民、法人和其他组织及时、准确地获取政府信息；②防止出现因公开不当导致失密、泄密而损害国家安全、公共安全、经济安全，影响社会稳定和侵犯公民、法人或者其他组织的合法权益的情况；③正确处理政府信息公开与不公开关系以取得公共利益与个人利益之间的平衡。

公开工作机构提出，并采用包括信件、数据电文在内的书面形式；采用书面形式确有困难的，申请人可以口头提出，由受理该申请的政府信息公开工作机构代为填写政府信息公开申请。

政府信息公开申请应当包括下列内容：

（一）申请人的姓名或者名称、身份证明、联系方式；

（二）申请公开的政府信息的名称、文号或者便于行政机关查询的其他特征性描述；

（三）申请公开的政府信息的形式要求，包括获取信息的方式、途径。

第30条　政府信息公开申请内容不明确的，行政机关应当给予指导和释明，并自收到申请之日起7个工作日内一次性告知申请人作出补正，说明需要补正的事项和合理的补正期限。答复期限自行政机关收到补正的申请之日起计算。申请人无正当理由逾期不补正的，视为放弃申请，行政机关不再处理该政府信息公开申请。

第31条　行政机关收到政府信息公开申请的时间，按照下列规定确定：

（一）申请人当面提交政府信息公开申请的，以提交之日为收到申请之日；

（二）申请人以邮寄方式提交政府信息公开申请的，以行政机关签收之日为收到申请之日；以平常信函等无需签收的邮寄方式提交政府信息公开申请的，政府信息公开工作机构应当于收到申请的当日与申请人确认，确认之日为收到申请之日；

（三）申请人通过互联网渠道或者政府信息公开工作机构的传真提交政府信息公开申请的，以双方确认之日为收到申请之日。

第32条　依申请公开的政府信息公开会损害第三方合法权益的，行政机关应当书面征求第三方的意见。第三方应当自收到征求意见书之日起15个工作日内提出意见。第三方逾期未提出意见的，由行政机关依照本条例的规定决定是否公开。第三方不同意公开且有合理理由的，行政机关不予公开。行政机关认为不公开可能对公共利益造成重大影响的，可以决定予以公开，并将决定公开的政府信息内容和理由书面告知第三方。

第33条　行政机关收到政府信息公开申请，能够当场答复的，应当当场予以答复。

行政机关不能当场答复的，应当自收到申请之日起20个工作日内予以答复；需要延长答复期限的，应当经政府信息公开工作机构负责人同意并告知申请人，延长的期限最长不得超过20个工作日。

行政机关征求第三方和其他机关意见所需时间不计算在前款规定的期限内。

第35条　申请人申请公开政府信息的数量、频次明显超过合理范围，行政机关可以要求申请人说明理由。行政机关认为申请理由不合理的，告知申请人不予处理；行政机关认为申请理由合理，但是无法在本条例第33条规定的期限内答复申请人的，可以确定延迟答复的合理期限并告知申请人。

第36条　对政府信息公开申请，行政机关根据下列情况分别作出答复：

（一）所申请公开信息已经主动公开的，告知申请人获取该政府信息的方式、途径；

（二）所申请公开信息可以公开的，向申请人提供该政府信息，或者告知申请人获取该政府信息的方式、途径和时间；

（三）行政机关依据本条例的规定决定不予公开的，告知申请人不予公开并说明理由；

（四）经检索没有所申请公开信息的，告知申请人该政府信息不存在；

（五）所申请公开信息不属于本行政机关负责公开的，告知申请人并说明理由；能够确定负责公开该政府信息的行政机关的，告知申请人该行政机关的名称、联系方式；

（六）行政机关已就申请人提出的政府信息公开申请作出答复、申请人重复申请公开相同政府信息的，告知申请人不予重复处理；

（七）所申请公开信息属于工商、不动产登记资料等信息，有关法律、行政法规对信息的获取有特别规定的，告知申请人依照有关法律、行政法规的规定办理。

第37条 申请公开的信息中含有不应当公开或者不属于政府信息的内容，但是能够作区分处理的，行政机关应当向申请人提供可以公开的政府信息内容，并对不予公开的内容说明理由。

第38条 行政机关向申请人提供的信息，应当是已制作或者获取的政府信息。除依照本条例第37条的规定能够作区分处理的外，需要行政机关对现有政府信息进行加工、分析的，行政机关可以不予提供。

第39条 申请人以政府信息公开申请的形式进行信访、投诉、举报等活动，行政机关应当告知申请人不作为政府信息公开申请处理并可以告知通过相应渠道提出。

申请人提出的申请内容为要求行政机关提供政府公报、报刊、书籍等公开出版物的，行政机关可以告知获取的途径。

第40条 行政机关依申请公开政府信息，应当根据申请人的要求及行政机关保存政府信息的实际情况，确定提供政府信息的具体形式；按照申请人要求的形式提供政府信息，可能危及政府信息载体安全或者公开成本过高的，可以通过电子数据以及其他适当形式提供，或者安排申请人查阅、抄录相关政府信息。

第41条 公民、法人或者其他组织有证据证明行政机关提供的与其自身相关的政府信息记录不准确的，可以要求行政机关更正。有权更正的行政机关审核属实的，应当予以更正并告知申请人；不属于本行政机关职能范围的，行政机关可以转送有权更正的行政机关处理并告知申请人，或者告知申请人向有权更正的行政机关提出。

第42条第1款 行政机关依申请提供政府信息，不收取费用。但是，申请人申请公开政府信息的数量、频次明显超过合理范围的，行政机关可以收取信息处理费。

第47条 政府信息公开工作主管部门应当加强对政府信息公开工作的日常指导和监督检查，对行政机关未按照要求开展政府信息公开工作的，予以督促整改或者通报批评；需要对负有责任的领导人员和直接责任人员追究责任的，依法向有权机关提出处理建议。

公民、法人或者其他组织认为行政机关未按照要求主动公开政府信息或者对政府信息公开申请不依法答复处理的，可以向政府信息公开工作主管部门提出。政府信息公开工作主管部门查证属实的，应当予以督促整改或者通报批评。

第51条 公民、法人或者其他组织认为行政机关在政府信息公开工作中侵犯其合法权益的，可以向上一级行政机关或者政府信息公开工作主管部门投诉、举报，也可以依法申请行政复议或者提起行政诉讼。

一、政府信息依申请公开

（一）申请

1. 申请要求

公民、法人或者其他组织申请获取政府信息的，应当向行政机关的政府信息公开工作机构提出，并采用包括信件、数据电文在内的书面形式；采用书面形式确有困难的，申请人可以口头提出，由受理该申请的政府信息公开工作机构代为填写政府信息公开申请。政府信息公开申请应当包括：申请人的姓名或者名称、身份证明、联系方式；申请公开的政府信息的名称、文号或者便于行政机关查询的其他特征性描述；申请公开的政府信息的形式要求，包括获取信息的方式、途径。

魏语绸缪

2019年修订后的《政府信息公开条例》明确要求，公民、法人或者其他组织申请政府信息应当提供身份证明。

2. 申请内容不明确的处理

政府信息公开申请内容不明确的，行政机关应当给予指导和释明，并自收到申请之日起7个工作日内一次性告知申请人作出补正，说明需要补正的事项和合理的补正期限。申请人无正当理由逾期不补正的，视为放弃申请，行政机关不再处理该政府信息公开申请。

3. 收到申请时间的确定

行政机关收到政府信息公开申请的时间有以下情况：申请人当面提交政府信息公开申请的，以提交之日为收到申请之日；申请人以邮寄方式提交政府信息公开申请的，以行政机关签收之日为收到申请之日；以平常信函等无需签收的邮寄方式提交政府信息公开申请的，政府信息公开工作机构应当于收到申请的当日与申请人确认，确认之日为收到申请之日；申请人通过互联网渠道或者政府信息公开工作机构的传真提交政府信息公开申请的，以双方确认之日为收到申请之日；因申请内容不明确告知申请人作出补正的，以行政机关收到补正申请之日为收到申请之日。

［总结］　行政机关收到政府信息公开申请时间的确定有四种情况：①申请人当面提交申请的，提交之日为收到申请之日；②申请人以需签收的邮寄方式提交申请的，行政机关签收之日为收到申请之日；③申请人以无需签收的邮寄方式提交申请的，行政机关与申请人确认之日为收到申请之日；④申请人通过互联网渠道或者传真申请的，双方确认之日为收到申请之日。

［指导案例］　**行政机关收到信息公开申请时间的确定**

公民、法人或者其他组织通过政府公众网络系统向行政机关提交政府信息公开申请的，如该网络系统未作例外说明，则系统确认申请提交成功的日期应当视为行政机关收到政府信息公开申请之日。行政机关对于该申请的内部处理流程，不能成为行政机关延期处理的理由，逾期作出答复的，应当确认为违法。（最高人民法院指导案例26号：李健雄诉广东省交通运输厅政府信息公开案）

（二）征求意见

依申请公开的政府信息公开会损害第三方合法权益的，行政机关应当书面征求第三方的意见。第三方应当自收到征求意见书之日起15个工作日内提出意见。第三方逾期未提出意见的，由行政机关依照《政府信息公开条例》的规定决定是否公开。第三方不同意公开且有合理理由的，行政机关不予公开。行政机关认为不公开可能对公共利益造成重大影响的，可以决定予以公开，并将决定公开的政府信息内容和理由书面告知第三方。

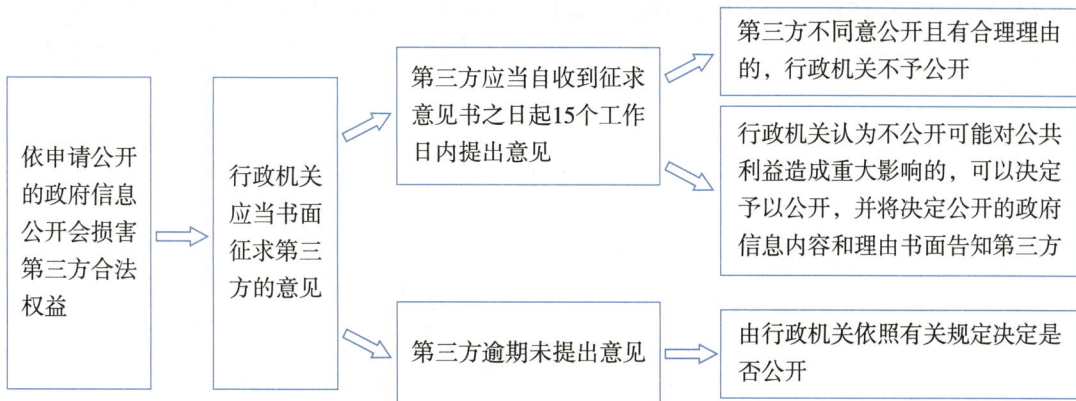

```
┌──────────┐      ┌──────────┐      ┌──────────────┐      ┌──────────────────────┐
│依申请公开  │      │行政机关   │      │第三方应当自收到征求│      │第三方不同意公开且有合理理由│
│的政府信息  │ ──▷ │应当书面   │ ──▷ │意见书之日起15个工作│ ──▷ │的，行政机关不予公开      │
│公开会损害  │      │征求第三   │      │日内提出意见    │      └──────────────────────┘
│第三方合法  │      │方的意见   │      └──────────────┘      ┌──────────────────────┐
│权益       │      │          │           ──▷          │行政机关认为不公开可能对公共│
└──────────┘      └──────────┘                         │利益造成重大影响的，可以决定│
                                                        │予以公开，并将决定公开的政府│
                                                        │信息内容和理由书面告知第三方│
                                    ┌──────────────┐      └──────────────────────┘
                              ──▷ │第三方逾期未提出意见│ ──▷ │由行政机关依照有关规定决定是│
                                    └──────────────┘      │否公开                  │
                                                        └──────────────────────┘
```

（三）答复

1. 不同情况的答复

对政府信息公开申请，行政机关答复有以下情况：所申请公开信息已经主动公开的，告知申请人获取该政府信息的方式、途径；所申请公开信息可以公开的，向申请人提供该政府信息，或者告知申请人获取该政府信息的方式、途径和时间；行政机关决定不予公开的，告知申请人不予公开并说明理由；经检索没有所申请公开信息的，告知申请人该政府信息不存在；所申请公开信息不属于本行政机关负责公开的，告知申请人并说明理由，能够确定负责公开该政府信息的行政机关的，告知申请人该行政机关的名称、联系方式；行政机关已就申请人提出的政府信息公开申请作出答复、申请人重复申请公开相同政府信息的，告知申请人不予重复处理；所申请公开信息属于工商、不动产登记资料等信息，有关法律、行政法规对信息的获取有特别规定的，告知申请人依照有关法律、行政法规的规定办理。

申请公开的信息中含有不应当公开或者不属于政府信息的内容，但是能够作区分处理的，行政机关应当向申请人提供可以公开的政府信息内容，并对不予公开的内容说明理由。

2. 答复的期限要求

行政机关收到政府信息公开申请，能够当场答复的，应当当场予以答复。行政机关不能当场答复的，应当自收到申请之日起 20 个工作日内予以答复；需要延长答复期限的，应当经政府信息公开工作机构负责人同意并告知申请人，延长的期限最长不得超过 20 个工作日。行政机关征求第三方和其他机关意见所需时间不计算在答复期限内。

3. 答复的形式要求

行政机关依申请公开政府信息，应当根据申请人的要求及行政机关保存政府信息的实际情况，确定提供政府信息的具体形式；按照申请人要求的形式提供政府信息，可能危及政府信息载体安全或者公开成本过高的，可以通过电子数据以及其他适当形式提供，或者安排申请人查阅、抄录相关政府信息。

![小练习]

案情： 某乡属企业多年未归还方某借给的资金，双方发生纠纷。方某得知乡政府曾发过5号文件和210号文件处分了该企业的资产，遂向乡政府递交申请，要求公开两份文件。乡政府不予公开，理由是5号文件涉及第三方，且已口头征询其意见，其答复是该文件涉及商业秘密，不同意公开，而210号文件不存在。

问题：

（1）方某申请时是否应当出示有效身份证明或者证明文件？

（2）对所申请的政府信息，方某是否具有申请人资格？

（3）乡政府不公开5号文件是否合法？

（4）乡政府认为方某申请内容不明确的，应当如何处理？

（5）若210号文件不存在，乡政府应当如何答复？

（6）若方某申请公开的信息不属于乡政府负责公开的，乡政府应当如何处理？

（7）若乡政府依方某申请提供政府信息的，是否可以向方某收取信息处理费？

参考答案：

（1）根据《政府信息公开条例》第29条第2款第1项的规定，方某申请公开政府信息应当出示有效身份证明。

（2）《政府信息公开条例》立法目的就是保障公民、法人和其他组织依法获取政府信息，方某具有申请公开政府信息的申请人资格。

（3）根据《政府信息公开条例》第32条的规定，对涉及商业秘密的政府信息不公开，至少需要具备三个条件：①该信息确为商业秘密；②书面征求第三方意见，且第三方不同意公开；③不存在不公开可能对公共利益造成重大影响的情形。本案中，乡政府的答复均不满足上述三个条件，乡政府不公开5号文件不合法。

（4）根据《政府信息公开条例》第30条的规定，乡政府认为方某申请内容不明确的，应当给予指导和释明，并自收到申请之日起7个工作日内一次性告知方某作出补正，说明需要补正的事项和合理的补正期限。

（5）根据《政府信息公开条例》第36条第4项的规定，乡政府经检索没有210号文件，应告知方某210号文件不存在。

（6）根据《政府信息公开条例》第36条第5项的规定，方某申请公开的信息不属于乡政府负责公开的，乡政府应当告知方某并说明理由；能够确定负责公开该政府信息的行政机关的，告知方某该行政机关的名称、联系方式。

（7）根据《政府信息公开条例》第42条第1款的规定，方某向乡政府申请公开政府信息的数量、频次没有明显超过合理范围，乡政府提供政府信息，不得收取费用。

（四）特殊申请处理

1. 频繁申请的处理

申请人申请公开政府信息的数量、频次明显超过合理范围，行政机关可以要求申请人说明理由。行政机关认为申请理由不合理的，告知申请人不予处理；行政机关认为申请理由合理，但是无法在规定期限内答复申请人的，可以确定延迟答复的合理期限并告知申请人。

　　行政机关依申请提供政府信息，<u>不收取费用</u>。但是，申请人申请公开政府信息的数量、频次明显超过合理范围的，行政机关可以<u>收取信息处理费</u>。

　　[总结] 申请人申请公开政府信息的数量、频次明显超过合理范围的处理：①行政机关可以要求申请人说明理由；②行政机关认为申请理由不合理的，告知申请人不予处理；③行政机关认为申请理由合理，但是无法在规定期限内答复申请人的，可以延长答复期限；④行政机关可以收取信息处理费。

　　2. 要求对政府信息进行加工、分析的处理

　　行政机关向申请人提供的信息，应当是已制作或者获取的政府信息。需要行政机关对现有政府信息进行<u>加工、分析的</u>，行政机关<u>可以不予提供</u>。

　　3. 以政府信息公开名义进行信访、投诉、举报的处理

　　申请人以政府信息公开申请的形式进行信访、投诉、举报等活动，行政机关应当告知申请人不作为政府信息公开申请处理并可以告知通过相应渠道提出。

　　4. 要求公开出版物的处理

　　申请人提出的申请内容为要求行政机关提供政府公报、报刊、书籍等公开出版物的，行政机关可以告知其获取的途径。

　　5. 要求更改政府信息的处理

　　公民、法人或者其他组织有证据证明行政机关提供的与其自身相关的政府信息记录不准确的，可以要求行政机关更正。有权更正的行政机关审核属实的，应当予以更正并告知申请人；不属于本行政机关职能范围的，行政机关可以转送有权更正的行政机关处理并告知申请人，或者告知申请人向有权更正的行政机关提出。

　　[总结]

申　请	公开申请	(1) 向行政机关的<u>政府信息公开工作机构</u>提出申请。 (2) 采用包括信件、数据电文在内的<u>书面形式</u>；采用书面形式确有困难的，可以<u>口头提出</u>。 (3) 申请应当包括：①申请人的姓名或者名称、身份证明、联系方式；②政府信息的名称、文号或者便于行政机关查询的其他<u>特征性描述</u>；③公开信息的形式要求，包括获取信息的方式、途径。
	申请内容不明确的处理	(1) 行政机关应当给予指导和释明，并自收到申请之日起7个工作日内一次性告知申请人补正，说明需要补正的事项和合理的补正期限； (2) 申请人无正当理由逾期不补正的，视为放弃申请，行政机关不再处理该政府信息公开申请。
	收到申请时间确定	(1) <u>当面提交</u>申请的，以<u>提交之日</u>为收到申请之日。 (2) 以邮寄方式提交申请的，以行政机关签收之日为收到申请之日；以平常信函等无需签收的邮寄方式提交申请的，政府信息公开工作机构与申请人确认之日为收到申请之日。 (3) 通过<u>互联网渠道</u>或者传真提交申请的，以双方确认之日为收到申请之日。 (4) 因申请内容不明确，告知申请人作出补正的，以收到补正申请之日为收到申请之日。

续表

征求意见	征求第三方	(1) 依申请公开的政府信息公开会损害第三方合法权益的，应当书面征求第三方的意见； (2) 第三方应当自收到征求意见书之日起15个工作日内提出意见； (3) 第三方逾期未提出意见的，由行政机关依照规定决定是否公开； (4) 第三方不同意公开且有合理理由的，行政机关不予公开； (5) 行政机关认为不公开可能对公共利益造成重大影响的，可以决定予以公开，并将决定公开的政府信息内容和理由书面告知第三方。
答　复	对申请公开的答复	(1) 所申请公开信息已经主动公开的，告知申请人获取该政府信息的方式、途径。 (2) 所申请公开信息可以公开的，向申请人提供该政府信息，或者告知申请人获取该政府信息的方式、途径和时间。 (3) 行政机关决定不予公开的，告知申请人不予公开并说明理由。 (4) 经检索没有所申请公开信息的，告知申请人该政府信息不存在。 (5) 所申请公开信息不属于本机关负责公开的，告知申请人并说明理由；能够确定负责公开信息机关的，告知申请人该机关的名称、联系方式。 (6) 行政机关已就申请作出答复，申请人重复申请的，告知申请人不予重复处理。 (7) 所申请公开信息属于工商、不动产登记资料等信息，法律、行政法规有特别规定的，告知申请人依照特别规定办理。 (8) 信息中含有不应当公开或者不属于政府信息的内容，但能作区分处理的，应当向申请人提供可以公开的内容，并对不予公开的内容说明理由。
	答复期限	(1) 能够当场答复的，应当当场答复。 (2) 不能当场答复的，应当自收到申请之日起20个工作日内予以答复；需要延长答复期限的，经政府信息公开工作机构负责人同意并告知申请人，可以延长20个工作日。 (3) 行政机关征求第三方和其他机关意见所需时间不计算在内。
	答复形式	(1) 行政机关应当根据申请人的要求及行政机关保存政府信息的实际情况，确定提供政府信息的具体形式； (2) 按照申请人要求的形式提供政府信息，可能危及政府信息载体安全或者公开成本过高的，可以通过电子数据以及其他适当形式提供，或者安排申请人查阅、抄录。
特殊申请的处理	频繁申请的处理	(1) 申请人申请公开政府信息的数量、频次明显超过合理范围，可以要求申请人说明理由。 (2) 行政机关认为申请理由不合理的，告知申请人不予处理。 (3) 行政机关认为申请理由合理，但无法在规定期限内答复申请人的，可以确定延迟答复的合理期限并告知申请人。 (4) 行政机关依申请提供政府信息，不收取费用。申请人申请公开政府信息的数量、频次明显超过合理范围的，可以收取信息处理费。

续表

特殊申请的处理	**不符合申请要求的处理**	（1）需要行政机关对现有政府信息进行加工、分析的，行政机关可以不予提供； （2）申请人以政府信息公开申请的形式进行信访、投诉、举报等活动，行政机关应当告知申请人不作为政府信息公开申请处理并可以告知通过相应渠道提出； （3）申请人要求行政机关提供政府公报、报刊、书籍等公开出版物的，行政机关可以告知获取的途径。
	申请更正政府信息的处理	（1）公民、法人或者其他组织有证据证明行政机关提供的与其自身相关的政府信息记录不准确； （2）有权更正的行政机关审核属实的，应当予以更正并告知申请人； （3）不属于本行政机关职能范围的，行政机关可以转送有权更正的行政机关处理并告知申请人，或者告知申请人向有权更正的行政机关提出。

小练习

案情：田某认为区人社局记载的有关他的社会保障信息有误，要求更正。

问题：

（1）田某应当向人社局提供什么材料？

（2）人社局如何处理？

参考答案：

（1）根据《政府信息公开条例》第41条的规定，田某应当向人社局提供区人社局记载有关他的社会保障信息不准确的材料。

（2）根据《政府信息公开条例》第41条的规定，人社局审核属实的，应当予以更正并告知田某；不属于人社局职能范围的，人社局可以转送有权更正的行政机关处理并告知田某，或者告知田某向有权更正的行政机关提出。

二、政府信息公开的监督与救济

政府信息公开的监督、救济是信息公开制度中的重要内容。

（一）监督

政府信息公开工作主管部门应当加强对政府信息公开工作的日常指导和监督检查，对行政机关未按照要求开展政府信息公开工作的，予以督促整改或者通报批评；需要对负有责任的领导人员和直接责任人员追究责任的，依法向有权机关提出处理建议。

公民、法人或者其他组织认为行政机关未按照要求主动公开政府信息或者对政府信息公开申请不依法答复处理的，可以向政府信息公开工作主管部门提出。政府信息公开工作主管部门查证属实的，应当予以督促整改或者通报批评。

（二）救济

公民、法人或者其他组织认为行政机关在政府信息公开工作中侵犯其合法权益的，可以向上一级行政机关或者政府信息公开工作主管部门投诉、举报，也可以依法申请行政复议或者提起行政诉讼。

经典真题

案情：《政府采购法》规定，对属于地方预算的政府采购项目，其集中采购目录由省、自治区、直辖市政府或其授权的机构确定并公布。张某在浏览某省财政厅网站时未发现该省政府集中采购项目目录，在通过各种方法均未获得该目录后，于 2013 年 2 月 25 日向省财政厅提出公开申请。财政厅答复，政府集中采购项目目录与张某的生产、生活和科研等特殊需要没有直接关系，拒绝公开。张某向省政府申请行政复议，要求认定省财政厅未主动公开目录违法，并责令其公开。省政府于 4 月 10 日受理，但在法定期限内未作出复议决定。张某不服，于 6 月 18 日以省政府为被告向法院提起诉讼。（2013/4/六）

问题：

1. 财政厅拒绝公开政府集中采购项目目录的理由是否成立？为什么？[1]
2. 对于行政机关应当主动公开的信息未予公开的，应当如何监督？[2]

案例拓展

张宏军诉江苏省如皋市物价局不履行信息公开职责案

关键词：政府信息公开范围

2009 年 5 月 26 日，如皋市物价局印发皋价发〔2009〕28 号"市物价局关于印发《行政处罚自由裁量权实施办法》的通知"。该文件包含附件"如皋市物价局行政处罚自由裁量权实施办法"，该实施办法第 10 条内容为"对《价格违法行为行政处罚规定》自由裁量处罚幅度详见附件一（2）"。

2013 年 1 月 9 日，张宏军向如皋市物价局举报称，如皋市丁堰镇人民政府在信息公开事项中存在违规收费行为。该局接到举报后答复称，丁堰镇政府已决定将收取的 31 位农户的信息检索费、复印费共计 480.5 元予以主动退还，按照"如皋市物价局行政处罚自由裁量权实施办法"第 9 条第 3 项的规定，对其依法不予行政处罚。

2013 年 3 月 8 日，张宏军向如皋市物价局提出政府信息公开申请，要求其公开"皋价发〔2009〕28 号"文件。如皋市物价局答复称，该文件系其内部信息，不属

---

〔1〕 不成立。根据《政府信息公开条例》第 20 条第 9 项的规定，政府集中采购项目的目录属于政府主动公开的信息，财政厅应当主动公开政府集中采购项目目录。此外，《政府信息公开条例》对公民、法人或其他组织申请公开政府信息，也不要求所申请的政府信息与申请人的生产、生活和科研等特殊需要有直接关系。

〔2〕 对于行政机关应当主动公开的信息未予公开的，根据《政府信息公开条例》第 47 条第 2 款的规定，公民、法人或者其他组织可以向政府信息公开工作主管部门提出。政府信息公开工作主管部门查证属实的，应予以督促整改或者通报批评。

于应当公开的政府信息范围，向原告提供该文件主文及附件"如皋市物价局行政处罚自由裁量权实施办法"，但未提供该文件的附件一（2）。张宏军不服，提起诉讼。

法院裁判：

如东县人民法院认为，本案的争议焦点为涉诉信息应否公开。首先，行政机关进行行政管理活动所制作和获取的信息，属于政府信息。行政机关单纯履行内部管理职责时所产生的信息属于内部管理信息。如皋市物价局称其对丁堰镇政府作出不予处罚决定的依据即为"皋价发〔2009〕28号"文件，在相关法律法规对某些具体价格违法行为所规定的处罚幅度较宽时，该文件是该局量罚的参照依据。可见，涉诉信息会对行政相对人的权利义务产生影响，是被告行使行政管理职责过程中所制作的信息，不属于内部管理信息。其次，涉诉信息是如皋市物价局根据该市具体情况针对不同的价格违法行为所作的具体量化处罚规定，根据《国务院关于加强市县政府依法行政的决定》（国发〔2008〕17号）第18条的规定，针对行政裁量权所作的细化、量化标准应当予以公布，故涉诉信息属于应予公开的政府信息范畴。最后，如皋市物价局仅向张宏军公开涉诉文件的主文及附件"如皋市物价局行政处罚自由裁量权实施办法"，而未公开该文件的附件一（2），其选择性公开涉诉信息的部分内容缺乏法律依据。如皋市物价局应当全面、准确、完整地履行政府信息公开职责。据此，判决被告于本判决生效之日起15个工作日内向原告公开"皋价发〔2009〕28号"文件的附件一（2）。

一审宣判后，当事人均未上诉，一审判决发生法律效力。

案例来源：2014年9月12日最高人民法院

发布政府信息公开十大案例之六

应试指导

　　行政复议和行政诉讼都属于典型的民告官行为，不同点在于行政复议是把下级行政机关告到上级行政机关，而行政诉讼是把行政机关告到法院。本专题是对行政复议制度的阐释。行政复议在主观卷中的题目类型是案例分析题，本专题需要重点掌握行政复议的范围、行政复议的申请人与被申请人、行政复议机关的确定、行政复议程序、行政复议的决定类型，考试的难点是分析解决行政机关在受理和作出复议决定中的程序合法性问题。

第19讲　行政复议的范围

　　行政诉讼中法院与被告行政机关之间是监督关系，行政复议中复议机关与被申请人之间是领导关系，因此行政复议审查的范围是大于行政诉讼的。

核心法条

《行政复议法》

第6条　有下列情形之一的，公民、法人或者其他组织可以依照本法申请行政复议：

（一）对行政机关作出的警告、罚款、没收违法所得、没收非法财物、责令停产停业、暂扣或者吊销许可证、暂扣或者吊销执照、行政拘留等行政处罚决定不服的；

（二）对行政机关作出的限制人身自由或者查封、扣押、冻结财产等行政强制措施决定不服的；

（三）对行政机关作出的有关许可证、执照、资质证、资格证等证书变更、中止、撤销的决定不服的；

（四）对行政机关作出的关于确认土地、矿藏、水流、森林、山岭、草原、荒地、滩涂、海域等自然资源的所有权或者使用权的决定不服的；

（五）认为行政机关侵犯合法的经营自主权的；

（六）认为行政机关变更或者废止农业承包合同，侵犯其合法权益的；

（七）认为行政机关违法集资、征收财物、摊派费用或者违法要求履行其他义务的；

（八）认为符合法定条件，申请行政机关颁发许可证、执照、资质证、资格证等证书，或者申请行政机关审批、登记有关事项，行政机关没有依法办理的；

（九）申请行政机关履行保护人身权利、财产权利、受教育权利的法定职责，行政机关没有依法履行的；

（十）申请行政机关依法发放抚恤金、社会保险金或者最低生活保障费，行政机关没有依法发放的；

（十一）认为行政机关的其他具体行政行为侵犯其合法权益的。

第 7 条　公民、法人或者其他组织认为行政机关的具体行政行为所依据的下列规定不合法，在对具体行政行为申请行政复议时，可以一并向行政复议机关提出对该规定的审查申请：

（一）国务院部门的规定；

（二）县级以上地方各级人民政府及其工作部门的规定；

（三）乡、镇人民政府的规定。

前款所列规定不含国务院部、委员会规章和地方人民政府规章。规章的审查依照法律、行政法规办理。

第 8 条　不服行政机关作出的行政处分或者其他人事处理决定的，依照有关法律、行政法规的规定提出申诉。

不服行政机关对民事纠纷作出的调解或者其他处理，依法申请仲裁或者向人民法院提起诉讼。

一、确立行政复议范围的标准

1. 具体行政行为标准

公民、法人或者其他组织认为具体行政行为侵犯其合法权益，可以向行政机关提出行政复议申请。

2. 合法性、合理性的审查标准

行政复议机关审查申请行政复议的具体行政行为是否合法与适当。

[注意]　行政复议与行政诉讼对具体行政行为审查的程度不同：行政复议对具体行政行为既可以进行合法性审查也可以进行合理性审查；行政诉讼对具体行政行为只能进行合法性审查。

二、可以申请行政复议的事项

对公民、法人和其他组织合法权益造成侵害的具体行政行为，都可以申请行政复议。

三、行政复议的排除事项

1. 抽象行政行为（包括行政法规、规章以及其他行政规范性文件）

当事人认为行政法规、规章以及其他行政规范性文件违法，可以按照《立法法》《行政法规制定程序条例》《规章制定程序条例》等规定进行处理。

2. 行政机关的行政处分或者其他人事处理决定

对行政机关的行政处分或者其他人事处理决定引起的争议，按照法律、行政法规的规定提出申诉。这里所说的法律法规，主要是指《公务员法》和《行政机关公务员处分条例》等。

3. 行政机关对民事纠纷作出的调解或者其他处理

针对行政机关对民事纠纷作出的调解或者其他处理引起的争议，当事人可以依法申请仲裁或者向人民法院提起民事诉讼。行政机关处理的民事纠纷，包括劳动部门对劳动争议的调解、公安部门对治安案件中民事侵权纠纷的调解等。

四、附带审查

具体要求：①行政复议的申请人，在对具体行政行为申请复议的同时，可以对该具体行政行为所依据的部分抽象行政行为提出审查的请求；②部分抽象行政行为是指：国务院部门的规定，县级以上地方各级人民政府及其工作部门的规定，乡、镇人民政府的规定，不含规章。

［总结］

标　准	(1) 具体行政行为； (2) 既审查具体行政行为的合法性，也审查具体行政行为的合理性。
受　案	(1) 行政处罚行为； (2) 行政强制行为； (3) 行政许可行为； (4) 行政确权行为； (5) 侵犯合法经营自主权行为； (6) 行政变更或者废止农业承包合同行为； (7) 行政不作为；（申请办理许可、申请行政保护） (8) 行政给付行为；（给付抚恤金、社会保险金或者最低生活保障费） (9) 其他具体行政行为侵犯其合法权益的。
排　除	(1) 内部行政行为：行政机关作出的行政处分或者其他人事处理决定； (2) 行政调解行为：行政机关对民事纠纷作出的调解或者其他处理。
附带审查	(1) 附带审查申请：公民、法人或者其他组织认为行政机关的具体行政行为所依据的抽象行政行为不合法，在对具体行政行为申请行政复议时，可以一并向行政复议机关提出对该抽象行政行为的审查申请。 (2) 部分抽象行政行为：国务院部门的规定；县级以上地方各级人民政府及其工作部门的规定；乡、镇人民政府的规定；不含国务院部、委规章和地方政府规章。

—— 📚✍考点点拨 ——

行政复议中的附带审查与行政诉讼中的附带审查要求相同：

1. 不能直接对行政规范性文件申请审查，只能在申请审查具体行政行为时，对行政规范性文件附带申请审查。

2. 附带审查的行政规范性文件必须是被申请人作出具体行政行为的依据。

3. 附带审查的规范性文件不包括规章。

小练习

案情： 某市交通管理局发布文件，规定对高速公路过往车辆征收过路费。徐某驾车路过被征收，认为属于乱收费，欲提起复议申请。

问题：

（1）徐某能否对征收行为提起行政复议？

（2）徐某能否针对市交通管理局发布的文件要求复议审查？

参考答案：

（1）根据《行政复议法》第6条第7项的规定，征收行为是具体行政行为，属于行政复议范围，徐某作为被征收行为的相对人，有权对征收行为提起行政复议。

（2）根据《行政复议法》第6条的规定，市交通管理局发布的文件是抽象行政行为，不属于行政复议范围，徐某不能对市交通管理局发布的文件申请行政复议，但根据《行政复议法》第7条的规定，市交通管理局发布的文件是征收行为的依据，徐某对征收行为提起行政复议时，可以一并向行政复议机关提出对市交通管理局发布的文件的审查申请。

第20讲　行政复议参加人与行政复议机关

行政复议参加人与行政复议机关是行政复议中的主体，行政复议的主体制度解决的是"谁去告、去告谁、找谁告"的问题。

核心法条

《行政复议法》

第10条　依照本法申请行政复议的公民、法人或者其他组织是申请人。

有权申请行政复议的公民死亡的，其近亲属可以申请行政复议。有权申请行政复议的公民为无民事行为能力人或者限制民事行为能力人的，其法定代理人可以代为申请行政复议。有权申请行政复议的法人或者其他组织终止的，承受其权利的法人或者其他组织可以申请行政复议。

同申请行政复议的具体行政行为有利害关系的其他公民、法人或者其他组织，可以作为第三人参加行政复议。

公民、法人或者其他组织对行政机关的具体行政行为不服申请行政复议的，作出具体行政行为的行政机关是被申请人。

申请人、第三人可以委托代理人代为参加行政复议。

第12条　对县级以上地方各级人民政府工作部门的具体行政行为不服的，由申请人选择，可以向该部门的本级人民政府申请行政复议，也可以向上一级主管部门申请行政复议。

对海关、金融、国税、外汇管理等实行垂直领导的行政机关和国家安全机关的具体行政行为不服的，向上一级主管部门申请行政复议。

第14条　对国务院部门或者省、自治区、直辖市人民政府的具体行政行为不服的，向作出该具体行政行为的国务院部门或者省、自治区、直辖市人民政府申请行政复议。对行政复议决定不服的，可以向人民法院提起行政诉讼；也可以向国务院申请裁决，国务院依照本法的规定作出最终裁决。

第15条第1款 对本法第12条、第13条、第14条规定以外的其他行政机关、组织的具体行政行为不服的，按照下列规定申请行政复议：

（一）对县级以上地方人民政府依法设立的派出机关的具体行政行为不服的，向设立该派出机关的人民政府申请行政复议；

（二）对政府工作部门依法设立的派出机构依照法律、法规或者规章规定，以自己的名义作出的具体行政行为不服的，向设立该派出机构的部门或者该部门的本级地方人民政府申请行政复议；

（三）对法律、法规授权的组织的具体行政行为不服的，分别向直接管理该组织的地方人民政府、地方人民政府工作部门或者国务院部门申请行政复议；

（四）对2个或者2个以上行政机关以共同的名义作出的具体行政行为不服的，向其共同上一级行政机关申请行政复议；

（五）对被撤销的行政机关在撤销前所作出的具体行政行为不服的，向继续行使其职权的行政机关的上一级行政机关申请行政复议。

《行政复议法实施条例》

第6条 合伙企业申请行政复议的，应当以核准登记的企业为申请人，由执行合伙事务的合伙人代表该企业参加行政复议；其他合伙组织申请行政复议的，由合伙人共同申请行政复议。

前款规定以外的不具备法人资格的其他组织申请行政复议的，由该组织的主要负责人代表该组织参加行政复议；没有主要负责人的，由共同推选的其他成员代表该组织参加行政复议。

第7条 股份制企业的股东大会、股东代表大会、董事会认为行政机关作出的具体行政行为侵犯企业合法权益的，可以以企业的名义申请行政复议。

第8条 同一行政复议案件申请人超过5人的，推选1至5名代表参加行政复议。

第9条 行政复议期间，行政复议机构认为申请人以外的公民、法人或者其他组织与被审查的具体行政行为有利害关系的，可以通知其作为第三人参加行政复议。

行政复议期间，申请人以外的公民、法人或者其他组织与被审查的具体行政行为有利害关系的，可以向行政复议机构申请作为第三人参加行政复议。

第三人不参加行政复议，不影响行政复议案件的审理。

第10条 申请人、第三人可以委托1至2名代理人参加行政复议。申请人、第三人委托代理人的，应当向行政复议机构提交授权委托书。授权委托书应当载明委托事项、权限和期限。公民在特殊情况下无法书面委托的，可以口头委托。口头委托的，行政复议机构应当核实并记录在卷。申请人、第三人解除或者变更委托的，应当书面报告行政复议机构。

第13条 下级行政机关依照法律、法规、规章规定，经上级行政机关批准作出具体行政行为的，批准机关为被申请人。

第14条　行政机关设立的派出机构、内设机构或者其他组织，未经法律、法规授权，对外以自己名义作出具体行政行为的，该行政机关为被申请人。

第22条　申请人提出行政复议申请时错列被申请人的，行政复议机构应当告知申请人变更被申请人。

第23条　申请人对2个以上国务院部门共同作出的具体行政行为不服的，依照行政复议法第14条的规定，可以向其中任何一个国务院部门提出行政复议申请，由作出具体行政行为的国务院部门共同作出行政复议决定。

第24条　申请人对经国务院批准实行省以下垂直领导的部门作出的具体行政行为不服的，可以选择向该部门的本级人民政府或者上一级主管部门申请行政复议；省、自治区、直辖市另有规定的，依照省、自治区、直辖市的规定办理。

一、行政复议申请人

行政复议申请人，是指依法申请行政复议的公民、法人或者其他组织。

案件类型	具体内容
合伙人案件	合伙企业申请行政复议的，应当以核准登记的企业为申请人。
	其他合伙组织申请行政复议的，由合伙人共同为申请人。
申请人资格转移	公民死亡引起的申请权转移，由其近亲属承受。
	法人或者其他组织终止引起的申请权转移，由承受其权利的法人或者其他组织申请。
委托代理人	申请人可以委托1~2名代理人参加行政复议。
	申请人委托代理人的，应当向行政复议机构提交授权委托书。授权委托书应当载明委托事项、权限和期限。
	公民在特殊情况下无法书面委托的，可以口头委托。口头委托的，行政复议机构应当核实并记录在卷。
	申请人解除或者变更委托的，应当书面报告行政复议机构。
众多申请人的代表	同一行政复议案件申请人超过5人的，推选1~5名代表参加行政复议。 [提示]　掌握行政复议申请人代表的两个要点：①申请人超过5人；②1~5名代表。
不具备法人资格的申请人代表	(1) 由该组织的主要负责人代表该组织参加行政复议； (2) 没有主要负责人的，由共同推选的其他成员代表该组织参加行政复议。
股份制企业的申请人代表	股份制企业的法定代表人、股东大会、股东代表大会、董事会可以以企业的名义申请行政复议。

小练习

案情：甲市乙区政府决定征收某村集体土地100亩。该村50户村民不服，申请行政复议。

问题：50户村民是否要推选复议代表？若需要推选复议代表，应推选几名代表？

参考答案：根据《行政复议法实施条例》第8条的规定，50户村民申请复议属于同一行政复议案件申请人超过5人的情形，应当推选复议代表，应推选1至5名代表参加复议。

二、行政复议被申请人

原则上作出具体行政行为的行政机关为行政复议的被申请人，但特殊情况有：

案件情形	被申请人
授权行政案件	被授权组织为被申请人。
委托行政案件	委托机关为被申请人。
不作为案件	有作为义务的机关为被申请人。
行政机关被撤销或职权变更的案件	继续行使其职权的行政机关为被申请人。
经上级行政机关批准的案件	上级行政机关为被申请人。
共同作出具体行政行为的案件	（1）若干行政机关共同作出具体行政行为的，共同作出具体行政行为的行政机关为共同被申请人； （2）行政机关与法律、法规授权的组织共同作出具体行政行为的，行政机关和法律、法规授权的组织为共同被申请人； （3）行政机关与其他组织共同作出具体行政行为的，行政机关为被申请人。
行政机关设立的派出机构、内设机构或者其他组织的案件	经法律、法规授权，对外以自己名义作出具体行政行为的，派出机构、内设机构或者其他组织为被申请人。
	未经法律、法规授权，对外以自己名义作出具体行政行为的，该行政机关为被申请人。

小练习

案情： 肖某提出农村宅基地用地申请，乡政府审核后报县政府审批。肖某收到批件后，不满批件所核定的面积。肖某申请行政复议。

问题： 本案中谁为被申请人？

参考答案： 根据《行政复议法实施条例》第13条的规定，经上级行政机关批准作出具体行政行为的，批准机关为被申请人。乡政府审核后报县政府审批，县政府为被申请人。

三、行政复议第三人

行政复议第三人，是指同被申请的具体行政行为有利害关系的参加行政复议的其他公民、法人或者其他组织。设置第三人制度的目的是使同被申请行政复议的具体行政行为有关的法律争议得到统一解决，使合法权益受到侵害的公民、法人或者其他组织得到法律救济。

行政复议第三人的具体要求有：

1. 行政复议期间，行政复议机构认为申请人以外的公民、法人或者其他组织与被审查的具体行政行为有利害关系的，可以通知其作为第三人参加行政复议。

2. 申请人以外的公民、法人或者其他组织与被审查的具体行政行为有利害关系的，可以向行政复议机构申请作为第三人参加行政复议。

3. 第三人可以委托1~2名代理人代为参加行政复议，委托的要求与申请人相同。

[注意] 在行政复议中，申请人、第三人可以委托代理人，被申请人不得委托代理人。

4. 第三人不参加行政复议，不影响行政复议案件的审理。

小练习

案情： 甲取得了县房产局颁发的扩大原地基和建筑面积的建房许可证，阻碍了邻居乙的正常通行，乙与甲协商未果，向市房产局提起行政复议。市房产局通知甲参加行政复议。

问题： 甲不参加行政复议是否影响复议案件的审理？

参考答案： 根据《行政复议法实施条例》第9条第1、3款的规定，甲与县房产局颁发的建房许可证有利害关系，市房产局可以通知甲参加行政复议，甲不参加行政复议不影响复议案件的审理。

四、行政复议机关

原则上行政复议机关就是被申请人的上一级行政机关。

被申请人	复议机关	说　　　明
县级以上政府工作部门	同级政府或上一级主管部门	——
垂直领导的机关	上一级主管部门	①海关；②国税；③金融；④外汇管理；⑤国家安全
省级以下政府	上级政府	地区行署也可做复议机关
省部级单位	原机关	对复议不服可起诉或申请国务院裁决
政府派出机关	设立该派出机关的政府	包括行政公署、区公所、街道办事处
部门派出机构	以自己名义作出行政行为的，为其主管部门或该部门同级政府	
被授权组织	直接管理该组织的机关	国务院直接管理的被授权事业单位比照部委
被撤销的机关	继续行使职权的机关的上一级机关	继续行使职权的机关为被申请人

1. 对海关、金融、国税、外汇管理等实行垂直领导的行政机关和国家安全机关的具体行政行为申请复议，上一级主管部门是行政复议机关。

申请人对经国务院批准实行省以下垂直领导的部门作出的具体行政行为不服的，可以选择向该部门的本级人民政府或者上一级主管部门申请行政复议，省、自治区、直辖市另有规定的除外。

2. 国务院部门或者省、自治区、直辖市政府作为被申请人时的行政复议机关

（1）国务院部门或者省、自治区、直辖市政府作为被申请人时的行政复议机关，是作出该具体行政行为的国务院部门或者省、自治区、直辖市人民政府；

（2）申请人对2个以上国务院部门共同作出的具体行政行为不服的，可以向其中任何一个国务院部门提出行政复议申请，由作出具体行政行为的国务院部门共同作出行政复议

决定；

（3）对上述行政复议机关作出的复议决定不服的，既可以向人民法院提起行政诉讼，也可以向国务院申请裁决，国务院的裁决为最终裁决，当事人不得对国务院的裁决提起行政诉讼。

3. 对政府工作部门依法设立的派出机构依照法律、法规或者规章规定，以自己的名义作出的具体行政行为不服的，向设立该派出机构的部门或者该部门的本级地方人民政府申请行政复议。

提 示

公安派出所以自己名义作出具体行政行为时，公安派出所作为被申请人，复议机关是县公安局和县政府；县公安局以自己名义作出具体行政行为时，县公安局作为被申请人，复议机关是县政府和市公安局。

［注意］区分行政复议机关与行政复议机构：行政复议机关是以自己名义处理行政争议、作出复议决定并对此承担责任的行政机关；行政复议机构是代表行政复议机关具体办理行政复议事项的机构，即行政复议机关中负责法制工作的机构。

小练习

案情： 甲市乙区公安分局所辖派出所以李某制造噪声干扰他人正常生活为由，处以500元罚款。李某不服申请复议。

问题： 哪些机关可以成为本案的复议机关？

参考答案：《行政复议法》第15条第1款第2项规定，李某对区公安分局设立的派出所作出的500元罚款不服，既可以向乙区公安分局申请复议，也可以向乙区政府申请复议。

第21讲 行政复议的申请与受理

核心法条

《行政复议法》

第9条第1款 公民、法人或者其他组织认为具体行政行为侵犯其合法权益的，可以自知道该具体行政行为之日起60日内提出行政复议申请；但是法律规定的申请期限超过60日的除外。

第11条 申请人申请行政复议，可以书面申请，也可以口头申请；口头申请的，行政复议机关应当当场记录申请人的基本情况、行政复议请求、申请行政复议的主要事实、理由和时间。

第17条 行政复议机关收到行政复议申请后，应当在5日内进行审查，对不符合本法规定的行政复议申请，决定不予受理，并书面告知申请人；对符合本法规定，但是不属于本机关受理的行政复议申请，应当告知申请人向有关行政复议机关提出。

除前款规定外，行政复议申请自行政复议机关负责法制工作的机构收到之日起即为受理。

第39条　行政复议机关受理行政复议申请，不得向申请人收取任何费用。行政复议活动所需经费，应当列入本机关的行政经费，由本级财政予以保障。

《行政复议法实施条例》

第18条　申请人书面申请行政复议的，可以采取当面递交、邮寄或者传真等方式提出行政复议申请。

有条件的行政复议机构可以接受以电子邮件形式提出的行政复议申请。

第28条　行政复议申请符合下列规定的，应当予以受理：

（一）有明确的申请人和符合规定的被申请人；

（二）申请人与具体行政行为有利害关系；

（三）有具体的行政复议请求和理由；

（四）在法定申请期限内提出；

（五）属于行政复议法规定的行政复议范围；

（六）属于收到行政复议申请的行政复议机构的职责范围；

（七）其他行政复议机关尚未受理同一行政复议申请，人民法院尚未受理同一主体就同一事实提起的行政诉讼。

第29条　行政复议申请材料不齐全或者表述不清楚的，行政复议机构可以自收到该行政复议申请之日起5日内书面通知申请人补正。补正通知应当载明需要补正的事项和合理的补正期限。无正当理由逾期不补正的，视为申请人放弃行政复议申请。补正申请材料所用时间不计入行政复议审理期限。

一、行政复议申请

（一）申请时间

1. 申请期限。《行政复议法》规定可以在60日内申请行政复议，法律规定超过60日的除外。

2. 申请期限的起算。申请期限应当从申请人知道该具体行政行为之日起计算。

（二）申请形式

复议申请既可以是书面形式，也可以是口头形式。

1. 申请人书面申请行政复议的，可以采取当面递交、邮寄或者传真等方式提出行政复议申请。

2. 有条件的行政复议机构可以接受以电子邮件形式提出的行政复议申请。

3. 书面申请应当载明：申请人的基本情况，被申请人的名称，行政复议请求、主要事实和理由，申请人的签名或者盖章和申请日期。

4. 申请人口头申请行政复议的，行政复议机构应当作出记录，记录内容与书面申请应当载明的事项相同，同时当场制作行政复议申请笔录交申请人核对或者向申请人宣读，并由申请人签字确认。

🔭 小练习

案情：郑某因某厂欠缴其社会养老保险费，向区社保局投诉。2004 年 9 月 22 日，区社保局向该厂送达《决定书》，要求为郑某缴纳养老保险费 1 万元。同月 30 日，区社保局向郑某送达告知书，称其举报一事属实，并要求他缴纳养老保险费（个人缴纳部分）2000 元。郑某不服区社保局的《决定书》向法院起诉，法院的生效判决未支持郑某的请求。2005 年 4 月 19 日，郑某不服告知书向市社保局申请复议。

问题：郑某向市社保局提出的复议申请是否超过申请期限？

参考答案：郑某于 2004 年 9 月 30 日收到告知书，知道该具体行政行为，之后于 2005 年 4 月 19 日申请复议，已经超过了《行政复议法》第 9 条第 1 款规定的 60 日复议申请期限。

二、行政复议的受理

（一）受理的期限

行政复议机关应当在收到行政复议申请后的 5 日内，对申请进行审查并作出有关受理的决定。

（二）对复议申请的处理

1. 对不符合法律规定的申请，决定不予受理并书面告知申请人。

2. 对符合法律规定但是不属于本机关受理的行政复议申请，应当告知申请人向有关行政机关提出。

3. 行政复议申请材料不齐全或者表述不清楚的：

（1）行政复议机构可以自收到该行政复议申请之日起 5 日内书面通知申请人补正；

（2）补正通知应当载明需要补正的事项和合理的补正期限；

（3）无正当理由逾期不补正的，视为申请人放弃行政复议申请；

（4）补正申请材料所用时间不计入行政复议审理期限。

4. 符合复议受理条件的，行政复议申请自行政复议机关负责法制工作的机构收到之日起即为受理。

（三）对行政复议机关无理由拒绝受理的处理

行政复议机关无正当理由不予受理复议申请的处理：①上级行政机关可以先行督促行政复议机关受理，经督促仍不受理的，应当责令其限期受理；②必要时，由上级行政机关直接受理。

［注意］行政复议机关受理行政复议申请，不得向申请人收取任何费用。

🔭 小练习

案情：县食药局认定某公司用超保质期的食品原料生产食品，根据《食品安全法》的规定，没收其违法生产的食品和违法所得，并处 5 万元罚款。某公司不服申请行政复议。

问题：如果某公司复议申请材料不齐全，行政复议机构如何处理？

参考答案：根据《行政复议法实施条例》第 29 条的规定，某公司复议申请材料不齐全，行政复议机构可以自收到复议申请之日起5日内书面通知某公司补正。

第22讲　行政复议的审理、决定和执行

核心法条

《行政复议法》

第21条　行政复议期间具体行政行为不停止执行；但是，有下列情形之一的，可以停止执行：

（一）被申请人认为需要停止执行的；

（二）行政复议机关认为需要停止执行的；

（三）申请人申请停止执行，行政复议机关认为其要求合理，决定停止执行的；

（四）法律规定停止执行的。

第22条　行政复议原则上采取书面审查的办法，但是申请人提出要求或者行政复议机关负责法制工作的机构认为有必要时，可以向有关组织和人员调查情况，听取申请人、被申请人和第三人的意见。

第24条　在行政复议过程中，被申请人不得自行向申请人和其他有关组织或者个人收集证据。

第25条　行政复议决定作出前，申请人要求撤回行政复议申请的，经说明理由，可以撤回；撤回行政复议申请的，行政复议终止。

第26条　申请人在申请行政复议时，一并提出对本法第7条所列有关规定的审查申请的，行政复议机关对该规定有权处理的，应当在30日内依法处理；无权处理的，应当在7日内按照法定程序转送有权处理的行政机关依法处理，有权处理的行政机关应当在60日内依法处理。处理期间，中止对具体行政行为的审查。

第27条　行政复议机关在对被申请人作出的具体行政行为进行审查时，认为其依据不合法，本机关有权处理的，应当在30日内依法处理；无权处理的，应当在7日内按照法定程序转送有权处理的国家机关依法处理。处理期间，中止对具体行政行为的审查。

第28条　行政复议机关负责法制工作的机构应当对被申请人作出的具体行政行为进行审查，提出意见，经行政复议机关的负责人同意或者集体讨论通过后，按照下列规定作出行政复议决定：

（一）具体行政行为认定事实清楚，证据确凿，适用依据正确，程序合法，内容适当的，决定维持；

（二）被申请人不履行法定职责的，决定其在一定期限内履行；

（三）具体行政行为有下列情形之一的，决定撤销、变更或者确认该具体行政行为违法；决定撤销或者确认该具体行政行为违法的，可以责令被申请人在一定期限重新作出具体行政行为：

1. 主要事实不清、证据不足的；

2. 适用依据错误的；

3. 违反法定程序的；

4. 超越或者滥用职权的；

5. 具体行政行为明显不当的。

（四）被申请人不按照本法第23条的规定提出书面答复、提交当初作出具体行政行为的证据、依据和其他有关材料的，视为该具体行政行为没有证据、依据，决定撤销该具体行政行为。

行政复议机关责令被申请人重新作出具体行政行为的，被申请人不得以同一的事实和理由作出与原具体行政行为相同或者基本相同的具体行政行为。

第31条第1款　行政复议机关应当自受理申请之日起60日内作出行政复议决定；但是法律规定的行政复议期限少于60日的除外。情况复杂，不能在规定期限内作出行政复议决定的，经行政复议机关的负责人批准，可以适当延长，并告知申请人和被申请人；但是延长期限最多不超过30日。

第32条第1款　被申请人应当履行行政复议决定。

第33条　申请人逾期不起诉又不履行行政复议决定的，或者不履行最终裁决的行政复议决定的，按照下列规定分别处理：

（一）维持具体行政行为的行政复议决定，由作出具体行政行为的行政机关依法强制执行，或者申请人民法院强制执行；

（二）变更具体行政行为的行政复议决定，由行政复议机关依法强制执行，或者申请人民法院强制执行。

《行政复议法实施条例》

第21条　有下列情形之一的，申请人应当提供证明材料：

（一）认为被申请人不履行法定职责的，提供曾经要求被申请人履行法定职责而被申请人未履行的证明材料；

（二）申请行政复议时一并提出行政赔偿请求的，提供受具体行政行为侵害而造成损害的证明材料；

（三）法律、法规规定需要申请人提供证据材料的其他情形。

第32条　行政复议机构审理行政复议案件，应当由2名以上行政复议人员参加。

第33条　行政复议机构认为必要时，可以实地调查核实证据；对重大、复杂的案件，申请人提出要求或者行政复议机构认为必要时，可以采取听证的方式审理。

第37条　行政复议期间涉及专门事项需要鉴定的，当事人可以自行委托鉴定机构进行鉴定，也可以申请行政复议机构委托鉴定机构进行鉴定。鉴定费用由当事人承担。鉴定所用时间不计入行政复议审理期限。

第38条　申请人在行政复议决定作出前自愿撤回行政复议申请的，经行政复议机构同意，可以撤回。

申请人撤回行政复议申请的，不得再以同一事实和理由提出行政复议申请。但是，申请人能够证明撤回行政复议申请违背其真实意思表示的除外。

第39条　行政复议期间被申请人改变原具体行政行为的，不影响行政复议案件的审理。

但是，申请人依法撤回行政复议申请的除外。

第40条 公民、法人或者其他组织对行政机关行使法律、法规规定的自由裁量权作出的具体行政行为不服申请行政复议，申请人与被申请人在行政复议决定作出前自愿达成和解的，应当向行政复议机构提交书面和解协议；和解内容不损害社会公共利益和他人合法权益的，行政复议机构应当准许。

第42条第1款 行政复议期间有下列情形之一的，行政复议终止：

（一）申请人要求撤回行政复议申请，行政复议机构准予撤回的；

（二）作为申请人的自然人死亡，没有近亲属或者其近亲属放弃行政复议权利的；

（三）作为申请人的法人或者其他组织终止，其权利义务的承受人放弃行政复议权利的；

（四）申请人与被申请人依照本条例第40条的规定，经行政复议机构准许达成和解的；

（五）申请人对行政拘留或者限制人身自由的行政强制措施不服申请行政复议后，因申请人同一违法行为涉嫌犯罪，该行政拘留或者限制人身自由的行政强制措施变更为刑事拘留的。

第46条 被申请人未依照行政复议法第23条的规定提出书面答复、提交当初作出具体行政行为的证据、依据和其他有关材料的，视为该具体行政行为没有证据、依据，行政复议机关应当决定撤销该具体行政行为。

第47条 具体行政行为有下列情形之一，行政复议机关可以决定变更：

（一）认定事实清楚，证据确凿，程序合法，但是明显不当或者适用依据错误的；

（二）认定事实不清，证据不足，但是经行政复议机关审理查明事实清楚，证据确凿的。

第48条第1款 有下列情形之一的，行政复议机关应当决定驳回行政复议申请：

（一）申请人认为行政机关不履行法定职责申请行政复议，行政复议机关受理后发现该行政机关没有相应法定职责或者在受理前已经履行法定职责的；

（二）受理行政复议申请后，发现该行政复议申请不符合行政复议法和本条例规定的受理条件的。

第50条 有下列情形之一的，行政复议机关可以按照自愿、合法的原则进行调解：

（一）公民、法人或者其他组织对行政机关行使法律、法规规定的自由裁量权作出的具体行政行为不服申请行政复议的；

（二）当事人之间的行政赔偿或者行政补偿纠纷。

当事人经调解达成协议的，行政复议机关应当制作行政复议调解书。调解书应当载明行政复议请求、事实、理由和调解结果，并加盖行政复议机关印章。行政复议调解书经双方当事人签字，即具有法律效力。

调解未达成协议或者调解书生效前一方反悔的，行政复议机关应当及时作出行政复议决定。

第51条 行政复议机关在申请人的行政复议请求范围内，不得作出对申请人更为不利的行政复议决定。

一、行政复议的审理

（一）行政复议期间具体行政行为的执行

原　则	具体行政行为不停止执行。
例　外（停止执行）	（1）被申请人认为需要停止执行的； （2）行政复议机关认为需要停止执行的（依职权）； （3）申请人申请停止执行，行政复议机关认为其要求合理，决定停止执行的（依申请）； （4）法律规定停止执行的。

原则上，在行政复议期间，具体行政行为不停止执行。实行不停止执行制度的原因之一是及时制止违法行为对社会的危害。但是并不是所有的具体行政行为都需要在行政复议期间维持其执行力，部分具体行政行为也可以停止执行。

（二）审查方式

行政复议机关审查行政复议案件：

1. 应当由 2 名以上行政复议人员参加。

2. 原则上实行书面审查方式，即行政复议机关根据书面材料查清案件事实并作出行政复议决定。

3. 采用听证方式的条件：对重大、复杂的案件，申请人提出要求或者行政复议机构认为必要时，可以采取听证的方式审理。

（三）举证责任

1. 被申请人提交证据证明具体行政行为的合法适当：

（1）行政复议机构应当自行政复议申请受理之日起 7 日内，将行政复议申请书副本或者行政复议申请笔录复印件发送给被申请人；

（2）被申请人应当自收到申请书副本或者申请笔录复印件之日起 10 日内，提出书面答复，并提交当初作出具体行政行为的证据、依据和其他有关材料；

（3）被申请人不按照申请答复程序要求提出书面答复、提交当初作出具体行政行为的证据、依据和其他有关材料的，视为该具体行政行为没有证据、依据。

2. 申请人应当提供证明材料：

（1）认为被申请人不履行法定职责的，提供曾经要求被申请人履行法定职责而被申请人未履行的证明材料；

（2）申请行政复议时一并提出行政赔偿请求的，提供受具体行政行为侵害而造成损害的证明材料。

（四）查阅材料

行政复议机关应当为申请人、第三人查阅有关材料提供必要条件。申请人、第三人可以查阅被申请人提出的书面答复、作出具体行政行为的证据、依据和其他有关材料，除涉及国家秘密、商业秘密或者个人隐私外，行政复议机关不得拒绝。

（五）证据收集

在行政复议过程中，被申请人<u>不得自行向申请人和其他有关组织和个人收集证据</u>，如果被申请人向复议机关提出取证要求，复议机关认为有必要时可以作出调查取证的决定。

[注意] 行政复议人员向有关组织和人员调查取证时：①可以<u>查阅、复制、调取</u>有关文件和资料，向有关人员进行询问；②调查取证时，行政复议人员<u>不得少于 2 人</u>，并应当向当事人或者有关人员出示证件。

（六）撤回申请

1. 撤回的条件：①申请人提出撤回的申请并说明理由。②撤回必须出自申请人的真实意愿。如果发现撤回申请有强迫、动员等违背申请人真实意愿的情形，行政复议机关可以不准许撤回申请。

2. 撤回的时间：<u>申请被受理以后，复议决定作出以前。</u>

3. 撤回的效果

（1）终止正在进行的行政复议，行政复议机关可以采用制作裁决书或者<u>记录在案</u>的方法，予以同意并<u>终结行政复议</u>；

（2）申请人撤回行政复议申请的，<u>不得再以同一事实和理由提出行政复议申请</u>，但申请人能够证明撤回行政复议申请违背其真实意思表示的除外；

（3）只要不属于复议前置的案件，在法定起诉期限内仍可对原具体行政行为<u>提起行政诉讼</u>。

───💡 提 示 ───

撤回复议申请与提起行政诉讼的关系有两种情况：①<u>复议前置</u>的案件，撤回复议申请就不得提起诉讼；②复议、诉讼自由选择案件，撤回复议申请不影响提起诉讼。

[总结]

撤回条件	（1）时间：<u>复议决定作出前</u>； （2）申请人：<u>自愿要求</u>，并说明理由； （3）复议机构：同意。
撤回效果	（1）<u>复议终止</u>； （2）<u>不得再以同一事实和理由</u>提出复议申请，但申请人能证明撤回申请违背其真实意思表示的除外； （3）复议选择案件，在法定起诉期限内仍可对原具体行政行为<u>提起行政诉讼</u>。

🔭 小练习

案情：2006 年 5 月 9 日，县公安局以甲偷开乙的轿车为由，向其送达 1000 元罚款的处罚决定书。甲不服，于同月 19 日向市公安局申请行政复议。6 月 8 日，复议机关同意甲撤回复议申请。6 月 20 日，甲就该处罚决定向法院提起行政诉讼。

问题：法院是否应当受理甲的起诉？

参考答案：根据《行诉解释》第58条的规定，法律、法规未规定行政复议为提起行政诉讼必经程序，公民、法人或者其他组织向复议机关申请行政复议后，又经复议机关同意撤回复议申请，在法定起诉期限内对原行政行为提起诉讼的，人民法院应当依法立案。本案不属于复议前置的案件，甲撤回复议申请后，在法定起诉期限内对处罚决定提起诉讼的，法院应当依法受理。

（七）原具体行政行为的改变

为促使行政争议的尽快解决，在行政复议期间被申请人可以改变原具体行政行为。

1. 申请人不提出撤回复议申请或者虽提出申请而未获得准许，不影响行政复议案件的审理，行政复议机关应当继续就原具体行政行为进行审查并作出决定。

2. 申请人接受改变原具体行政行为的后果，撤回行政复议申请并获得行政复议机构的同意的，行政复议程序结束。

3. 申请人对行政拘留或者限制人身自由的行政强制措施不服申请行政复议后，因申请人同一违法行为涉嫌犯罪，该行政拘留或者限制人身自由的行政强制措施变更为刑事拘留的，行政复议终止。

📖 **提 示**

1. 行政复议中止，是指在行政复议过程中，因发生特殊情况而中途停止复议程序的一种法律制度，具有暂时性。

2. 行政复议终止，是指在行政复议过程中，因发生特殊情况而结束正在进行的复议活动的一种法律制度，具有终结性。

［总结］

原　则	不影响行政复议案件的审理。
例　外 （行政复议终止）	（1）申请人依法撤回行政复议申请； （2）申请人同一违法行为涉嫌犯罪。

小练习

案情：县计生委认定孙某违法生育第二胎，决定对孙某征收社会抚养费40 000元。孙某向县政府申请复议。行政复议期间，县计生委将征收社会抚养费由40 000元变更为20 000元。

问题：本案行政复议程序如何进行？

参考答案：根据《行政复议法实施条例》第39条和第42条的规定，行政复议期间县计生委将征收社会抚养费由40 000元变更为20 000元属于被申请人改变原具体行政行为，不影响行政复议案件的审理。但是，申请人孙某撤回行政复议申请，县政府准予撤回的，行政复议终止。

（八）行政复议的和解和调解

在行政复议期间，符合一定条件的案件，申请人和被申请人可以进行和解，行政复议机关可以进行调解。

和 解	**条 件**	(1) 时间点：复议决定作出前； (2) 自愿，即和解出于申请人和被申请人的真实意思表示； (3) 合法，即和解内容不损害社会公共利益和他人合法权益； (4) 和解案件类型为行政裁量案件，即对行政主体行使法律、法规规定的自由裁量权作出的具体行政行为不服申请行政复议的案件。
	手 续	双方当事人达成书面和解协议，复议机构准许。
调 解	**条 件**	(1) 时间点：复议决定作出前； (2) 自愿，即是否接受调解、是否达成调解协议以及协议内容是否均出自申请人和被申请人的真实意思表示； (3) 合法，即调解协议不损害公共利益和他人合法权益； (4) 调解案件类型限于行政裁量案件、行政赔偿案件、行政补偿案件。
	手 续	当事人经调解达成协议的，复议机关应制作《行政复议调解书》，经双方当事人签字，《行政复议调解书》与《行政复议决定书》具有同等效力。

[注意] 行政复议中羁束行政行为的案件不得调解，裁量行政行为的案件可以调解。羁束行政行为和裁量行政行为是根据行政行为受法律拘束的程度来进行区分的：羁束行政行为是行政机关只能严格依法律、法规的明确、具体规定，没有选择余地而作出的行政行为；裁量行政行为是行政机关在法律、法规规定的幅度或范围内，根据具体情况裁量所作出的行政行为。

小练习

案情：某区食品药品监管局以某公司生产经营超过保质期的食品违反《食品安全法》为由，作出处罚决定。某公司不服，申请行政复议。

问题：行政复议机关能否进行调解？

参考答案：根据《行政复议法实施条例》第50条第1款第1项的规定，区食品药品监管局作出处罚决定属于行使《食品安全法》规定的自由裁量权作出的具体行政行为，符合行政复议调解的案件范围，行政复议机关可以进行调解。

二、行政复议的决定

（一）决定程序

决定程序是行政复议机关内作出有关具体行政行为复议决定的工作程序。

1. 行政复议机构对具体行政行为进行审查，提出审查处理意见。

2. 行政复议决定分为负责人同意和负责人集体讨论决定两种情形：

（1）复议案件情节简单，事实和法律问题清楚，可以由行政复议机关的负责人同意作出决定；

（2）复议案件情节复杂，事实和法律问题比较多，应当由行政复议机关的负责人集体讨论后作出决定。

3. 行政复议机关应当自受理申请之日起60日内作出行政复议决定；但是法律规定的

行政复议期限少于60日的除外。行政复议决定书一经送达，即发生法律效力。

💡 提 示 ────────────

比较行政复议申请期限和行政复议审查期限：

1. 行政复议申请期限为知道具体行政行为之日起60日内，法律规定超过60日的除外。

2. 行政复议审查期限为受理行政复议申请之日起60日内，法律规定少于60日的除外。

（二）决定种类

1. 维持决定

维持是行政复议机关维护、支持具体行政行为的决定，使该具体行政行为保持或者取得法律效力。

2. 履行法定职责决定

履行法定职责的决定，是行政复议机关对被申请人以不作为形式违反法定职责构成侵权，要求其履行法定职责的处理。作出履行法定职责的决定的条件：①确定存在被申请人应当履行的法定职责，确认存在没有履行职责的事实以及这种不履行对申请人的合法权益构成了侵害和行政违法；②要确定继续履行法定职责仍然有实际意义和法律意义。

3. 撤销、变更、确认违法和重新作出具体行政行为的决定

撤销、变更、确认违法和重新作出具体行政行为的决定适用于对以下违法具体行政行为的处理：①主要事实不清、证据不足；②适用依据错误；③违反法定程序；④超越职权或者滥用职权；⑤明显不当。

撤销决定是使具体行政行为丧失或者不能取得法律效力的行政复议决定。

魏语绸缪

行政复议变更决定的限制：行政复议决定与原机关具体行政行为相比，只能对复议申请人更有利，而不能更不利。

变更决定是行政复议机关全部或部分改变原具体行政行为的内容，用复议机关的决定替代原具体行政行为。在适用变更决定时，行政复议机关在申请人的行政复议请求范围内，不得作出对申请人更为不利的行政复议决定。

确认决定是对具体行政行为违法性质和违法状态的确定或者认定。作出确认决定的情形，是原来的具体行政行为确实构成违法，但是由于客观情况变化使得撤销或者变更已经没有实际意义。

重新作出具体行政行为的复议决定是对具体行政行为作出撤销决定和确认违法决定后，仍然存在需要行政机关作出处理的事项，行政复议机关要求被申请人履行职责作出处理决定。

4. 驳回申请决定

驳回申请决定适用于两种情形：

（1）申请人认为行政机关不履行法定职责，申请行政复议，复议机关受理后发现该行政机关没有相应法定职责或者在受理前已经履行法定职责的（实体处理）；

（2）受理行政复议申请后，发现该行政复议申请不符合受理条件的（程序处理）。

[总结]

决定类型	适用条件
维持决定	事实清楚，证据确凿，依据正确，程序合法，内容适当。
履行决定	被申请人不履行法定职责的。
①变更决定或②撤销决定或③确认违法决定	主要事实不清，证据不足；适用依据错误；违反法定程序；超越或者滥用职权；行为明显不当。
驳回复议申请	行政不作为案件中被申请人没有相应职责或者在受理前已经履行职责。
	受理行政复议申请后，发现复议申请不符合受理条件的。

小练习

案情：县计生委认定孙某违法生育第二胎，决定对孙某征收社会抚养费40000元。孙某向县政府申请复议，要求撤销该决定。县政府维持该决定，并在征收总额中补充列入遗漏的3000元未婚生育社会抚养费。

问题：本案县政府的行政复议决定是否违法？

参考答案：行政复议机关县政府在征收总额中补充列入遗漏的费用，作出了对申请人更为不利的行政复议决定，违反《行政复议法实施条例》第51条的规定。

（三）对有关行政规定和行政依据的审查和处理

行政复议决定程序中涉及的行政规定和行政依据有两个方面：①根据申请人提出的申请对有关行政规定进行的审查处理；②依职权发现依据不合法而进行的处理。

适用前提	复议机关有权处理	复议机关无权处理（7日内按照法定程序转送）	备　注
一并提出审查申请（依申请）	30日内依法处理	有权处理的行政机关：60日内依法处理	处理期间，中止审查具体行政行为
没有一并提出或依法不能提出审查申请（依职权）		有权处理的国家机关（未规定处理时间）	

小练习

案情：某省会市市场监督管理局对违法占道经营的商家甲依据市政府规章作出罚款处罚，甲不服，向省市场监督管理局申请复议。省市场监督管理局在审查的过程中，发现市政府的规章也有某些规定可能不合法。

问题：省市场监督管理局如何处理市政府的规章？

参考答案：根据《行政复议法》第27条的规定，省市场监督管理局发现罚款处罚的依据——市政府的规章不合法，省市场监督管理局应当在7日内按照法定程序转送有权处理的国家机关依法处理。

三、行政复议的执行

行政复议决定的执行，是有关国家机关依法采取强制措施实现行政复议决定内容的行为。执行行政复议决定的条件有：①行政复议决定开始生效；②有关义务人没有履行行政复议决定规定的义务。

（一）被申请人不履行行政复议决定

采取执行措施的要求：

1. 有权采取执行措施的是行政复议机关或者有关上级机关。

2. 采取的执行措施是责令被申请人限期履行。

（二）申请人不履行行政复议决定

分两种情况：

1. 维持具体行政行为的行政复议决定，由作出具体行政行为的行政机关依法强制执行，或者申请人民法院强制执行。

2. 变更具体行政行为的行政复议决定，由行政复议机关依法强制执行，或者申请人民法院强制执行。

[注意] 行政复议决定的执行，首先要看是复议申请人不履行复议决定，还是被申请人不履行复议决定，这两种情况下执行方式完全不同：申请人不履行复议决定的有两种方式执行；被申请人不履行复议决定的只有一种方式执行，即复议机关或上级机关责令其限期履行。

小练习

案情：某县政府依田某申请作出复议决定，撤销某县公安局对田某车辆的错误登记，责令在30日内重新登记。

问题：如果某县公安局拒绝进行重新登记，如何处理？

参考答案：根据《行政复议法》第32条第2款的规定，复议被申请人县公安局不履行行政复议决定，由复议机关县政府责令县公安局限期登记。

经典真题

案情：《政府采购法》规定，对属于地方预算的政府采购项目，其集中采购目录由省、自治区、直辖市政府或其授权的机构确定并公布。张某在浏览某省财政厅网站时未发现该省政府集中采购项目目录，在通过各种方法均未获得该目录后，于2013年2月25日向省财政厅提出公开申请。财政厅答复，政府集中采购项目目录与张某的生产、生活和科研等特殊需要没有直接关系，拒绝公开。张某向省政府申请行政复议，要求认定省财政厅未主动公开目录违法，并责令其公开。省政府于4月10日受理，但在法定期限内未作出复议决定。张某不服，于6月18日以省政府为被告向法院提起诉讼。（2013/4/六）

问题：省政府在受理此行政复议案件后应当如何处理才符合《行政复议法》和《政府

信息公开条例》的规定？[1]

案例拓展

王月娟诉被申请人海南省国土资源厅行政复议案

关键词：被申请人改变原行政行为

王月娟向最高人民法院申请再审称：一、二审判决适用法律错误。海口市国土资源局（以下简称"海口市国土局"）撤销《不予受理告知书》不影响行政复议案件的审理。《行政复议法实施条例》第 39 条规定："行政复议期间被申请人改变原具体行政行为的，不影响行政复议案件的审理。"王月娟对海口市国土局作出的《不予受理告知书》申请行政复议后，该局自行撤销告知书，应当视为改变原具体行政行为，海南省国土厅应当继续审理该案，对《不予受理告知书》的合法性作出审查和认定，而不能以原行政行为被撤销为由剥夺申请人的复议权利。即便原行政行为被撤销，复议机关仍然可以对原行政行为的合法性进行审查和认定。只有及时对行政行为的违法性作出确认，才能促使行政机关端正态度，防止违法或者不当的行政行为，保障和监督行政机关依法行使职权。海南省国土厅以海口市国土局撤销告知书为由，作出行政复议终止决定，违反了《行政复议法实施条例》第 39 条之规定。请求撤销二审行政判决，改判撤销海南省国土厅作出的（2017）12 号《行政复议终止决定书》，判令海南省国土厅履行行政复议职责，继续审理王月娟与海口市国土局行政不作为纠纷行政复议一案。

法院裁判：

最高人民法院经审查认为，依《行政复议法实施条例》第 39 条规定，行政复议期间被申请人改变原具体行政行为的，不影响行政复议案件的审理。但是，申请人依法撤回行政复议申请的除外。本案中，王月娟向海口市国土局递交《违法用地行为查处申请书》，申请海口市国土局依法对相关单位在未取得国有土地使用权的情况下，违法占用土地进行培龙后街美食街项目建设的行为进行查处，并作出书面答复。海口市国土局于 2017 年 1 月 22 日对王月娟的申请作出《不予受理告知书》。王月娟不服该告知书，向海南省国土厅申请行政复议。在海南省国土厅复议期间，海口市国土局又于 2017 年 3 月 21 日作出（2017）141 号《关于撤销不予受理告知书的通知》，并于同年 3 月 22 日作出《海口市国土资源信访事项转送书》，将王月娟的申请书转送海口市琼山区人民政府。海口市国土局在行政复议期间改变原行政行为，而王月娟并未撤回行政复议申请，海南省国土厅应当对海口市国土局的原行政行为即《不予受理告知书》进

---

〔1〕 省政府应当审查省财政厅拒绝公开目录的行为是否合法，并在法定期限内作出复议决定。政府集中采购项目的目录属主动公开信息，如省政府已授权财政厅确定并公布，省政府应责令财政厅及时公布；如未授权相关机构确定并公布，省政府应主动公布。

行审理。海南省国土厅作出行政复议终止决定，适用法律错误，处理结果不当，本应予以纠正。一、二审判决均认定海南省国土厅作出终止复议决定的处理结果正确，适用法律不当，最高人民法院予以指正。

根据海口市政府2015年第103号令《关于进一步下放行政管理事项的决定》规定，海口市国土资源执法监督权已下放各区政府，由各区政府负责一线执法工作。本案中，王月娟申请事项所涉及的土地执法权已下放区政府。一、二审业已查明，海口市国土局于2017年3月21日主动撤销其作出的《不予受理告知书》，并于3月22日作出《海口市国土资源信访事项转送书》，将王月娟的申请书转送至有权处理的琼山区人民政府。王月娟所反映的土地违法问题已经依法转送有权处理的行政机关，王月娟寻求救济的程序性权利已经得到保障，海南省国土厅的终止复议决定对其实体权利不产生实质性影响。本案如进入再审程序，要求海南省国土厅恢复对复议案件的审理，海南省国土厅作出的复议决定对于王月娟要求解决的实体问题并无任何影响，反而导致程序空转，增加当事人诉累。故最高人民法院不对本案提起再审。

最高人民法院裁定：驳回王月娟的再审申请。

案例来源：（2018）最高法行申2974号行政裁定书

受案范围，是指人民法院可以依法受理行政争议的种类和权限。本专题需要重点掌握的有：行政诉讼的受案标准、应予受理的案件、不予受理的案件、行政许可案件的受案范围、政府信息公开案件的受案范围以及行政协议案件的受案范围等。理解法院应予受理的行政诉讼案件类型和不予受理的案件类型，并且在具体案件中能够运用受案标准，这是考试的难点。本专题在主观卷中的题目类型是案例分析题。

第23讲 行政诉讼受理的案件

核心法条

《行政诉讼法》第12条 人民法院受理公民、法人或者其他组织提起的下列诉讼：

（一）对行政拘留、暂扣或者吊销许可证和执照、责令停产停业、没收违法所得、没收非法财物、罚款、警告等行政处罚不服的；

（二）对限制人身自由或者对财产的查封、扣押、冻结等行政强制措施和行政强制执行不服的；

（三）申请行政许可，行政机关拒绝或者在法定期限内不予答复，或者对行政机关作出的有关行政许可的其他决定不服的；

（四）对行政机关作出的关于确认土地、矿藏、水流、森林、山岭、草原、荒地、滩涂、海域等自然资源的所有权或者使用权的决定不服的；

（五）对征收、征用决定及其补偿决定不服的；

（六）申请行政机关履行保护人身权、财产权等合法权益的法定职责，行政机关拒绝履行或者不予答复的；

（七）认为行政机关侵犯其经营自主权或者农村土地承包经营权、农村土地经营权的；

（八）认为行政机关滥用行政权力排除或者限制竞争的；

（九）认为行政机关违法集资、摊派费用或者违法要求履行其他义务的；

（十）认为行政机关没有依法支付抚恤金、最低生活保障待遇或者社会保险待遇的；

（十一）认为行政机关不依法履行、未按照约定履行或者违法变更、解除政府特许经营协议、土地房屋征收补偿协议等协议的；

（十二）认为行政机关侵犯其他人身权、财产权等合法权益的。

除前款规定外，人民法院受理法律、法规规定可以提起诉讼的其他行政案件。

《行诉解释》第1条第1款　公民、法人或者其他组织对行政机关及其工作人员的行政行为不服，依法提起诉讼的，属于人民法院行政诉讼的受案范围。

《行政协议案件规定》第1条　行政机关为了实现行政管理或者公共服务目标，与公民、法人或者其他组织协商订立的具有行政法上权利义务内容的协议，属于行政诉讼法第12条第1款第11项规定的行政协议。

一、行政诉讼受案标准

掌握行政诉讼受案标准的意义在于：①通过受案标准去理解和运用行政诉讼中应予受理的案件类型和不予受理的案件类型；②考试题目中会出现一些法律条文中没有规定的行为，法律条文中既没说让告，也没说不让告，这就需要通过受案标准来判断是否属于受案范围。虽然《行政诉讼法》把"行政行为"作为行政诉讼的受案标准，但实践中仍然把具体行政行为引起的行政案件作为行政诉讼受案范围中的主要案件类别。

（一）具体行政行为的判定

可以从行为的主体要素、职权要素和结果要素来判断是否属于具体行政行为、是否属于行政诉讼的受案范围：

1. 主体要素要求行为的主体是行政机关或者是有行政权的组织。

2. 职权要素要求行为是在运用或行使行政权的情况下作出的。

3. 结果要素是行为的结果，是对公民、组织权利义务的具体处理、强制处理或者实际影响。

具体行政行为就是行政机关或者有行政权的组织运用或行使行政权作出对公民、组织权利义务的具体处理或产生实际影响的行为。

小练习

案情： 某市经济发展局根据 A 公司的申请，作出鉴于 B 公司自愿放弃其在某合营公司的股权，退出合营公司，恢复 A 公司在合营公司的股东地位的批复。B 公司不服向法院提起诉讼。

问题： 市经济发展局的批复是否属于行政诉讼受案范围？

参考答案： 市经济发展局的批复是对 B 公司权利义务进行具体处理的行为，是具体行政行为，属于行政诉讼受案范围。

（二）行政行为的合法性审查

与行政诉讼受案标准相关的一个问题就是，行政案件中法院对行政行为合法性的审查：

1. 从对象来看，法院审查的是行政行为，既包括具体行政行为，也包括行政协议行为，对部分抽象行政行为也可以附带审查。

2. 从内容来看，法院审查行政行为以合法性为限，防止司法权替代行政权。

二、行政诉讼应予受理的案件

《行政诉讼法》对法院应予受理的行政诉讼案件类型明确列举了 12 项：

1. 行政处罚案件。行政处罚种类参见专题 3 "行政处罚"。

2. 行政强制案件。包括行政强制措施案件和行政强制执行案件，行政强制措施种类和行政强制执行方式参见专题 5 "行政强制"。

3. 行政许可案件。行政许可案件类型参见后文 "行政许可案件的受案范围"。

4. 行政确权案件。行政确权案件，是指对行政机关作出的关于确认土地、矿藏、水流、森林、山岭、草原、荒地、滩涂、海域等自然资源的所有权或者使用权的决定不服而提起的行政诉讼。行政确权行为是行政机关依职权或依申请，对当事人之间就自然资源的所有权或使用权的归属发生的争议予以甄别、认定，并作出裁决的行为。

5. 行政征收、征用案件。行政征收，是指行政机关为了公共利益的需要，依照法律规定强制从行政相对人处有偿或无偿获取一定财物（费）或劳务的行为；行政征用则是指行政机关为了公共利益的需要，依照法律规定强制取得原属于公民、法人或者其他组织的财产使用权的行为。

6. 不履行法定职责案件。公民认为行政机关拒不履行保护人身权、财产权等合法权益的法定职责而引起的行政案件，这类案件形成的一般条件是：①公民向行政机关提出了保护申请；②接到申请的行政机关负有法定职责；③行政机关对公民、法人或者其他组织的申请拒绝履行或者不予答复。

7. 侵犯法律规定的经营自主权或者农村土地承包经营权、农村土地经营权的案件。经营自主权，是指个人或者企业依法对自身的机构、人员、财产、原材料供应、生产、销售等各方面事务自主管理经营的权限；农村土地承包经营权，是指土地承包经营权人对其承包经营的集体所有或国家所有由集体使用的土地，依法享有的占有、使用和收益的权利。

8. 侵犯公民公平竞争权的案件。行政机关在对具有相互竞争关系的公民、法人或其他组织实施行政管理时，公民、法人或其他组织中的一方认为行政机关滥用行政权力排除或者限制竞争使其受到不公平对待而引起的行政案件。

9. 违法要求履行义务案件。公民、法人或者其他组织认为行政机关违法集资、摊派费用或者违法要求履行其他义务而引起的行政诉讼案件，行政机关违法要求公民履行的义务可能是财产义务，也可能是行为义务。

10. 行政给付案件。公民申请行政机关依法支付抚恤金、最低生活保障待遇或者社会保险待遇，行政机关没有依法支付而引起的行政诉讼。抚恤金，是指法律规定对某些伤残人员或死亡人员遗属，为抚慰和保障其生活而发放的专项费用，包括伤残抚恤金和遗属抚恤金；最低生活保障费是政府向城镇居民发放的维持其基本生活需要的社会救济金；社会保险是公民在年老、疾病、工伤、失业、生育等情况发生时，向社会保障机构申请发放的社会救济金，社会保险制度包括基本养老保险、基本医疗保险、工伤保险、失业保险、生育保险等。

11. 行政协议案件。行政诉讼中的行政协议案件包括以下四种：①行政机关不履行行政协议；②行政机关未按照约定履行行政协议；③行政机关变更行政协议；④行政机关解除行政协议。

[注意] 行政诉讼中的行政协议案件的陷阱：行政机关认为公民、法人或者其他组织不履行、未按照约定履行而提起行政诉讼，不属于行政诉讼受案范围，行政机关可以依法实施行政强制执行。

12. 其他案件。认为行政机关侵犯其他人身权、财产权等合法权益的。凡因行政机关行政活动涉及公民合法权益而形成的行政争议案件，即使行政诉讼法未做列举，只要其他法律、法规规定可以提起行政诉讼，则都属于行政诉讼的受案范围。

📖 考点点拨

判断行政诉讼受案范围中的行政行为，不能简单地从行为的形式来判断，而要看行为的实质——对公民、法人或者其他组织权利义务产生实际影响。

🔖 小练习

案情：区房管局以王某不履行双方签订的房屋征收补偿协议为由向法院起诉。

问题：本案是否属于行政诉讼受案范围？

参考答案：根据《行政诉讼法》第12条第1款的规定，行政机关不履行行政协议的行为属于行政诉讼受案范围。王某不履行房屋征收补偿协议不属于行政机关不履行行政协议，不属于行政诉讼受案范围。

经典真题

案情：甲市人民政府在召集有关职能部门、城市公共交通运营公司（以下简称"城市公交公司"）召开协调会后，下发了甲市人民政府《会议纪要》，明确：城市公交公司的运营范围界定在经批准的城市规划区内；城市公交公司在城市规划区内开通的线路要保证正常运营，免缴交通规费；在规划区范围内，原由交通部门负责的对城市公交公司违法运营的查处，交由建设部门负责。《会议纪要》下发后，甲市城区交通局按照《会议纪要》的要求，中止了对城市公交公司违法运营的查处。

田某、孙某和王某是经交通部门批准的三家运输经营户，他们运营的线路与《会议纪要》规定免缴交通规费的城市公交公司的两条运营线路重叠，但依《会议纪要》，不能享受免缴交通规费的优惠。三人不服，向法院提起诉讼，要求撤销《会议纪要》中关于城市公交公司免缴交通规费的规定，并请求确认市政府《会议纪要》关于中止城区交通局对城市公交公司违法运营查处的内容违法。（2005/4/一）

问题：甲市人民政府《会议纪要》所作出的城市公交公司免缴交通规费的内容是否属于行政诉讼受案范围？为什么？[1]

---

〔1〕 属于受案范围。在本案中，甲市人民政府《会议纪要》所作出的城市公交公司免缴交通规费的内容，针对的对象是特定的，不属于抽象行政行为，构成具体行政行为。

第24讲　不予受理的行政诉讼案件

核心法条

《行政诉讼法》第13条　人民法院不受理公民、法人或者其他组织对下列事项提起的诉讼：

（一）国防、外交等国家行为；

（二）行政法规、规章或者行政机关制定、发布的具有普遍约束力的决定、命令；

（三）行政机关对行政机关工作人员的奖惩、任免等决定；

（四）法律规定由行政机关最终裁决的行政行为。

《行诉解释》

第1条第2款　下列行为不属于人民法院行政诉讼的受案范围：

（一）公安、国家安全等机关依照刑事诉讼法的明确授权实施的行为；

（二）调解行为以及法律规定的仲裁行为；

（三）行政指导行为；

（四）驳回当事人对行政行为提起申诉的重复处理行为；

（五）行政机关作出的不产生外部法律效力的行为；

（六）行政机关为作出行政行为而实施的准备、论证、研究、层报、咨询等过程性行为；

（七）行政机关根据人民法院的生效裁判、协助执行通知书作出的执行行为，但行政机关扩大执行范围或者采取违法方式实施的除外；

（八）上级行政机关基于内部层级监督关系对下级行政机关作出的听取报告、执法检查、督促履责等行为；

（九）行政机关针对信访事项作出的登记、受理、交办、转送、复查、复核意见等行为；

（十）对公民、法人或者其他组织权利义务不产生实际影响的行为。

第2条　行政诉讼法第13条第1项规定的"国家行为"，是指国务院、中央军事委员会、国防部、外交部等根据宪法和法律的授权，以国家的名义实施的有关国防和外交事务的行为，以及经宪法和法律授权的国家机关宣布紧急状态等行为。

行政诉讼法第13条第2项规定的"具有普遍约束力的决定、命令"，是指行政机关针对不特定对象发布的能反复适用的规范性文件。

行政诉讼法第13条第3项规定的"对行政机关工作人员的奖惩、任免等决定"，是指行政机关作出的涉及行政机关工作人员公务员权利义务的决定。

行政诉讼法第13条第4项规定的"法律规定由行政机关最终裁决的行政行为"中的"法律"，是指全国人民代表大会及其常务委员会制定、通过的规范性文件。

《行政复议法》

第14条　对国务院部门或者省、自治区、直辖市人民政府的具体行政行为不服的，向作出该具体行政行为的国务院部门或者省、自治区、直辖市人民政府申请行政复议。对行政复议决定不服的，可以向人民法院提起行政诉讼；也可以向国务院申请裁决，国务院依照本法的规定作出最终裁决。

第30条第2款　根据国务院或者省、自治区、直辖市人民政府对行政区划的勘定、调整或者征收土地的决定，省、自治区、直辖市人民政府确认土地、矿藏、水流、森林、山岭、草原、荒地、滩涂、海域等自然资源的所有权或者使用权的行政复议决定为最终裁决。

根据《行政诉讼法》和《行诉解释》的规定，人民法院不予受理的案件有14类。

一、国防外交行为

国防外交行为，是指国务院、中央军事委员会、国防部、外交部等根据宪法和法律的授权，以国家的名义实施的有关国防和外交事务的行为，也包括经宪法和法律授权的国家机关宣布紧急状态、实施戒严和总动员等行为。它区别于一般行政行为的特点是具有政治性。法院在司法审查中不能对一个政治性行为作出对错判断，政治性行为在法律上分不出对错，因为政治行为只分政治派别。从行为主体来判断国家行为：国务院、中央军委、国防部、外交部。

二、抽象行政行为

抽象行政行为，是指行政机关制定行政法规、行政规章和发布具有普遍约束力的决定、命令的行为。抽象行政行为的判定参见专题2"具体行政行为"。

抽象行政行为虽被排除在行政诉讼受案范围之外，但2014年修改后的《行政诉讼法》借鉴了《行政复议法》的做法，将部分抽象行政行为有限制地纳入行政诉讼审查范围，两项制度出现趋同。

> **提　示**
>
> 《行政诉讼法》虽然赋予公民、法人或者其他组织申请法院对抽象行政行为中的规章以下行政规范性文件审查的权利，但是只是附带申请审查，而不是直接起诉规章以下行政规范性文件，抽象行政行为仍然不属于行政诉讼受案范围。

小练习

案情：县政府发布全县征地补偿安置标准的文件，村民万某以文件确定的补偿标准过低为由向法院起诉。

问题：本案是否属于行政诉讼受案范围？

参考答案：根据《行政诉讼法》第13条第2项的规定，县政府发布全县征地补偿安置标准的文件，属抽象行政行为，不属于行政诉讼受案范围。

三、内部行政行为

内部行政行为既包括行政机关的内部人事管理行为，即行政机关对其工作人员的奖惩、任免以及培训、考核、离退休、工资、休假等方面的决定，也包括行政机关、行政机构之间的行为，即上级行政机关对下级行政机关所作出的行为、行政机关对内设机构作出的行为等。

内部行政行为不属于受案范围，外部行政行为一般是具体行政行为，属于受案范围。正所谓内外有别：内部行为就是行政系统内的行为，包括上级行政机关对下级行政机关所作的行为，行政机关对内设机构所作的行为，行政机关对其工作人员所作的行为。外部行为就是行政机关对行政系统外的公民、法人或者其他组织所作的行为。例如，行政机关不录用某个公民为公务员，这属于外部行为，属于行政诉讼受案范围；行政机关对于试用期满的公务员取消录用，这属于内部行为，不属于行政诉讼受案范围。

四、最终裁决行为

最终裁决行为即相对于司法程序而言，此处的"最终"导致公民不得再通过司法程序救济自己的权利。行政机关最终裁决的行政行为只能由法律规定，这里的"法律"仅限于全国人民代表大会及其常务委员会制定、通过的规范性文件。最终裁决行为具体包括：

（一）国务院的最终裁决

对国务院部门或者省、自治区、直辖市政府的具体行政行为不服的，向作出该具体行政行为的国务院部门或者省、自治区、直辖市人民政府申请行政复议。对行政复议决定不服的，向国务院申请裁决，国务院作出的裁决为最终裁决，不属于行政诉讼受案范围。

（二）省级政府的自然资源权属复议决定

根据国务院或者省、自治区、直辖市政府对行政区划的勘定、调整或者征用土地的决定，省、自治区、直辖市政府确认土地、矿藏、水流、森林、山岭、草原、荒地、滩涂、海域等自然资源的所有权或者使用权的行政复议决定为最终裁决，不属于行政诉讼受案范围。

五、刑事司法行为

公安、国家安全等国家机关具有行政机关和刑事侦查机关的双重身份，可以对刑事犯罪嫌疑人实施刑事强制措施，也可以对公民实施行政处罚、行政强制措施。公安、国家安全等机关依照《刑事诉讼法》的明确授权实施的行为必须在刑事诉讼法的明确授权范围之内。从刑事诉讼法的规定来看，刑事司法行为包括：讯问刑事犯罪嫌疑人，询问证人，检查、搜查、扣押物品（物证、书证），冻结存款、汇款，通缉，拘传，取保候审，保外就医，监视居住，刑事拘留，执行逮捕等。公安、国家安全等机关在上述《刑事诉讼法》授权范围之外所实施的行为都推定为具体行政行为，因为公安机关、国家安全机关本来就属于行政机关。例如，没收财产或实施罚款等行为不在《刑事诉讼法》明确授权的范围之列。

小练习

案情：方某在妻子失踪后向公安局报案要求立案侦查，遭拒绝后向法院起诉确认公安局的行为违法。

问题：本案是否属于行政诉讼受案范围？

参考答案：根据《行诉解释》第 1 条第 2 款第 1 项的规定，公安局的拒绝立案侦查属于"公安、国家安全等机关依照刑事诉讼法的明确授权实施的行为"，不属于行政诉讼受案范围。

六、行政调解行为和仲裁行为

行政调解，是指行政机关劝导发生民事争议的当事人自愿达成协议的一种行政活动，没有公权力的强制属性，对当事人没有强制约束力，不属于行政诉讼受案范围。例外情形是：①行政机关借调解之名，违背当事人的意志作出具有强制性的决定，视为行政裁决行为；②行政机关在实施调解过程中实施了具体行政行为，如采取了强制措施。这两种情形属于行政诉讼受案范围。行政机关下设的仲裁机构以中立身份按照法定程序对平等主体之间的民事纠纷作出有法律拘束力的裁决的，当事人一方不服裁决，应当依法提起民事诉讼，不属于行政诉讼受案范围。

七、行政指导行为

行政指导行为，是指行政机关以倡导、示范、建议、咨询等方式，引导公民自愿配合而达到行政管理目的的行为。行政指导没有强制性，公民是否遵从行政指导，完全取决于自己的意愿。因此，行政指导行为不属于行政诉讼受案范围。如果行政机关在实施行政指导时带有强制性，这种假指导真强制的行为，就属于行政诉讼受案范围。

八、重复处理行为

重复处理行为，是指行政机关根据公民的申请或者申诉，对原有的生效行政行为作出的没有任何改变的二次决定。重复处理行为实质上是对原已生效的行政行为的简单重复，并没有形成新事实或者权利义务状态，对当事人权利义务没有新影响。重复处理行为不作为行政诉讼受案范围的主要原因是维护公共行政的稳定性和效率，防止公民、组织规避行政诉讼的起诉期限。注意这里的"申诉"不是申请复议行为，而是指当事人在超过复议申请期限和起诉期限的情况下，对已经生效的行政行为不服而向有关行政机关提出的申诉。

🏆 小练习

案情：某区房屋租赁管理办公室向甲公司颁发了房屋租赁许可证，乙公司以此证办理程序不合法为由要求该办公室撤销许可证被拒绝。后乙公司又致函该办公室要求撤销许可证，该办公室作出"许可证有效，不予撤销"的书面答复。

问题：乙公司向法院起诉要求撤销书面答复，是否属于行政诉讼受案范围？

参考答案：区房屋租赁管理办公室对乙公司致函作出"许可证有效，不予撤销"的书面答复属于"重复处理行为"，根据《行诉解释》第 1 条第 2 款的规定，不属于行政诉讼受案范围。

九、不产生外部法律效力的行为

对外性是可诉的行政行为的重要特征之一。不产生外部法律效力的行为是行政机关在行政程序内部所作的行为，例如，行政机关的内部沟通、会签意见、内部报批等行为，并不对外发生法律效力，不对公民、法人或者其他组织合法权益产生影响，因此不属于行政诉讼受案范围。

十、过程性行为

成熟性是可诉行政行为的重要特征。行政机关为作出行政行为而实施的准备、论证、研究、层报、咨询等行为，属于行政过程性行为，这些行为尚不具备最终的法律效力，不对公民、法人或者其他组织合法权益产生影响，不属于行政诉讼受案范围。

十一、执行生效裁判行为

可诉的行政行为须是行政机关基于自身意思表示作出的行为。执行生效裁判行为是行政机关根据人民法院的生效裁判、协助执行通知书作出的执行行为，并非行政机关自身依职权主动作出的行为，亦不属于行政诉讼受案范围。但是行政机关扩大执行范围或者采取违法方式实施的行为，就视为行政机关基于自身意思表示作出的行为，就属于行政诉讼受案范围。

十二、内部层级监督行为

内部层级监督属于行政机关上下级之间管理的内部事务。法律规定上级行政机关有权对下级行政机关工作进行监督，实践中出现公民、法人或其他组织起诉，要求法院判决上级人民政府履行监督下级人民政府的职责。由于法律规定的内部层级监督，并不直接设定当事人新的权利义务关系，因此上级行政机关基于内部层级监督关系对下级行政机关作出的听取报告、执法检查、督促履责等行为不属于行政诉讼受案范围。

十三、信访处理行为

信访处理行为，是指行政机关针对信访事项作出的登记、受理、交办、转送、复查、复核意见等行为。根据《信访条例》的规定，行政机关依据《信访条例》作出的登记、受理、交办、转送、承办、协调处理、监督检查、指导信访事项等行为，由于对信访人不具有强制力，对信访人的实体权利义务不产生实质影响，因此不属于行政诉讼受案范围。

十四、对公民、法人或其他组织的权利义务不产生实际影响的行为

对公民、法人或其他组织的权利义务不产生实际影响的行为，是指行政机关在作出行政行为之前实施的各种准备行为、阶段性行为、过程性行为，这些行为还没有影响到公民、法人或其他组织的权利义务，如行政许可过程中的告知补正申请材料、听证等通知行为。

[注意]"实际影响"是指使公民、法人或者其他组织的权利、义务发生了变化，如限制、减少权利，增加、免除、减少义务等；"没有实际影响"意味着行政活动没有使公民权利义务发生实在的变动。

[指导案例]

1. 行政批复的可诉性

地方人民政府对其所属行政管理部门的请示作出的批复，一般属于内部行政行为，不可对此提起诉讼。但行政管理部门直接将该批复付诸实施并对行政相对人的权利义务产生了实际影响，行政相对人对该批复不服提起诉讼的，人民法院应当依法受理。（最高人民法院指导案例22号：魏永高、陈守志诉来安县人民政府收回土地使用权批复案）

2. 程序性行政行为的可诉性

当事人认为行政机关作出的程序性行政行为侵犯其人身权、财产权等合法权益，对其权利义务产生明显的实际影响，且无法通过提起针对相关的实体性行政行为的诉讼获得救济，而对该程序性行政行为提起行政诉讼的，人民法院应当依法受理。（最高人民法院指导案例69号：王明德诉乐山市人力资源和社会保障局工伤认定案）

3. 告知性答复的可诉性

行政机关对与举报人有利害关系的举报仅作出告知性答复，未按法律规定对举报进行处理，不属于《行诉解释》第1条第10项规定的"对公民、法人或者其他组织权利义务不产生实际影响的行为"，因而具有可诉性，属于人民法院行政诉讼的受案范围。（最高人民法院指导案例77号：罗镕荣诉吉安市物价局物价行政处理案）

小练习

案情：市林业局接到关于孙某毁林采矿的举报，遂致函当地县政府，要求调查。县政府召开专题会议形成会议纪要：由县林业局、矿产资源管理局与安监局负责调查处理。经调查并与孙某沟通，三部门形成处理意见：要求孙某合法开采，如发现有毁林或安全事故，将依法查处。再次接到举报后，三部门共同发出责令孙某立即停止违法开采，对被破坏的生态进行整治的通知。

问题：

（1）市林业局的致函是否具有可诉性？

（2）县政府的会议纪要是否具有可诉性？

（3）三部门的通知是否具有可诉性？

参考答案：

（1）市林业局向县政府的致函是行政机关之间的事务处理，未涉及对孙某采矿事务的处置，属于不产生外部法律效力的内部行政行为。根据《行诉解释》第1条第2款的规定，市林业局的致函不具有可诉性。

（2）县政府的会议纪要是对行政机关处置举报的分工和安排，属于不产生外部法律效力的内部行政行为。根据《行诉解释》第1条第2款的规定，县政府的会议纪要不具有可诉性。

（3）三部门共同发出的通知直接影响到孙某的权利义务，属于具体行政行为，具有可诉性。

经典真题

案情： 经工商局核准，甲公司取得企业法人营业执照，经营范围为木材切片加工。甲公司与乙公司签订合同，由乙公司供应加工木材1万吨。不久，省林业局致函甲公司，告知按照本省地方性法规的规定，新建木材加工企业必须经省林业局办理木材加工许可证后，方能向工商行政管理部门申请企业登记，违者将受到处罚。1个月后，省林业局以甲公司无证加工木材为由没收其加工的全部木片，并处以30万元罚款。期间，省林业公安局曾传唤甲公司人员李某到公安局询问该公司木材加工情况。甲公司向法院起诉要求撤销省林业局的处罚决定。

因甲公司停产，无法履行与乙公司签订的合同，乙公司要求支付货款并赔偿损失，甲公司表示无力支付和赔偿，乙公司向当地公安局报案。2010年10月8日，公安局以涉嫌诈骗为由将甲公司法定代表人张某刑事拘留，1个月后，张某被批捕。2011年4月1日，检察院以证据不足为由作出不起诉决定，张某被释放。张某遂向乙公司所在地公安局提出国家赔偿请求，公安局以未经确认程序为由拒绝张某请求。张某又向检察院提出赔偿请求，检察院以本案应当适用修正前的《国家赔偿法》，此种情形不属于国家赔偿范围为由拒绝张某请求。（2011/4/六）

问题： 甲公司对省林业局的致函能否提起行政诉讼？为什么？[1]

第25讲　司法解释中的行政诉讼受案范围

核心法条

《行政许可案件规定》[2]

第1条　公民、法人或者其他组织认为行政机关作出的行政许可决定以及相应的不作为，或者行政机关就行政许可的变更、延续、撤回、注销、撤销等事项作出的有关具体行政行为及其相应的不作为侵犯其合法权益，提起行政诉讼的，人民法院应当依法受理。

第2条　公民、法人或者其他组织认为行政机关未公开行政许可决定或者未提供行政许可监督检查记录侵犯其合法权益，提起行政诉讼的，人民法院应当依法受理。

第3条　公民、法人或者其他组织仅就行政许可过程中的告知补正申请材料、听证等通知行为提起行政诉讼的，人民法院不予受理，但导致许可程序对上述主体事实上终止的除外。

第14条　行政机关依据行政许可法第8条第2款规定变更或者撤回已经生效的行政许可，公民、法人或者其他组织仅主张行政补偿的，应当先向行政机关提出申请；行政机关在法定期限或者合理期限内不予答复或者对行政机关作出的补偿决定不服的，可以依法提起行政诉讼。

---

〔1〕　不能。根据《行诉解释》第1条第2款的规定，致函不属于行政诉讼受案范围。因为致函是一种告知、劝告行为，并未确认、改变或消灭甲公司法律上的权利义务，对甲公司的权利义务不产生实际影响。

〔2〕　全称为《最高人民法院关于审理行政许可案件若干问题的规定》，以下简称《行政许可案件规定》。

《政府信息公开案件规定》[1]

第1条　公民、法人或者其他组织认为下列政府信息公开工作中的具体行政行为侵犯其合法权益，依法提起行政诉讼的，人民法院应当受理：

（一）向行政机关申请获取政府信息，行政机关拒绝提供或者逾期不予答复的；

（二）认为行政机关提供的政府信息不符合其在申请中要求的内容或者法律、法规规定的适当形式的；

（三）认为行政机关主动公开或者依他人申请公开政府信息侵犯其商业秘密、个人隐私的；

（四）认为行政机关提供的与其自身相关的政府信息记录不准确，要求该行政机关予以更正，该行政机关拒绝更正、逾期不予答复或者不予转送有权机关处理的；

（五）认为行政机关在政府信息公开工作中的其他具体行政行为侵犯其合法权益的。

公民、法人或者其他组织认为政府信息公开行政行为侵犯其合法权益造成损害的，可以一并或单独提起行政赔偿诉讼。

第2条　公民、法人或者其他组织对下列行为不服提起行政诉讼的，人民法院不予受理：

（一）因申请内容不明确，行政机关要求申请人作出更改、补充且对申请人权利义务不产生实际影响的告知行为；

（二）要求行政机关提供政府公报、报纸、杂志、书籍等公开出版物，行政机关予以拒绝的；

（三）要求行政机关为其制作、搜集政府信息，或者对若干政府信息进行汇总、分析、加工，行政机关予以拒绝的；

（四）行政程序中的当事人、利害关系人以政府信息公开名义申请查阅案卷材料，行政机关告知其应当按照相关法律、法规的规定办理的。

第3条　公民、法人或者其他组织认为行政机关不依法履行主动公开政府信息义务，直接向人民法院提起诉讼的，应当告知其先向行政机关申请获取相关政府信息。对行政机关的答复或者逾期不予答复不服的，可以向人民法院提起诉讼。

《行政协议案件规定》

第2条　公民、法人或者其他组织就下列行政协议提起行政诉讼的，人民法院应当依法受理：

（一）政府特许经营协议；

（二）土地、房屋等征收征用补偿协议；

（三）矿业权等国有自然资源使用权出让协议；

（四）政府投资的保障性住房的租赁、买卖等协议；

（五）符合本规定第1条规定的政府与社会资本合作协议；

（六）其他行政协议。

---

[1]　全称为《最高人民法院关于审理政府信息公开行政案件若干问题的规定》，以下简称《政府信息公开案件规定》。

第3条　因行政机关订立的下列协议提起诉讼的，不属于人民法院行政诉讼的受案范围：

（一）行政机关之间因公务协助等事由而订立的协议；

（二）行政机关与其工作人员订立的劳动人事协议。

第4条第1款　因行政协议的订立、履行、变更、终止等发生纠纷，公民、法人或者其他组织作为原告，以行政机关为被告提起行政诉讼的，人民法院应当依法受理。

一、行政许可案件的受案范围

案件情形		处　理
行政许可决定（准予或不予许可决定）		受　理
行政许可不作为（行政机关受理行政许可申请后，在法定期限内不予答复）		
行政许可的变更、延续、撤回、注销、撤销等事项作出的有关具体行政行为		
行政许可过程中的告知补正申请材料、听证等通知行为	不具有最终性	不予受理
	导致许可程序事实上终止	受　理
行政许可的公开	未公开行政许可决定	
	未提供行政许可监督检查记录	
行政机关变更或者撤回行政许可，当事人申请行政补偿时	未作出行政补偿决定	
	作出行政补偿决定	

[注意]

1. 过程行为和具有事实上终止性的过程行为

行政机关在行政许可实施过程中告知补正申请材料、听证等通知行为是行政许可过程中的行为：

（1）行政机关所作的准备性行为或过程性行为一般不属于行政诉讼受案范围，当事人可以起诉行政机关最终作出的有关许可决定；

（2）但是如果告知补正申请材料、听证等通知行为对于许可申请人或利害关系人具有事实上的最终性，即对公民、法人或者其他组织的权利义务产生了实际影响的，就属于行政诉讼受案范围。

2. 因行政许可变更或撤回而产生的行政补偿具有可诉性

行政机关变更或者撤回已经生效的行政许可，公民、法人或者其他组织向行政机关提出行政补偿，行政机关在法定期限或者合理期限内不予答复或者公民、法人或其他组织对行政机关作出的补偿决定不服，提起行政诉讼的，属于行政诉讼受案范围。

🔭 **小练习**

案情：食品药品监管局向申请餐饮服务许可证的李某通知补正申请材料，李某认为通知内容违法，遂起诉。

问题：本案是否属于行政诉讼受案范围？

参考答案： 食品药品监管局通知李某补正申请材料不会导致许可程序对李某事实上终止，补正申请材料的通知作为过程中行为，根据《行政许可案件规定》第3条的规定，不属于行政诉讼受案范围。

二、政府信息公开案件的受案范围

案件类型	具体内容	处 理
信息不公开	向行政机关申请获取政府信息，行政机关拒绝提供或者逾期不予答复。	受 理
信息提供不符合要求	行政机关提供的政府信息不符合申请人在申请中要求的内容或者适当形式。	
公开信息侵害秘密隐私	行政机关主动公开或者依他人申请公开政府信息侵犯申请人商业秘密、个人隐私。	
信息更改	行政机关提供的与其自身相关的政府信息记录不准确，要求该行政机关予以更正，该行政机关拒绝更正、逾期不予答复或者不予转送有权机关处理。	
不主动公开信息	公民、法人或者其他组织认为行政机关不依法履行主动公开政府信息义务，向行政机关申请获取相关政府信息，对行政机关的答复或者逾期不予答复不服，向人民法院提起诉讼。	
	公民、法人或者其他组织认为行政机关不依法履行主动公开政府信息义务，直接向人民法院提起诉讼。	不予受理
申请内容更改、补充的告知行为	因申请内容不明确，行政机关要求申请人作出更改、补充且对申请人权利义务不产生实际影响的告知行为。	
申请公开出版物	要求行政机关提供政府公报、报纸、杂志、书籍等公开出版物，行政机关予以拒绝。	
要求处理加工政府信息	要求行政机关为其制作、搜集政府信息，或者对若干政府信息进行汇总、分析、加工，行政机关予以拒绝。	
行政程序中案卷材料查阅	行政程序中的当事人、利害关系人以政府信息公开名义申请查阅案卷材料，行政机关告知其应当按照相关法律、法规的规定办理。	

[注意] 公民、法人或者其他组织认为行政机关不依法履行主动公开政府信息义务时：

（1）直接向人民法院提起诉讼的，不属于行政诉讼受案范围；

（2）向行政机关申请获取相关政府信息，对行政机关的答复或者逾期不予答复不服，向人民法院提起诉讼的，属于行政诉讼受案范围。

🏁 小练习

案情： 黄某要求市政府提供公开发行的2010年市政府公报，遭拒绝后向法院起诉。

问题： 本案是否属于行政诉讼受案范围？

参考答案： 根据《政府信息公开案件规定》第2条第2项的规定，公开发行的2010年市政府公报属于公开出版物，黄某要求市政府提供公开发行的 2010 年市政府公报，市政府拒绝提供的行为不属于行政诉讼受案范围。

三、行政协议案件的受案范围

	案件情形	处　理
行政协议	政府特许经营协议	受　理
	土地、房屋等征收征用补偿协议	
	矿业权等国有自然资源使用权出让协议	
	政府投资的保障性住房的租赁、买卖等协议	
	政府与社会资本合作协议	
非行政协议	行政机关之间因公务协助等事由而订立的协议	不予受理
	行政机关与其工作人员订立的劳动人事协议	
行政协议纠纷	因行政协议的订立、履行、变更、终止等发生纠纷	受　理

行政机关为了实现行政管理或者公共服务目标，与公民、法人或者其他组织协商订立的具有行政法上权利义务内容的协议，属于行政协议。

并非行政机关签订的协议都属于行政协议。对于行政机关之间因公务协助等事由而订立的协议、行政机关与其工作人员订立的劳动人事协议，由于这两类协议内容不具有行政法上的权利义务内容，不符合行政协议的内容要素，不属于行政诉讼受案范围。

小练习

案情：某公司与县政府签订天然气特许经营协议，双方发生纠纷后该公司以县政府不依法履行协议向法院起诉。

问题：本案是否属于行政诉讼受案范围？

参考答案：某公司与县政府签订天然气特许经营协议属于行政协议。根据《行政诉讼法》第 12 条第 1 款的规定，县政府不依法履行协议，某公司起诉属于行政诉讼受案范围。

[注意] 不仅公民、法人或者其他组织认为行政机关不依法履行、未按照约定履行或者违法变更、解除行政协议产生的争议属于行政诉讼受案范围，而且行政协议订立时的缔约过失，协议成立与否，协议有效、无效，撤销、终止行政协议，请求继续履行行政协议，采取相应的补救措施，请求行政赔偿和行政补偿责任以及行政机关监督、指挥、解释等行为产生的行政争议也属于行政诉讼受案范围。

经典真题

案情：《政府采购法》规定，对属于地方预算的政府采购项目，其集中采购目录由省、自治区、直辖市政府或其授权的机构确定并公布。张某在浏览某省财政厅网站时未发现该省政府集中采购项目目录，在通过各种方法均未获得该目录后，于 2013 年 2 月 25 日向省财政厅提出公开申请。财政厅答复，政府集中采购项目目录与张某的生产、生活和科研等特殊需要没有直接关系，拒绝公开。张某向省政府申请行政复议，要求认定省财政厅未主动公开目录违法,并责令其公开。省政府于 4 月 10 日受理,但在法定期限内未作出复议决定。张某不服,于 6 月 18 日以省政府为被告向法院提起诉讼。(2013/4/六)

问题:如果张某未向财政厅提出过公开申请,而以财政厅未主动公开政府集中采购项目目录的行为违法直接向法院提起诉讼,法院应当如何处理?[1]

案例拓展

蒋某某诉重庆高新区管理委员会、重庆高新技术产业开发区征地服务中心行政协议纠纷案

关键词:行政诉讼受案范围

2016 年 7 月 12 日,蒋某某不服其与重庆高新技术产业开发区征地服务中心签订的《征地拆迁补偿安置协议》,以重庆高新区管委会为被告向重庆市第五中级人民法院提起诉讼,请求撤销征地服务中心于 2015 年 12 月 25 日与其签订的《征地拆迁补偿安置协议》。

法院裁判:

经重庆市第五中级人民法院一审,重庆市高级人民法院二审认为,《行政诉讼法》第 12 条第 1 款第 11 项规定,人民法院受理公民、法人或者其他组织认为行政机关不依法履行、未按照约定履行或者违法变更、解除政府特许经营协议、土地房屋征收补偿协议等协议提起的行政诉讼。蒋某某起诉请求撤销《征地拆迁补偿安置协议》,其起诉状中所诉理由均系对签订协议时主体、程序以及协议约定和适用法律所提出的异议,不属于行政机关不依法履行、未按照约定履行或者违法变更、解除协议内容的范畴,以蒋某某的起诉不属于人民法院行政诉讼受案范围为由裁定驳回蒋某某的起诉。

蒋某某不服,向最高人民法院申请再审。

最高人民法院经审理后认为,通过对行政诉讼法、合同法及相关司法解释有关规定的梳理,行政协议争议类型,除《行政诉讼法》第 12 条第 1 款第 11 项列举的四种情形外,还包括协议订立时的缔约过失,协议成立与否,协议有效无效,撤销、终止行政协议,请求继续履行行政协议,采取相应的补救措施,请求行政赔偿和行政补偿责任,以及行政机关监督、指挥、解释等行为产生的行政争议。将行政协议案件的行政诉讼受案范围仅理解为《行政诉讼法》第 12 条第 1 款第 11 项规定的四种情形,既不符合现行法律及司法解释的规定,亦在理论上难于自圆其说且在实践中容易造成不必要的混乱。故裁定撤销一、二审裁定,指令一审法院继续审理本案。

案例来源:2019 年 12 月 10 日最高人民法院
发布行政协议十大典型案例之二

---

[1] 根据《政府信息公开案件规定》第 3 条的规定,法院应当告知其先向行政机关申请获取相关政府信息。对行政机关的答复或者逾期不予答复不服的,张某可以向法院提起诉讼。

行政诉讼的参加人，就是谁去告，去告谁，谁参加诉讼。行政诉讼中的原告和被告是重要考点。考试的难点在于不仅要理解行政诉讼的原告、被告、第三人、共同诉讼人的确认规则，而且要能熟练并准确适用。本专题在主观卷中的题目类型是案例分析题。

第26讲　行政诉讼的原告

核心法条

《行政诉讼法》第25条第1~3款　行政行为的相对人以及其他与行政行为有利害关系的公民、法人或者其他组织，有权提起诉讼。

有权提起诉讼的公民死亡，其近亲属可以提起诉讼。

有权提起诉讼的法人或者其他组织终止，承受其权利的法人或者其他组织可以提起诉讼。

《行诉解释》

第12条　有下列情形之一的，属于行政诉讼法第25条第1款规定的"与行政行为有利害关系"：

（一）被诉的行政行为涉及其相邻权或者公平竞争权的；

（二）在行政复议等行政程序中被追加为第三人的；

（三）要求行政机关依法追究加害人法律责任的；

（四）撤销或者变更行政行为涉及其合法权益的；

（五）为维护自身合法权益向行政机关投诉，具有处理投诉职责的行政机关作出或者未作出处理的；

（六）其他与行政行为有利害关系的情形。

第13条　债权人以行政机关对债务人所作的行政行为损害债权实现为由提起行政诉

讼的，人民法院应当告知其就民事争议提起民事诉讼，但行政机关作出行政行为时依法应予保护或者应予考虑的除外。

第14条 行政诉讼法第25条第2款规定的"近亲属"，包括配偶、父母、子女、兄弟姐妹、祖父母、外祖父母、孙子女、外孙子女和其他具有扶养、赡养关系的亲属。

公民因被限制人身自由而不能提起诉讼的，其近亲属可以依其口头或者书面委托以该公民的名义提起诉讼。近亲属起诉时无法与被限制人身自由的公民取得联系，近亲属可以先行起诉，并在诉讼中补充提交委托证明。

第15条 合伙企业向人民法院提起诉讼的，应当以核准登记的字号为原告。未依法登记领取营业执照的个人合伙的全体合伙人为共同原告；全体合伙人可以推选代表人，被推选的代表人，应当由全体合伙人出具推选书。

个体工商户向人民法院提起诉讼的，以营业执照上登记的经营者为原告。有字号的，以营业执照上登记的字号为原告，并应当注明该字号经营者的基本信息。

第16条 股份制企业的股东大会、股东会、董事会等认为行政机关作出的行政行为侵犯企业经营自主权的，可以企业名义提起诉讼。

联营企业、中外合资或者合作企业的联营、合资、合作各方，认为联营、合资、合作企业权益或者自己一方合法权益受行政行为侵害的，可以自己的名义提起诉讼。

非国有企业被行政机关注销、撤销、合并、强令兼并、出售、分立或者改变企业隶属关系的，该企业或者其法定代表人可以提起诉讼。

第17条 事业单位、社会团体、基金会、社会服务机构等非营利法人的出资人、设立人认为行政行为损害法人合法权益的，可以自己的名义提起诉讼。

第18条 业主委员会对于行政机关作出的涉及业主共有利益的行政行为，可以自己的名义提起诉讼。

业主委员会不起诉的，专有部分占建筑物总面积过半数或者占总户数过半数的业主可以提起诉讼。

《行政协议案件规定》**第5条** 下列与行政协议有利害关系的公民、法人或者其他组织提起行政诉讼的，人民法院应当依法受理：

（一）参与招标、拍卖、挂牌等竞争性活动，认为行政机关应当依法与其订立行政协议但行政机关拒绝订立，或者认为行政机关与他人订立行政协议损害其合法权益的公民、法人或者其他组织；

（二）认为征收征用补偿协议损害其合法权益的被征收征用土地、房屋等不动产的用益物权人、公房承租人；

（三）其他认为行政协议的订立、履行、变更、终止等行为损害其合法权益的公民、法人或者其他组织。

一、行政诉讼原告的概念

行政诉讼原告，是指行政行为的相对人以及认为行政行为侵犯其合法权益，而依法向人民法院提起诉讼的公民、法人或者其他组织。需要把握两个要点：

1. 原告必须与被诉行政行为之间有利害关系，即承担该行政行为法律后果或者合法权益受到影响。

2. 原告认为行政行为侵犯其合法权益，行政行为实际上是否违法与原告资格无关，只要原告"认为"自己受到行政行为的侵犯就可以。

二、行政诉讼原告的资格

行政行为的相对人以及其他与行政行为有利害关系的公民、法人或者其他组织，是判定是否具有行政诉讼原告资格的核心。考试中的考查重点不是行政行为的相对人，而是行政行为的利害关系人。

1. 相邻权人的原告资格。相邻权，是指不动产的占有人在行使其物权时，对相邻的他人不动产所享有的特定支配权，主要包括截水、排水、通行、通风、采光等权利。被诉行政行为侵害了相邻权，利害关系即告成立，相邻权人就可以成为原告。

> **魏语绸缪**
>
> 命题人对行政诉讼原告主要是从利害关系人角度考查，因此判断是否与行政行为有利害关系就至关重要。

小练习

案情：某公司向规划局交纳了一定费用后获得了该局发放的建设用地规划许可证。刘某的房屋紧邻该许可规划用地，刘某认为建筑工程完成后将遮挡其房屋采光，向法院起诉请求撤销该许可决定。

问题：刘某是否具有原告资格？

参考答案：规划局发放给某公司建设用地规划许可证，某公司的建筑工程影响刘某的相邻权，根据《行政诉讼法》第25条第1款的规定，刘某作为许可决定的利害关系人有权提起诉讼，刘某具有原告资格。

2. 公平竞争权人的原告资格。公民、法人或者其他组织认为行政机关滥用行政权力排除或者限制竞争的，可以到法院提起行政诉讼，公平竞争权受侵害的主体具有原告资格。

小练习

案情：甲市人民政府在召集有关职能部门、城市公共交通运营公司（以下简称"城市公交公司"）召开协调会后，下发了甲市人民政府《会议纪要》，明确：城市公交公司的运营范围界定在经批准的城市规划区内；城市公交公司在城市规划区内开通的线路要保证正常运营，免缴交通规费。田某、孙某和王某是经交通部门批准的三家运输经营户，他们运营的线路与《会议纪要》规定免缴交通规费的城市公交公司的两条运营线路重叠，但依《会议纪要》，不能享受免缴交通规费的优惠。三人不服，向法院提起诉讼，要求撤销《会议纪要》中关于城市公交公司免缴交通规费的规定。

问题：田某、孙某和王某三人是否具有原告资格？为什么？

参考答案：田某、孙某和王某三人具有原告资格。根据《行诉解释》第12条第1项的规定，甲市人民政府的决定直接影响到了田某、孙某和王某三人的公平竞争权，因此三人具有原告资格。

3. 受害人的原告资格。受害人，是指受到其他公民（加害人）违法行为侵害的人。在发生侵害时,行政机关可能有两种做法:①不处理;②处罚加害人,但受害人认为处罚轻微。在这两种情况下,受害人有权要求行政机关追究加害人责任,有权对行政机关的处理行为提起行政诉讼,因为受害人属于利害关系人,具有原告资格。

[注意] ①加害人或者受害人中起诉的一方是原告,没有起诉的一方是第三人;②加害人认为行政处罚过重而起诉,受害人认为处罚过轻也同时起诉,受害人和加害人都是原告,但不是共同原告。

小练习

案情:A 市李某驾车送人前往 B 市,在 B 市甲区与乙区居民范某的车相撞,并将后者打伤。B 市甲区公安分局决定扣留李某的汽车,对其拘留 5 日并处罚款 300 元。

问题:范某是否有权提起行政诉讼?

参考答案:根据《行政诉讼法》第 25 条第 1 款和《行诉解释》第 12 条第 3 项的规定,范某作为受害人,与甲区公安分局对李某拘留 5 日并处罚款 300 元的决定有利害关系,范某有权提起行政诉讼。

4. 合伙组织的原告确认。合伙组织分为个人合伙和合伙企业两种形式:①合伙企业向人民法院提起诉讼的,应当以核准登记的字号为原告。②未依法登记领取营业执照的个人合伙提起诉讼的,全体合伙人为共同原告;全体合伙人可以推选代表人,被推选的代表人,应当由全体合伙人出具推选书。

5. 个体工商户的原告确认。个体工商户向人民法院提起诉讼的,以营业执照上登记的经营者为原告。有字号的,以营业执照上登记的字号为原告,并应当注明该字号经营者的基本信息。

6. 营利法人投资人的原告资格。联营企业、中外合资企业、中外合作企业的联营、合资、合作各方,认为联营、合资、合作企业权益或者自己一方合法权益受到行政行为侵害的,均可以以自己的名义提起诉讼。即企业能做原告,各方投资人也可以做原告,既可以以保护企业权益为由提起诉讼,也可以以保护投资人权益为由提起诉讼。

小练习

案情:某市工商局发现,某中外合资游戏软件开发公司生产的一种软件带有暴力和色情内容,决定没收该软件,并对该公司处以 3 万元罚款。中方投资者接受处罚,但外方投资者认为处罚决定既损害了公司的利益也侵害自己的权益,向法院提起行政诉讼。

问题:外方投资者是否具有原告资格?

参考答案:根据《行诉解释》第 16 条第 2 款的规定,某中外合资游戏软件开发公司的外方投资者认为某市工商局的处罚决定既损害了公司的利益也侵害自己的权益,可以自己的名义提起诉讼,外方投资者具有原告资格。

7. 非营利法人出资人、设立人的原告资格。事业单位、社会团体、基金会、社会服务机构等非营利法人的出资人、设立人认为行政行为损害法人合法权益的,可以自己的名义提起诉讼。即非营利法人能做原告,出资人、设立人也可以做原告。

8. 股份制企业内部机构的诉权。股份制企业的股东大会、股东会、董事会等认为行政机关作出的行政行为侵犯企业经营自主权的，可以以企业名义提起诉讼。

🔭 小练习

案情：某公司为股份制企业，认为行政机关作出的决定侵犯企业经营自主权。

问题：哪些主体有权以该公司的名义提起行政诉讼？

参考答案：根据《行诉解释》第16条第1款的规定，某公司的股东大会、股东会、董事会等可以该公司的名义提起行政诉讼。

[注意] 股份制企业的股东大会、股东会、董事会被赋予了起诉资格，原告仍然是企业。

9. 非国有企业的原告资格。非国有企业被行政机关分立、终止、兼并、改变隶属关系的，企业或者其法定代表人可以以自己名义提起诉讼。

[注意] 非国有企业的法定代表人起诉时是以自己的名义，而不是以企业的名义，法定代表人具有原告资格。

10. 信赖保护案件的原告资格。只要是与被撤销或变更的行政行为有利害关系的公民、法人或其他组织都有权起诉撤销和变更行为。

11. 投诉举报者的原告资格。为维护自身合法权益向行政机关投诉，具有处理投诉职责的行政机关作出或者未作出处理，公民、法人或者其他组织具有原告主体资格。

[指导案例] 举报人的原告资格

举报人就其自身合法权益受侵害向行政机关进行举报的，与行政机关的举报处理行为具有法律上的利害关系，具备行政诉讼原告主体资格。（最高人民法院指导案例77号：罗镕荣诉吉安市物价局物价行政处理案）

[注意] 一些与自身合法权益没有关系或者与被投诉事项没有关联的"职业打假人"或"投诉专业户"，不具有原告主体资格。

12. 债权人的原告资格。债权人一般不具有行政诉讼原告资格，即债权人以行政机关对债务人所作的行政行为损害债权实现为由提起行政诉讼的，人民法院应当告知其就民事争议提起民事诉讼。如果行政机关作出行政行为时依法应予保护或者应予考虑债权人的债权，但是没有保护或者考虑债权人的债权，债权人就具有行政诉讼原告资格。

13. 涉及业主共有利益的原告主体资格。业主委员会对于行政机关作出的涉及业主共有利益的行政行为，可以自己的名义提起诉讼。业主委员会不起诉的，专有部分占建筑物总面积过半数或者占总户数过半数的业主可以提起诉讼。即业主委员会具有原告资格，业主委员会不起诉的，专有部分占建筑物总面积过半数或者占总户数过半数的业主才具有原告资格。

14. 经复议案件的原告资格。复议申请人、复议中追加的第三人、复议决定的利害关系人均具有原告资格，对行政复议决定提起行政诉讼。

15. 行政协议案件中，行政协议的订立和履行不仅涉及协议当事人的权利义务，也涉及行政协议当事人之外的利害关系人的权利义务。行政协议案件中原告资格的确认不再局限于民事合同的相对性原则，行政协议中的利害关系人也具有原告资格：为了保证公平竞争权人在行政协议订立中的权益，规定了公平竞争权人的原告资格；为了保障被征收、征用人，公房承租人等弱势群体的实体权益，规定了用益物权人和公房承租人的原告资格。

[总结]

案件类型	具体内容
相邻权案件	侵害采光、排水、通风、通行等权利皆可诉。
公平竞争权案件	公平竞争权人作为原告起诉。
有受害人的案件	加害人与受害人同时起诉的均是原告，但不是共同原告。
合伙人案件	合伙企业以字号为原告，个人合伙以全体合伙人为共同原告。
个体工商户案件	以经营者为原告；有字号的，以字号为原告。
营利法人案件	联营、合资、合作企业的投资人均可以自己的名义起诉。
非营利法人案件	事业单位、社会团体、基金会、社会服务机构等非营利法人的出资人、设立人可以自己的名义起诉。
股份制企业案件	股东大会、股东会、董事会等可以企业的名义起诉。
非国有企业案件	被行政机关注销、撤销、合并、强令兼并等，企业或其法定代表人可以起诉。
信赖保护案件	被撤销或变更的原行为的利害关系人均可作为原告。
投诉举报案件	为维护自身合法权益向行政机关投诉的公民、法人或者其他组织具有原告主体资格。
债权人案件	行政机关作出行政行为时没有保护或者考虑债权人的债权，债权人具有原告资格。
业主共有利益案件	业主委员会可以自己的名义提起诉讼；业主委员会不起诉的，专有部分占建筑物总面积过半数或者占总户数过半数的业主可以提起诉讼。
经复议的案件	复议申请人、复议中追加的第三人、复议决定的利害关系人均可起诉。
行政协议案件 公平竞争权人	在参与招标、拍卖、挂牌等竞争性活动时，认为行政机关应当依法与其订立行政协议但行政机关拒绝订立，或者认为行政机关与他人订立行政协议损害其合法权益的公民、法人或者其他组织，具有原告资格。
行政协议案件 用益物权人、公房承租人	认为征收征用补偿协议损害其合法权益的被征收征用土地、房屋等不动产的用益物权人、公房承租人，具有原告资格。
行政协议案件 其他利害关系人	其他认为行政协议的订立、履行、变更、终止等行为损害其合法权益的公民、法人或者其他组织，具有原告资格。

三、原告资格的转移

原告资格转移，是指有权起诉的公民死亡、法人或其他组织终止，原告资格转移给特定公民、法人或其他组织承受。

1. 公民原告资格转移：①有权提起诉讼的公民死亡；②其近亲属可以提起诉讼；③近亲属包括配偶、父母、子女、兄弟姐妹、祖父母、外祖父母、孙子女、外孙子女和其他具有扶养、赡养关系的亲属。

2. 法人或其他组织原告资格的转移：①有权提起诉讼的法人或者其他组织终止；②承受

其权利的法人或者其他组织可以起诉。

小练习

案情： 经王某请求，国家专利复审机构宣告授予李某的专利权无效，并于 2011 年 5 月 20 日向李某送达决定书。6 月 10 日，李某因交通意外死亡。李某妻子不服决定，向法院提起行政诉讼。

问题： 李某妻子是否具有原告资格？

参考答案： 根据《行政诉讼法》第 25 条第 2 款和《行诉解释》第 14 条第 1 款的规定，李某因交通意外死亡，李某妻子作为李某近亲属可以提起行政诉讼，李某妻子具有原告资格。

经典真题

案情： 经工商局核准，甲公司取得企业法人营业执照，经营范围为木材切片加工。甲公司与乙公司签订合同，由乙公司供应加工木材 1 万吨。不久，省林业局致函甲公司，告知按照本省地方性法规的规定，新建木材加工企业必须经省林业局办理木材加工许可证后，方能向工商行政管理部门申请企业登记，违者将受到处罚。1 个月后，省林业局以甲公司无证加工木材为由没收其加工的全部木片，并处以 30 万元罚款。期间，省林业公安局曾传唤甲公司人员李某到公安局询问该公司木材加工情况。甲公司向法院起诉要求撤销省林业局的处罚决定。

因甲公司停产，无法履行与乙公司签订的合同，乙公司要求支付货款并赔偿损失，甲公司表示无力支付和赔偿，乙公司向当地公安局报案。2010 年 10 月 8 日，公安局以涉嫌诈骗为由将甲公司法定代表人张某刑事拘留，1 个月后，张某被批捕。2011 年 4 月 1 日，检察院以证据不足为由作出不起诉决定，张某被释放。张某遂向乙公司所在地公安局提出国家赔偿请求，公安局以未经确认程序为由拒绝张某请求。张某又向检察院提出赔偿请求，检察院以本案应当适用修正前的《国家赔偿法》，此种情形不属于国家赔偿范围为由拒绝张某请求。（2011/4/六）

问题： 对省林业局的处罚决定，乙公司是否有原告资格？为什么？[1]

第27讲　行政诉讼的被告

核心法条

《行政诉讼法》

第 3 条第 3 款 　被诉行政机关负责人应当出庭应诉。不能出庭的，应当委托行政机关

---

〔1〕　没有。对省林业局的处罚决定，乙公司不具有原告资格。根据《行政诉讼法》第 25 条第 1 款的规定，行政行为的相对人以及其他与行政行为有利害关系的公民、法人或者其他组织，有权提起诉讼。乙公司与省林业局的处罚行为无直接的、实质性的利害关系，对甲公司不履行合同而给乙公司带来的损失，乙公司可以通过对甲公司提起民事诉讼等途径获得救济。

相应的工作人员出庭。

第26条 公民、法人或者其他组织直接向人民法院提起诉讼的，作出行政行为的行政机关是被告。

经复议的案件，复议机关决定维持原行政行为的，作出原行政行为的行政机关和复议机关是共同被告；复议机关改变原行政行为的，复议机关是被告。

复议机关在法定期限内未作出复议决定，公民、法人或者其他组织起诉原行政行为的，作出原行政行为的行政机关是被告；起诉复议机关不作为的，复议机关是被告。

2个以上行政机关作出同一行政行为的，共同作出行政行为的行政机关是共同被告。

行政机关委托的组织所作的行政行为，委托的行政机关是被告。

行政机关被撤销或者职权变更的，继续行使其职权的行政机关是被告。

《行诉解释》

第19条 当事人不服经上级行政机关批准的行政行为，向人民法院提起诉讼的，以在对外发生法律效力的文书上署名的机关为被告。

第20条 行政机关组建并赋予行政管理职能但不具有独立承担法律责任能力的机构，以自己的名义作出行政行为，当事人不服提起诉讼的，应当以组建该机构的行政机关为被告。

法律、法规或者规章授权行使行政职权的行政机关内设机构、派出机构或者其他组织，超出法定授权范围实施行政行为，当事人不服提起诉讼的，应当以实施该行为的机构或者组织为被告。

没有法律、法规或者规章规定，行政机关授权其内设机构、派出机构或者其他组织行使行政职权的，属于行政诉讼法第26条规定的委托。当事人不服提起诉讼的，应当以该行政机关为被告。

第21条 当事人对由国务院、省级人民政府批准设立的开发区管理机构作出的行政行为不服提起诉讼的，以该开发区管理机构为被告；对由国务院、省级人民政府批准设立的开发区管理机构所属职能部门作出的行政行为不服提起诉讼的，以其职能部门为被告；对其他开发区管理机构所属职能部门作出的行政行为不服提起诉讼的，以开发区管理机构为被告；开发区管理机构没有行政主体资格的，以设立该机构的地方人民政府为被告。

第22条 行政诉讼法第26条第2款规定的"复议机关改变原行政行为"，是指复议机关改变原行政行为的处理结果。复议机关改变原行政行为所认定的主要事实和证据、改变原行政行为所适用的规范依据，但未改变原行政行为处理结果的，视为复议机关维持原行政行为。

复议机关确认原行政行为无效，属于改变原行政行为。

复议机关确认原行政行为违法，属于改变原行政行为，但复议机关以违反法定程序为由确认原行政行为违法的除外。

第23条 行政机关被撤销或者职权变更，没有继续行使其职权的行政机关的，以其所属的人民政府为被告；实行垂直领导的，以垂直领导的上一级行政机关为被告。

第24条 当事人对村民委员会或者居民委员会依据法律、法规、规章的授权履行行政管理职责的行为不服提起诉讼的，以村民委员会或者居民委员会为被告。

当事人对村民委员会、居民委员会受行政机关委托作出的行为不服提起诉讼的，以委托的行政机关为被告。

当事人对高等学校等事业单位以及律师协会、注册会计师协会等行业协会依据法律、法规、规章的授权实施的行政行为不服提起诉讼的，以该事业单位、行业协会为被告。

当事人对高等学校等事业单位以及律师协会、注册会计师协会等行业协会受行政机关委托作出的行为不服提起诉讼的，以委托的行政机关为被告。

第 25 条　市、县级人民政府确定的房屋征收部门组织实施房屋征收与补偿工作过程中作出行政行为，被征收人不服提起诉讼的，以房屋征收部门为被告。

征收实施单位受房屋征收部门委托，在委托范围内从事的行为，被征收人不服提起诉讼的，应当以房屋征收部门为被告。

第 128 条　行政诉讼法第 3 条第 3 款规定的行政机关负责人，包括行政机关的正职、副职负责人以及其他参与分管的负责人。

行政机关负责人出庭应诉的，可以另行委托 1 至 2 名诉讼代理人。行政机关负责人不能出庭的，应当委托行政机关相应的工作人员出庭，不得仅委托律师出庭。

第 129 条第 1 款　涉及重大公共利益、社会高度关注或者可能引发群体性事件等案件以及人民法院书面建议行政机关负责人出庭的案件，被诉行政机关负责人应当出庭。

第 132 条　行政机关负责人和行政机关相应的工作人员均不出庭，仅委托律师出庭的或者人民法院书面建议行政机关负责人出庭应诉，行政机关负责人不出庭应诉的，人民法院应当记录在案和在裁判文书中载明，并可以建议有关机关依法作出处理。

第 133 条　行政诉讼法第 26 条第 2 款规定的"复议机关决定维持原行政行为"，包括复议机关驳回复议申请或者复议请求的情形，但以复议申请不符合受理条件为由驳回的除外。

第 134 条第 1、2 款　复议机关决定维持原行政行为的，作出原行政行为的行政机关和复议机关是共同被告。原告只起诉作出原行政行为的行政机关或者复议机关的，人民法院应当告知原告追加被告。原告不同意追加的，人民法院应当将另一机关列为共同被告。

行政复议决定既有维持原行政行为内容，又有改变原行政行为内容或者不予受理申请内容的，作出原行政行为的行政机关和复议机关为共同被告。

《行政许可案件规定》

第 4 条　当事人不服行政许可决定提起诉讼的，以作出行政许可决定的机关为被告；行政许可依法须经上级行政机关批准，当事人对批准或者不批准行为不服一并提起诉讼的，以上级行政机关为共同被告；行政许可依法须经下级行政机关或者管理公共事务的组织初步审查并上报，当事人对不予初步审查或者不予上报不服提起诉讼的，以下级行政机关或者管理公共事务的组织为被告。

第 5 条　行政机关依据行政许可法第 26 条第 2 款规定统一办理行政许可的，当事人对行政许可行为不服提起诉讼，以对当事人作出具有实质影响的不利行为的机关为被告。

《政府信息公开案件规定》第 4 条　公民、法人或者其他组织对国务院部门、地方各级人民政府及县级以上地方人民政府部门依申请公开政府信息行政行为不服提起诉讼的，以作出答复的机关为被告；逾期未作出答复的，以受理申请的机关为被告。

公民、法人或者其他组织对主动公开政府信息行政行为不服提起诉讼的，以公开该政府信息的机关为被告。

公民、法人或者其他组织对法律、法规授权的具有管理公共事务职能的组织公开政府信息的行为不服提起诉讼的，以该组织为被告。

有下列情形之一的，应当以在对外发生法律效力的文书上署名的机关为被告：

（一）政府信息公开与否的答复依法报经有权机关批准的；

（二）政府信息是否可以公开系由国家保密行政管理部门或者省、自治区、直辖市保密行政管理部门确定的；

（三）行政机关在公开政府信息前与有关行政机关进行沟通、确认的。

《行政协议案件规定》

第4条第2款　因行政机关委托的组织订立的行政协议发生纠纷的，委托的行政机关是被告。

第6条　人民法院受理行政协议案件后，被告就该协议的订立、履行、变更、终止等提起反诉的，人民法院不予准许。

《县级以上政府被告资格规定》[1]

第1条　法律、法规、规章规定属于县级以上地方人民政府职能部门的行政职权，县级以上地方人民政府通过听取报告、召开会议、组织研究、下发文件等方式进行指导，公民、法人或者其他组织不服县级以上地方人民政府的指导行为提起诉讼的，人民法院应当释明，告知其以具体实施行政行为的职能部门为被告。

第2条　县级以上地方人民政府根据城乡规划法的规定，责成有关职能部门对违法建筑实施强制拆除，公民、法人或者其他组织不服强制拆除行为提起诉讼，人民法院应当根据行政诉讼法第26条第1款的规定，以作出强制拆除决定的行政机关为被告；没有强制拆除决定书的，以具体实施强制拆除行为的职能部门为被告。

第3条　公民、法人或者其他组织对集体土地征收中强制拆除房屋等行为不服提起诉讼的，除有证据证明系县级以上地方人民政府具体实施外，人民法院应当根据行政诉讼法第26条第1款的规定，以作出强制拆除决定的行政机关为被告；没有强制拆除决定书的，以具体实施强制拆除等行为的行政机关为被告。

县级以上地方人民政府已经作出国有土地上房屋征收与补偿决定，公民、法人或者其他组织不服具体实施房屋征收与补偿工作中的强制拆除房屋等行为提起诉讼的，人民法院应当根据行政诉讼法第26条第1款的规定，以作出强制拆除决定的行政机关为被告；没有强制拆除决定书的，以县级以上地方人民政府确定的房屋征收部门为被告。

第4条　公民、法人或者其他组织向县级以上地方人民政府申请履行法定职责或者给付义务，法律、法规、规章规定该职责或者义务属于下级人民政府或者相应职能部门的行政职权，县级以上地方人民政府已经转送下级人民政府或者相应职能部门处理并告知申请人，申请人起诉要求履行法定职责或者给付义务的，以下级人民政府或者相应职能部门为被告。

---

[1]　全称为《最高人民法院关于正确确定县级以上地方人民政府行政诉讼被告资格若干问题的规定》，以下简称《县级以上政府被告资格规定》。

第 5 条　　县级以上地方人民政府确定的不动产登记机构或者其他实际履行该职责的职能部门按照《不动产登记暂行条例》的规定办理不动产登记，公民、法人或者其他组织不服提起诉讼的，以不动产登记机构或者实际履行该职责的职能部门为被告。

公民、法人或者其他组织对《不动产登记暂行条例》实施之前由县级以上地方人民政府作出的不动产登记行为不服提起诉讼的，以继续行使其职权的不动产登记机构或者实际履行该职责的职能部门为被告。

第 6 条　　县级以上地方人民政府根据《中华人民共和国政府信息公开条例》的规定，指定具体机构负责政府信息公开日常工作，公民、法人或者其他组织对该指定机构以自己名义所作的政府信息公开行为不服提起诉讼的，以该指定机构为被告。

《最高人民法院关于行政机关负责人出庭应诉若干问题的规定》

第 2 条　　行政诉讼法第 3 条第 3 款规定的被诉行政机关负责人，包括行政机关的正职、副职负责人、参与分管被诉行政行为实施工作的副职级别的负责人以及其他参与分管的负责人。

被诉行政机关委托的组织或者下级行政机关的负责人，不能作为被诉行政机关负责人出庭。

第 4 条　　对于涉及食品药品安全、生态环境和资源保护、公共卫生安全等重大公共利益，社会高度关注或者可能引发群体性事件等的案件，人民法院应当通知行政机关负责人出庭应诉。

有下列情形之一，需要行政机关负责人出庭的，人民法院可以通知行政机关负责人出庭应诉：

（一）被诉行政行为涉及公民、法人或者其他组织重大人身、财产权益的；

（二）行政公益诉讼；

（三）被诉行政机关的上级机关规范性文件要求行政机关负责人出庭应诉的；

（四）人民法院认为需要通知行政机关负责人出庭应诉的其他情形。

第 5 条第 2 款　　人民法院通知行政机关负责人出庭的，应当在开庭 3 日前送达出庭通知书，并告知行政机关负责人不出庭可能承担的不利法律后果。

第 6 条　　行政机关负责人出庭应诉的，应当于开庭前向人民法院提交出庭应诉负责人的身份证明。身份证明应当载明该负责人的姓名、职务等基本信息，并加盖行政机关印章。

人民法院应当对出庭应诉负责人的身份证明进行审查，经审查认为不符合条件，可以补正的，应当告知行政机关予以补正；不能补正或者补正可能影响正常开庭的，视为行政机关负责人未出庭应诉。

第 8 条　　有下列情形之一的，属于行政诉讼法第 3 条第 3 款规定的行政机关负责人不能出庭的情形：

（一）不可抗力；

（二）意外事件；

（三）需要履行他人不能代替的公务；

（四）无法出庭的其他正当事由。

第 9 条　　行政机关负责人有正当理由不能出庭的，应当提交相关证明材料，并加盖行政机关印章或者由该机关主要负责人签字认可。

人民法院应当对行政机关负责人不能出庭的理由以及证明材料进行审查。

行政机关负责人有正当理由不能出庭，行政机关申请延期开庭审理的，人民法院可以准许；人民法院也可以依职权决定延期开庭审理。

第10条　行政诉讼法第3条第3款规定的相应的工作人员，是指被诉行政机关中具体行使行政职权的工作人员。

行政机关委托行使行政职权的组织或者下级行政机关的工作人员，可以视为行政机关相应的工作人员。

人民法院应当参照本规定第6条第2款的规定，对行政机关相应的工作人员的身份证明进行审查。

第11条　诉讼参与人参加诉讼活动，应当依法行使诉讼权利，履行诉讼义务，遵守法庭规则，自觉维护诉讼秩序。

行政机关负责人或者行政机关委托的相应工作人员在庭审过程中应当就案件情况进行陈述、答辩、提交证据、辩论、发表最后意见，对所依据的规范性文件进行解释说明。

行政机关负责人出庭应诉的，应当就实质性解决行政争议发表意见。

诉讼参与人和其他人以侮辱、谩骂、威胁等方式扰乱法庭秩序的，人民法院应当制止，并根据行政诉讼法第59条规定进行处理。

第12条　有下列情形之一的，人民法院应当向监察机关、被诉行政机关的上一级行政机关提出司法建议：

（一）行政机关负责人未出庭应诉，且未说明理由或者理由不成立的；

（二）行政机关有正当理由申请延期开庭审理，人民法院准许后再次开庭审理时行政机关负责人仍未能出庭应诉，且无正当理由的；

（三）行政机关负责人和行政机关相应的工作人员均不出庭应诉的；

（四）行政机关负责人未经法庭许可中途退庭的；

（五）人民法院在庭审中要求行政机关负责人就有关问题进行解释或者说明，行政机关负责人拒绝解释或者说明，导致庭审无法进行的。

有前款情形之一的，人民法院应当记录在案并在裁判文书中载明。

行政诉讼被告，是指由原告指控其行政行为违法，经人民法院通知应诉的行政机关或法律、法规、规章授权组织。注意两种情形：①被告的变更，法院变更被告须征得原告同意，但法院认为应当变更被告而原告不同意的，则法院裁定驳回原告起诉；②被告的追加，有2个以上的被告，原告只起诉其中一个而不同意追加另一个行政机关的，没有被起诉的行政机关作为第三人。

一、一般情况下的被告

确认被告的原则：作出行政行为的行政机关是被告。特殊情形有：

（一）授权行政与委托行政的被告

在授权行政中，被授权组织是被告；在委托行政中，委托的行政机关是被告。注意

"授权"只有法律授权、法规授权、规章授权的形式，规章以下的规范性文件的"授权"都视为委托。

授权行政的情形有：当事人对村民委员会或者居民委员会依据法律、法规、规章的授权履行行政管理职责的行为不服提起诉讼的，以村民委员会或者居民委员会为被告。当事人对高等学校等事业单位以及律师协会、注册会计师协会等行业协会依据法律、法规、规章的授权实施的行政行为不服提起诉讼的，以该事业单位、行业协会为被告。

委托行政的情形有：当事人对村民委员会、居民委员会受行政机关委托作出的行为不服提起诉讼的，以委托的行政机关为被告。当事人对高等学校等事业单位以及律师协会、注册会计师协会等行业协会受行政机关委托作出的行为不服提起诉讼的，以委托的行政机关为被告。

房屋征收中的委托行政：市、县级人民政府确定的房屋征收部门组织实施房屋征收与补偿工作过程中作出行政行为，被征收人不服提起诉讼的，以房屋征收部门为被告。征收实施单位受房屋征收部门委托，在委托范围内从事的行为，被征收人不服提起诉讼的，应当以房屋征收部门为被告。

小练习

案情：甲县政府设立的临时机构基础设施建设指挥部，认定小区有 10 户居民的自建围墙及附属房系违法建筑，指令乙镇政府具体负责强制拆除。10 户居民对此决定不服并起诉。

问题：如何确定本案被告？

参考答案：根据《行诉解释》第 20 条第 1 款的规定，基础设施建设指挥部作为甲县政府设立的临时机构，不具有独立承担法律责任的能力，10 户居民对基础设施建设指挥部作出的决定不服起诉，应当由设立基础设施建设指挥部的甲县政府作为被告。

（二）不作为案件中的被告

不作为案件被告的确认标准有两个：

1. 形式标准，即公民是否提出了申请，以及哪个行政机关接到了申请。在公民提出了申请的情况下，行政机关不实施任何法律行为的，以接到申请的行政机关为被告。如果公民向行政机关提出了申请，接到申请的行政机关认为不属于自己职权范围的，应当书面告知申请人正确的行政机关或者将申请材料转送有职权的行政机关，在这种情况下，主管行政机关是被告。

2. 实质标准，即接到申请的行政机关是否有作为的职责。只有承担作为职责的行政机关才能作被告。通常的做法是以实质标准为主，以形式标准为辅。

（三）行政机关被撤销或职权变更的被告

作出具体行政行为的行政机关被撤销的：

1. 继续行使其职权的行政机关是行政诉讼的被告。

2. 没有继续行使其职权的行政机关的，以其所属的人民政府为被告；实行垂直领导的，以垂直领导的上一级行政机关为被告。

（四）经上级机关批准而作出行政行为的被告

具体行政行为的作出或者生效需要上级行政机关批准的，被告应是在生效行政处理决定书上署名的机关。注意行政诉讼被告的确认采取了形式主义的做法，无论批准机关和被批准的机关在具体行政行为的作出过程中起到了什么样的作用，都以在作出生效处理决定书上署名的机关为被告。同样的情况在行政复议中，是以上级行政机关（即批准机关）为复议被申请人，要注意区分。

小练习

案情： A企业经拍卖取得某块国有土地使用权后，长期未予开发建设。市自然资源局以A企业浪费土地资源为由向市政府申请收回该块国有土地使用权，市政府作出批准市自然资源局收回A企业土地使用权的批复，市自然资源局直接把市政府的批复交由市土地储备中心执行。A企业不服，针对市政府的批复提起诉讼。

问题： 如何确定本案被告？

参考答案： 根据《行诉解释》第19条的规定，市政府作出批准市自然资源局收回A企业土地使用权的批复，因而在对外发生法律效力的文书上署名的机关是市政府，本案被告是市政府。

二、行政机构案件的被告

（一）派出机关与派出机构

派出机关，是指根据宪法和地方组织法规定由人民政府设立的机关，如行政公署、区公所和街道办事处。派出机关都有被告资格。派出机构则是人民政府的工作部门根据法律与需要而设立的派出机构。派出机构是否有被告资格，取决于是否有法律、法规、规章授权，取决于是否以自己名义作出行政行为，取决于是否按照授权作出行政行为。

（二）行政机关与行政机构

有无授权	名　　义	是否越权	被申请人	被　　告
无	行政机构	—	所属行政机关	
有		没有越权		行政机构
		超出授权范围		

行政机构（包括内设机构和派出机构）以自己名义作出行政行为，如何区分是以所属行政机关为被告还是以行政机构为被告，可以派出所为例说明。公安局的派出机构——派出所在治安处罚时有警告和500元以下罚款两项授权，派出所以自己名义作出治安处罚而成为行政诉讼被告有以下两种情况：

1. 在授权范围内没有越权作出行政行为，例如，派出所以自己的名义对当事人罚款200元，被告是派出所。

2. 超出授权范围作出行政行为，例如，派出所以自己的名义对当事人罚款1000元，被告是派出所。

三、开发区案件的被告

开发区种类		作出行政行为主体	被　告
开发区管理机构有行政主体资格	由国务院、省级政府批准设立的开发区	开发区管理机构	开发区管理机构
		开发区管理机构所属职能部门	开发区管理机构所属职能部门
	其他开发区	开发区管理机构	开发区管理机构
		开发区管理机构所属职能部门	
开发区管理机构没有行政主体资格		开发区管理机构	设立开发区管理机构的地方政府
		开发区管理机构所属职能部门	

小练习

案情： 王某与曹某曾为夫妻，二人在不符合二胎生育条件的情况下，又生育一女孩。运河经济开发区管理委员会社会事务管理局（以下简称"运河管委会社管局"）作出社会抚养费征收决定书。王某与曹某不服该决定，向法院提起行政诉讼。法院受理案件后查明：运河经济开发区是经省政府批准成立的省级开发区。

问题： 如何确定本案被告？

参考答案： 根据《行诉解释》第21条的规定，运河经济开发区是经省政府批准成立的省级开发区，运河管委会社管局是运河经济开发区所属职能部门，王某与曹某对运河管委会社管局作出的社会抚养费征收决定不服提起行政诉讼，应当以运河管委会社管局为被告。

四、经复议案件的被告

经过复议的案件有两种情形：复议不作为和复议作为，确定被告的关键在于诉什么行为。

（一）行政复议不作为案件

行政复议不作为案件的被告，由原告选择被诉行为，根据被诉行为确定被告：①原告认为复议机关不履行法定复议职责，诉复议不作为，被告是复议机关；②原告诉原机关的行政行为，被告是原行为机关。因此，在复议不作为案件中，由原告选择被告。

（二）行政复议作为案件

行政复议作为的案件中，行政复议决定有两种情形：复议改变决定和复议维持决定。原告提起行政诉讼时，被诉行政行为不是由原告选择，被告也不是由原告选择：①复议改变的，原告只能诉复议改变决定，不能诉原行政行为，被告是行政复议机关，不能是原行为机关。②复议维持的，原告既要诉原行政行为，还要诉复议维持决定，原行为机关和复议机关为共同被告。[注意] 这里的被告必须是共同被告：原告只起诉作出原行政行为的行政机关或者复议机关的，人民法院应当告知原告追加被告。原告不同意追加的，人民法院应当将另一机关列为共同被告。

[总结]

种类	行政诉讼被告
不作为	起诉复议不作为的，为复议机关
	起诉原行为的，为原行为机关
作为	复议改变原行为的，为复议机关
	复议维持原行为的，为原行为机关和复议机关

[注意] 复议维持案件、复议改变案件、复议不作为案件的区分

案件类型		具体情形
复议作为案件	复议改变案件	（1）复议机关改变原行政行为的处理结果 （2）复议机关确认原行政行为违法（以违反法定程序为由确认原行政行为违法除外） （3）复议机关确认原行政行为无效
	复议维持案件	（1）复议机关改变原行政行为所认定的主要事实和证据、改变原行政行为所适用的规范依据，但未改变原行政行为处理结果 （2）复议机关以违反法定程序为由确认原行政行为违法 （3）行政复议决定既有维持原行政行为内容，又有改变原行政行为内容或者不予受理申请内容 （4）复议机关驳回复议申请或者复议请求（以复议申请不符合受理条件为由驳回的除外）
复议不作为案件		（1）复议机关在法定期限内不作出复议决定 （2）复议机关以复议申请不符合受理条件为由驳回复议申请

小练习

案情：镇政府确认了甲对某块土地的承包经营权，乙以侵犯其土地承包经营权为由向县政府申请复议，县政府以乙超出法定申请期限为由，驳回了乙的行政复议申请。乙提起诉讼，请求法院确认镇政府的行为违法。

问题：如何确定本案被告？

参考答案：根据《行诉解释》第133条的规定，复议机关县政府是以经过了复议期限为由驳回乙的复议申请，应当为复议不作为的案件。根据《行政诉讼法》第26条第3款的规定，乙提起诉讼，请求法院确认镇政府的行为违法，属于起诉原行政行为，应当以作出原行政行为的行政机关镇政府为被告。

五、行政许可案件中的被告

行政许可案件中的被告，原则上由作出行政许可决定的机关做被告。但有两种比较特殊的情形：一种情况是需要上级机关批准来作决定的，还有一种情况是多个机关联合来办理行政许可。

（一）经上级批准、由下级决定的被告确定

行政许可依法须经上级行政机关批准，而后由下级机关作出决定。对此情形，当事人原则上应以作出行政许可决定的下级机关为被告。但是，如当事人对批准或者不批准行为不服一并提起诉讼的，以上级行政机关和下级行政机关为共同被告。

（二）下级初审与上级决定的被告确定

行政许可依法须经下级行政机关或者管理公共事务的组织初步审查并上报，当事人对不予初步审查或者不予上报不服提起诉讼的，以下级行政机关或者管理公共事务的组织为被告。除非下级行政机关或者管理公共事务的组织初步审查并上报给上级行政机关，由上级行政机关作出决定，当事人就只能对上级行政机关的决定提起诉讼，上级行政机关为被告。

（三）统一办理行政许可的被告确定

行政许可由地方人民政府2个以上部门分别实施的，其中一个部门受理行政许可申请并转告有关部门分别提出意见后统一办理行政许可，当事人对行政许可不服提起诉讼，以对当事人作出具有实质影响的不利行为的机关为被告。

[总结]

案件情形		被　　　告
下级行政机关作出行政许可 （须经上级行政机关批准）	对行政许可决定不服	下级行政机关
	对批准或者 不批准行为不服	下级行政机关与 上级行政机关为共同被告
上级行政机关作出行政许可 （须经下级行政机关初步审查并上报）	对不予初步审查 或者不予上报不服	下级行政机关
多个行政机关统一办理行政许可		对当事人作出具有实质影响 的不利行为的机关

小练习

案情： 根据国家规定，有关生物遗传研究的行政许可需先经省、自治区、直辖市科技厅初步审核，然后由省、自治区、直辖市科技厅上报科技部批准。某生物科技公司申请生物遗传研究，向某省科技厅提出申请。某省科技厅审核后上报科技部，科技部不予批准。某生物科技公司提起诉讼。

问题： 如何确定本案被告？

参考答案： 根据《行政许可案件规定》第4条的规定，本案的被告有三种情况：①若科技部作出不予许可决定，科技部为被告；②若省科技厅作出不予许可决定，科技厅为被告，某生物科技公司对科技部的不批准行为不服一并提起诉讼的，以科技部和科技厅为共同被告；③若省科技厅没有上报科技部，被告为省科技厅。

六、政府信息公开案件中的被告

案件情形		被　　告
申请公开政府信息 行政行为	作出答复	作出答复的机关
	逾期未作出答复	受理申请的机关
主动公开政府信息行政行为		公开该政府信息的机关
政府信息公开与否的答复依法报经有权机关批准		在对外发生法律效力 的文书上署名的机关
政府信息是否可以公开由国家保密行政管理部门或者 省、自治区、直辖市保密行政管理部门确定		
行政机关在公开政府信息前与有关行政机关进行沟通、确认		

🔭 小练习

案情：某银行以某集体所有制企业未偿还贷款为由向法院起诉，法院终审判决认定其请求已过诉讼时效，予以驳回。某银行向某县政府申请公开该企业的相关信息，县政府受理申请后逾期未作出答复。某银行向法院起诉，请求某县政府履行职责。

问题：县政府是否具有被告资格？

参考答案：根据《政府信息公开案件规定》第4条第1款的规定，县政府受理某银行的申请后逾期未作出答复，以受理申请的县政府为被告，县政府具有被告资格。

七、行政协议案件中的被告

委托的行政机关	因行政机关委托的组织订立的行政协议发生纠纷的，委托的行政机关是被告。
不得反诉	法院受理行政协议案件后，被告不得就协议的订立、履行、变更、终止等提起反诉。

🔭 小练习

案情：因公共利益需要，甲市乙区政府发布了01号《国有土地上房屋征收决定公告》，决定对汽车贸易城项目范围内的国有土地上房屋实施征收。黄某开办的塑料厂处于征收范围内。汽车贸易城项目范围内的国有土地位于甲市经济技术开发区。甲市经济技术开发区管委会（以下简称"开发区管委会"）与黄某签订了《资产收购协议书》，约定补偿黄某3 099 865元。黄某领取了协议约定的补偿款后，以补偿金额过低为由向法院提起诉讼，请求确认《资产收购协议书》无效。法院查明：开发区管委会系甲市政府设置的派出机构。甲市乙区政府与开发区管委会签订《国有土地上房屋征收工作授权书》，将开发区范围内国有土地上房屋征收工作授权给开发区管理委员会行使。

问题：如何确定本案被告？

参考答案: 根据《行政诉讼法》第26条第5款和《行诉解释》第20条第3款的规定,开发区管委会作为甲市政府的派出机构与甲市乙区政府签订授权书,甲市乙区政府将开发区范围内国有土地上房屋征收工作授权给开发区管委会行使,由于甲市乙区政府授权开发区管委会没有相应的法律依据,则应视为开发区管委会受甲市乙区政府委托行使相应职权。根据《行政协议案件规定》第4条第2款的规定,开发区管委会受甲市乙区政府委托与黄某签订行政协议,应当由委托的甲市乙区政府为被告。

八、县级以上地方政府与其职能部门被告的区分

实施行为	起诉	被告
法律、法规、规章规定属于县级以上地方政府职能部门的行政职权,县级以上地方政府通过听取报告、召开会议、组织研究、下发文件等方式进行指导	对县级以上地方政府的指导行为提起诉讼,法院应当释明	以具体实施行政行为的职能部门为被告
县级以上地方政府根据《城乡规划法》的规定,责成有关职能部门对违法建筑实施强制拆除	对强制拆除行为提起诉讼	有强制拆除决定书的,以作出强制拆除决定的行政机关为被告
		没有强制拆除决定书的,以具体实施强制拆除行为的职能部门为被告
有证据证明系县级以上地方政府具体实施集体土地征收中强制拆除房屋等行为	对集体土地征收中强制拆除房屋等行为提起诉讼	以县级以上地方政府为被告
没有证据证明系县级以上地方政府具体实施集体土地征收中强制拆除房屋等行为		有强制拆除决定书的,以作出强制拆除决定的行政机关为被告
		没有强制拆除决定书的,以具体实施强制拆除等行为的行政机关为被告
县级以上地方政府已经作出国有土地上房屋征收与补偿决定	对具体实施房屋征收与补偿工作中的强制拆除房屋等行为提起诉讼	有强制拆除决定书的,以作出强制拆除决定的行政机关为被告
		没有强制拆除决定书的,以县级以上地方政府确定的房屋征收部门为被告
公民、法人或者其他组织向县级以上地方政府申请履行法定职责或者给付义务,法律、法规、规章规定该职责或者义务属于下级政府或者相应职能部门的行政职权,县级以上地方政府已经转送下级政府或者相应职能部门处理并告知申请人	申请人起诉要求履行法定职责或者给付义务	以下级政府或者相应职能部门为被告

续表

实施行为	起 诉	被 告
县级以上地方政府确定的不动产登记机构或者其他实际履行该职责的职能部门按照《不动产登记暂行条例》的规定办理不动产登记	对不动产登记提起诉讼	以不动产登记机构或者实际履行该职责的职能部门为被告
《不动产登记暂行条例》实施之前由县级以上地方政府作出的不动产登记行为		以继续行使其职权的不动产登记机构或者实际履行该职责的职能部门为被告
县级以上地方政府根据《政府信息公开条例》的规定，指定具体机构负责政府信息公开日常工作，该指定机构以自己名义所作的政府信息公开行为	对指定机构以自己的名义所作的政府信息公开行为提起诉讼	以该指定机构为被告

小练习

案情： 某区镇上一村民王某建造大批房屋，区国土资源局发现王某建设审批手续不齐全，遂向区政府报告。区政府召集相关职能部门进行专题会议研究，形成会议纪要，由区建设规划局立案调查处理，区国土资源局等部门配合。区建设规划局确认王某所建房屋属于违法建筑，并组织人员拆除所建房屋。王某提起行政诉讼。

问题： 如何确定本案被告？

参考答案： 根据《县级以上政府被告资格规定》第1条的规定，以确认王某所建房屋属于违法建筑并拆除所建房屋的职能部门——区建设规划局为被告。

九、行政机关负责人出庭应诉

行政机关负责人出庭应诉主要有两点意义：①行政机关采取首长负责制，首长有决定权，首长出庭应诉有利于有效化解争议；②首长出庭应诉能够真正在行政机关确立依法行政的法治意识，对于建设法治政府、促进依法行政具有重大意义。

案件类型	法院应当通知	对于涉及食品药品安全、生态环境和资源保护、公共卫生安全等重大公共利益，社会高度关注或者可能引发群体性事件等的案件。
	法院可以通知	（1）被诉行政行为涉及公民、法人或者其他组织重大人身、财产权益的； （2）行政公益诉讼； （3）被诉行政机关的上级机关规范性文件要求行政机关负责人出庭应诉的； （4）法院认为需要通知的其他情形。
主体	负责人	（1）行政机关的正职、副职负责人，参与分管被诉行政行为实施工作的副职级别的负责人以及其他参与分管的负责人； （2）被诉行政机关委托的组织或者下级行政机关的负责人，不能作为被诉行政机关负责人出庭。

续表

主体	工作人员	(1) 被诉行政机关中具体行使行政职权的工作人员； (2) 行政机关具有国家行政编制身份的工作人员以及其他依法履行公职的人员； (3) 行政机关委托行使行政职权的组织或下级行政机关的工作人员，可视为行政机关相应的工作人员； (4) 被诉行政行为是地方政府作出的，地方政府法制工作机构的工作人员，以及被诉行政行为具体承办机关工作人员，可以视为被诉政府相应的工作人员。
	诉讼代理人	(1) 行政机关负责人出庭应诉的，可以另行委托1至2名诉讼代理人； (2) 行政机关负责人不能出庭的，应当委托行政机关相应的工作人员出庭，不得仅委托律师出庭。
程序	适用范围	第一审、第二审、再审等诉讼程序。
	步骤	(1) 法院应当在开庭3日前送达出庭通知书，并告知行政机关负责人不出庭可能承担的不利法律后果； (2) 行政机关应当于开庭前向法院提交出庭应诉负责人的身份证明。
不能出庭	正当事由	(1) 不可抗力； (2) 意外事件； (3) 需要履行他人不能代替的公务； (4) 无法出庭的其他正当事由。
	步骤	(1) 行政机关应当提交相关证明材料，并加盖行政机关印章或者由该机关主要负责人签字认可； (2) 法院应当对行政机关负责人不能出庭的理由以及证明材料进行审查。
保障措施	陈述义务	(1) 行政机关负责人或者行政机关委托的相应工作人员在庭审过程中应当就案件情况进行陈述、答辩、提交证据、辩论、发表最后意见，对所依据的规范性文件进行解释说明； (2) 行政机关负责人出庭应诉的，应当就实质性解决行政争议发表意见。
	司法建议	有下列情形之一的，法院应当向监察机关、被诉行政机关的上一级行政机关提出司法建议和记录在案并在裁判文书中载明： (1) 行政机关负责人未出庭应诉，且未说明理由或者理由不成立的； (2) 行政机关有正当理由申请延期开庭审理，法院准许后再次开庭审理时行政机关负责人仍未能出庭应诉，且无正当理由的； (3) 行政机关负责人和行政机关相应的工作人员均不出庭应诉的； (4) 行政机关负责人未经法庭许可中途退庭的； (5) 法院在庭审中要求行政机关负责人就有关问题进行解释或者说明，行政机关负责人拒绝解释或者说明，导致庭审无法进行的。

[注意] 行政机关负责人出庭应诉制度要确保：

（1）"民告官要见官"。被诉行政机关负责人应当出庭而不能出庭的，应当委托行政机关相应的工作人员出庭，不得仅委托律师出庭。

（2）"官出庭要出声"。行政机关负责人在庭审过程中应当就案件情况进行陈述、答辩、提交证据、辩论、发表最后意见，对所依据的规范性文件进行解释说明，应当就实质性解决行政争议发表意见。

小练习

案情：王某以区建设规划局为被告向法院提起诉讼，请求确认拆除房屋行为违法并赔偿损失。法院受理案件并通知区建设规划局负责人出庭应诉。

问题：在一审开庭时，区建设规划局负责人没有出庭应诉，只委托城管执法大队的相关工作人员和律师出庭，法庭是否应予准许？为什么？

参考答案：法庭不予准许。根据《最高人民法院关于行政机关负责人出庭应诉若干问题的规定》第4、8、9条的规定，本案属于法院通知行政机关负责人出庭应诉的案件，区建设规划局负责人没有出庭应诉，只委托城管执法大队的相关工作人员和律师出庭，法庭不予准许。

经典真题

案情：某省盐业公司从外省盐厂购进300吨工业盐运回本地，当地市盐务管理局认为购进工业盐的行为涉嫌违法，遂对该批工业盐予以先行登记保存，并将《先行登记保存通知书》送达该公司。其后，市盐务管理局经听证、集体讨论后，认定该公司未办理工业盐准运证从省外购进工业盐，违反了省政府制定的《盐业管理办法》第20条，决定没收该公司违法购进的工业盐，并处罚款15万元。公司不服处罚决定，向市政府申请行政复议。市政府维持市盐务管理局的处罚决定。公司不服向法院起诉。（2017/4/七）

问题：如何确定本案的被告？为什么？[1]

第28讲　行政诉讼的第三人和共同诉讼人

核心法条

《行政诉讼法》

第27条　当事人一方或者双方为2人以上，因同一行政行为发生的行政案件，或者因同类行政行为发生的行政案件、人民法院认为可以合并审理并经当事人同意的，为共同诉讼。

第28条　当事人一方人数众多的共同诉讼，可以由当事人推选代表人进行诉讼。代

---

〔1〕 市盐务管理局和市人民政府为共同被告。根据《行政诉讼法》第26条第2款的规定，经复议的案件，复议机关决定维持原行政行为的，作出原行政行为的行政机关和复议机关是共同被告。本案中，复议机关市人民政府维持了市盐务管理局的处罚决定。

表人的诉讼行为对其所代表的当事人发生效力，但代表人变更、放弃诉讼请求或者承认对方当事人的诉讼请求，应当经被代表的当事人同意。

第29条 公民、法人或者其他组织同被诉行政行为有利害关系但没有提起诉讼，或者同案件处理结果有利害关系的，可以作为第三人申请参加诉讼，或者由人民法院通知参加诉讼。

人民法院判决第三人承担义务或者减损第三人权益的，第三人有权依法提起上诉。

《行诉解释》

第27条 必须共同进行诉讼的当事人没有参加诉讼的，人民法院应当依法通知其参加；当事人也可以向人民法院申请参加。

人民法院应当对当事人提出的申请进行审查，申请理由不成立的，裁定驳回；申请理由成立的，书面通知其参加诉讼。

前款所称的必须共同进行诉讼，是指按照行政诉讼法第27条的规定，当事人一方或者双方为2人以上，因同一行政行为发生行政争议，人民法院必须合并审理的诉讼。

第28条 人民法院追加共同诉讼的当事人时，应当通知其他当事人。应当追加的原告，已明确表示放弃实体权利的，可不予追加；既不愿意参加诉讼，又不放弃实体权利的，应追加为第三人，其不参加诉讼，不能阻碍人民法院对案件的审理和裁判。

第29条 行政诉讼法第28条规定的"人数众多"，一般指10人以上。

根据行政诉讼法第28条的规定，当事人一方人数众多的，由当事人推选代表人。当事人推选不出的，可以由人民法院在起诉的当事人中指定代表人。

行政诉讼法第28条规定的代表人为2至5人。代表人可以委托1至2人作为诉讼代理人。

第30条 行政机关的同一行政行为涉及2个以上利害关系人，其中一部分利害关系人对行政行为不服提起诉讼，人民法院应当通知没有起诉的其他利害关系人作为第三人参加诉讼。

与行政案件处理结果有利害关系的第三人，可以申请参加诉讼，或者由人民法院通知其参加诉讼。人民法院判决其承担义务或者减损其权益的第三人，有权提出上诉或者申请再审。

行政诉讼法第29条规定的第三人，因不能归责于本人的事由未参加诉讼，但有证据证明发生法律效力的判决、裁定、调解书损害其合法权益的，可以依照行政诉讼法第90条的规定，自知道或者应当知道其合法权益受到损害之日起6个月内，向上一级人民法院申请再审。

第73条 根据行政诉讼法第27条的规定，有下列情形之一的，人民法院可以决定合并审理：

（一）2个以上行政机关分别对同一事实作出行政行为，公民、法人或者其他组织不服向同一人民法院起诉的；

（二）行政机关就同一事实对若干公民、法人或者其他组织分别作出行政行为，公民、法人或者其他组织不服分别向同一人民法院起诉的；

（三）在诉讼过程中，被告对原告作出新的行政行为，原告不服向同一人民法院起诉的；

（四）人民法院认为可以合并审理的其他情形。

一、行政诉讼的第三人

行政诉讼的第三人，是指因与被提起行政诉讼的行政行为有利害关系但未起诉，通过申请或法院通知的形式，参加到诉讼中的当事人。

（一）第三人的特点

1. 第三人与行政诉讼有利害关系，既包括与被诉行政行为有利害关系，也包括与诉讼结果有利害关系。

2. 第三人不是通过起诉参加到行政诉讼中，而是在他人开始诉讼之后，申请参加诉讼或者被法院通知参加诉讼，对法院应当（而不是可以）通知参加诉讼而不通知的，构成诉讼主体的遗漏。

3. 第三人有独立的诉讼地位，既不依附原告也不依附被告，可以提出自己的请求，法院判决第三人承担义务或者减损第三人权益的，第三人有权依法提起上诉或者申请再审。第三人因不能归责于本人的事由未参加诉讼，但有证据证明发生法律效力的判决、裁定、调解书损害其合法权益的，可以自知道或者应当知道其合法权益受到损害之日起 6 个月内，向上一级人民法院申请再审。

（二）第三人的种类

1. 行政处罚案件中的受害人或加害人作为第三人

在行政处罚案件中，加害人不服处罚提起诉讼，受害人则可以作为第三人参加诉讼；受害人对处罚不服提起诉讼，加害人可以第三人名义参加诉讼。

2. 行政确权、行政裁决和行政许可案件中的当事人作为第三人

行政确权、行政裁决和行政许可案件中的当事人或利害关系人向法院起诉行政确权、行政裁决和行政许可行为，行政确权、行政裁决和行政许可案件中的其他当事人或利害关系人可作为第三人参加诉讼。

3. 与行政机关共同署名作出处理决定的非政府组织作为第三人

这里的非政府组织不是法律、法规、规章授权的组织。在行政机关的处理决定书上署名，第三人起诉行政机关的处理决定，行政机关为被告，非政府组织不能作为被告，因其不具有行政主体资格，该组织可以作为第三人参加诉讼。

4. 应当追加被告而原告不同意追加的被告作为第三人

行政诉讼中有 2 个以上的共同被告，原告只起诉其中的部分被告，应当追加被告而原告不同意追加的，人民法院应当通知其以第三人的身份参加诉讼。

5. 作出矛盾行为的行政机关作为第三人

2 个以上行政机关作出相互矛盾的行政行为，原告起诉其中的行政机关，被诉行政机关为被告，非被诉行政机关可以作为第三人参加诉讼。

［注意］

（1）行政诉讼第三人的确认标准有两个：①同被诉行政行为有利害关系；②同案件处理结果有利害关系。

（2）经复议维持的案件，原行为机关和复议机关为共同被告，原告只起诉作出原行政

行为的行政机关或者复议机关的，人民法院应当告知原告追加被告。原告不同意追加的，人民法院应当将另一机关列为共同被告，作出原行政行为的行政机关和复议机关都不能成为第三人。

小练习

案情：村民甲带领乙、丙等人，与造纸厂协商污染赔偿问题。因对提出的赔偿方案不满，甲、乙、丙等人阻止生产，将工人李某打伤。公安局接该厂厂长举报，经调查后决定对甲拘留15日、乙拘留5日，对其他人未作处罚。甲向法院提起行政诉讼，法院受理。

问题：丙、乙、李某、造纸厂厂长能否为本案第三人？

参考答案：根据《行政诉讼法》第29条第1款的规定，李某作为受害人，与被诉的处罚决定有利害关系，能成为第三人；造纸厂的厂长只是举报人，与被诉的处罚决定也不存在利害关系，不能成为第三人；乙、丙都参与了违法行为，但结果却不同，乙受到处罚，而丙却未受到处罚，没起诉的乙同案件处理结果有利害关系，乙能成为第三人，但是没有受到处罚的丙与被诉的处罚决定不存在利害关系，不能成为第三人。

二、共同诉讼人

当事人一方或双方为2人以上，因同一行政行为发生的行政案件或者因同类行政行为发生的行政案件，人民法院认为可以合并审理并经当事人同意的，为共同诉讼。共同诉讼人，是指原告或被告一方为2个以上，诉讼客体相同，并且诉讼主张一致。

（一）必要共同诉讼人

当事人一方或双方为2人以上，诉讼标的是同一行政行为的诉讼，在这种共同诉讼中的当事人即为必要共同诉讼当事人。

1. 必要共同诉讼人的种类

（1）2个以上的当事人，因共同违法而被一个行政机关在一个处罚决定书中分别予以处罚；

（2）法人或其他组织因违法而被处罚，该法人或组织的负责人或直接行为人同时被一个处罚决定处罚；

（3）2个以上共同受害人，对行政机关的同一行政行为均表示不服而诉诸法院，起诉的共同受害人就成为共同原告；

（4）2个以上行政机关以一个共同行政决定形式，处理或处罚了一个或若干个当事人。

2. 集团诉讼的代表人

行政诉讼中的集团诉讼，是指由人数众多的原告推选诉讼代表人参加的且法院的判决及于全体利益关系人的行政诉讼。

（1）同案原告为10人以上；

（2）应当推选2~5名诉讼代表人参加诉讼；

（3）当事人推选不出的，可以由人民法院在起诉的当事人中指定代表人；

（4）代表人的诉讼行为对其所代表的当事人发生效力，但代表人变更、放弃诉讼请求或者承认对方当事人的诉讼请求，应当经被代表的当事人同意。

（二）普通共同诉讼人

普通共同诉讼人，是指诉讼标的是同类行政行为，法院认为可以合并审理且同意合并审理的2个以上参加诉讼的当事人。这种共同诉讼的当事人即是普通共同诉讼人。注意普通共同诉讼并不是必须要合并，合并的关键在于能否简化诉讼程序，实现诉讼经济的目的。

1. 普通共同诉讼的案件类型

（1）被告为复数的合并审理案件，2个以上行政机关分别依据不同的法律、法规对同一事实作出行政行为，公民、法人或者其他组织不服向同一人民法院起诉的案件；

（2）原告为复数的合并审理案件，行政机关就同一事实对若干公民、法人或者其他组织分别作出行政行为，公民、法人或者其他组织不服分别向同一人民法院起诉的案件；

（3）被诉行为为复数的合并审理案件，在诉讼过程中，被告对原告作出新的行政行为，原告不服向同一人民法院起诉的案件。

2. 普通共同诉讼的程序启动

（1）可以由共同诉讼的当事人向法院提出申请，要求并案审理，然后由法院审查认为可以合并的，才能实行合并；

（2）也可以由法院主动审查，认为宜于并案的，经当事人同意进行并案审理。

📖 小练习

案情：2012年9月，某计划生育委员会以李某、周某二人于2010年7月违法超生第二胎，作出要求其缴纳社会抚养费12万元，逾期不缴纳每月加收千分之二滞纳金的决定。二人不服，向法院起诉。

问题：本案是否为共同诉讼？

参考答案：根据《行政诉讼法》第27条的规定，李某、周某二人向法院起诉属于当事人一方为2人，因同一行政行为发生的行政案件，故本案为共同诉讼，属于必要的共同诉讼。

📖 经典真题

案情：因某市某区花园小区进行旧城改造，区政府作出《关于做好花园小区旧城改造房屋拆迁补偿安置工作的通知》，王某等205户被拆迁户对该通知不服，向区政府申请行政复议，要求撤销该通知。区政府作出《行政复议告知书》，告知王某等被拆迁户向市政府申请复议。市政府作出《行政复议决定书》，认为《通知》是抽象行政行为，裁定不予受理复议申请。王某等205户被拆迁户不服市政府不予受理复议申请的决定，向法院提起诉讼。一审法院认为，在非复议前置前提下，当事人对复议机关不予受理决定不服而起诉，要求法院立案受理缺乏法律依据，裁定驳回原告起诉。（2008/4/六）

问题：本案是否需要确定诉讼代表人？如何确定？[1]

---

[1] 本案需要确定诉讼代表人。根据《行政诉讼法》第28条的规定，当事人一方人数众多的共同诉讼，可以由当事人推选代表人进行诉讼。根据《行诉解释》第29条的规定，当事人人数众多一般指10人以上，当事人推选的诉讼代表人为2至5人。当事人推选不出的，可以由人民法院在起诉的当事人中指定代表人。

案例拓展

蒋清元、李淑秀诉湖南省东安县人民政府
强制拆除甲鱼养殖场及行政赔偿案

关键词：行政诉讼被告

1994年10月10日，蒋清元与东安县白牙市镇牌楼村第一村民小组（以下简称"牌楼一组"）签订集体土地承包经营书，承包集体耕地水田1.33亩。蒋清元等人未经城乡规划主管部门批准，在承包地上修建砖混、砖木结构建筑物，建设甲鱼养殖场。2013年9月16日，根据东安县委、县政府的意见，东安县住房和城乡规划建设局（以下简称"东安县住建局"）将县城规划区域内没有办理法定手续的违规建设的行政管理执法权委托给新设立的东安县城市建设与管理综合执法大队（以下简称"综合执法队"）行使。2013年11月11日，综合执法队发函东安县住建局，请求查询蒋清元等人建设甲鱼养殖场是否办理《建设用地规划许可证》和《建设工程规划许可证》。2013年11月12日，东安县住建局回函称，蒋清元等人未办理相关许可证。2013年11月13日，综合执法队作出（2013）9号《限期拆除通知书》（以下简称"9号通知"），主要内容为：蒋清元未经城乡规划主管部门批准，擅自在白牙市镇牌楼一组修建砖混、砖木结构，建筑面积约为623.88平方米的违法建筑，责令蒋清元于2013年11月23日前拆除违法建筑。该通知告知蒋清元在接到通知3日内行使陈述、申辩和要求听证的权利。当日，9号通知送达蒋清元家中。因蒋清元拒绝签收，保留影像证据，留置送达。2013年11月27日，综合执法队经立案、现场勘查等程序，作出第1号《限期搬迁通知书》（以下简称"1号通知"），认定蒋清元未经批准擅自修建砖混结构房屋一栋、砖木结构房屋一栋，亦未自行拆除，责令其在接到1号通知后7个工作日内自行将违法建筑内的物件搬出，并告知收到通知书之日起3个工作日内有陈述、申辩和申请听证的权利。同日，1号通知送达蒋清元，因拒绝签收，文书留置送达。2014年2月16日，综合执法队向蒋清元发出通告，责令其在10个工作日内将涉案建筑拆除，否则将按规定强制拆除。2014年3月11日，综合执法队作出（2014）1号《行政强制执行决定书》（以下简称"1号强制执行决定"），认为蒋清元擅自修建的砖混结构、砖木结构房屋各一栋，均未取得相应的规划建设审批手续，经下达限期拆除、前期搬迁通知书，蒋清元未按照通知要求陈述、申辩、申请听证，根据《城乡规划法》第40、41、64、65条规定，责令蒋清元在接到决定书后的7个工作日内自行拆除违法建筑，逾期未自行拆除的，将依法强制拆除。1号强制执行决定告知蒋清元申请行政复议、提起行政诉讼的权利和期限。2014年5月16日、7月10日，综合执法队两次送达《通告》，要求蒋清元限期拆除违法建筑，否则将强制拆除。2014年8月5日，东安县政府组织东安县水利局、东安县环境保护局、东安县住建局、东安县城

管执法局、东安县公安局等职能部门，将蒋清元等人的甲鱼养殖场强制拆除。2015年5月25日，蒋清元等人以东安县水利局、东安县环境保护局、东安县住建局、综合执法队、东安县国土资源局为被告提起诉讼，请求确认强制拆除甲鱼养殖场的行为违法，并赔偿经济损失。东安县人民法院分别作出（2015）第14、15、18号行政裁定，驳回蒋清元等人对东安县水利局、东安县环境保护局、东安县国土资源局的起诉；作出（2015）第16、17号行政判决，驳回蒋清元等人对东安县住建局、综合执法队的诉讼请求。蒋清元等人不服并提起上诉，永州市中级人民法院分别作出（2015）第217、220、219号行政裁定，维持（2015）东法行初字第14、15、18号行政裁定，作出（2015）第216、218号行政裁定，撤销（2015）第16、17号行政判决，发回东安县人民法院重审。上述案件查明，东安县住建局、综合执法队对蒋清元等人的甲鱼养殖场实施强制拆除行为。2016年，蒋清元等人提起行政诉讼，请求确认东安县政府实施的强制拆除行为违法，并赔偿损失120万元。

法院裁判：

永州中级人民法院（2016）8号行政赔偿裁定认为，蒋清元等人提交的证据材料不足以证明东安县政府实施了强制拆除行为，实施强制拆除行为的主体是东安县住建局和综合执法队，蒋清元等人以东安县政府为被告提起行政诉讼，没有事实根据，起诉不符合法定受案条件。蒋清元等人起诉东安县水利局、东安县环境保护局、东安县住建局、综合执法队、东安县国土资源局案件中的诉讼请求，与本案的诉讼请求，系同一诉讼标的、同一诉讼请求，属重复诉讼。裁定驳回蒋清元等人的起诉。蒋清元等人不服，提起上诉。

湖南省高级人民法院（2016）325号行政裁定认为，生效裁定已确认强制拆除行为由东安县住建局、综合执法队实施。东安县政府不是适格被告，蒋清元等人起诉不符合法定条件。本案诉的是东安县政府的决定拆除行为，与其诉东安县水利局、东安县环境保护局、东安县住建局、综合执法队、东安县国土资源局案的诉讼请求不同，不属于重复起诉，虽然一审认定为重复起诉不妥，但裁定驳回其诉讼请求有事实与法律依据。裁定驳回上诉，维持原裁定。蒋清元等人向最高人民法院申请再审。

最高人民法院经审查认为，《行政诉讼法》第26条第1款规定，行政诉讼的被告应当是作出行政行为的行政机关。《最高人民法院关于适用〈中华人民共和国行政诉讼法〉若干问题的解释》第3条（该解释已失效，对应的新《行诉解释》为第69条）第1款第3项规定，错列被告且拒绝变更的，人民法院应当裁定驳回原告起诉。本案中，生效行政裁定已经确认，综合执法队和东安县住建局实施被诉强制拆除行为，东安县政府仅仅是组织协调者，并非被诉强制拆除行为的具体实施者。蒋清元等人明知东安县政府不是本案适格被告，仍以东安县政府为被告，提起本案行政诉讼，一、二审法院裁定驳回其起诉并无不当。蒋清元等人主张，东安县政府是被诉强制拆除行为的决定者和组织者，参与联合执法活动，是本案适格被告。但是，本案中，1号强制执行决定的作出主体是综合执法队，并非东安县政府。在强制拆除过程中，尽管东安县政府召开会议部署安排、现场协调处理被诉强制拆除事宜，却并非被诉强制拆除行为的具体实施者，其所实施的部署、组织、协调工作，主要是为东安县住建局和综合执法队实施强制拆除行为提供组织、物资、安全等方面的保障，确保强制拆除行为顺利实现。蒋清元等人的上述主张没有事实根据，最高人民法院不予支持。

应当指出的是，《行政诉讼法》第26条第5款规定，行政机关委托的组织所作的行政行为，委托的行政机关是被告。受委托的组织在实施行政行为的过程中，应当以委托机关的名义作出行政行为。本案中，综合执法队仅仅是受东安县住建局委托行使职权的组织，在发布限期拆除通知、作出强制拆除决定、实施强制拆除行为的过程中，应当以东安县住建局的名义进行，以自己的名义作出相关行政行为不妥，最高人民法院予以指正。根据《城乡规划法》第68条的规定，在蒋清元等人拒不履行拆除违法建筑义务的情况下，东安县政府责成东安县住建局强制拆除违法建筑，综合执法队受东安县住建局委托有权实施强制拆除行为。但是，对外承担法律责任、可以作为行政诉讼中的适格被告的，同样应当是东安县住建局。综合执法队并非独立的行政主体，不能成为蒋清元等人诉强制拆除行为案件的适格被告。

最高人民法院裁定：驳回蒋清元、李淑秀的再审申请。

案例来源：（2017）最高法行申5756号行政裁定书

专题 ⑩ 行政诉讼的管辖

第㉙讲　行政诉讼的级别管辖

　　级别管辖解决的是上下级法院之间受理行政案件的权限分工问题。级别管辖分为基层人民法院的管辖、中级人民法院的管辖、高级人民法院的管辖和最高人民法院的管辖。重点掌握中级人民法院的管辖。

核心法条

《行政诉讼法》第15条　中级人民法院管辖下列第一审行政案件：

（一）对国务院部门或者县级以上地方人民政府所作的行政行为提起诉讼的案件；

（二）海关处理的案件；

（三）本辖区内重大、复杂的案件；

（四）其他法律规定由中级人民法院管辖的案件。

《行诉解释》

第5条　有下列情形之一的，属于行政诉讼法第15条第3项规定的"本辖区内重大、复杂的案件"：

（一）社会影响重大的共同诉讼案件；

（二）涉外或者涉及香港特别行政区、澳门特别行政区、台湾地区的案件；

（三）其他重大、复杂案件。

第134条第3款　复议机关作共同被告的案件，以作出原行政行为的行政机关确定案件的级别管辖。

一、基层法院的管辖

原则上，第一审行政案件由基层法院管辖。除法律规定由上级法院管辖的特殊情形之外，行政案件都由基层人民法院负责管辖。原因是：①便于当事人诉讼，即管辖的确定要方便原告、被告参加诉讼活动；②就地、就近审判，便于人民法院认定事实。

二、中级法院的管辖

中级法院管辖的行政案件有以下类型：

（一）被告级别高案件

1. 县级以上地方政府为被告的行政案件

对县级以上地方政府所作的行政行为提起诉讼的案件由中级人民法院管辖，注意是县级以上地方政府作为被告，如果是县级以上地方政府的工作部门作为被告，仍然是由基层法院管辖。例如，省公安厅作为被告的案件，由基层法院管辖。

🔭 小练习

案情：甲、乙两村分别位于某市两县境内，因土地权属纠纷向市政府申请解决，市政府裁决争议土地属于甲村所有。乙村不服，向省政府申请复议，复议机关确认争议的土地属于乙村所有。甲村不服行政复议决定，提起行政诉讼。

问题：如何确定本案的级别管辖？

参考答案：甲村不服行政复议决定，提起行政诉讼，应当以复议机关，即省政府作为被告。根据《行政诉讼法》第 15 条第 1 项的规定，对省政府所作的行政行为提起诉讼的案件，由中级法院管辖。

2. 国务院部门为被告的行政案件

对国务院部门所作的行政行为提起诉讼的案件由中级人民法院管辖，国务院部门包括国务院组成部门、国务院直属机构、国务院组成部门管理的国家行政机构、被授权的国务院直属事业单位。

（二）被告特定化案件

1. 海关行政案件，主要是海关处理的纳税案件和海关行政处罚案件，由中级人民法院管辖。

🔭 小练习

案情：2015 年 2 月，张某去某海关提取一批从国外进口的香料。海关根据《海关法》以"涉嫌走私犯罪"为由扣留张某。随后海关又认定：张某行为不构成走私犯罪，但存在违反海关监管规定的行为，决定免予处罚，故将张某释放。张某提起行政诉讼。

问题：如何确定本案的级别管辖？

参考答案：根据《行政诉讼法》第 15 条第 2 项的规定，张某以海关为被告提起行政诉讼，本案应由中级法院管辖。

2. 专利行政案件和商标评审案件。根据《全国人民代表大会常务委员会关于在北京、上海、广州设立知识产权法院的决定》的规定，知识产权法院管辖有关专利、植物新品种、集成电路布图设计、技术秘密等专业技术性较强的第一审知识产权行政案件。不服国务院行政部门裁定或者决定而提起的第一审知识产权授权确权行政案件，由北京知识产权法院管辖。知识产权法院属于中级法院。

（三）重大复杂化案件

1. 社会影响重大的共同诉讼案件由中级法院管辖。这类诉讼主要是农村土地承包案件、土地征用案件、城市规划拆迁案件。

2. 涉外或者涉港澳台的案件

涉外行政案件：

（1）国际贸易行政案件的第一审由具有管辖权的中级以上人民法院管辖；

（2）第一审反倾销行政案件由被告所在地高级人民法院指定的中级人民法院管辖或者被告所在地高级人民法院管辖；

（3）第一审反补贴行政案件由被告所在地高级人民法院指定的中级人民法院或者被告所在地高级人民法院管辖。

涉及香港、澳门、台湾地区的行政案件也由中级法院管辖。

🏃 小练习

案情：2013年11月某市某区税务局对某投资基金（在开曼群岛注册成立）作出《税务事项通知书》，要求该投资基金缴纳企业所得税人民币1亿余元。该投资基金不服申请行政复议，在作出复议维持决定后诉至法院，请求判决撤销《税务事项通知书》。

问题：如何确定本案的级别管辖？

参考答案：《行诉解释》第5条第2项规定，某投资基金在开曼群岛注册成立，属于外国公司，作为原告提起行政诉讼属于涉外行政案件，应由中级法院管辖。

（四）其他重大、复杂案件

主要是人民法院裁定管辖的情形，即基层人民法院认为案件重大，不适合由自己管辖的，可以请求中级人民法院移转管辖。

三、高级法院和最高法院的管辖

高级人民法院管辖本辖区内重大、复杂的第一审行政案件。高级人民法院管辖的案件应当在本级行政区域内具有示范或者重要意义。

最高人民法院管辖全国范围内重大、复杂的第一审行政案件。迄今为止，最高人民法院尚未管辖过第一审行政案件。

四、复议维持案件的级别管辖

复议维持的案件，作出原行政行为的行政机关和复议机关为共同被告，应以作出原行政行为的行政机关确定案件的级别管辖。例如，县公安局的行为经过县政府复议，县政府维持县公安局的决定，县公安局和县政府为共同被告，应以县公安局确定级别管辖，不是以县政府确定级别管辖，因此由基层法院管辖。

考点点拨

复议维持案件中的级别管辖——按照原机关确定管辖级别，复议维持案件中的地域管辖——原机关所在地法院或复议机关所在地法院。

小练习

案情： 某药厂以本厂过期药品作为主原料，更改生产日期和批号生产出售。县药监局以该药厂违反《药品管理法》第 98 条第 1 款关于违法生产药品规定，决定没收药品并处罚款 20 万元。药厂不服向县政府申请复议，县政府依《药品管理法》第 98 条第 3 款关于生产劣药行为的规定，决定维持处罚决定。药厂起诉。

问题： 如何确定本案的级别管辖？

参考答案： 县政府作出复议决定，改变了原行政行为的法律依据，但决定维持处罚结果，根据《行诉解释》第 22 条第 1 款的规定，视为复议维持，根据《行政诉讼法》第 26 条第 2 款的规定，县药监局和县政府为共同被告，根据《行诉解释》第 134 条第 3 款的规定，管辖法院以县药监局定级别，根据《行政诉讼法》第 14 条的规定，本案由基层法院管辖。

经典真题

案情： 1997 年 11 月，某省政府所在地的市政府决定征收含有某村集体土地在内的地块作为旅游区用地，并划定征用土地的四至界线范围。2007 年，市国土局将其中一地块与甲公司签订《国有土地使用权出让合同》。2008 年 12 月 16 日，甲公司获得市政府发放的第 1 号《国有土地使用权证》。2009 年 3 月 28 日，甲公司将此地块转让给乙公司，市政府向乙公司发放第 2 号《国有土地使用权证》。后，乙公司申请在此地块上动工建设。2010 年 9 月 15 日，市政府张贴公告，要求在该土地范围内使用土地的单位和个人，限期自行清理农作物和附着物设施，否则强制清理。2010 年 11 月，某村得知市政府给乙公司颁发第 2 号《国有土地使用权证》后，认为此证涉及的部分土地仍属该村集体所有，向省政府申请复议要求撤销该土地使用权证。省政府维持后，某村向法院起诉。法院通知甲公司与乙公司作为第三人参加诉讼。

在诉讼过程中，市政府组织有关部门强制拆除了征地范围内的附着物设施。某村为收集证据材料，向市国土局申请公开 1997 年征收时划定的四至界线范围等相关资料，市国土局以涉及商业秘密为由拒绝提供。（2012/4/六）

问题： 如何确定本案的级别管辖？请说明理由。[1]

---

[1]　本案由中级人民法院管辖。根据《行政诉讼法》第 26 条第 2 款的规定，复议维持案件，复议机关和原行为机关为共同被告。根据《行诉解释》第 134 条第 3 款的规定，复议机关作共同被告的案件，以作出原行政行为的行政机关确定案件的级别管辖。本案中，省政府维持了市政府的决定，故省政府与市政府为共同被告，以市政府确定案件的级别管辖，根据《行政诉讼法》第 15 条第 1 项的规定，对县级以上地方人民政府所作的行政行为提起诉讼的案件由中级法院管辖。

第 ③⓪ 讲　行政诉讼的地域管辖

地域管辖是同级法院之间受理行政案件的权限分工，地域管辖分为一般地域管辖和特殊地域管辖。

核心法条

《行政诉讼法》

第18条　行政案件由最初作出行政行为的行政机关所在地人民法院管辖。经复议的案件，也可以由复议机关所在地人民法院管辖。

经最高人民法院批准，高级人民法院可以根据审判工作的实际情况，确定若干人民法院跨行政区域管辖行政案件。

第19条　对限制人身自由的行政强制措施不服提起的诉讼，由被告所在地或者原告所在地人民法院管辖。

第20条　因不动产提起的行政诉讼，由不动产所在地人民法院管辖。

《行诉解释》

第8条　行政诉讼法第19条规定的"原告所在地"，包括原告的户籍所在地、经常居住地和被限制人身自由地。

对行政机关基于同一事实，既采取限制公民人身自由的行政强制措施，又采取其他行政强制措施或者行政处罚不服的，由被告所在地或者原告所在地的人民法院管辖。

第9条　行政诉讼法第20条规定的"因不动产提起的行政诉讼"是指因行政行为导致不动产物权变动而提起的诉讼。

不动产已登记的，以不动产登记簿记载的所在地为不动产所在地；不动产未登记的，以不动产实际所在地为不动产所在地。

《行政协议案件规定》第7条　当事人书面协议约定选择被告所在地、原告所在地、协议履行地、协议订立地、标的物所在地等与争议有实际联系地点的人民法院管辖的，人民法院从其约定，但违反级别管辖和专属管辖的除外。

一、一般地域管辖

行政案件由最初作出行政行为的行政机关所在地人民法院管辖，即"原告就被告"原则。

二、特殊地域管辖

（一）复议改变案件

经复议的案件由复议机关所在地法院或者原机关所在地法院管辖，经复议的案件有两种情况：复议维持案件和复议改变案件。复议维持案件，复议机关和原行为机关为共同被告，根据"原告就被告"原则，由复议机关所在地法院或者原机关所在地法院管辖。比较特殊的是复议改变案件，复议改变案件，复议机关为被告，在复议机关所在地法院管辖基础上，又增加了原机关所在地法院管辖，目的是保护原告的利益，管辖的法院越多就意味着原告的选择权越大。

提 示

原行政机关和复议机关为共同被告的，以原行政机关确定案件的级别管辖，但不影响地域管辖，即原行政机关所在地法院和复议机关所在地法院都有管辖权。

（二）人身自由案件

对限制人身自由的行政强制措施不服而提起的诉讼，由被告所在地或者原告所在地法院管辖。注意适用的案件范围：①凡涉及限制公民人身自由的行政强制措施案件，一律适用该特殊管辖；②行政机关基于同一事实既采取限制公民人身自由的行政强制措施，又采取其他行政强制措施或者行政处罚的案件，也适用该特殊管辖。

小练习

案情：甲县宋某到乙县访亲，因醉酒被乙县公安局扣留 24 小时。宋某认为乙县公安局的行为违法，提起行政诉讼。

问题：如何确定本案的地域管辖？

参考答案：公安机关的扣留决定是限制人身自由的行政强制措施，根据《行政诉讼法》第 19 条的规定，甲县法院是原告（宋某）所在地法院，乙县法院是被告（乙县公安局）所在地法院，都具有管辖权。

［注意］原告所在地包括原告的户籍所在地、经常居住地和被限制人身自由地：①经常居住地，是指公民离开住所地连续居住 1 年以上的地方；②被限制人身自由所在地，是指公民被羁押、限制人身自由的场所的所在地。

（三）不动产案件

不动产案件，是指因行政行为导致不动产物权变动的行政案件。不动产行政案件由不动产所在地法院专属管辖。不动产所在地是指：不动产已登记的，以不动产登记簿记载的所在地为不动产所在地；不动产未登记的，以不动产实际所在地为不动产所在地。

三、跨行政区域管辖

跨行政区域管辖的目的是防止行政干预，打破地方保护，解决"诉讼主客场"问题。经最高人民法院批准，高级人民法院可以根据审判工作的实际情况，确定若干人民法院跨行政区域管辖行政案件。具体内容包括以下几点：①跨行政区域管辖，既包括基层法院跨行政区域管辖，也包括中级法院跨行政区域管辖，还有铁路运输法院等专门人民法院跨行政区域管辖；②高级法院根据审判工作的实际情况来确定跨行政区域管辖；③跨行政区域管辖要经最高人民法院批准。

四、行政协议案件的选择管辖

为了保障协议相对人一方的协议利益，同时考虑到行政协议是基于平等自愿签订的，行政协议案件管辖参考民事合同案件的管辖，确定行政协议的当事人可以约定管辖的法院。当事人书面协议约定选择被告所在地、原告所在地、协议履行地、协议订立地、标的物所在地等与争议有实际联系地点的人民法院管辖的，人民法院从其约定，但违反级别管辖和专属管辖的除外。

[注意] 行政诉讼的管辖，既要从级别管辖角度确定哪一级法院，又要从地域管辖角度确定哪一个地方的法院，行政诉讼的管辖既要满足级别管辖的要求，又要满足地域管辖的要求。

📡 小练习

案情： 某公司与县政府签署《投资协议》，约定某公司租赁土地建设现代观光农业项目，县政府负责提供"一站式服务"。《投资协议》中约定产生纠纷诉讼由县法院管辖。协议签订后，某公司认为县政府未按照约定提供"一站式服务"，造成公司重大损失。遂向法院诉请解除《投资协议》，判决县政府赔偿经济损失。

问题： 本案能否由县法院管辖？

参考答案： 根据《行政协议案件规定》第7条的规定，某公司与县政府在《投资协议》中约定产生纠纷诉讼由县法院管辖，但不得违反级别管辖。根据《行政诉讼法》第15条第1项的规定，对县政府提起诉讼，由中级法院管辖。因此，本案不能由县法院管辖。

经典真题

案情： 经工商局核准，甲公司取得企业法人营业执照，经营范围为木材切片加工。甲公司与乙公司签订合同，由乙公司供应加工木材1万吨。不久，省林业局致函甲公司，告知按照本省地方性法规的规定，新建木材加工企业必须经省林业局办理木材加工许可证后，方能向工商行政管理部门申请企业登记，违者将受到处罚。1个月后，省林业局以甲公司无证加工木材为由没收其加工的全部木片，并处以30万元罚款。期间，省林业公安局曾传唤甲公司人员李某到公安局询问该公司木材加工情况。甲公司向法院起诉要求撤销省林业局的处罚决定。

因甲公司停产，无法履行与乙公司签订的合同，乙公司要求支付货款并赔偿损失，甲公司表示无力支付和赔偿，乙公司向当地公安局报案。2010年10月8日，公安局以涉嫌诈骗为由将甲公司法定代表人张某刑事拘留，1个月后，张某被批捕。2011年4月1日，检察院以证据不足为由作出不起诉决定，张某被释放。张某遂向乙公司所在地公安局提出国家赔偿请求，公安局以未经确认程序为由拒绝张某请求。张某又向检察院提出赔偿请求，检察院以本案应当适用修正前的《国家赔偿法》，此种情形不属于国家赔偿范围为由拒绝张某请求。（2011/4/六）

问题： 甲公司向法院提起行政诉讼，如何确定本案的地域管辖？[1]

---

〔1〕 根据《行政诉讼法》第18条第1款的规定，行政案件由最初作出行政行为的行政机关所在地人民法院管辖。故本案应由省林业局所在地的法院管辖。因为本案被诉行为为省林业局直接作出的没收和罚款的行政处罚决定，且不属于行政诉讼特殊地域管辖的情形，故应由最初作出行政行为的行政机关所在地法院管辖。

案例拓展

邱新园诉广西壮族自治区河池市宜州区公安局、宜州区人民政府行政处罚、行政复议案

关键词： 行政诉讼管辖

邱新园向最高人民法院申请再审称：一、二审认定事实不清，适用法律错误。其理由如下：①一、二审适用法律错误。依照相关法律规定，对国务院部门或者县级以上地方人民政府提起诉讼的案件，中级人民法院有管辖权。本案中，广西壮族自治区河池市宜州区人民政府（以下简称"宜州区政府"）复议维持了广西壮族自治区河池市宜州区公安局（以下简称"宜州区公安局"）的处罚决定，申请人以二者作为共同被告提起诉讼，河池市中级人民法院有管辖权。②宜州区公安局对申请人作出的处罚决定有误，宜州区政府予以维持不当。申请人享有上访的权利，且在上访期间未扰乱社会治安，北京市公安局西城分局也没有申请人的相关违法记录，被申请人作出的行政行为违法。

法院裁判：

最高人民法院经审查认为，根据《行政诉讼法》第 14 条、第 15 条第 1 项、第 26 条第 2 款、第 49 条第 4 项和《最高人民法院关于适用〈中华人民共和国行政诉讼法〉若干问题的解释》第 8 条（该解释已失效，对应的新《行诉解释》为第 134 条第 3 款）的规定，公民、法人或者其他组织提起行政诉讼，应当属于人民法院受案范围和受诉人民法院管辖。对于经复议机关复议的案件，复议机关决定维持原行政行为的，作出原行政行为的行政机关和复议机关是共同被告，以作出原行政行为的行政机关确定案件的级别管辖。基层人民法院管辖第一审行政案件，对县级以上地方人民政府所作的行政行为提起诉讼的第一审行政案件，由中级人民法院管辖。本案中，邱新园对宜州市公安局（现宜州区公安局）作出的（2017）00881 号《行政处罚决定书》（以下简称"881 号处罚决定"）和宜州市政府作出的（2017）5 号《行政复议决定书》提起行政诉讼，根据法律和司法解释规定，应当以作出 881 号处罚决定的宜州市公安局（现宜州区公安局）确定案件的级别管辖，也就是说本案属于基层人民法院即河池市宜州区人民法院管辖的一审行政案件，不属于河池市中级人民法院的管辖范围。一审裁定对邱新园的起诉不予立案，二审予以维持，适用法律正确。

最高人民法院裁定：驳回邱新园的再审申请。

案例来源：（2018）最高法行申 3321 号行政裁定书

专题 ⑪ 行政诉讼程序

本专题要求考生重点掌握起诉条件与立案登记、行政诉讼简易程序、行政诉讼上诉案件的审理方式，难点是能够在具体案件中适用起诉条件，核心考点是复议前置、起诉期限、立案登记以及普通程序与简易程序的适用。本专题在主观卷考试中的题目类型是案例分析题。

第㉛讲　行政诉讼的起诉和受理

起诉是公民、法人或其他组织要求法院启动行政诉讼程序的主张，受理则是法院对符合法定条件的起诉的认可和接受，二者共同作用构成了行政诉讼程序的开始。

核心法条

《行政诉讼法》

第44条　对属于人民法院受案范围的行政案件，公民、法人或者其他组织可以先向行政机关申请复议，对复议决定不服的，再向人民法院提起诉讼；也可以直接向人民法院提起诉讼。

法律、法规规定应当先向行政机关申请复议，对复议决定不服再向人民法院提起诉讼的，依照法律、法规的规定。

第45条　公民、法人或者其他组织不服复议决定的，可以在收到复议决定书之日起15日内向人民法院提起诉讼。复议机关逾期不作决定的，申请人可以在复议期满之日起15日内向人民法院提起诉讼。法律另有规定的除外。

第46条　公民、法人或者其他组织直接向人民法院提起诉讼的，应当自知道或者应当知道作出行政行为之日起6个月内提出。法律另有规定的除外。

因不动产提起诉讼的案件自行政行为作出之日起超过20年，其他案件自行政行为作出之日起超过5年提起诉讼的，人民法院不予受理。

第47条　公民、法人或者其他组织申请行政机关履行保护其人身权、财产权等合法权益的法定职责，行政机关在接到申请之日起2个月内不履行的，公民、法人或者其他组织可以向人民法院提起诉讼。法律、法规对行政机关履行职责的期限另有规定的，从其规定。

公民、法人或者其他组织在紧急情况下请求行政机关履行保护其人身权、财产权等合法权益的法定职责，行政机关不履行的，提起诉讼不受前款规定期限的限制。

第49条　提起诉讼应当符合下列条件：

（一）原告是符合本法第25条规定的公民、法人或者其他组织；

（二）有明确的被告；

（三）有具体的诉讼请求和事实根据；

（四）属于人民法院受案范围和受诉人民法院管辖。

第51条　人民法院在接到起诉状时对符合本法规定的起诉条件的，应当登记立案。

对当场不能判定是否符合本法规定的起诉条件的，应当接收起诉状，出具注明收到日期的书面凭证，并在7日内决定是否立案。不符合起诉条件的，作出不予立案的裁定。裁定书应当载明不予立案的理由。原告对裁定不服的，可以提起上诉。

起诉状内容欠缺或者有其他错误的，应当给予指导和释明，并一次性告知当事人需要补正的内容。不得未经指导和释明即以起诉不符合条件为由不接收起诉状。

对于不接收起诉状、接收起诉状后不出具书面凭证，以及不一次性告知当事人需要补正的起诉状内容的，当事人可以向上级人民法院投诉，上级人民法院应当责令改正，并对直接负责的主管人员和其他直接责任人员依法给予处分。

第52条　人民法院既不立案，又不作出不予立案裁定的，当事人可以向上一级人民法院起诉。上一级人民法院认为符合起诉条件的，应当立案、审理，也可以指定其他下级人民法院立案、审理。

《行诉解释》

第53条第2款　对当事人依法提起的诉讼，人民法院应当根据行政诉讼法第51条的规定接收起诉状。能够判断符合起诉条件的，应当当场登记立案；当场不能判断是否符合起诉条件的，应当在接收起诉状后7日内决定是否立案；7日内仍不能作出判断的，应当先予立案。

第54条第1款　依照行政诉讼法第49条的规定，公民、法人或者其他组织提起诉讼时应当提交以下起诉材料：

（一）原告的身份证明材料以及有效联系方式；

（二）被诉行政行为或者不作为存在的材料；

（三）原告与被诉行政行为具有利害关系的材料；

（四）人民法院认为需要提交的其他材料。

第55条第2款　起诉状内容或者材料欠缺的，人民法院应当给予指导和释明，并一次性全面告知当事人需要补正的内容、补充的材料及期限。在指定期限内补正并符合起诉条件的，应当登记立案。当事人拒绝补正或者经补正仍不符合起诉条件的，退回诉状并记录在册；坚持起诉的，裁定不予立案，并载明不予立案的理由。

第64条第1款　行政机关作出行政行为时，未告知公民、法人或者其他组织起诉期限的，起诉期限从公民、法人或者其他组织知道或者应当知道起诉期限之日起计算，但从知道或者应当知道行政行为内容之日起最长不超过1年。

第65条 公民、法人或者其他组织不知道行政机关作出的行政行为内容的，其起诉期限从知道或者应当知道该行政行为内容之日起计算，但最长不得超过行政诉讼法第46条第2款规定的起诉期限。

第66条 公民、法人或者其他组织依照行政诉讼法第47条第1款的规定，对行政机关不履行法定职责提起诉讼的，应当在行政机关履行法定职责期限届满之日起6个月内提出。

第69条第1款 有下列情形之一，已经立案的，应当裁定驳回起诉：

（一）不符合行政诉讼法第49条规定的；

（二）超过法定起诉期限且无行政诉讼法第48条规定情形的；

（三）错列被告且拒绝变更的；

（四）未按照法律规定由法定代理人、指定代理人、代表人为诉讼行为的；

（五）未按照法律、法规规定先向行政机关申请复议的；

（六）重复起诉的；

（七）撤回起诉后无正当理由再行起诉的；

（八）行政行为对其合法权益明显不产生实际影响的；

（九）诉讼标的已为生效裁判或者调解书所羁束的；

（十）其他不符合法定起诉条件的情形。

《行政协议案件规定》第25条 公民、法人或者其他组织对行政机关不依法履行、未按照约定履行行政协议提起诉讼的，诉讼时效参照民事法律规范确定；对行政机关变更、解除行政协议等行政行为提起诉讼的，起诉期限依照行政诉讼法及其司法解释确定。

《行政复议法》第30条第1款 公民、法人或者其他组织认为行政机关的具体行政行为侵犯其已经依法取得的土地、矿藏、水流、森林、山岭、草原、荒地、滩涂、海域等自然资源的所有权或者使用权的，应当先申请行政复议；对行政复议决定不服的，可以依法向人民法院提起行政诉讼。

《税收征收管理法》第88条第1、2款 纳税人、扣缴义务人、纳税担保人同税务机关在纳税上发生争议时，必须先依照税务机关的纳税决定缴纳或者解缴税款及滞纳金或者提供相应的担保，然后可以依法申请行政复议；对行政复议决定不服的，可以依法向人民法院起诉。

当事人对税务机关的处罚决定、强制执行措施或者税收保全措施不服的，可以依法申请行政复议，也可以依法向人民法院起诉。

《反垄断法》

第28条 经营者集中具有或者可能具有排除、限制竞争效果的，国务院反垄断执法机构应当作出禁止经营者集中的决定。但是，经营者能够证明该集中对竞争产生的有利影响明显大于不利影响，或者符合社会公共利益的，国务院反垄断执法机构可以作出对经营者集中不予禁止的决定。

第29条 对不予禁止的经营者集中，国务院反垄断执法机构可以决定附加减少集中对竞争产生不利影响的限制性条件。

第53条 对反垄断执法机构依据本法第28条、第29条作出的决定不服的，可以先依法申请行政复议；对行政复议决定不服的，可以依法提起行政诉讼。

对反垄断执法机构作出的前款规定以外的决定不服的，可以依法申请行政复议或者提起行政诉讼。

一、起诉

起诉是行政诉讼开始的前提条件。起诉，是指公民、法人或其他组织认为行政行为侵犯其合法权益，依法请求法院行使国家审判权给予其救济的诉讼行为。提起行政诉讼必须符合起诉的一般条件、时间条件和程序条件。

（一）起诉的一般条件

起诉的一般条件是法律对提起诉讼最基本的、最普遍的要求。提起行政诉讼的一般条件是：

1. 原告是行政行为的相对人以及其他与行政行为有利害关系的公民、法人或者其他组织。

2. 有明确的被告，即原告在起诉时，原告提供的被告名称等信息足以使被告与其他行政机关相区别。

3. 有具体的诉讼请求和事实根据，诉讼请求是原告通过法院针对被告提出的、希望获得法院司法保护的实体权利要求；事实根据，是指原告向法院起诉所依据的事实和根据，包括案件情况和证据。

4. 属于法院受案范围和可由受诉法院管辖。

（二）起诉的时间条件——起诉期限

公民、法人或者其他组织提起行政诉讼，要符合起诉的时间条件，即当事人必须在法律规定的期限内提出诉讼。

1. 一般案件的起诉期限

一般案件的起诉期限分为一般期限与特别期限。

一般期限，是指适用于一般行政案件的起诉期限。该期限可分为直接向法院提起行政诉讼的一般期限与不服行政复议提起行政诉讼的一般期限两种情形。直接起诉的一般期限为自知道或者应当知道作出行政行为之日起 6 个月；不服行政复议决定（包括复议维持和复议改变）而起诉的一般期限为 15 日，即在收到复议决定书之日起 15 日内向法院提起诉讼。若复议机关逾期不作决定，当事人可以在复议期满之日起 15 日内向法院提起诉讼。

特别期限，是指行政诉讼法之外其他法律所规定的起诉期限，即直接向法院提起行政诉讼或不服行政复议提起行政诉讼的期限，法律另有规定的，应当适用相关单行法律对提起诉讼期限的规定。其他法律一般应理解为由全国人大及其常委会依照立法程序制定的规范性法律文件。

［注意］行政起诉期限和行政复议申请期限的除外规定：行政起诉期限是其他法律另有规定的除外；行政复议申请期限是其他法律规定的申请期限超过 60 日的除外。

小练习

案情：《环境保护法》规定，当事人对行政处罚决定不服，可以在接到处罚通知之日起 15

日内直接向法院起诉。某县环保局依据《环境保护法》对违法排污企业作出罚款处罚决定，该企业不服直接起诉。

问题： 该企业提起诉讼的期限是多长时间？

参考答案： 根据《行政诉讼法》第 46 条第 1 款的规定，行政诉讼的起诉期限一般情况下为 6 个月，如其他法律有特殊规定则依照特殊规定。《环境保护法》对提起行政诉讼期限作出特别规定，则应依照《环境保护法》规定的 15 日的起诉期限。因此，该企业直接起诉，则提起诉讼的期限应为 15 日。

2. 特殊作为案件的起诉期限计算及最长保护期限

目的在于：①督促行政机关依法行政，切实保护公民、法人或者其他组织的合法权益；②避免从行政行为作出到公民、法人或者其他组织起诉期限过长，可能造成法律关系的不确定。

（1）行政机关未告知公民、法人或者其他组织诉权或起诉期限的最长保护期。行政机关作出行政行为时，没有告知公民、法人或者其他组织诉权或起诉期限的，起诉期限从其知道或者应当知道诉权或者起诉期限之日起计算，但从知道或者应当知道行政行为内容之日起最长不得超过 1 年。值得注意的是，这里 1 年最长期限的起算点，不是公民、法人或者其他组织知道或应当知道诉权或起诉期限之日，而是其知道或者应当知道行政行为内容之日。

（2）公民、法人或者其他组织不知道行政行为内容时起诉期限的计算。与公民、法人或者其他组织不知道诉权或者起诉期限相比，不知道行政行为内容是更为严重的情形，对当事人的影响更大，起诉期限从其知道或者应当知道作出行政行为之日起计算。因不动产提起诉讼的案件自行政行为作出之日起超过 20 年，其他案件自行政行为作出之日起超过 5 年提起诉讼的，法院不予受理。其中，涉及不动产的主要是有关房屋所有权、使用权以及土地、林地、自然资源等案件。注意这里 5 年和 20 年最长期限的起算点，不是当事人知道或者应当知道行政行为内容之日，而是行政行为作出之日。

魏语绸缪

6 个月是起诉期限，1 年、5 年和 20 年不是起诉期限，而是诉权最长保护期限。

[注意] 作为案件的起诉期限特殊情况注意两点：①1 年适用于未告知诉权或起诉期限的情形，起算点为知道或者应当知道行政行为内容之日；②5 年与 20 年适用于当事人不知道行政行为内容的情形，起算点为行政行为作出之日。

小练习

案情： 因甲公司不能偿还到期债务，贷款银行于 2004 年 6 月 7 日向法院提起民事诉讼。银行在诉讼中得知市发展和改革委员会已于 2004 年 4 月 6 日根据申请，将某小区住宅项目的建设业主由甲公司变更为乙公司。银行认为行政机关的变更行为侵犯了其合法债权，于 2006 年 1 月 9 日向法院提起行政诉讼，请求确认市发展和改革委员会的变更行为违法。

问题： 银行的起诉期限如何确定？

参考答案： 根据《行政诉讼法》第 46 条和《行诉解释》第 65 条的规定，市发展和改革委员会作出将某小区住宅项目的建设业主由甲公司变更为乙公司的变更行为时，未告知银行变更行为的内容，银行如果认为此行为侵犯了自己的合法权益，就应当从知道行政行为内容之日起 6 个月内起诉，由于本案又涉及不动产，银行的起诉应当在行政行为作出之日起 20 年内。因此，银行应当在 2004 年 6 月 7 日之日起 6 个月内提起行政诉讼，并且起诉不得超过 2004 年 4 月 6 日之日起 20 年。

3. **不作为（行政机关不履行法定职责时）案件的起诉期限**

（1）公民、法人或者其他组织申请行政机关履行保护其人身权、财产权等合法权益的法定职责，行政机关在接到申请之日起 2 个月内不履行的，公民、法人或者其他组织可以向法院提起诉讼。法律、法规对行政机关履行职责的期限另有规定的，从其规定。

（2）公民、法人或者其他组织在紧急情况下请求行政机关履行保护其人身权、财产权等合法权益的法定职责，行政机关不履行的，提起诉讼不受上述履行职责期限的限制。

（3）公民、法人或其他组织对行政机关不履行法定职责提起诉讼的，应当在行政机关履行法定职责期限届满之日起 6 个月内提出。

🔭 小练习

案情：田某为在校大学生，2018 年 5 月 4 日以从事研究为由向某工商局提出申请，要求公开该局 2012 年度作出的所有行政处罚决定书，该局当日受理申请后一直未答复。田某向法院起诉。

问题：田某的起诉期限如何确定？

参考答案：根据《行诉解释》第 66 条和《政府信息公开条例》第 33 条第 2 款的规定，工商局在受理申请之日（2018 年 5 月 4 日）起 20 个工作日内不履行法定职责，田某可以在 20 个工作日期满之日起 6 个月内起诉。

[注意]　由于不属于起诉人自身的原因超过起诉期限的，被耽误的时间不计算在起诉期间内。因人身自由受到限制而不能提起诉讼的，被限制人身自由的时间不计算在起诉期间内。

4. **行政协议案件的起诉期限**

公民、法人或者其他组织对行政机关变更、解除行政协议等行政行为提起诉讼的，起诉期限依照行政诉讼法及其司法解释确定；公民、法人或者其他组织对行政机关不依法履行、未按照约定履行行政协议提起诉讼的，诉讼时效参照民事法律规范确定。

🔭 小练习

案情：因公共利益需要，区政府发布《国有土地上房屋征收决定公告》，决定对汽车贸易城项目范围内的国有土地上房屋实施征收。黄某开办的塑料厂处于征收范围内。区政府与黄某签订了《资产收购协议书》，约定补偿黄某 3 099 865 元。黄某领取了协议约定的补偿款后，以补偿金额过低为由向法院提起诉讼，请求确认《资产收购协议书》无效。

问题：黄某向法院提起诉讼的期限如何确定？

参考答案：黄某向法院提起诉讼适用 3 年的诉讼时效。根据《行政协议案件规定》第 25 条的规定，黄某向法院提起诉讼请求确认《资产收购协议书》无效，其诉讼时效适用民事法律规范的 3 年诉讼时效。

[总结]

一般情况	应当自知道或应当知道作出行政行为之日起 6 个月内，法律另有规定的除外。		
	经过复议的，收到复议决定或复议期满后 15 日内起诉，法律另有规定的除外。		
特殊情况	作 为		不知诉权：起诉期限从公民、法人或者其他组织知道或者应当知道诉权或者起诉期限之日起计算，但从知道或者应当知道行政行为内容之日起最长不得超过 1 年。
			不知行为内容：自知道或者应当知道作出行政行为之日起计算，因不动产提起诉讼的案件自行政行为作出之日起最长不超过 20 年；其他案件自行政行为作出之日起最长不超过 5 年。
	不作为	行政机关在接到申请之日起 2 个月内不履行的；法律、法规对行政机关履行职责的期限另有规定的除外；紧急情况除外。	
	行政协议	公民、法人或者其他组织对行政机关变更、解除行政协议等行政行为提起诉讼的，起诉期限依照行政诉讼法及其司法解释确定。	
		公民、法人或者其他组织对行政机关不依法履行、未按照约定履行行政协议提起诉讼的，诉讼时效参照民事法律规范确定。	

（三）起诉的程序条件

行政复议与行政诉讼均是解决行政争议的方式，是当事人不服行政行为寻求救济的两条途径。行政诉讼与行政复议的关系，基本是以当事人自由选择救济为原则，以行政复议前置为例外。

1. 原则上，公民、法人或者其他组织对行政行为不服，有权自由选择救济途径，可以不经复议直接向法院提起行政诉讼，也可以选择申请行政复议；在选择行政复议后，当事人对行政复议不服仍可以再向法院起诉。

2. 例外：公民、法人或者其他组织对行政行为不服，必须先申请行政复议，对行政复议不服，才能向法院起诉。在此情况下，行政复议是行政诉讼的必经程序，复议程序是行政诉讼的前置程序。复议前置属行政复议与行政诉讼关系的例外，必须由法律、法规作出规定。主要有三类案件：

[第 1 类] 对于侵犯已经依法取得的自然资源的所有权或者使用权的行政确认行为，必须首先进行行政复议。对行政复议决定不服的，可以依法向法院提起行政诉讼。这些权利包括对土地、矿藏、水流、森林、山岭、草原、荒地、滩涂、海域等自然资源的所有权或者使用权。自然资源行政诉讼复议前置案件的条件：①侵犯的是当事人已经取得的自然资源所有权或者使用权，如果当事人尚未取得这些权利或者这些权利尚在争议中，无须复

议前置；②具体行政行为确认了该自然资源的所有权或者使用权。

［第 2 类］纳税人、扣缴义务人、纳税担保人同税务机关在纳税上发生争议时，必须先依照税务机关的纳税决定缴纳或者解缴税款及滞纳金或者提供相应的担保，然后可以依法申请行政复议；对行政复议决定不服的，可以依法向法院起诉。**纳税争议**，是指纳税人、扣缴义务人、纳税担保人对税务机关确定纳税主体、征税对象、征税范围、减税、免税及退税、适用税率、计税依据、纳税环节、纳税期限、纳税地点以及税款征收方式等具体行政行为有异议而发生的争议。

> **魏语绸缪**
>
> 税务处罚决定、税务强制执行措施、税务税收保全措施不属于纳税争议，提起诉讼无须复议前置。

［第 3 类］①经营者集中具有或者可能具有排除、限制竞争效果的，国务院反垄断执法机构应当作出禁止经营者集中的决定；②经营者能够证明该集中对竞争产生的有利影响明显大于不利影响，或者符合社会公共利益的，国务院反垄断执法机构可以作出对经营者集中不予禁止的决定；③对不予禁止的经营者集中，国务院反垄断执法机构可以决定附加减少集中对竞争产生不利影响的限制性条件。对反垄断执法机构作出的上述三项决定不服的，可以依法申请行政复议；对行政复议决定不服的，可以依法提起行政诉讼。［注意］针对国务院反垄断执法机构作出的其他决定提起行政诉讼时无须复议前置。

💡 **提 示**

复议诉讼自由选择是对当事人救济权的最大尊重和保护，绝大部分的行政案件都属于这种情况；诉讼要求复议前置是对当事人救济权的一种限制，只能是少数情况，因此需要法律、法规的特别规定。

🔭 **小练习**

案情：某县地税局将个体户沈某的纳税由定额缴税变更为自行申报，并在认定沈某申报税额低于过去纳税额后，要求沈某缴纳相应税款、滞纳金，并处以罚款。

问题：沈某不服，对税务机关的哪些行为可以直接向法院提起行政诉讼？

参考答案：根据《税收征收管理法》第 88 条第 1、2 款的规定，"由定额缴税变更为自行申报的决定"和"要求缴纳税款的决定"属于个体户沈某同县地税局在纳税上发生争议，必须先申请行政复议；对行政复议决定不服的，才可以依法向人民法院起诉，不能直接向法院提起行政诉讼。"要求缴纳滞纳金的决定"和"罚款决定"属于税务机关的强制执行措施和处罚决定，不属于纳税争议，可以直接向人民法院起诉。

（四）起诉方式

公民、法人或者其他组织起诉时，①原则上应采用书面方式，应当向法院递交起诉状，并按照被告人数提出副本；②但是，书写起诉状确有困难的，可以口头起诉，由法院记入笔录，出具注明日期的书面凭证，并告知对方当事人。

二、受理

受理，是指法院对公民、法人或其他组织的起诉进行审查，对符合法定条件的起诉决定立案审理，从而引起诉讼程序开始。登记立案制度是为了解决行政诉讼"立案难"的问题，既要保障当事人合法诉权，又要保证起诉符合法律规定。登记立案制度的具体要求如下：

起诉人起诉	提交起诉材料	（1）原告的身份证明材料以及有效联系方式； （2）被诉行政行为或者不作为存在的材料； （3）原告与被诉行政行为具有利害关系的材料； （4）由法定代理人或者委托代理人代为起诉的，还应当在起诉状中写明或者在口头起诉时向人民法院说明法定代理人或者委托代理人的基本情况，并提交法定代理人或者委托代理人的身份证明和代理权限证明等材料； （5）人民法院认为需要提交的其他材料。
法院审查	审查对象	起诉状内容和材料是否完备以及是否符合起诉条件。
	当场能判断是否符合起诉条件	符合起诉条件：应当当场登记立案。
		不符合起诉条件：（1）作出不予立案的裁定，裁定书应当载明不予立案的理由； （2）当事人对裁定不服的，可以提起上诉。
	当场不能判定是否符合起诉条件	应当接收起诉状，出具注明收到日期的书面凭证，并在7日内决定是否立案；7日内仍不能作出判断的，应当先予立案。
	起诉状内容或者材料欠缺的	（1）法院应当给予指导和释明，并一次性全面告知当事人需要补正的内容、补充的材料及期限。 （2）不得未经指导和释明即以起诉不符合条件为由不接收起诉状。 （3）当事人在指定期限内补正并符合起诉条件的，应当登记立案。 （4）当事人拒绝补正或者经补正仍不符合起诉条件的，退回起诉状并记录在册；坚持起诉的，裁定不予立案，并载明不予立案的理由。
救济	不接收起诉状、不出具书面凭证，不一次性告知补正材料	当事人可以向上级法院投诉，上级法院应当责令改正，并对直接负责的主管人员和其他直接责任人员依法给予处分。
	既不立案，又不作出不予立案裁定	当事人可以向上一级法院起诉，上一级法院认为符合起诉条件的，应当立案、审理，或指定其他下级法院立案、审理。

[注意]

1. 登记立案中起诉状形式不符合要求时，为了保护当事人权利有三点要求：

（1）法院不得未经指导和释明即以起诉不符合条件为由不接收起诉状；

（2）法院应当给予指导和释明，并一次性告知当事人需要补正的内容；

（3）法院不一次性告知当事人需要补正的起诉状内容的，当事人可以向上级法院投诉，上级法院应当责令改正，并对直接负责的主管人员和其他直接责任人员依法给予处分。

2. 已经立案的，法院应当裁定驳回起诉的情形有：①不符合起诉一般条件的；②超过法定起诉期限且无正当理由的；③错列被告且拒绝变更的；④未按照法律规定由法定代理人、指定代理人、代表人为诉讼行为的；⑤未按照法律、法规规定先向行政机关申请复议的；⑥重复起诉（后诉与前诉的当事人或者诉讼标的或者诉讼请求相同）的；⑦撤回起诉后无正当理由再行起诉的；⑧行政行为对其合法权益明显不产生实际影响的；⑨诉讼标的已为生效裁判或者调解书所羁束的。法院经过阅卷、调查或者询问当事人，认为不需要开庭审理的，可以迳行裁定驳回起诉。

考点点拨

在判断一起行政案件的起诉期限时：

（1）首先要判断案件的性质，确定其属于<u>直接提起诉讼的案件</u>，还是<u>经复议才提起诉讼的案件</u>；

（2）接着是确定单行法律是否对起诉期限有特别规定，若有规定就要按照特别规定，否则就适用一般起诉期限的规定。

小练习

案情：李某不服区公安分局对其作出的行政拘留 5 日的处罚，向市公安局申请行政复议，市公安局作出维持决定。李某不服，提起行政诉讼。

问题：

（1）若李某的起诉状内容有欠缺，法院如何处理？

（2）若法院既不立案，又不作出不予立案裁定的，李某如何救济？

参考答案：

（1）根据《行政诉讼法》第51条第3款的规定，李某的起诉状内容有欠缺.法院应给予指导和释明，并一次性告知需要补正的内容。

（2）根据《行政诉讼法》第52条的规定，李某可以向上一级法院起诉。上一级法院认为符合起诉条件的，应当立案、审理，也可以指定其他下级法院立案、审理。

经典真题

案情：《政府采购法》规定，对属于地方预算的政府采购项目，其集中采购目录由省、自治区、直辖市政府或其授权的机构确定并公布。张某在浏览某省财政厅网站时未发现该省政府集中采购项目目录，在通过各种方法均未获得该目录后，于2013年2月25日向省财政厅提出公开申请。财政厅答复，政府集中采购项目目录与张某的生产、生活和科研等特殊需要没有直接关系，拒绝公开。张某向省政府申请行政复议，要求认定省财政厅未主动公开目录违法，并责令其公开。省政府于4月10日受理，但在法定期限内未作出复议决定。张某不服，于6月18日以省政府为被告向法院提起诉讼。（2013/4/六）

问题：法院是否应当受理此案？为什么？[1]

---

〔1〕 法院应当受理此案。根据《行政诉讼法》第26条第3款和《行诉解释》第56条第2款的规定，复议机关在法定期限内不作出复议决定，当事人对复议机关不作为不服向法院起诉的，属于行政诉讼受案范围，被告为复议机关，且张某具有原告资格，起诉未超过法定期限，不存在不受理的情形，故法院应当受理此案。

第32讲 行政诉讼的第一审程序

核心法条

《行政诉讼法》

第54条 人民法院公开审理行政案件，但涉及国家秘密、个人隐私和法律另有规定的除外。

涉及商业秘密的案件，当事人申请不公开审理的，可以不公开审理。

第67条 人民法院应当在立案之日起5日内，将起诉状副本发送被告。被告应当在收到起诉状副本之日起15日内向人民法院提交作出行政行为的证据和所依据的规范性文件，并提出答辩状。人民法院应当在收到答辩状之日起5日内，将答辩状副本发送原告。

被告不提出答辩状的，不影响人民法院审理。

第68条 人民法院审理行政案件，由审判员组成合议庭，或者由审判员、陪审员组成合议庭。合议庭的成员，应当是3人以上的单数。

第79条 复议机关与作出原行政行为的行政机关为共同被告的案件，人民法院应当对复议决定和原行政行为一并作出裁判。

第80条 人民法院对公开审理和不公开审理的案件，一律公开宣告判决。

当庭宣判的，应当在10日内发送判决书；定期宣判的，宣判后立即发给判决书。

宣告判决时，必须告知当事人上诉权利、上诉期限和上诉的人民法院。

第81条 人民法院应当在立案之日起6个月内作出第一审判决。有特殊情况需要延长的，由高级人民法院批准，高级人民法院审理第一审案件需要延长的，由最高人民法院批准。

第82条 人民法院审理下列第一审行政案件，认为事实清楚、权利义务关系明确、争议不大的，可以适用简易程序：

（一）被诉行政行为是依法当场作出的；

（二）案件涉及款额2000元以下的；

（三）属于政府信息公开案件的。

除前款规定以外的第一审行政案件，当事人各方同意适用简易程序的，可以适用简易程序。

发回重审、按照审判监督程序再审的案件不适用简易程序。

第83条 适用简易程序审理的行政案件，由审判员一人独任审理，并应当在立案之日起45日内审结。

第84条 人民法院在审理过程中，发现案件不宜适用简易程序的，裁定转为普通程序。

《行诉解释》

第103条 适用简易程序审理的行政案件，人民法院可以用口头通知、电话、短信、传真、电子邮件等简便方式传唤当事人、通知证人、送达裁判文书以外的诉讼文书。

以简便方式送达的开庭通知，未经当事人确认或者没有其他证据证明当事人已经收到的，人民法院不得缺席判决。

第 104 条　适用简易程序案件的举证期限由人民法院确定，也可以由当事人协商一致并经人民法院准许，但不得超过 15 日。被告要求书面答辩的，人民法院可以确定合理的答辩期间。

人民法院应当将举证期限和开庭日期告知双方当事人，并向当事人说明逾期举证以及拒不到庭的法律后果，由双方当事人在笔录和开庭传票的送达回证上签名或者捺印。

当事人双方均表示同意立即开庭或者缩短举证期限、答辩期间的，人民法院可以立即开庭审理或者确定近期开庭。

第 105 条　人民法院发现案情复杂，需要转为普通程序审理的，应当在审理期限届满前作出裁定并将合议庭组成人员及相关事项书面通知双方当事人。

案件转为普通程序审理的，审理期限自人民法院立案之日起计算。

《政府信息公开案件规定》第 6 条　人民法院审理政府信息公开行政案件，应当视情采取适当的审理方式，以避免泄露涉及国家秘密、商业秘密、个人隐私或者法律规定的其他应当保密的政府信息。

《行政协议案件规定》第 11 条　人民法院审理行政协议案件，应当对被告订立、履行、变更、解除行政协议的行为是否具有法定职权、是否滥用职权、适用法律法规是否正确、是否遵守法定程序、是否明显不当、是否履行相应法定职责进行合法性审查。

原告认为被告未依法或者未按照约定履行行政协议的，人民法院应当针对其诉讼请求，对被告是否具有相应义务或者履行相应义务等进行审查。

行政诉讼第一审程序，是指法院自立案至作出第一审判决的诉讼程序。行政诉讼第一审程序分为普通程序和简易程序。

一、普通程序

普通程序，是行政诉讼第一审中除适用简易程序外所有行政诉讼案件适用的程序，是第一审程序中最基础的程序。

（一）审理前的准备

审理前的准备，是指法院在受理案件后至开庭审理前，审判人员所进行的准备工作。主要包括下列内容：

组成合议庭	（1）由审判员或审判员、陪审员组成合议庭； （2）合议庭成员应是 3 人以上的单数。
交换诉状	（1）法院应在立案之日起 5 日内，将起诉状副本和应诉通知书发送被告，通知被告应诉； （2）被告应当在收到起诉状副本之日起 15 日内提交答辩状； （3）法院应在收到被告答辩状之日起 5 日内，将答辩状副本发送原告。
处理管辖异议	（1）当事人提出管辖异议，应在收到起诉状副本之日起 15 日内提出； （2）法院审查异议成立的，应裁定将案件移送有管辖权的法院，异议不成立的，应裁定驳回。

调查收集证据	（1）法院通知当事人补充材料或证据； （2）法院可以根据需要主动调查收集证据； （3）法院可以组织当事人向对方出示或者交换证据。

（二）庭审的一般程序

开庭前准备	法院应在开庭3日前传唤当事人。
审理准备	（1）核对当事人、诉讼代理人、第三人，告知当事人的诉讼权利和义务； （2）宣布合议庭组成人员，询问当事人是否申请回避。
法庭调查	查明案件事实，审查核实证据。
法庭辩论	各方当事人论述自己的意见，反驳对方的主张。
合议庭评议	（1）评议不对外公开，采取少数服从多数原则； （2）评议应当制作笔录，对不同意见必须如实记入笔录，评议笔录由合议庭成员及书记员签名。
宣读判决	（1）法院对公开审理和不公开审理的案件，一律公开宣告判决。 （2）当庭宣判的，应当在10日内发送判决书；定期宣判的，宣判后立即发给判决书。 （3）宣告判决时，必须告知当事人上诉权利、上诉期限和上诉的法院。

（三）审理对象、审理方式与审理期限

1. 审理对象

（1）经复议案件的审理对象

❶复议维持的，复议维持决定和原行政行为是审理对象；

❷复议改变的，复议改变决定是审理对象。

💡 提 示

复议维持还是复议改变直接决定着行政诉讼的审查和裁判对象：复议维持的，复议维持决定和原行政行为是行政诉讼的审查和裁判对象；复议改变的，复议改变决定是行政诉讼的审查和裁判对象，原行政行为不是行政诉讼的审查和裁判对象。

（2）行政协议案件的审理对象

❶对行政优益权行为的合法性审查。人民法院对被告订立、履行、变更、解除行政协议的行为是否具有法定职权、是否滥用职权、适用法律法规是否正确、是否遵守法定程序、是否明显不当、是否履行相应法定职责进行全面的合法性审查，不受原告诉讼请求的限制。

❷对行政违约行为的审查。原告认为被告未依法或者未按照约定履行行政协议的，人民法院应当针对其诉讼请求，对被告是否具有相应义务或者履行相应义务等进行审查。

2. 审理方式

（1）以公开审理为原则，但涉及国家秘密、个人隐私和法律另有规定的除外；

（2）涉及商业秘密的案件，当事人申请不公开审理的，可以不公开审理；

（3）政府信息公开行政案件，应当视情形采取适当的审理方式，以避免泄露涉及国家秘密、商业秘密、个人隐私或者法律规定的其他应当保密的政府信息。

3．审理期限：法院应当自立案之日起 6 个月内作出判决。

小练习

案情：某药厂以本厂过期药品作为主原料，更改生产日期和批号生产出售。甲市乙县药监局以该药厂违反《药品管理法》第 98 条第 1 款关于违法生产药品规定，决定没收药品并处罚款 20 万元。药厂不服向县政府申请复议，县政府依《药品管理法》第 98 条第 3 款关于生产劣药行为的规定，决定维持处罚决定。药厂起诉。

问题：如何确定法院的审理对象？

参考答案：县政府作出复议决定，改变了原行政行为的法律依据，但决定维持处罚结果，根据《行诉解释》第 22 条第 1 款的规定，视为复议维持，根据《行政诉讼法》第 26 条第 2 款的规定，县药监局和县政府为共同被告，根据《行政诉讼法》第 79 条的规定，复议机关与作出原行政行为的行政机关为共同被告的案件，人民法院应当对复议决定和原行政行为一并作出裁判。县药监局的处罚决定和县政府维持处罚的复议决定均为法院的审理对象。

二、简易程序

（一）适用范围

1．法定可适用的案件

法院审理下列第一审行政案件，认为事实清楚、权利义务关系明确、争议不大的，可以适用简易程序：①被诉行政行为是依法当场作出的；②案件涉及款额 2000 元以下的；③属于政府信息公开案件的。

2．约定可适用的案件

第一审行政案件，当事人各方同意适用简易程序的，可以适用简易程序。

3．不得适用的案件

发回重审、按照审判监督程序再审的案件不适用简易程序。

（二）简易程序的要求

对于适用简易程序审理的行政案件：①由审判员 1 人独任审理；②法院应当在立案之日起 45 日内审结。

1．传唤、通知

法院可以用口头通知、电话、短信、传真、电子邮件等简便方式传唤当事人、通知证人、送达裁判文书以外的诉讼文书。以简便方式送达的开庭通知，未经当事人确认或者没有其他证据证明当事人已经收到的，法院不得缺席判决。

2．开庭前的举证期限与答辩期限

（1）举证期限由法院确定，也可以由当事人协商一致并经人民法院准许，但不得超过 15 日。被告要求书面答辩的，法院可以确定合理的答辩期间。

（2）法院应当将举证期限和开庭日期告知双方当事人，并向当事人说明逾期举证以及拒不到庭的法律后果，由双方当事人在笔录和开庭传票的送达回证上签名或者捺印。

（3）当事人双方均表示同意立即开庭或者缩短举证期限、答辩期间的，法院可以立即开庭审理或者确定近期开庭。

（三）简易程序向普通程序的转换

法院在审理过程中，发现案件不宜适用简易程序的，裁定转为普通程序。法院应当在审理期限届满前作出裁定并将合议庭组成人员及相关事项书面通知双方当事人。案件转为普通程序审理的，审理期限自人民法院立案之日起计算。

📚 **考点点拨**

1. 行政诉讼适用简易程序的两种情况

（1）法定的第一审案件——事实清楚、权利义务关系明确、争议不大（被诉行政行为是依法当场作出的案件、涉及款额2000元以下的案件、政府信息公开案件）；

（2）约定的第一审案件——当事人各方同意适用。

2. 行政诉讼简易程序与普通程序的明显区别：审理时间分别是45日与6个月；审理组织分别是独任制与合议制。

🔭 小练习

案情：交警大队以方某闯红灯为由当场处以50元罚款，方某不服起诉。法院适用简易程序审理。

问题：

（1）法院是否组成合议庭审理案件？

（2）法院在立案之日起几日内审结？

（3）法院在审理过程中发现不宜适用简易程序的，如何处理？

（4）对法院作出的判决，方某能否提出上诉？

参考答案：

（1）法院适用简易程序审理案件，根据《行政诉讼法》第83条的规定，采取独任制，由审判员一人独任审理，不组成合议庭审理。

（2）法院适用简易程序审理案件，根据《行政诉讼法》第83条的规定，法院应当在立案之日起45日内审结。

（3）根据《行政诉讼法》第84条的规定，法院在审理过程中发现案件不宜适用简易程序的，裁定转为普通程序。

（4）根据《行政诉讼法》第7条的规定，对法院作出的判决，方某有权提出上诉。

经典真题

案情：某公司系转制成立的有限责任公司，股东15人。全体股东通过的公司章程规定，董事长为法定代表人。对董事长产生及变更办法，章程未作规定。股东会议选举甲、乙、丙、丁四人担任公司董事并组成董事会，董事会选举甲为董事长。

后乙、丙、丁三人组织召开临时股东会议，会议通过罢免甲董事长职务并解除其董事，选举乙为董事长的决议。乙向区工商分局递交法定代表人变更登记申请，经多次补正后该局受理其申请。

其后，该局以乙递交的申请缺少修改后明确董事长变更办法的公司章程和公司法定代表人签署的变更登记申请书等材料，不符合法律、法规规定为由，作出登记驳回通知书。

乙、丙、丁三人向市工商局提出复议申请，市工商局经复议后认定三人提出的变更登记申请不符合受理条件，分局作出的登记驳回通知错误，决定予以撤销。

三人遂向法院起诉，并向法院提交了公司的章程、经过公证的临时股东会决议。(2015/4/六)

问题：

1. 如何确定本案的审理和裁判对象？如市工商局在行政复议中维持区工商分局的行为，有何不同？[1]

2. 《行政诉讼法》对一审法院宣判有何要求？[2]

第33讲　行政诉讼的第二审程序

核心法条

《行政诉讼法》

第85条　当事人不服人民法院第一审判决的，有权在判决书送达之日起15日内向上一级人民法院提起上诉。当事人不服人民法院第一审裁定的，有权在裁定书送达之日起10日内向上一级人民法院提起上诉。逾期不提起上诉的，人民法院的第一审判决或者裁定发生法律效力。

第86条　人民法院对上诉案件，应当组成合议庭，开庭审理。经过阅卷、调查和询问当事人，对没有提出新的事实、证据或者理由，合议庭认为不需要开庭审理的，也可以不开庭审理。

第87条　人民法院审理上诉案件，应当对原审人民法院的判决、裁定和被诉行政行为进行全面审查。

第88条　人民法院审理上诉案件，应当在收到上诉状之日起3个月内作出终审判决。有特殊情况需要延长的，由高级人民法院批准，高级人民法院审理上诉案件需要延长的，由最高人民法院批准。

《行诉解释》第108条　当事人提出上诉，应当按照其他当事人或者诉讼代理人的人数提出上诉状副本。

原审人民法院收到上诉状，应当在5日内将上诉状副本发送其他当事人，对方当事人

---

　　〔1〕　本案的审理裁判对象是市工商局撤销区工商分局通知的行为。如果市工商局维持了区工商分局的行为，根据《行政诉讼法》第79条的规定，原行政行为（登记驳回通知书）和复议决定（维持决定）均为案件的审理对象，法院应一并作出裁判。

　　〔2〕　根据《行政诉讼法》第80条的规定，一律公开宣告判决。当庭宣判的，应当在10日内发送判决书；定期宣判的，宣判后立即发送判决书。宣判时，必须告知当事人上诉权利、上诉期限和上诉的法院。

应当在收到上诉状副本之日起 15 日内提出答辩状。

原审人民法院应当在收到答辩状之日起 5 日内将副本发送上诉人。对方当事人不提出答辩状的，不影响人民法院审理。

原审人民法院收到上诉状、答辩状，应当在 5 日内连同全部案卷和证据，报送第二审人民法院；已经预收的诉讼费用，一并报送。

行政诉讼第二审程序，是指当事人不服地方各级法院尚未生效的第一审判决或裁定，依法向上一级法院提起上诉，上一级法院据此对案件进行再次审理所适用的程序。

一、上诉的提起和受理

（一）上诉的提起

上诉是当事人对地方各级法院尚未发生法律效力的第一审判决、裁定，在法定期限内以书面形式请求上一级法院对案件进行审理的诉讼行为。

当事人提起上诉的条件：

1. 上诉人是第一审程序中的原告、被告、法院判决承担义务或者减损其权益的第三人及其法定代理人、经授权的委托代理人。

2. 上诉的对象是地方各级法院第一审尚未发生法律效力的判决和对驳回起诉、不予受理、管辖权异议所作出的裁定。

3. 上诉期限是判决书送达之日起 15 日内、裁定书送达之日起 10 日内。

4. 上诉既可以通过原审法院提出，也可以直接向第二审法院提出。

（二）上诉的受理

原审法院收到上诉状（包括当事人提交的和第二审法院移交的），应当审查：

1. 对有欠缺的上诉状，应当要求当事人限期补正。

2. 上诉状内容无欠缺的，原审法院应当在 5 日内将上诉状副本送达被上诉人，被上诉人在收到上诉状副本之日起 15 日内提出答辩状。

3. 原审法院收到上诉状、答辩状，应当在 5 日内连同全部案卷，报送第二审法院。

第二审法院经过审查：①认为上诉符合法定条件，应予以受理；②认为不符合法定条件，应当裁定不予受理。

二、上诉案件的审理

上诉案件的审理与第一审案件基本相同。特殊之处主要体现在：

1. 审理方式

法院对上诉案件，应当组成合议庭，开庭审理。经过阅卷、调查和询问当事人，对没有提出新的事实、证据或者理由，合议庭认为不需要开庭审理的，也可以不开庭审理。

> 💡 **提　示**
>
> 行政诉讼的二审审理方式原则上是开庭审理，例外情况下是书面审理。例外情况是：①当事人没有提出新的事实、证据或者理由；②合议庭认为不需要开庭审理。

2. 审理对象

法院审理上诉案件，应当对原审法院的判决、裁定和被诉行政行为进行全面审查，不受上诉范围的限制。

3. 审理期限

法院审理第二审行政案件，应当自收到上诉状之日起 3 个月内作出终审判决。

小练习

案情：县政府以某化工厂不符合国家产业政策、污染严重为由，决定强制关闭该化工厂。该化工厂向法院起诉要求撤销该决定。一审法院认定县政府决定违法，予以撤销，县政府提出上诉。

问题：

（1）二审法院能否以不开庭方式审理该上诉案件？

（2）二审法院的审理对象如何确定？

参考答案：

（1）根据《行政诉讼法》第 86 条的规定，二审法院原则上应当采取开庭审理的方式，但当事人没有提出新的事实、证据或者理由，合议庭认为不需要开庭审理的，也可以不开庭审理。

（2）根据《行政诉讼法》第 87 条的规定，法院在二审中进行全面审查，既要对原审法院的撤销判决进行审查，还要对县政府的强制关闭决定进行审查。

经典真题

案情：因某市某区花园小区进行旧城改造，区政府作出《关于做好花园小区旧城改造房屋拆迁补偿安置工作的通知》，王某等 205 户被拆迁户对该通知不服，向区政府申请行政复议，要求撤销该通知。区政府作出《行政复议告知书》，告知王某等被拆迁户向市政府申请复议。市政府作出《行政复议决定书》，认为《通知》是抽象行政行为，裁定不予受理复议申请。王某等 205 户被拆迁户不服市政府不予受理复议申请的决定，向法院提起诉讼。一审法院认为，在非复议前置前提下，当事人对复议机关不予受理决定不服而起诉，要求法院立案受理缺乏法律依据，裁定驳回原告起诉。（2008/4/六）

问题：

1. 若本案原告不服一审裁定，提起上诉的主要理由是什么？[1]

2. 本案一、二审法院审理的对象是什么？为什么？[2]

3. 若本案原告不服一审裁定提起上诉，在二审期间市政府会同区政府调整了补偿标准，上诉人申请撤回上诉，法院是否应予准许？理由是什么？[3]

---

〔1〕若本案原告不服一审裁定，提起上诉的主要理由是：复议机关不受理复议申请的行为是具体行政行为，无论是否属于行政复议前置的情形，只要原告不服复议决定，均可以起诉，法院应予受理。

〔2〕本案一、二审法院审理的对象是市政府不予受理复议申请的决定。因为原告起诉要求撤销的就是该决定，故法院应当以该决定作为合法性审查的对象。

〔3〕若本案原告上诉后市政府会同区政府调整了补偿标准，上诉人可以申请撤回上诉，法院经审查，若认为该市、区政府调整补偿标准的行为不违反法律法规的禁止性规定，不超越或放弃职权，不损害公共利益和他人合法权益，申请撤回上诉是上诉人的真实意思表示，第三人无异议的，应予准许。

案例拓展

张尚义、张尚奇诉山西省五台县人民政府行政处理案

关键词：最长起诉期限

2010 年 5 月 23 日，五台县政府向茹村乡人民政府、山西煤炭运销集团天和煤业有限公司（以下简称"天和公司"）在内的多家单位下发了五政发〔2010〕35号《关于批转山西煤炭运销集团天和煤业有限公司和大同煤矿集团忻州同华煤业有限公司煤矿露天开采涉及农村有关问题处理方案的通知》（以下简称"五政发〔2010〕35 号文件"）。该通知下发后，天和公司与五台县茹村乡山角村村委会签订了《露天煤矿征占用林地补偿协议》。天和公司与张尚奇签订了移民补偿协议，将其与张尚义在山角村的共有房屋、祖坟补偿款等一并领取。

法院裁判：

山西省大同市中级人民法院一审认为：从煤矿企业兼并重组的整个过程看，五台县政府作出的五政发〔2010〕35 号文件并无不当，且张尚义、张尚奇均已获得相应补偿，判决驳回张尚义、张尚奇的诉讼请求。

山西省高级人民法院二审认为：本案被诉行政行为是五台县政府作出的五政发〔2010〕35 号文件，从文件内容看，主要是针对天和公司移民搬迁补偿、占地、生态绿化、复垦，新村选址、安全隐患排查处置等事项作出的原则性规定。根据《行政诉讼法》第 46 条第 2 款的规定，"因不动产提起诉讼的案件自行政行为作出之日起超过20 年，其他案件自行政行为作出之日起超过 5 年提起诉讼的，人民法院不予受理。"该条规定的"因不动产提起诉讼"，主要是指行政行为直接针对不动产的所有权和使用权的案件，即对不动产具有直接处分性的案件，比如房屋登记、土地确权、房屋拆迁类案件。对于不影响不动产所有权、使用权，而只是涉及不动产内容的，不属于"因不动产提起诉讼"。本案被诉的五政发〔2010〕35 号文件只是涉及不动产相关内容，不涉及对土地、房屋所有权、使用权的处分内容，故应当适用"其他案件"最长 5 年的起诉期限。被诉行政行为作出于 2010 年 5 月 23 日，张尚义、张尚奇于 2016 年 5 月 24日提起诉讼，已经超过最长 5 年的起诉期限。裁定撤销山西省大同市中级人民法院行政判决，驳回张尚义、张尚奇的起诉。

最高人民法院认为：根据《行政诉讼法》第 90 条的规定，当事人对已经发生法律效力的判决、裁定，认为确有错误的，可以向上一级人民法院申请再审。就本案而言，已经发生法律效力的判决、裁定，是山西省高级人民法院作出的行政裁定，该裁定撤销了一审判决，驳回了张尚义、张尚奇的起诉。其改判理由主要有两点：①本案不属于"因不动产提起诉讼的案件"；②本案已经超过了最长 5 年的起诉期限。张尚义、张尚奇正是对此认定表示不服。因此，这两个问题成为最高人民法院审查的重点。

1. "因不动产提起的行政诉讼"

"因不动产提起的行政诉讼"，在行政诉讼中涉及两个重要问题：①专属管辖；②最

长起诉期限。《行政诉讼法》第 20 条规定："因不动产提起的行政诉讼，由不动产所在地人民法院管辖。"这一规定被称为专属管辖。作出这种制度安排，主要是考虑法院行使审判权的便利性。不动产所在地法院能够就近调查、勘验、取证、测量，以及就近执行判决。实践中，对于何为"不动产"并无争议，一般是指不能移动其位置或者其位置移动后就会引起其性能、价值、形状等改变的财产，主要指土地（包括滩涂、草原、山岭、荒地等）及其地面附着物。真正存在争议的是何为"因不动产"，亦即如何界定"因不动产提起的行政诉讼"。通说认为，一般是指因行政行为直接针对不动产而引起的行政纠纷，而不应当扩大解释为与不动产有任何联系的行政纠纷。正是基于这种认识，《行诉解释》第 9 条第 1 款进一步作出界定："行政诉讼法第 20 条规定的'因不动产提起的行政诉讼'，是指因行政行为导致不动产物权变动而提起的诉讼。"所谓"因行政行为导致不动产物权变动"，是指因行政行为直接导致不动产物权设立、变更、转让、消灭等法律效果。

2. 最长起诉期限

"因不动产提起的行政诉讼"，也涉及最长起诉期限的确定。《行政诉讼法》第 46 条第 2 款规定："因不动产提起诉讼的案件自行政行为作出之日起超过 20 年，其他案件自行政行为作出之日起超过 5 年提起诉讼的，人民法院不予受理。"《行诉解释》第 9 条第 1 款虽然是对《行政诉讼法》第 20 条的解释，但也同样适用于第 46 条第 2 款。亦即，适用 20 年最长保护期限的案件，仅限于"因行政行为导致不动产物权变动而提起的诉讼"。本案中，山西省高级人民法院二审认为，"本案被诉的五政发〔2010〕35 号文件只是涉及不动产相关内容，不涉及对土地、房屋所有权、使用权的处分内容，故应当适用'其他案件'最长 5 年的起诉期限"，符合前述司法解释规定的精神。其认定"被诉行政行为作出于 2010 年 5 月 23 日，张尚义、张尚奇于 2016 年 5 月 24 日提起诉讼，已经超过最长 5 年的起诉期限"，具有相应的事实根据。最高人民法院注意到，张尚义、张尚奇因为服刑在一定期间内人身自由受到限制。虽然《行政诉讼法》第 48 条对"因不可抗力或者其他不属于其自身的原因耽误起诉期限的"以及"因前款规定以外的其他特殊情况耽误起诉期限的"，作出了起诉期限可以扣除或者延长的规定，但该规定并不适用于《行政诉讼法》第 46 条第 2 款规定的 5 年和 20 年的最长起诉期限。这是因为，所谓最长起诉期限属于客观期间，无论什么原因，都不发生扣除、延长。

最高人民法院裁定：驳回张尚义、张尚奇的再审申请。

案例来源：（2017）最高法行申 8347 号行政裁定书

专题 **12** 行政诉讼的特殊制度

> **应试指导**
>
> 　　本专题阐释行政案件审理中各项特殊制度和两种诉讼特殊形式，特点是知识点繁杂，重点是行政公益诉讼和行政附带民事诉讼，难点是理解和运用行政案件审理中各项特殊制度。本专题在主观卷中的题目类型是案例分析题。

第 **34** 讲　　行政案件审理中的特殊制度

核心法条

《行政诉讼法》

第 56 条　诉讼期间，不停止行政行为的执行。但有下列情形之一的，裁定停止执行：

（一）被告认为需要停止执行的；

（二）原告或者利害关系人申请停止执行，人民法院认为该行政行为的执行会造成难以弥补的损失，并且停止执行不损害国家利益、社会公共利益的；

（三）人民法院认为该行政行为的执行会给国家利益、社会公共利益造成重大损害的；

（四）法律、法规规定停止执行的。

当事人对停止执行或者不停止执行的裁定不服的，可以申请复议一次。

第 57 条　人民法院对起诉行政机关没有依法支付抚恤金、最低生活保障金和工伤、医疗社会保险金的案件，权利义务关系明确、不先予执行将严重影响原告生活的，可以根据原告的申请，裁定先予执行。

当事人对先予执行裁定不服的，可以申请复议一次。复议期间不停止裁定的执行。

第 58 条　经人民法院传票传唤，原告无正当理由拒不到庭，或者未经法庭许可中途退庭的，可以按照撤诉处理；被告无正当理由拒不到庭，或者未经法庭许可中途退庭的，可以缺席判决。

第 60 条　人民法院审理行政案件，不适用调解。但是，行政赔偿、补偿以及行政机关行使法律、法规规定的自由裁量权的案件可以调解。

调解应当遵循自愿、合法原则，不得损害国家利益、社会公共利益和他人合法权益。

第 62 条　人民法院对行政案件宣告判决或者裁定前，原告申请撤诉的，或者被告改变其所作的行政行为，原告同意并申请撤诉的，是否准许，由人民法院裁定。

第 66 条第 2 款　人民法院对被告经传票传唤无正当理由拒不到庭，或者未经法庭许可中途退庭的，可以将被告拒不到庭或者中途退庭的情况予以公告，并可以向监察机关或者被告的上一级行政机关提出依法给予其主要负责人或者直接责任人员处分的司法建议。

《行诉解释》

第 60 条　人民法院裁定准许原告撤诉后，原告以同一事实和理由重新起诉的，人民法院不予立案。

准予撤诉的裁定确有错误，原告申请再审的，人民法院应当通过审判监督程序撤销原准予撤诉的裁定，重新对案件进行审理。

第 61 条　原告或者上诉人未按规定的期限预交案件受理费，又不提出缓交、减交、免交申请，或者提出申请未获批准的，按自动撤诉处理。在按撤诉处理后，原告或者上诉人在法定期限内再次起诉或者上诉，并依法解决诉讼费预交问题的，人民法院应予立案。

第 79 条第 3 款　根据行政诉讼法第 58 条的规定，被告经传票传唤无正当理由拒不到庭，或者未经法庭许可中途退庭的，人民法院可以按期开庭或者继续开庭审理，对到庭的当事人诉讼请求、双方的诉辩理由以及已经提交的证据及其他诉讼材料进行审理后，依法缺席判决。

第 81 条　被告在一审期间改变被诉行政行为的，应当书面告知人民法院。

原告或者第三人对改变后的行政行为不服提起诉讼的，人民法院应当就改变后的行政行为进行审理。

被告改变原违法行政行为，原告仍要求确认原行政行为违法的，人民法院应当依法作出确认判决。

原告起诉被告不作为，在诉讼中被告作出行政行为，原告不撤诉的，人民法院应当就不作为依法作出确认判决。

第 84 条　人民法院审理行政诉讼法第 60 条第 1 款规定的行政案件，认为法律关系明确、事实清楚，在征得当事人双方同意后，可以迳行调解。

第 85 条　调解达成协议，人民法院应当制作调解书。调解书应当写明诉讼请求、案件的事实和调解结果。

调解书由审判人员、书记员署名，加盖人民法院印章，送达双方当事人。

调解书经双方当事人签收后，即具有法律效力。调解书生效日期根据最后收到调解书的当事人签收的日期确定。

第 86 条　人民法院审理行政案件，调解过程不公开，但当事人同意公开的除外。

经人民法院准许，第三人可以参加调解。人民法院认为有必要的，可以通知第三人参加调解。

调解协议内容不公开，但为保护国家利益、社会公共利益、他人合法权益，人民法院认为确有必要公开的除外。

当事人一方或者双方不愿调解、调解未达成协议的，人民法院应当及时判决。

当事人自行和解或者调解达成协议后，请求人民法院按照和解协议或者调解协议的内容制作判决书的，人民法院不予准许。

《政府信息公开案件规定》第11条第2款　诉讼期间，原告申请停止公开涉及其商业秘密、个人隐私的政府信息，人民法院经审查认为公开该政府信息会造成难以弥补的损失，并且停止公开不损害公共利益的，可以依照《中华人民共和国行政诉讼法》第44条（现为第56条）的规定，裁定暂时停止公开。

《最高人民法院关于行政诉讼撤诉若干问题的规定》

第2条　被告改变被诉具体行政行为，原告申请撤诉，符合下列条件的，人民法院应当裁定准许：

（一）申请撤诉是当事人真实意思表示；

（二）被告改变被诉具体行政行为，不违反法律、法规的禁止性规定，不超越或者放弃职权，不损害公共利益和他人合法权益；

（三）被告已经改变或者决定改变被诉具体行政行为，并书面告知人民法院；

（四）第三人无异议。

第3条　有下列情形之一的，属于行政诉讼法第51条（现为第62条）规定的"被告改变其所作的具体行政行为"：

（一）改变被诉具体行政行为所认定的主要事实和证据；

（二）改变被诉具体行政行为所适用的规范依据且对定性产生影响；

（三）撤销、部分撤销或者变更被诉具体行政行为处理结果。

第8条第1款　第二审或者再审期间行政机关改变被诉具体行政行为，当事人申请撤回上诉或者再审申请的，参照本规定。

《行政协议案件规定》第23条　人民法院审理行政协议案件，可以依法进行调解。

人民法院进行调解时，应当遵循自愿、合法原则，不得损害国家利益、社会公共利益和他人合法权益。

一、行政诉讼期间行政行为的执行

1. 原则上不停止执行

行政行为一经作出即推定为合法有效，具有执行力，即使行政行为被诉后，在行政诉讼期间，原则上不停止行政行为的执行。

2. 例外情况下停止执行

在行政诉讼期间，例外情况下停止行政行为的执行：

（1）被告行政机关认为需要停止执行的。

（2）法院依申请停止执行行政行为：原告或者利害关系人申请停止执行，法院认为该行政行为的执行会造成难以弥补的损失，并且停止执行不损害国家利益、社会公共利益的。

━━ 📖 提　示 ━━━━━━━━━━━━━━━━━━━━━━━━━━━━━━━━━

政府信息公开诉讼期间，原告申请停止公开涉及其商业秘密、个人隐私的政府信息，法院经审查认为公开该政府信息会造成难以弥补的损失，并且停止公开不损害公共利益的，可以裁定暂时停止公开。

（3）**法院依职权停止执行行政行为**：法院认为该行政行为的执行会给国家利益、社会公共利益造成重大损害的。

（4）**法律、法规规定停止执行的**。

3. 救济

当事人对停止执行或者不停止执行的裁定不服的，可以<u>申请复议一次</u>。

🔭 小练习

案情：某区公安局突击检查孔某经营的娱乐城，孔某向正在赌博的人员通风报信，某区公安局对孔某拘留 10 日，孔某不服提起诉讼。

问题：公安机关是否暂缓执行拘留决定？

参考答案：根据《行政诉讼法》第 56 条第 1 款的规定，诉讼期间不停止行政行为的执行，除非有停止执行需要，法院才裁定停止执行。因此，孔某起诉不会导致公安机关停止行政处罚的执行。当然，根据《治安管理处罚法》第 107 条的规定，孔某向区公安局提出暂缓执行拘留的申请，区公安局认为暂缓执行拘留不致发生社会危险的，由孔某或者其近亲属提出符合条件的担保人，或者按每日拘留 200 元的标准交纳保证金，拘留的处罚决定暂缓执行。

二、行政诉讼中的撤诉

行政诉讼中的撤诉，是指原告或上诉人（或原审原告或原审上诉人）自立案至法院作出裁判前，向法院撤回自己的诉讼请求，不再要求法院对案件进行审理的行为。

根据撤诉是否由当事人提出，撤诉分为申请撤诉和视为撤诉两类。

1. **申请撤诉**

申请撤诉是当事人对自己诉讼权利的积极处分，当事人主动向受诉法院<u>提出撤诉申请</u>，不再要求受诉法院对案件继续进行审理。

被告改变被诉具体行政行为，原告申请撤诉，法院准予原告撤诉的四个条件：

（1）<u>申请撤诉是当事人真实意思表示</u>；

（2）被告改变被诉行政行为，不违反法律、法规的禁止性规定，不超越或者放弃职权，不损害公共利益和他人合法权益；

（3）被告已经改变或者决定改变被诉具体行政行为，并书面告知人民法院；

（4）第三人无异议。

2. **视为撤诉**

视为撤诉是当事人对自己诉讼权利的消极处分，<u>当事人拒绝履行法定诉讼义务</u>，视为其申请撤诉的情形：

（1）原告或上诉人经传票传唤，<u>无正当理由拒不到庭</u>，可以按撤诉处理；

（2）原告或上诉人<u>未经法庭许可中途退庭</u>，可以按撤诉处理；

（3）原告或上诉人<u>未按规定的期限预交案件受理费</u>，又不提出缓交、减交、免交申请，或者提出申请未获批准的，按自动撤诉处理。

当事人申请撤诉或者可以按撤诉处理的案件，当事人有违反法律的行为需要依法处理的，法院可以<u>不准许撤诉或者不按撤诉处理</u>。

3. 撤诉后果

（1）无论是申请撤诉还是视为撤诉，直接的法律后果就是导致诉讼程序的终结；

（2）原告以同一事实和理由重新起诉的，法院不予受理，但是，在按撤诉处理后，原告或者上诉人在法定期限内再次起诉或者上诉，并依法解决诉讼费预交问题的，法院应予受理；

（3）准予撤诉的裁定确有错误，原告申请再审的，法院应当通过审判监督程序撤销原准予撤诉的裁定，重新对案件进行审理。

三、被告缺席

缺席与对席相对而言，是指开庭审理时，法院在一方当事人或双方当事人未到庭陈述、辩论的情况下进行审理。对被告缺席处理的意义在于维护法律的尊严，充分保护到庭当事人的合法权益，不使诉讼因被告的随意缺席而半途而废。

1. 被告缺席的情形

（1）经法院传票传唤，被告无正当理由拒不到庭；

（2）被告未经法庭许可而中途退庭。

2. 被告缺席的处理

（1）法院可以缺席判决；

（2）可以将被告拒不到庭或者中途退庭的情况予以公告；

（3）可以向监察机关或者被告的上一级行政机关提出依法给予其主要负责人或者直接责任人员处分的司法建议。

小练习

案情：县环保局以一企业逾期未完成限期治理任务为由，决定对其加收超标准排污费并处以罚款1万元。该企业认为决定违法诉至法院，提出赔偿请求。

问题：

（1）法院开庭审理时，若县环保局经传票传唤无正当理由拒不到庭，法院如何处理？

（2）法院开庭审理时，若该企业未经法庭许可中途退庭，法院如何处理？

参考答案：

（1）根据《行政诉讼法》第58条、第66条第2款和《行诉解释》第79条第3款的规定，县环保局经传票传唤无正当理由拒不到庭，法院可以按期开庭或者继续开庭审理后缺席判决，可以将县环保局拒不到庭的情况予以公告，并可以向监察机关或者县环保局的上一级行政机关提出依法给予其主要负责人或者直接责任人员处分的司法建议。

（2）根据《行政诉讼法》第58条的规定，该企业未经法庭许可中途退庭，法院可按撤诉处理。

四、先予执行

对判决的先予执行，是指为解决当事人一方生活或生产的紧迫需要，根据其申请，裁定另一方当事人给付申请人一定的钱物，或者实施或停止某种行为的制度。行政诉讼中判决的先予执行，主要体现为对原告的保护。法院对起诉行政机关没有依法支付抚恤金、最低生活保障金和工伤、医疗社会保险金的案件，权利义务关系明确、不先予执行将严重影响原告生活的，可以根据原告的申请，裁定先予执行。

[总结]

适用范围	（1）行政机关没有依法支付抚恤金案件； （2）行政机关没有依法支付最低生活保障金案件； （3）行政机关没有依法支付工伤、医疗社会保险金案件。
适用条件	（1）权利义务关系明确、不先予执行将严重影响原告生活的； （2）原告申请。
救　　济	当事人对先予执行裁定不服的，可以申请复议一次，复议期间不停止裁定的执行。

[注意]　先予执行的适用条件

（1）实体条件——行政机关没有依法支付抚恤金、最低生活保障金和工伤、医疗社会保险金的案件，权利义务关系明确、不先予执行将严重影响原告生活；

（2）程序条件——原告申请。

小练习

案情：陈某申请领取最低生活保障费，遭民政局拒绝。陈某诉至法院，要求判令民政局履行法定职责，同时申请法院先予执行。

问题：法院是否可以裁定先予执行？

参考答案：根据《行政诉讼法》第 57 条第 1 款的规定，陈某申请先予执行案件属于先予执行的范围，若权利义务关系明确、不先予执行将严重影响陈某生活的，法院可以裁定先予执行。

五、被告改变被诉行政行为

行政行为一旦被诉，一般是不允许被诉行政机关任意改变被诉行政行为的。但是，为给被诉行政机关提供主动纠正错误的机会和积极化解行政争议，也允许被诉行政机关改变被诉行政行为，随之会引起诉讼程序的变化。

被告改变被诉 行政行为情形	实质改变：①改变主要事实和证据；②改变规范依据且对定性产生影响；③撤销、部分撤销或者变更处理结果。
	视为改变：①履行法定职责；②采取补救、补偿等措施；③行政裁决案件中，书面认可原告与第三人达成的和解。
被告改变被诉 行政行为程序	被告既可以在第一审期间改变，也可以在第二审期间和再审期间改变。
	被告改变被诉行政行为应当书面告知法院。
行政诉讼 程序变化	（1）原告申请撤诉，经法院准许后诉讼结束； （2）原告不撤诉，法院继续审理原行为； （3）原告或第三人起诉新的行为，法院审理新行为并作出判决； （4）不作为案件被告已作为，原告不撤诉，法院继续审理不作为的合法性。

[注意] 行政诉讼中被告改变行政行为与行政复议机关改变原行政行为是不同的：

（1）只要符合行政行为认定的事实改变、适用的规范依据改变和处理结果改变中任何一种情形就认定为行政诉讼中被告改变行政行为，即使处理结果没有改变，但认定的事实改变或适用的规范依据改变，就是被告改变行政行为；

（2）只有符合行政行为处理结果改变的才是行政复议机关改变行政行为，即使认定的事实改变或适用的规范依据改变的，但处理结果没有改变的，仍然视为行政复议机关没有改变行政行为。

小练习

案情：县政府针对甲、乙两村土地使用权争议作出的处理决定被诉后，甲、乙两村达成和解，县政府书面予以认可。

问题：本案是否属于行政诉讼中被告改变被诉行政行为？

参考答案：根据《行政诉讼法》第 62 条和《最高人民法院关于行政诉讼撤诉若干问题的规定》第 4 条的规定，县政府书面认可甲、乙两村达成和解，视为改变县政府针对甲、乙两村土地使用权争议作出的处理决定，属于视为行政诉讼中被告改变被诉行政行为的情形。

六、行政诉讼的调解

行政诉讼原则上不适用调解，但在例外情况下可以调解。

调解范围	行政赔偿、行政补偿、行政协议以及行政机关行使法律、法规规定的自由裁量权的案件。
调解原则	遵循自愿、合法原则，不得损害国家利益、社会公共利益和他人合法权益。
迳行调解	法律关系明确、事实清楚的，法院在征得当事人双方同意后可迳行调解。
调解书	（1）调解书应当写明诉讼请求、案件的事实和调解结果； （2）调解书由审判人员、书记员署名，加盖法院印章，送达双方当事人； （3）调解书经双方当事人签收后即具有法律效力。
第三人参加调解	经法院准许，第三人可以参加调解，法院也可以通知第三人参加调解。
调解不公开	（1）调解过程不公开，但当事人同意公开的除外； （2）调解协议内容不公开，但为保护国家利益、社会公共利益、他人合法权益，法院认为确有必要公开的除外。
调解与判决	（1）当事人一方或者双方不愿调解、调解未达成协议的，法院应当及时判决； （2）当事人自行和解或者调解达成协议后，请求法院按照和解协议或者调解协议的内容制作判决书的，法院不予准许。

经典真题

材料：近年来，为妥善化解行政争议，促进公民、法人或者其他组织与行政机关相互理解沟通，维护社会和谐稳定，全国各级法院积极探索运用协调、和解方式解决行政争议。2008 年，最高人民法院发布《关于行政诉讼撤诉若干问题的规定》，从制度层面对行政诉讼的协调、和解工作机制作出规范，为促进行政争议双方和解，通过原告自愿撤诉实现"案结事了"提供了更大的空间。

近日，最高人民法院《人民法院工作年度报告（2009）》披露，"在 2009 年审结的行政诉讼案件中，通过加大协调力度，行政相对人与行政机关和解后撤诉的案件达 43 280 件，占一审行政案件的 35.91%。"

总体上看，法院的上述做法取得了较好的社会效果，赢得了公众和社会的认可。但也有人担心，普遍运用协调、和解方式解决行政争议，与行政诉讼法规定的合法性审查原则不完全一致，也与行政诉讼的功能与作用不完全相符。（2010/4/七）

问题：请对运用协调、和解方式解决行政争议的做法等问题谈谈你的意见。[1]

答题要求：

1. 观点明确，逻辑严谨，说理充分，层次清晰，文字通畅。

2. 字数不少于 500 字。

第35讲　行政附带民事诉讼

核心法条

《行政诉讼法》**第 61 条**　在涉及行政许可、登记、征收、征用和行政机关对民事争议所作的裁决的行政诉讼中，当事人申请一并解决相关民事争议的，人民法院可以一并审理。

在行政诉讼中，人民法院认为行政案件的审理需以民事诉讼的裁判为依据的，可以裁定中止行政诉讼。

《行诉解释》

第 137 条　公民、法人或者其他组织请求一并审理行政诉讼法第 61 条规定的相关民事争议，应当在第一审开庭审理前提出；有正当理由的，也可以在法庭调查中提出。

第 138 条　人民法院决定在行政诉讼中一并审理相关民事争议，或者案件当事人一致同意相关民事争议在行政诉讼中一并解决，人民法院准许的，由受理行政案件的人民法院管辖。

公民、法人或者其他组织请求一并审理相关民事争议，人民法院经审查发现行政案件已经超过起诉期限，民事案件尚未立案的，告知当事人另行提起民事诉讼；民事案件已经

---

〔1〕　1. 和解与调解是解决民事争议的重要方式。行政法的核心原则是合法行政，行政机关行使的国家职权不能随意处分。行政诉讼重在审查和判定行政机关作出的行政行为是否合法，行政诉讼作为行政争议解决机制，原则上没有和解与调解的空间和可能。

2. 随着实践发展，社会对和解与调解引入行政诉讼有了新的认识。虽然行政机关不得放弃或任意处分自己的权力，但行政机关享有广泛的裁量权，和解与调解在行政争议解决中并非完全没有存在的空间和可能。《行政诉讼法》所规定的撤诉制度在实践中也的确起到和解的作用。

3. 和解与调解在行政诉讼中的运用与在民事诉讼中的使用有所不同，须受到更多的限制。行政赔偿、补偿以及行政机关行使法律、法规规定的自由裁量权的案件可以调解。行政诉讼中运用和解与调解不得违反法律法规的禁止性规定，不得超越或者放弃职权，不得损害公共利益和他人合法权益，要实现保护公民、法人或者其他组织合法权益的目的。

4. 对行政诉讼中和解与调解的使用，既要保持开放态度，化解行政争议，也要保持一定的警惕，要克服把和解与调解转化成为"和稀泥"和无原则调处的倾向，更要避免它们演化成为对原告的压制和对法治的放弃的做法。

立案的，由原审判组织继续审理。

人民法院在审理行政案件中发现民事争议为解决行政争议的基础，当事人没有请求人民法院一并审理相关民事争议的，人民法院应当告知当事人依法申请一并解决民事争议。当事人就民事争议另行提起民事诉讼并已立案的，人民法院应当中止行政诉讼的审理。民事争议处理期间不计算在行政诉讼审理期限内。

第139条 有下列情形之一的，人民法院应当作出不予准许一并审理民事争议的决定，并告知当事人可以依法通过其他渠道主张权利：

（一）法律规定应当由行政机关先行处理的；

（二）违反民事诉讼法专属管辖规定或者协议管辖约定的；

（三）约定仲裁或者已经提起民事诉讼的；

（四）其他不宜一并审理民事争议的情形。

对不予准许的决定可以申请复议一次。

第140条 人民法院在行政诉讼中一并审理相关民事争议的，民事争议应当单独立案，由同一审判组织审理。

人民法院审理行政机关对民事争议所作裁决的案件，一并审理民事争议的，不另行立案。

第141条 人民法院一并审理相关民事争议，适用民事法律规范的相关规定，法律另有规定的除外。

当事人在调解中对民事权益的处分，不能作为审查被诉行政行为合法性的根据。

第142条 对行政争议和民事争议应当分别裁判。

当事人仅对行政裁判或者民事裁判提出上诉的，未上诉的裁判在上诉期满后即发生法律效力。第一审人民法院应当将全部案卷一并移送第二审人民法院，由行政审判庭审理。第二审人民法院发现未上诉的生效裁判确有错误的，应当按照审判监督程序再审。

《行政赔偿案件规定》[1] **第20条** 在涉及行政许可、登记、征收、征用和行政机关对民事争议所作的裁决的行政案件中，原告提起行政赔偿诉讼的同时，有关当事人申请一并解决相关民事争议的，人民法院可以一并审理。

行政附带民事诉讼是法院在审理行政案件的同时，对与引起该案件的行政争议相关的民事纠纷一并审理的诉讼。行政附带民事诉讼实质上是两种不同性质诉讼的合并，行政诉讼解决的是行政争议，民事诉讼解决的是民事纠纷，将两种诉讼合并审理的目的是节省诉讼成本，提高审判效率。

适用条件	（1）涉及行政许可、登记、征收、征用和行政机关对民事争议所作的裁决的行政诉讼（包括一并提起行政赔偿诉讼）。 （2）当事人申请一并解决相关民事争议。 （3）当事人应当在第一审开庭审理前提出，有正当理由的，也可以在法庭调查中提出。对于法院不予准许的决定，可以申请复议一次。 （4）法院在审理行政案件中发现民事争议为解决行政争议的基础，当事人没有请求法院一并审理相关民事争议的，法院应当告知当事人依法申请一并解决民事争议。

---

〔1〕 全称为《最高人民法院关于审理行政赔偿案件若干问题的规定》，以下简称《行政赔偿案件规定》。

不适用情形	(1) 法律规定应当由行政机关先行处理的民事争议； (2) 违反《民事诉讼法》专属管辖规定或者协议管辖约定的民事争议； (3) 已经申请仲裁或者提起民事诉讼的民事争议。
管　辖	由受理行政案件的法院管辖。
立　案	(1) 由同一审判组织审理； (2) 涉及行政许可、登记、征收、征用的民事争议案件，民事争议应当单独立案； (3) 行政机关对民事争议所作裁决的案件，一并审理民事争议的，不另行立案。
审　理	(1) 审理相关民事争议，适用民事法律规范的相关规定，法律另有规定的除外； (2) 当事人在调解中对民事权益的处分，不能作为审查被诉行政行为合法性的根据。
撤　诉	(1) 行政诉讼原告在宣判前申请撤诉的，是否准许由法院裁定； (2) 法院裁定准许行政诉讼原告撤诉，但其对已经提起的一并审理相关民事争议不撤诉的，法院应当继续审理。
裁　判	(1) 行政争议和民事争议应当分别裁判。 (2) 当事人仅对行政裁判或者民事裁判提出上诉的，未上诉的裁判在上诉期满后即发生法律效力；第一审法院应当将全部案卷一并移送第二审法院，由行政审判庭审理；第二审法院发现未上诉的生效裁判确有错误的，应当按照审判监督程序再审。
诉讼费用	法院一并审理相关民事争议，应当按行政案件、民事案件的标准分别收取诉讼费用。

[注意] 行政附带民事诉讼要区分行政许可、登记、征收、征用涉及民事争议的案件和行政机关对民事争议裁决的案件：前者行政案件与民事案件是分别立案，而后者是行政案件与民事案件一并立案。

[指导案例] 行政附带民事公益诉讼

1. 检察机关在履行职责中发现负有监督管理职责的行政机关存在违法行政行为，导致发生污染环境，侵害社会公共利益的行为，且违法行政行为是民事侵权行为的先决或者前提行为，在履行行政公益诉讼和民事公益诉讼诉前程序后，违法行政行为和民事侵权行为未得到纠正，在没有适格主体或者适格主体不提起诉讼的情况下，检察机关可以参照《行政诉讼法》第 61 条第 1 款的规定，向人民法院提起行政附带民事公益诉讼，由法院一并审理。（最高人民检察院检例第 29 号：白山市江源区卫生和计划生育局及江源区中医院行政附带民事公益诉讼案）

2. 人民法院在审理人民检察院提起的环境行政公益诉讼案件时，对人民检察院就同一污染环境行为提起的环境民事公益诉讼，可以参照行政诉讼法及其司法解释规定，采取分别立案、一并审理、分别判决的方式处理。（最高人民法院指导案例 136 号：吉林省白山市人民检察院诉白山市江源区卫生和计划生育局、白山市江源区中医院环境公益诉讼案）

小练习

案情： 甲、乙两村因土地使用权发生争议，县政府裁决使用权归甲村。乙村不服向法院起诉撤销县政府的裁决，并请求法院判定使用权归乙村。

问题：

（1）乙村应当在什么时间提出土地使用权归属请求？

（2）针对乙村提出的土地使用权归属请求，法院如何立案？法院是否应当另行组成合议庭审理？

参考答案：

（1）根据《行诉解释》第137条规定，乙村应于第一审开庭审理前提出土地使用权归属请求，有正当理由的，乙村也可以在法庭调查中提出。

（2）根据《行诉解释》第140条第1款规定，针对乙村提出的土地使用权归属请求，民事争议应当单独立案，由同一审判组织审理，不需要另行组成合议庭审理。

第36讲 行政公益诉讼

核心法条

《行政诉讼法》第25条第4款 人民检察院在履行职责中发现生态环境和资源保护、食品药品安全、国有财产保护、国有土地使用权出让等领域负有监督管理职责的行政机关违法行使职权或者不作为，致使国家利益或者社会公共利益受到侵害的，应当向行政机关提出检察建议，督促其依法履行职责。行政机关不依法履行职责的，人民检察院依法向人民法院提起诉讼。

《检察公益诉讼解释》[1]

第4条 人民检察院以公益诉讼起诉人身份提起公益诉讼，依照民事诉讼法、行政诉讼法享有相应的诉讼权利，履行相应的诉讼义务，但法律、司法解释另有规定的除外。

第5条第2款 基层人民检察院提起的第一审行政公益诉讼案件，由被诉行政机关所在地基层人民法院管辖。

第6条 人民检察院办理公益诉讼案件，可以向有关行政机关以及其他组织、公民调查收集证据材料；有关行政机关以及其他组织、公民应当配合；需要采取证据保全措施的，依照民事诉讼法、行政诉讼法相关规定办理。

第8条 人民法院开庭审理人民检察院提起的公益诉讼案件，应当在开庭3日前向人民检察院送达出庭通知书。

人民检察院应当派员出庭，并应当自收到人民法院出庭通知书之日起3日内向人民法院提交派员出庭通知书。派员出庭通知书应当写明出庭人员的姓名、法律职务以及出庭履行的具体职责。

第10条 人民检察院不服人民法院第一审判决、裁定的，可以向上一级人民法院提起上诉。

第12条 人民检察院提起公益诉讼案件判决、裁定发生法律效力，被告不履行的，人民法院应当移送执行。

---

〔1〕 全称为《最高人民法院、最高人民检察院关于检察公益诉讼案件适用法律若干问题的解释》，以下简称《检察公益诉讼解释》。

第21条 人民检察院在履行职责中发现生态环境和资源保护、食品药品安全、国有财产保护、国有土地使用权出让等领域负有监督管理职责的行政机关违法行使职权或者不作为，致使国家利益或者社会公共利益受到侵害的，应当向行政机关提出检察建议，督促其依法履行职责。

行政机关应当在收到检察建议书之日起2个月内依法履行职责，并书面回复人民检察院。出现国家利益或者社会公共利益损害继续扩大等紧急情形的，行政机关应当在15日内书面回复。

行政机关不依法履行职责的，人民检察院依法向人民法院提起诉讼。

第22条 人民检察院提起行政公益诉讼应当提交下列材料：

（一）行政公益诉讼起诉书，并按照被告人数提出副本；

（二）被告违法行使职权或者不作为，致使国家利益或者社会公共利益受到侵害的证明材料；

（三）已经履行诉前程序，行政机关仍不依法履行职责或者纠正违法行为的证明材料。

第24条 在行政公益诉讼案件审理过程中，被告纠正违法行为或者依法履行职责而使人民检察院的诉讼请求全部实现，人民检察院撤回起诉的，人民法院应当裁定准许；人民检察院变更诉讼请求，请求确认原行政行为违法的，人民法院应当判决确认违法。

第25条 人民法院区分下列情形作出行政公益诉讼判决：

（一）被诉行政行为具有行政诉讼法第74条、第75条规定情形之一的，判决确认违法或者确认无效，并可以同时判决责令行政机关采取补救措施；

（二）被诉行政行为具有行政诉讼法第70条规定情形之一的，判决撤销或者部分撤销，并可以判决被诉行政机关重新作出行政行为；

（三）被诉行政机关不履行法定职责的，判决在一定期限内履行；

（四）被诉行政机关作出的行政处罚明显不当，或者其他行政行为涉及对款额的确定、认定确有错误的，可以判决予以变更；

（五）被诉行政行为证据确凿，适用法律、法规正确，符合法定程序，未超越职权，未滥用职权，无明显不当，或者人民检察院诉请被诉行政机关履行法定职责理由不成立的，判决驳回诉讼请求。

人民法院可以将判决结果告知被诉行政机关所属的人民政府或者其他相关的职能部门。

行政公益诉讼，是指人民检察院认为行政机关违法行使职权或者不作为，致使国家利益或者社会公共利益受到侵害，依法向人民法院提起的行政诉讼。

诉前程序	（1）检察院在履行职责中发现生态环境和资源保护、食品药品安全、国有财产保护、国有土地使用权出让等领域负有监督管理职责的行政机关违法行使职权或者不作为，致使国家利益或者社会公共利益受到侵害的，应当向行政机关提出检察建议，督促其依法履行职责。 （2）行政机关应当在收到检察建议书之日起2个月内依法履行职责，并书面回复检察院。出现国家利益或者社会公共利益损害继续扩大等紧急情形的，行政机关应当在15日内书面回复。 （3）行政机关不依法履行职责的，检察院依法向法院提起诉讼。

续表

管 辖	基层检察院起诉	被诉行政机关所在地基层法院管辖。
检察院	公益诉讼起诉人	依照《行政诉讼法》享有相应的诉讼权利，履行相应的诉讼义务，但法律、司法解释另有规定的除外。
起 诉	检察院应当提交的材料	(1) 行政公益诉讼起诉书，并按照被告人数提出副本； (2) 被告违法行使职权或者不作为，致使国家利益或者社会公共利益受到侵害的证明材料； (3) 检察机关已经履行诉前程序，行政机关仍不依法履行职责或者纠正违法行为的证明材料。
出 庭	检察院派员出庭	(1) 法院开庭审理检察院提起的公益诉讼案件，应当在开庭3日前向检察院送达出庭通知书； (2) 检察院应当派员出庭，并应当自收到出庭通知书之日起3日内向法院提交派员出庭通知书。
证据保全		检察院办理公益诉讼案件，需要采取证据保全措施的，依照《行政诉讼法》相关规定办理。
上 诉		检察院不服法院第一审判决、裁定的，可以向上一级法院提起上诉。
执 行		(1) 法院可以将判决结果告知被诉行政机关所属的政府或者其他相关的职能部门； (2) 被告不履行生效判决、裁定的，法院应当移送执行。

行政公益诉讼要处理好审判权与检察权、行政权的关系，既要支持检察机关提起公益诉讼，又要平等保护各方诉讼主体的合法权益。行政公益诉讼在遵循一般行政诉讼规则的基础上，特别要注意行政公益诉讼的特别规则。

1. 行政公益诉讼的受案范围：生态环境和资源保护、食品药品安全、国有财产保护、国有土地使用权出让等领域负有监督管理职责的行政机关违法行使职权或者不作为致使国家利益或者社会公共利益受到侵害。

2. 行政公益诉讼的前置程序：检察院向行政机关提出检察建议，督促其依法履行职责→行政机关应当在收到检察建议书之日起2个月（紧急情形的15日）内依法履行职责，并书面回复检察院→行政机关不依法履行职责，检察院提起行政公益诉讼。

3. 管辖：基层检察院起诉的，被诉行政机关所在地基层法院管辖。

4. 检察院派员出庭：法院应当在开庭3日前向检察院送达出庭通知书，检察院应当自收到出庭通知书之日起3日内向法院提交派员出庭通知书，法院按照出庭通知书的内容确认出庭检察人员诉讼行为的法律效力。

5. 证据保全：检察院在调查收集证据过程中需要提取、封存证据采取强制性保全措施的情况下，应依据《行政诉讼法》关于证据保全的规定向法院提出申请。

6. 上诉与抗诉：提起诉讼的检察院有上诉权，上级人民检察院对于生效裁判有抗诉权。

7. 行政公益诉讼判决作出后，可以将判决结果告知被诉行政机关所属的人民政府或者其他相关的职能部门，目的是督促被诉行政机关积极履行裁判义务。

[指导案例]

1. 诉前检察建议的意义。发出检察建议是检察机关提起行政公益诉讼的前置程序，目的是增强行政机关纠正违法行政行为的主动性，有效节约司法资源。（最高人民检察院检例第 31 号：清流县环保局行政公益诉讼案）

2. 诉前检察建议实现公益。检察机关通过检察建议实现了督促行政机关依法履职、维护国家利益和社会公共利益目的的，不需要再向人民法院提起诉讼。（最高人民检察院检例第 50 号：湖南省长沙县城乡规划建设局等不依法履职案）

3. 行政机关对检察建议的整改回复。一级政府对本行政区域的环境质量保护负有法定职责。政府在履行农村环境综合整治职责中违法行使职权或者不作为，损害社会公共利益的，检察机关可以发出检察建议督促其依法履职。对此，检察机关应当跟进调查；对于无正当理由未整改到位的，可以依法提起行政公益诉讼。（最高人民检察院检例第 63 号：湖北省天门市人民检察院诉拖市镇政府不依法履行职责行政公益诉讼案）

4. 行政机关怠于履行法定职责的判断。负有监督管理职责的行政机关对侵害生态环境和资源保护领域的侵权人进行行政处罚后，怠于履行法定职责，既未依法履行后续监督、管理职责，也未申请人民法院强制执行，导致国家和社会公共利益未脱离受侵害状态，经诉前程序后，人民检察院可以向人民法院提起行政公益诉讼。（最高人民检察院检例第 30 号：郧阳区林业局行政公益诉讼案）

5. 行政机关履行法定职责到位的判断。行政相对人违法行为是否停止可以作为判断行政机关履行法定职责到位的一个标准。（最高人民检察院检例第 32 号：锦屏县环保局行政公益诉讼案）

6. 行政机关全面履职的判断。行政机关在履行环境保护监管职责时，虽有履职行为，但未依法全面运用行政监管手段制止违法行为，检察机关经诉前程序仍未实现督促行政机关依法全面履职目的的，应当向人民法院提起行政公益诉讼。（最高人民检察院检例第 49 号：陕西省宝鸡市环境保护局凤翔分局不全面履职案）

7. 行政机关履行法定职责的判断标准。环境行政公益诉讼中，人民法院应当以相对人的违法行为是否得到有效制止，行政机关是否充分、及时、有效采取法定监管措施，以及国家利益或者社会公共利益是否得到有效保护，作为审查行政机关是否履行法定职责的标准。（最高人民法院指导案例 137 号：云南省剑川县人民检察院诉剑川县森林公安局怠于履行法定职责环境行政公益诉讼案）

8. 检察院变更诉讼请求的条件。行政公益诉讼审理过程中，行政机关纠正违法行为或者依法履行职责而使人民检察院的诉讼请求实现的，人民检察院可以变更诉讼请求。（最高人民检察院检例第 31 号：清流县环保局行政公益诉讼案）

小练习

案情： 2013 年 1 月，王某受玉鑫公司的委托在国有林区开挖公路，县林业局接报后交县森林公安局进行查处。县森林公安局于 2013 年 2 月 27 日向王某和玉鑫公司送达处罚决定书：责令限期恢复原状，罚款 2 万元。玉鑫公司交纳罚款后，县森林公安局予以结案。2016 年 11 月 9 日，县人民检察院向县森林公安局发出检察建议：采取有效措施，恢复森林植被。2016 年 12 月 8 日，县森林公安局回复称：已责令王某限期恢复原状并进行催告，鉴于王某死亡，执行终止。对于玉鑫公司，县森林公安局没有向其发出催告书。县检察院以县森林公安局为被告提起行政诉讼，法院受理。

问题：

（1）如何确定本案的管辖法院？

（2）县森林公安局于 2016 年 12 月 8 日的回复是否符合期限要求？为什么？

（3）县检察院能否直接提起行政诉讼？

（4）县检察院起诉应当提交哪些材料？

（5）若某合法登记的环保公益组织针对县森林公安局未履行职责行为提起行政诉讼，法院如何处理？

参考答案：

（1）县检察院向法院提起行政诉讼，被告是县森林公安局。根据《检察公益诉讼解释》第 5 条第 2 款规定，本案的管辖法院是县森林公安局所在地的基层法院。

（2）县森林公安局的回复符合期限要求。根据《检察公益诉讼解释》第 21 条第 2 款规定，行政机关应当在收到检察建议书之日起两个月内书面回复检察院。2016 年 11 月 9 日县人民检察院发出检察建议，县森林公安局在 2016 年 12 月 8 日回复符合期限要求。

（3）根据《行政诉讼法》第 25 条第 4 款的规定，县检察院应当发出《检察建议书》，履行了诉前程序，才能向法院提起行政公益诉讼，而不能直接提起诉讼。

（4）根据《检察公益诉讼解释》第 22 条规定，县检察院起诉应当提交的材料有：①行政公益诉讼起诉书；②县森林公安局不作为致使国家利益或者社会公共利益受到侵害的证明材料；③县检察院已经履行诉前程序，县森林公安局仍不依法履行职责的证明材料。

（5）法院不予受理。根据《行政诉讼法》第 25 条第 1 款的规定，某合法登记的环保公益组织不是县森林公安局未履行职责行为的相对人或者利害关系人，无权提起行政诉讼。

案例拓展

江苏省宿迁市宿城区人民检察院诉沭阳县农业委员会不履行林业监督管理法定职责行政公益诉讼案

关键词：行政公益诉讼

2016 年 1 至 3 月，仲兴年于沭阳县七处地点盗伐林木 444 棵，立木蓄积 122 余立方米。其中在沭阳县林地保护利用规划范围内盗伐杨树合计 253 棵。2017 年 3 月 7 日，沭阳县人民法院以盗伐林木罪判处仲兴年有期徒刑 7 年 6 个月，并处罚金 3 万元，追缴违法所得 2.4 万元。2017 年 9 月 29 日，江苏省宿迁市宿城区人民检察院（以下简称"宿城区检察院"）向沭阳县农业委员会（以下简称"沭阳农委"）发送检察建议，督促沭阳农委对仲兴年盗伐林木行为依法处理，确保受侵害林业生态得以恢复。沭阳农委于 2017 年 10 月 16 日、12 月 15 日两次电话反映该委无权对仲兴年履行行政职责，未就仲兴年盗伐林木行为进行行政处理，案涉地点林地生态环境未得到恢复。2018 年 3 月 27 日，沭阳农委仅在盗伐地点补植白蜡树苗 180 棵。

法院裁判：

江苏省宿迁市宿城区人民法院一审认为，沭阳农委作为沭阳县林业主管部门，对案涉盗伐林木等违法行为负有监督和管理职责。仲兴年在林地保护利用规划范围内盗伐林木，不仅侵害了他人林木所有权，也损害了林木的生态效益和功能。宿城区检察院经依法向沭阳农委发送检察建议，督促沭阳农委依法履职无果后，提起行政公益诉讼，符合法律规定。仲兴年因盗伐林木行为已被追究的刑事责任为有期徒刑、罚金、追缴违法所得，不能涵盖补种盗伐株数 10 倍树木的行政责任。沭阳农委收到检察建议书后未责令仲兴年补种树木，其嗣后补种的株数和代履行程序亦不符合法律规定，未能及时、正确、完全履行法定职责。一审法院判决确认沭阳农委不履行林业监督管理法定职责的行为违法，应依法对仲兴年作出责令补种盗伐 253 棵杨树 10 倍树木的行政处理决定。

案例来源：2019 年 3 月 2 日最高人民法院
公布生态环境保护十大典型案例之十

　　本专题阐释行政诉讼的审理依据，事实依据即证据，法律依据即法律适用，需要考生了解行政诉讼证据的概念和种类，难点是行政诉讼证据规则和行政诉讼法律冲突的适用规则，核心考点是现场笔录要求、原告举证责任、被告举证期限、取证与质证规则、法律冲突的适用规则。本专题在主观题考试中的题目类型是案例分析题。

第 ③⑦ 讲　行政诉讼的证据种类和要求

核心法条

《行政诉讼法》第 33 条　证据包括：

（一）书证；

（二）物证；

（三）视听资料；

（四）电子数据；

（五）证人证言；

（六）当事人的陈述；

（七）鉴定意见；

（八）勘验笔录、现场笔录。

以上证据经法庭审查属实，才能作为认定案件事实的根据。

《行诉解释》第 41 条　有下列情形之一，原告或者第三人要求相关行政执法人员出庭说明的，人民法院可以准许：

（一）对现场笔录的合法性或者真实性有异议的；

（二）对扣押财产的品种或者数量有异议的；

（三）对检验的物品取样或者保管有异议的；

（四）对行政执法人员身份的合法性有异议的；

（五）需要出庭说明的其他情形。

《行政诉讼证据规定》[1]

第 10 条 根据行政诉讼法第 31 条（现为第 33 条）第 1 款第 1 项的规定，当事人向人民法院提供书证的，应当符合下列要求：

（一）提供书证的原件，原本、正本和副本均属于书证的原件。提供原件确有困难的，可以提供与原件核对无误的复印件、照片、节录本；

（二）提供由有关部门保管的书证原件的复制件、影印件或者抄录件的，应当注明出处，经该部门核对无异后加盖其印章；

（三）提供报表、图纸、会计帐册、专业技术资料、科技文献等书证的，应当附有说明材料；

（四）被告提供的被诉具体行政行为所依据的询问、陈述、谈话类笔录，应当有行政执法人员、被询问人、陈述人、谈话人签名或者盖章。

法律、法规、司法解释和规章对书证的制作形式另有规定的，从其规定。

第 11 条 根据行政诉讼法第 31 条（现为第 33 条）第 1 款第 2 项的规定，当事人向人民法院提供物证的，应当符合下列要求：

（一）提供原物。提供原物确有困难的，可以提供与原物核对无误的复制件或者证明该物证的照片、录像等其他证据；

（二）原物为数量较多的种类物的，提供其中的一部分。

第 12 条 根据行政诉讼法第 31 条（现为第 33 条）第 1 款第 3 项的规定，当事人向人民法院提供计算机数据或者录音、录像等视听资料的，应当符合下列要求：

（一）提供有关资料的原始载体。提供原始载体确有困难的，可以提供复制件；

（二）注明制作方法、制作时间、制作人和证明对象等；

（三）声音资料应当附有该声音内容的文字记录。

第 13 条 根据行政诉讼法第 31 条第 1 款第 4 项（现为第 33 条第 1 款第 5 项）的规定，当事人向人民法院提供证人证言的，应当符合下列要求：

（一）写明证人的姓名、年龄、性别、职业、住址等基本情况；

（二）有证人的签名，不能签名的，应当以盖章等方式证明；

（三）注明出具日期；

（四）附有居民身份证复印件等证明证人身份的文件。

第 14 条 根据行政诉讼法第 31 条第 1 款第 6 项（现为第 33 条第 1 款第 7 项）的规定，被告向人民法院提供的在行政程序中采用的鉴定结论（注：2014 年修正后的《行政诉讼法》规定为鉴定意见），应当载明委托人和委托鉴定的事项、向鉴定部门提交的相关材料、鉴定的依据和使用的科学技术手段、鉴定部门和鉴定人鉴定资格的说明，并应有鉴定人的签名和鉴定部门的盖章。通过分析获得的鉴定结论，应当说明分析过程。

第 15 条 根据行政诉讼法第 31 条第 1 款第 7 项（现为第 33 条第 1 款第 8 项）的规定，被告向人民法院提供的现场笔录，应当载明时间、地点和事件等内容，并由执法人员

---

[1] 全称为《最高人民法院关于行政诉讼证据若干问题的规定》，以下简称《行政诉讼证据规定》。

和当事人签名。当事人拒绝签名或者不能签名的，应当注明原因。有其他人在现场的，可由其他人签名。法律、法规和规章对现场笔录的制作形式另有规定的，从其规定。

行政诉讼证据，是指在行政诉讼过程中，一切用来证明案件事实情况的材料。它既包括当事人向法院提交的证据，也包括法院在必要情况下依法收集的证据，所有证据都必须经法庭查证属实才能作为认定案件事实的根据。

根据《行政诉讼法》的规定，行政诉讼证据包括书证、物证、视听资料、证人证言、当事人陈述、鉴定意见、电子数据、现场笔录、勘验笔录九种。在这些证据种类中，绝大多数与刑事诉讼、民事诉讼的证据种类相同，现场笔录属于行政诉讼特有的证据种类。

种　类	形式要求
书　证	①可提供非原件；②提供由有关部门保管的非原件必须盖章；③提供专业资料文献应附说明。
物　证	①可以是原物的照片、录像等；②数量较多的种类物可以只提供一部分。
视听资料	①可提供复制件；②应注明制作方法、时间、制作人、证明对象等；③声音资料应附文字记录。
证人证言	①写明证人基本情况；②证人签名盖章、注明日期；③附有证明证人身份的文件。
证人证言	经法院准许，提供书面证人证言的情况：①当事人对证人证言无异议的；②证人因不可抗力或意外事件无法出庭的。
当事人陈述	谈话笔录，要求询问人、被询问人签名或者盖章。
鉴定意见	载明委托人、委托事项、鉴定材料、鉴定依据、科技手段、鉴定资格说明、鉴定人（部门）签名盖章。
鉴定意见	一般书面鉴定结论即可，但当事人要求鉴定人出庭的，鉴定人应出庭。
电子数据	电子数据形式多样，如电子邮件、手机短信、电子签名、网上聊天记录、网络访问记录等。
现场笔录	由执法人员和当事人签名，当事人拒签或不能签的应注明原因，有其他人在场可由其签名。
现场笔录	一般提供书面现场笔录即可，但当事人对现场笔录的合法性或真实性、执法人员的身份的合法性有异议时，应出庭。
勘验笔录	（1）应当记载勘验的时间、地点、勘验人、在场人、勘验的经过和结果；（2）由勘验人、当事人、在场人签名，当事人或其成年亲属拒不到场的，不影响勘验的进行，但应当在勘验笔录中说明情况。

现场笔录，是指行政机关及其工作人员在执行行政职务的过程中，在实施行政行为时，对某些事项当场所作的书面记录，即行政执法人员在行政执法现场对案件事实作的当场记录。现场笔录，除法律、法规和规章特别规定外，一般形式要求有：①载明制作现场笔录的时间、地点和事件等内容。②由执法人员和当事人签名；当事人拒绝签名或者不能签名的，应当注明原因；有其他人在现场的，可由其他人签名。

[注意] 行政执法人员出庭说明的四种情形：①对现场笔录的合法性或者真实性有异议；②对扣押财产的品种或者数量有异议；③对检验的物品取样或者保管有异议；④对行

政执法人员的身份的合法性有异议。

小练习

案情：梁某酒后将邻居张某家的门、窗等物品砸坏。县公安局接警后，派警察对现场进行拍照、制作现场笔录，并请县价格认证中心作价格鉴定意见，对梁某作出行政拘留 8 日的处罚。梁某向法院起诉，县公安局向法院提交照片、现场笔录和鉴定意见。

问题：

（1）若县公安局提交的现场笔录无当事人签名，是否具有法律效力？

（2）县公安局向法院提交鉴定意见应当具备哪些要件？

（3）梁某能否在行政诉讼中要求制作现场笔录的警察出庭说明情况？

参考答案：

（1）《行政诉讼证据规定》第 15 条规定，县公安局提交的现场笔录，应当由执法人员和当事人签名。县公安局提交的现场笔录无当事人签名的，由于当事人拒绝签名或者不能签名的，注明原因，现场笔录也具有法律效力。

（2）根据《行政诉讼证据规定》第 14 条的规定，县公安局向法院提交鉴定意见应当载明委托人和委托鉴定的事项、向鉴定部门提交的相关材料、鉴定的依据和使用的科学技术手段、鉴定部门和鉴定人鉴定资格的说明，并应有鉴定人的签名和鉴定部门的盖章。通过分析获得的鉴定意见，应当说明分析过程。

（3）根据《行诉解释》第 41 条第 1 项的规定，梁某对现场笔录的合法性有异议的，可以要求制作现场笔录的警察出庭说明情况。

第38讲　行政诉讼的举证

核心法条

《行政诉讼法》

第 34 条　被告对作出的行政行为负有举证责任，应当提供作出该行政行为的证据和所依据的规范性文件。

被告不提供或者无正当理由逾期提供证据，视为没有相应证据。但是，被诉行政行为涉及第三人合法权益，第三人提供证据的除外。

第 36 条　被告在作出行政行为时已经收集了证据，但因不可抗力等正当事由不能提供的，经人民法院准许，可以延期提供。

原告或者第三人提出了其在行政处理程序中没有提出的理由或者证据的，经人民法院准许，被告可以补充证据。

第 37 条　原告可以提供证明行政行为违法的证据。原告提供的证据不成立的，不免除被告的举证责任。

第 38 条　在起诉被告不履行法定职责的案件中，原告应当提供其向被告提出申请的证据。但有下列情形之一的除外：

（一）被告应当依职权主动履行法定职责的；

（二）原告因正当理由不能提供证据的。

在行政赔偿、补偿的案件中，原告应当对行政行为造成的损害提供证据。因被告的原因导致原告无法举证的，由被告承担举证责任。

第67条第1款 人民法院应当在立案之日起5日内，将起诉状副本发送被告。被告应当在收到起诉状副本之日起15日内向人民法院提交作出行政行为的证据和所依据的规范性文件，并提出答辩状。人民法院应当在收到答辩状之日起5日内，将答辩状副本发送原告。

《行诉解释》

第34条 根据行政诉讼法第36条第1款的规定，被告申请延期提供证据的，应当在收到起诉状副本之日起15日内以书面方式向人民法院提出。人民法院准许延期提供的，被告应当在正当事由消除后15日内提供证据。逾期提供的，视为被诉行政行为没有相应的证据。

第35条 原告或者第三人应当在开庭审理前或者人民法院指定的交换证据清单之日提供证据。因正当事由申请延期提供证据的，经人民法院准许，可以在法庭调查中提供。逾期提供证据的，人民法院应当责令其说明理由；拒不说明理由或者理由不成立的，视为放弃举证权利。

原告或者第三人在第一审程序中无正当事由未提供而在第二审程序中提供的证据，人民法院不予接纳。

第46条 原告或者第三人确有证据证明被告持有的证据对原告或者第三人有利的，可以在开庭审理前书面申请人民法院责令行政机关提交。

申请理由成立的，人民法院应当责令行政机关提交，因提交证据所产生的费用，由申请人预付。行政机关无正当理由拒不提交的，人民法院可以推定原告或者第三人基于该证据主张的事实成立。

持有证据的当事人以妨碍对方当事人使用为目的，毁灭有关证据或者实施其他致使证据不能使用行为的，人民法院可以推定对方当事人基于该证据主张的事实成立，并可依照行政诉讼法第59条规定处理。

第47条 根据行政诉讼法第38条第2款的规定，在行政赔偿、补偿案件中，因被告的原因导致原告无法就损害情况举证的，应当由被告就该损害情况承担举证责任。

对于各方主张损失的价值无法认定的，应当由负有举证责任的一方当事人申请鉴定，但法律、法规、规章规定行政机关在作出行政行为时依法应当评估或者鉴定的除外；负有举证责任的当事人拒绝申请鉴定的，由其承担不利的法律后果。

当事人的损失因客观原因无法鉴定的，人民法院应当结合当事人的主张和在案证据，遵循法官职业道德，运用逻辑推理和生活经验、生活常识等，酌情确定赔偿数额。

第135条第2款 作出原行政行为的行政机关和复议机关对原行政行为合法性共同承担举证责任，可以由其中一个机关实施举证行为。复议机关对复议决定的合法性承担举证责任。

《行政诉讼证据规定》第4条第1、3款 公民、法人或者其他组织向人民法院起诉时，应当提供其符合起诉条件的相应的证据材料。

被告认为原告起诉超过法定期限的，由被告承担举证责任。

《行政赔偿案件规定》第 11 条　行政赔偿诉讼中，原告应当对行政行为造成的损害提供证据；因被告的原因导致原告无法举证的，由被告承担举证责任。

人民法院对于原告主张的生产和生活所必需物品的合理损失，应当予以支持；对于原告提出的超出生产和生活所必需的其他贵重物品、现金损失，可以结合案件相关证据予以认定。

《政府信息公开案件规定》第 5 条　被告拒绝向原告提供政府信息的，应当对拒绝的根据以及履行法定告知和说明理由义务的情况举证。

因公共利益决定公开涉及商业秘密、个人隐私政府信息的，被告应当对认定公共利益以及不公开可能对公共利益造成重大影响的理由进行举证和说明。

被告拒绝更正与原告相关的政府信息记录的，应当对拒绝的理由进行举证和说明。

被告能够证明政府信息涉及国家秘密，请求在诉讼中不予提交的，人民法院应当准许。

被告主张政府信息不存在，原告能够提供该政府信息系由被告制作或者保存的相关线索的，可以申请人民法院调取证据。

被告以政府信息与申请人自身生产、生活、科研等特殊需要无关为由不予提供的，人民法院可以要求原告对特殊需要事由作出说明。[1]

原告起诉被告拒绝更正政府信息记录的，应当提供其向被告提出过更正申请以及政府信息与其自身相关且记录不准确的事实根据。

《行政许可案件规定》第 8 条第 1 款　被告不提供或者无正当理由逾期提供证据的，与被诉行政许可行为有利害关系的第三人可以向人民法院提供；第三人对无法提供的证据，可以申请人民法院调取；人民法院在当事人无争议，但涉及国家利益、公共利益或者他人合法权益的情况下，也可以依职权调取证据。

《行政协议案件规定》第 10 条　被告对于自己具有法定职权、履行法定程序、履行相应法定职责以及订立、履行、变更、解除行政协议等行为的合法性承担举证责任。

原告主张撤销、解除行政协议的，对撤销、解除行政协议的事由承担举证责任。

对行政协议是否履行发生争议的，由负有履行义务的当事人承担举证责任。

举证责任是法律假定的一种后果，指承担举证责任的当事人应当举出证据证明自己的主张是成立的，否则将承担败诉的不利后果。

一、行政诉讼的举证责任

（一）举证责任的一般规定

在行政诉讼中，原告、被告都承担着相应的举证责任。

1. 被告举证责任

被告对被诉行政行为合法性负举证责任，具体体现为：①被告应当提供作出该行政行为的证据和所依据的规范性文件；②原告可以提供证明行政行为违法的证据。原告提供的证据不成立的，不免除被告的举证责任。

---

〔1〕　由于《政府信息公开条例》修订，该款内容实际上已无存在意义。

被告对被诉行政行为合法性负举证责任的<u>原因</u>：①被告行政机关在行政程序中"先取证、后裁决"规则的自然延伸；②发挥行政机关的举证优势，被诉行政行为由被告作出，被告对该行政行为的证据最为了解，在行政行为作出过程中居于主导地位；③促进行政机关依法行政，行政行为在进入行政诉讼程序之前，就应当具有事实根据。

[注意] 复议维持的案件，被诉行政行为是原机关行政行为和复议维持决定，<u>原机关和复议机关共同对原行政行为合法性承担举证责任，复议机关对复议维持决定的合法性承担举证责任。</u>

2. 原告举证责任

原告的举证责任有：①证明符合起诉条件；②不作为案件中证明向被告提出申请的事实；③行政赔偿、补偿案件中证明行政行为造成的损害。

（1）<u>证明起诉符合法定条件，但被告认为原告起诉超过起诉期限的除外。</u>只要原告去起诉，原则上都推定为在起诉期限内。如果被告认为原告超过起诉期限了，举证责任由被告来承担。

（2）在起诉被告<u>不履行法定职责</u>的案件中，原告应当提供其在行政程序中曾经向被告提出申请的证据材料。不作为案件如果是依申请行政行为引起的行政争议，原告起诉被告不作为，就应当提供证据证明其向行政机关提出过申请，否则其要求被告履行法定职责就失去了基础。只要原告证明其提出过申请，不作为合法性的举证责任就应当由被告承担。注意两个例外：①被告应当依职权主动履行法定职责的案件。即行政机关法定职责的履行不以原告申请为前提，如警察看到正在遭受不法侵害的公民，不依职权进行保护。②<u>原告因正当理由不能提供证据</u>的案件。正当理由，是指原告因被告受理申请的登记制度不完备等正当事由不能提供相关证据材料的，原告就不用提供证明其向被告提出过申请的证据材料，只要作出合理说明即可。

（3）在行政赔偿、补偿诉讼中，原告应当对<u>被诉行政行为造成损害的事实提供证据</u>。这与民事赔偿中"谁主张谁举证"的要求是一致的。在行政赔偿、补偿诉讼中，原告因被诉行为遭受损害，原告主张被告赔偿、补偿的，原告就应当对被诉行政行为造成损害的事实提供证据。但是，因被告的原因导致原告无法就损害情况举证的，应当由被告就该损害情况承担举证责任。

[注意] 行政赔偿案件中，在原、被告均无法举证或举证不充分、相关损失无法鉴定的情况下，法院应当结合当事人的主张和在案证据，遵循法官职业道德，运用逻辑推理和生活经验、生活常识等，酌情确定赔偿数额：①对于原告主张的生产和生活所必需物品的合理损失，应当予以支持；②对于原告提出的超出生产和生活所必需的其他贵重物品、现金损失，可以结合案件相关证据予以认定。

[指导案例] 房屋强制拆除行政赔偿案件的举证责任

在房屋强制拆除引发的行政赔偿案件中，原告提供了初步证据，但因行政机关的原因导致原告无法对房屋内物品损失举证，行政机关亦因未依法进行财产登记、公证等措施无法对房屋内物品损失举证的，人民法院对原告未超出市场价值的符合生活常理的房屋内物品的赔偿请求，应当予以支持。（最高人民法院指导案例91号：沙明保等诉马鞍山市花山区人民政府房屋强制拆除行政赔偿案）

[总结]

被告 举证责任	（1）对行政行为合法性负举证责任：提供作出行政行为的全部证据和依据的规范性文件； （2）对超过法定起诉期限负举证责任：被告认为原告起诉超过法定期限的，由被告承担举证责任； （3）作出原行政行为的行政机关和复议机关对原行政行为合法性共同承担举证责任，复议机关对复议决定的合法性承担举证责任。
原告 举证责任	（1）证明符合起诉条件：提供其符合起诉条件的相应证据材料。 （2）在起诉被告不作为的案件中，原告应当提供其曾向被告提出申请的证据。但有下列情形之一的除外：①被告应当依职权主动履行法定职责的；②原告因正当理由不能提供证据的。 （3）在行政赔偿、补偿的案件中，原告应当对行政行为造成的损害提供证据。因被告的原因导致原告无法举证的，由被告承担举证责任。

🔭 小练习

案情：市城管执法局委托镇政府负责对一风景区域进行城管执法。镇政府接到举报并经现场勘验，认定刘某擅自建房并组织强制拆除。刘某父亲和嫂子称房屋系二人共建，拆除行为侵犯其合法权益，向法院起诉，法院予以受理。

问题：

（1）房屋系刘某父亲和嫂子共建的举证责任由谁承担？为什么？

（2）镇政府具有拆除房屋权力的举证责任由谁承担？为什么？

参考答案：

（1）房屋系刘某父亲和嫂子共建的举证责任由原告刘某父亲和嫂子承担。根据《行政诉讼法》第49条第1项和《行诉解释》第54条第1款的规定，刘某是行政行为的相对人，刘某父亲和嫂子向法院起诉，应当提供证据证明房屋为二人共建或与拆除行为有利害关系。

（2）镇政府具有拆除房屋权力的举证责任由被告镇政府承担。根据《行政诉讼法》第34条第1款的规定，被告应当提供证据证明其行政行为合法，行政行为合法的要件之一就是行为属于法定职权范围，因此被告镇政府应当提供证据和依据证明其具有拆除房屋的决定权和强制执行的权力。

（二）政府信息公开案件的举证责任

在政府信息公开案件中，政府信息掌握在行政机关手中，只有行政机关知晓信息的内容和性质，而申请人在获得信息前不知道该信息的内容，很难或无法提供证据，因此更应突出被告的举证责任，这是信息公开行政案件举证的特殊情况。

案件情形	举证主体	举证内容
被告拒绝向原告提供政府信息的	被告举证	拒绝的根据以及履行法定告知和说明理由义务的情况

续表

案件情形	举证主体	举证内容
因公共利益决定公开涉及商业秘密、个人隐私的政府信息的	被告举证和说明	认定公共利益以及不公开可能对公共利益造成重大影响的理由
原告起诉被告拒绝更正政府信息记录的	被告举证和说明	拒绝的理由
	原告举证	向被告提出过更正申请以及政府信息与其自身相关且记录不准确的事实根据

[指导案例] 政府信息不存在的举证责任

在政府信息公开案件中，被告以政府信息不存在为由答复原告的，人民法院应审查被告是否已经尽到充分合理的查找、检索义务。原告提交了该政府信息系由被告制作或者保存的相关线索等初步证据后，若被告不能提供相反证据，并举证证明已尽到充分合理的查找、检索义务的，人民法院不予支持被告有关政府信息不存在的主张。（最高人民法院指导案例101号：罗元昌诉重庆市彭水苗族土家族自治县地方海事处政府信息公开案）

小练习

案情：田某认为区人社局记载的有关他的社会保障信息有误，要求更正，区人社局拒绝。田某向法院起诉。

问题：本案举证责任如何分配？

参考答案：根据《政府信息公开案件规定》第5条第3款的规定，区人社局拒绝更正田某的社会保障信息，区人社局应对拒绝更正的理由进行举证和说明。根据《政府信息公开案件规定》第5条第7款的规定，田某要求区人社局更正有关他的社会保障信息，田某应提供区人社局记载有关他的社会保障信息有误的事实根据。

（三）行政协议案件的举证责任

行政协议既具有行政管理活动"行政性"的一般属性，也具有"协议性"的特别属性，行政协议诉讼案件有着与一般行政行为诉讼案件不同的规则，涉及违约诉讼和协议效力诉讼的，可以适用民事诉讼证据规则。

案件情形	举证主体	举证内容
被告订立、履行、变更、解除行政协议	被告举证	被告对于自己具有法定职权、履行法定程序、履行相应法定职责以及订立、履行、变更、解除行政协议等行为的合法性承担举证责任
原告主张撤销、解除行政协议	原告举证	原告对撤销、解除行政协议的事由承担举证责任
对行政协议是否履行发生争议	履行义务当事人举证	由负有履行义务的当事人承担举证责任

小练习

案情：区政府发布《关于王家洲棚户区改造项目房屋征收决定的通告》，陈某房屋位于征收范围内。区政府与陈某订立了《房屋征收协议》。后区政府主要以"协议损害了公共利益"为由，作出《关于撤销〈房屋征收协议〉决定书》（以下简称《撤销决定书》）。陈某不服，起诉请求撤销区政府作出的《撤销决定书》。

问题：如何确定区政府的举证责任？

参考答案：根据《行政协议案件规定》第 10 条第 1 款的规定，区政府作出《撤销决定书》属于解除行政协议，应由区政府对《撤销决定书》合法性举证。

二、行政诉讼的举证期限

行政诉讼比较有特色的内容是对原告和被告举证期限作出了不同规定。

（一）一般情况

被　告	一般期限	收到起诉状副本之日起 15 日内，提供据以作出被诉行政行为的全部证据和所依据的规范性文件。
	延期提供	因不可抗力或其他正当事由不能提供的，应在举证期限内向法院提出延期申请。
	后　果	被告不提供或无正当理由逾期提供证据的，视为被诉行政行为没有证据。被诉行政行为涉及第三人合法权益，第三人提供证据的除外。
原告或第三人	一般期限	在开庭审理前或法院指定的交换证据清单之日。
	延期提供	因正当事由申请延期提供证据的，经法院准许，可在法庭调查中提供。
	后　果	逾期提供证据的，须说明理由，否则视为放弃举证权利。

被告不提供或无正当理由逾期提供证据的，视为被诉行政行为没有证据。但是，第三人提供被诉行政行为证据的除外，这是为了保护第三人合法权益。在行政许可案件中，被告不提供或者无正当理由逾期提供证据的，与被诉行政许可行为有利害关系的第三人可以向法院提供行政许可行为的证据。

（二）特殊情况

被告在一审中补充	原告或第三人提出其在行政程序中没有提出的反驳理由或证据的，经法院准许，被告可在第一审中补充相应的证据。
二审或再审中可提供的"新的证据"	在一审中应准予延期提供而未获准许的证据。
	当事人在一审中依法申请调取而未获准许或未取得，法院在第二审中调取的证据。
	原告或第三人提供的在举证期限届满后发现的证据。

[注意] 二审"新证据"：不是一审没有提供的证据在二审中提供都作为新证据，能作为"新证据"的是由于当事人主观原因以外的原因（客观原因、一审法院的原因等正当事由）提出的新证据。

考点点拨

原告证明被诉行政行为违法是**举证权利**，被告证明被诉行政行为合法是**举证责任**，原告证明不了被诉行政行为违法，被告证明不了被诉行政行为合法，被诉行政行为推定为违法。

小练习

案情：王甲与王乙系兄弟关系。2014年4月22日，王甲与平湖区城中村改造指挥部签订了拆迁补偿安置协议。2015年7月15日，平湖区人民政府作出《关于城中村改造居民王甲安置协议作废问题的决定》（以下简称《决定》）：因王乙提出产权归属异议，决定城中村改造指挥部与王甲所签协议作废。王甲不服，遂提起行政诉讼，请求撤销《决定》。法院受理案件后，王乙向法院提供证据证明产权归属异议。

问题：

（1）如何确定平湖区政府的举证期限？

（2）平湖区政府未答辩的，是否视为《决定》没有证据？

参考答案：

（1）根据《行政诉讼法》第67条第1款的规定，平湖区政府应当在收到起诉状副本之日起15日内向法院提交作出《决定》的证据。

（2）根据《行政诉讼法》第34条第2款的规定，平湖区政府未答辩即不提供证据，但本案被诉《决定》涉及第三人王乙合法权益，王乙向法院提供了证据证明产权归属异议，可以作为《决定》的证据，不视为《决定》没有证据。

经典真题

案情：某区镇上一村民王某建盖房屋，区国土资源局发现王某建设审批手续不齐全，通知王某停止建设违法建筑并限期整改。王某并未整改。区建设规划局立案调查，确认王某所建房屋属于违法建筑，向王某发出《责令限期拆除违法建筑通知》，告知王某其所建房屋违法，限王某收到通知后1日内拆除。王某未拆除所建房屋。区建设规划局向区城管执法大队发送委托书，委托区城管执法大队拆除王某所建房屋。区城管执法大队以王某未在规定期限内拆除所建房屋为由，第2日即组织人员将王某所建房屋拆除，并邀请镇政府、区管委会到场见证拆除过程。区城管执法大队在拆除王某房屋时，用铲车直接推倒房屋，并未制作物品登记清单，也未采取保全措施。王某向法院提起诉讼，请求确认拆除房屋行为违法并赔偿损失。（2018/4）

问题：王某请求损失赔偿的举证责任如何分配？[1]

---

[1]　根据《行政诉讼法》第38条第2款和《行诉解释》第47条第1款的规定，由于被告在拆除房屋过程中未制作物品登记清单、未采取保全措施，王某请求损失赔偿的举证责任应当由被告承担。

第39讲 行政诉讼证据的调取、质证和效力

核心法条

《行政诉讼法》

第40条 人民法院有权向有关行政机关以及其他组织、公民调取证据。但是，不得为证明行政行为的合法性调取被告作出行政行为时未收集的证据。

第41条 与本案有关的下列证据，原告或者第三人不能自行收集的，可以申请人民法院调取：

（一）由国家机关保存而须由人民法院调取的证据；

（二）涉及国家秘密、商业秘密和个人隐私的证据；

（三）确因客观原因不能自行收集的其他证据。

第43条 证据应当在法庭上出示，并由当事人互相质证。对涉及国家秘密、商业秘密和个人隐私的证据，不得在公开开庭时出示。

人民法院应当按照法定程序，全面、客观地审查核实证据。对未采纳的证据应当在裁判文书中说明理由。

以非法手段取得的证据，不得作为认定案件事实的根据。

《行诉解释》

第38条第2款 当事人在庭前证据交换过程中没有争议并记录在卷的证据，经审判人员在庭审中说明后，可以作为认定案件事实的依据。

第42条 能够反映案件真实情况、与待证事实相关联、来源和形式符合法律规定的证据，应当作为认定案件事实的根据。

第43条 有下列情形之一的，属于行政诉讼法第43条第3款规定的"以非法手段取得的证据"：

（一）严重违反法定程序收集的证据材料；

（二）以违反法律强制性规定的手段获取且侵害他人合法权益的证据材料；

（三）以利诱、欺诈、胁迫、暴力等手段获取的证据材料。

第45条 被告有证据证明其在行政程序中依照法定程序要求原告或者第三人提供证据，原告或者第三人依法应当提供而没有提供，在诉讼程序中提供的证据，人民法院一般不予采纳。

第135条第3款 复议机关作共同被告的案件，复议机关在复议程序中依法收集和补充的证据，可以作为人民法院认定复议决定和原行政行为合法的依据。

《行政诉讼证据规定》**第22条** 根据行政诉讼法第34条第2款（现为第40条）的规定，有下列情形之一的，人民法院有权向有关行政机关以及其他组织、公民调取证据：

（一）涉及国家利益、公共利益或者他人合法权益的事实认定的；

（二）涉及依职权追加当事人、中止诉讼、终结诉讼、回避等程序性事项的。

第35条 证据应当在法庭上出示，并经庭审质证。未经庭审质证的证据，不能作为

定案的依据。

当事人在庭前证据交换过程中没有争议并记录在卷的证据，经审判人员在庭审中说明后，可以作为认定案件事实的依据。

第36条 经合法传唤，因被告无正当理由拒不到庭而需要依法缺席判决的，被告提供的证据不能作为定案的依据，但当事人在庭前交换证据中没有争议的证据除外。

第37条 涉及国家秘密、商业秘密和个人隐私或者法律规定的其他应当保密的证据，不得在开庭时公开质证。

第38条 当事人申请人民法院调取的证据，由申请调取证据的当事人在庭审中出示，并由当事人质证。

人民法院依职权调取的证据，由法庭出示，并可就调取该证据的情况进行说明，听取当事人意见。

第50条 在第二审程序中，对当事人依法提供的新的证据，法庭应当进行质证；当事人对第一审认定的证据仍有争议的，法庭也应当进行质证。

第51条 按照审判监督程序审理的案件，对当事人依法提供的新的证据，法庭应当进行质证；因原判决、裁定认定事实的证据不足而提起再审所涉及的主要证据，法庭也应当进行质证。

第58条 以违反法律禁止性规定或者侵犯他人合法权益的方法取得的证据，不能作为认定案件事实的依据。

第59条 被告在行政程序中依照法定程序要求原告提供证据，原告依法应当提供而拒不提供，在诉讼程序中提供的证据，人民法院一般不予采纳。

第60条 下列证据不能作为认定被诉具体行政行为合法的依据：

（一）被告及其诉讼代理人在作出具体行政行为后或者在诉讼程序中自行收集的证据；

（二）被告在行政程序中非法剥夺公民、法人或者其他组织依法享有的陈述、申辩或者听证权利所采用的证据；

（三）原告或者第三人在诉讼程序中提供的、被告在行政程序中未作为具体行政行为依据的证据。

一、行政诉讼证据的调取

当事人举证和法院调取证据，是诉讼证据的两个来源。当事人举证是行政诉讼证据的主要来源，法院调取证据应限定于少数特定情形。法院调取证据可分为依职权主动调取和依申请调取证据两种情形。

1. 法院依职权调取证据

法院依职权主动向有关行政机关以及其他组织、公民调取证据限于两种情形：①相关事实认定涉及国家利益、公共利益或者他人合法权益；②涉及依职权追加当事人、中止诉讼、终结诉讼、回避等程序性事项。法院依职权调取证据的目的是保护国家利益、公共利益或他人合法权益和证明自己行为的正当性。

2. 法院依申请调取证据

法院依当事人申请调取证据的条件：与案件有关的证据，原告或者第三人不能自行收集的，可以申请法院调取。法院依当事人申请调取证据的范围：①由国家机关保存而须由法院调取的证据；②涉及国家秘密、商业秘密、个人隐私的证据；③确因客观原因不能自行收集的其他证据。法院依申请调取证据的申请人仅限定于原告和第三人，被告被排除在外，法院绝对不能根据被告的申请来调取证据去证明被诉行政行为合法。法院依原告或第三人申请调取证据的目的是弥补原告或第三人举证能力的不足。在信息公开行政案件中，被告主张政府信息不存在，原告能够提供该政府信息系由被告制作或者保存的相关线索的，可以申请法院调取证据。

[注意] 法院无论是依职权主动调取证据还是依申请调取证据，都不得调取证据证明被诉行政行为合法。除非在行政许可案件中，被告不提供行政许可行为合法的证据，法院在当事人无争议，但涉及国家利益、公共利益或者他人合法权益的情况下，才可以依职权调取行政许可行为合法的证据。

[总结]

依职权调取	(1) 涉及国家利益、公共利益或者他人合法权益的事实认定的； (2) 涉及依职权追加当事人、中止诉讼、终结诉讼、回避等程序性事项的。
依申请调取 （原告或第三人）	(1) 由国家有关部门保存而须由法院调取的证据材料； (2) 涉及国家秘密、商业秘密、个人隐私的证据材料； (3) 确因客观原因不能自行收集的其他证据材料。

二、行政诉讼证据的质证

质证，是指在法官的主持下，当事人对有关证据进行辨认和对质，围绕证据的真实性、关联性和合法性及证据的证明力和证明力大小进行辩论的活动，最后将质证结果作为定案依据。

1. 质证原则

原则上所有的证据经过质证才能作为定案依据，未经质证的证据不能作为定案依据。当事人在庭前证据交换过程中没有争议并记录在卷的证据，经审判人员在庭审中说明后，可以作为认定案件事实的依据。

2. 缺席证据质证

经合法传唤，因被告无正当理由拒不到庭而需要依法缺席判决的，被告提供的证据不能作为定案的依据，但当事人在庭前交换证据中提交的没有争议的证据除外。

3. 涉密证据质证

涉及国家秘密、商业秘密和个人隐私或者法律规定的其他应当保密的证据，不得在开庭时公开质证。

4. 法院调取证据的质证

当事人申请法院调取的证据，由申请调取证据的当事人在庭审中出示，并由当事人质证；法院依职权调取的证据，由法庭出示，并可就调取该证据的情况进行说明，听取当事人意见，无须质证。

5. 二审质证

在第二审程序中，对当事人依法提供的新的证据，法庭应当进行质证；当事人对第一审认定的证据仍有争议的，法庭应当进行质证。

6. 再审质证

按照审判监督程序审理的案件，对当事人依法提供的新的证据，法庭应当进行质证；因原判决、裁定认定事实的证据不足而提起再审所涉及的主要证据，法庭也应当进行质证。

7. 生效文书中证据的质证

生效的人民法院裁判文书或者仲裁机构裁决文书确认的事实无须质证，可以作为定案依据；如果发现裁判文书或者裁决文书认定的事实有重大问题的，应当中止诉讼，通过法定程序予以纠正后恢复诉讼。

[总结] 行政诉讼中证据原则上都应当质证，例外情况下无须质证：①当事人在庭前证据交换过程中没有争议的证据；②法院依职权调取的证据；③生效法院裁判文书或者仲裁机构裁决文书确认的证据。

三、行政诉讼的证据效力

完全无效的证据	（1）严重违反法定程序收集的证据； （2）以利诱、欺诈、胁迫、暴力等不正当手段获取的证据； （3）以偷拍、偷录、窃听等手段获取侵害他人合法权益的证据； （4）以违反法律禁止性规定或者侵犯他人合法权益的方法取得的证据。
不利于被告的证据	（1）被告在行政程序中非法剥夺公民、法人或其他组织的陈述、申辩或听证权利而获得的证据； （2）被告及其代理人在作出行政行为后或在诉讼程序中自行收集的证据； （3）原告或者第三人在诉讼程序中提供的、被告在行政程序中未作为行政行为依据的证据； （4）二审中提交在一审中未提交的证据，不能作为撤销或变更一审裁判的根据。
不利于原告的证据	（1）原告或第三人在第一审程序中无正当事由未提供而在第二审程序中提供的证据； （2）被告有证据证明其在行政程序中依照法定程序要求原告提供证据，原告依法应提供而拒不提供，在诉讼程序中提供的证据。

[注意] 复议机关做共同被告的案件，复议机关在复议程序中依法收集和补充的证据，可以作为法院认定复议决定和原行政行为合法的依据。

小练习

案情：某县药监局经调查取证认定，某药厂更改生产日期和批号生产出售药品，遂以该药厂违反《药品管理法》规定为由，决定没收药品并处罚款20万元。药厂不服向县政府申请复议，县政府受理案件后依法收集和补充该药厂使用过期药品作为主原料生产出售药品的相关记录，县政府作出维持县药监局处罚决定的复议决定。药厂起诉。

问题：药厂使用过期药品作为主原料生产出售药品的相关记录能否作为认定县药监局处罚决定和县政府复议决定的合法依据？

参考答案：根据《行政诉讼法》第 26 条第 2 款的规定，县药监局和县政府为共同被告。根据《行诉解释》第 135 条第 3 款的规定，该药厂使用过期药品作为主原料生产出售药品的相关记录是县政府在复议程序中依法收集和补充的证据，可以作为法院认定县政府复议决定和县药监局处罚决定合法的依据。

案例拓展

蒋道福诉河南省虞城县人民政府强制拆除房屋及行政赔偿案

关键词：行政赔偿举证责任

涉案房屋位于河南省虞城县城市总体规划区内，蒋道福无涉案房屋的相关建房手续。河南省虞城县住房和城乡规划建设管理局（以下简称"虞城县住建局"）于 2014 年 7 月 30 日向蒋道福送达了《责令限期拆除违法建筑告知书》，于 2014 年 8 月 4 日作出《责令限期拆除违法建筑决定书》，限蒋道福 3 日内自行拆除违法建筑物。蒋道福逾期未予拆除。2014 年 8 月 19 日，虞城县住建局就强制拆除涉案房屋事项向虞城县人民政府请示。2014 年 9 月 10 日，虞城县人民政府作出虞政文〔2014〕90 号批复，责成虞城县住建局对涉案房屋实施强制拆除。2014 年 9 月 23 日，虞城县住建局对涉案房屋实施强制拆除。在实施拆除前，虞城县住建局对涉案房屋内的物品进行了清点搬运。蒋道福对强制拆除行为不服，以虞城县人民政府为被告提起行政诉讼，请求法院确认被告强制拆除其房屋及损坏财物行为违法，判令被告将房屋恢复原状，赔偿损失。

法院裁判：

河南省商丘市中级人民法院一审认为：虞城县人民政府未经催告程序，且未作出强制执行决定即责令虞城县住建局强制拆除涉案房屋违反了法定程序。涉案房屋位于虞城县城市总体规划区内，未取得建筑规划许可，且蒋道福未提交涉案房屋的建筑许可手续，涉案房屋属于违法建筑。蒋道福要求虞城县人民政府将涉案房屋恢复原状的诉讼请求不能成立。由于蒋道福并未提供证据证明虞城县人民政府实施强制拆除行为对其合法财产造成了损害，且在拆除前虞城县住建局对涉案房屋内的物品进行了清点搬运，故对蒋道福提出的行政赔偿请求不予支持。据此作出（2015）商行初学第 46 号行政判决：①确认虞城县人民政府强制拆除蒋道福房屋的行为违法；②驳回蒋道福的其他诉讼请求。蒋道福不服，提起上诉。

河南省高级人民法院二审认为：一审判决确认虞城县人民政府强制拆除房屋行为违法及驳回蒋道福要求恢复房屋原状的请求正确。虞城县住建局拆除房屋前虽然对涉案房屋内的物品进行清点搬运，但未对搬运出去的物品作妥善交接，造成部分物品损坏丢失是客观存在的。蒋道福提出赔偿物品损失的请求属合理范围。虽然蒋道福列有物品清单，但未提供确切证据证明损失物品的具体内容及价值，对此法院在合理范围内酌定蒋道福的损失数额为 2 万元，虞城县人民政府应予赔偿。蒋道福的部分上诉理由成立，法院予以支持。据此作出（2015）豫法行终字第00366号行政判决：①维持商丘市中级人民法院（2015）商行初字第46号行政判决第1项，即确认虞城县人民政府强制拆除蒋道福房屋的行为违法；②变更商丘市中级人民法院（2015）商行初字第46号行政判决第2项"驳回蒋道福的其他诉讼请求"为"驳回蒋道福恢复房屋原状的诉讼请求"；③判令虞城县人民政府于本判决生效之日起30日内赔偿蒋道福人民币2万元。蒋道福向最高人民法院申请再审。

最高人民法院认为：本案的争议焦点集中在涉案房屋是否属于违法建筑以及蒋道福因虞城县人民政府强制拆除行为造成的损失是否得到合理赔偿。首先，蒋道福虽然主张涉案房屋是在政府指定安置区内所建且已办理了土地使用权证，但未提供证据证实其主张，故最高人民法院不予支持。涉案房屋位于虞城县城市总体规划区内，未取得建筑规划许可。虽然蒋道福认为涉案房屋未取得建筑规划许可系政府不作为所致，但未提供证据证实涉案房屋符合规划条件且已向有关部门提出申请，故对其该项主张不予支持。虞城县住建局认定涉案房屋系违法建筑并无不当。蒋道福有关将涉案房屋恢复原状或重建的诉讼请求于法无据，最高人民法院不予支持。其次，关于蒋道福提出的赔偿问题，自虞城县住建局作出《责令限期拆除违法建筑告知书》至实际拆除涉案房屋长达近2个月的时间，蒋道福单方称将大量现金及贵重物品存放于即将被拆除的房屋之内且未收到上述告知书，缺乏充分的证据佐证。鉴于虞城县人民政府提供的证据证实在拆除涉案房屋之前已将房屋内存放的物品搬出，且蒋道福亦在拆除现场，二审法院认为虞城县住建局虽然对物品进行了清点搬运，但未对搬运出去的物品进行妥善交接，造成部分物品损坏丢失的情形客观存在；且蒋道福并未就其单方所列的物品清单向法院提供确切证据证明损失物品的具体内容及价值。同时，考虑到强拆时物品的处理未经公证程序，在各方证据不足、难以再行取证的情形下，二审法院结合本案具体情况，以有关物品交接存有瑕疵为由酌定虞城县人民政府赔偿蒋道福损失2万元，并无不当。

最高人民法院裁定：驳回蒋道福的再审申请。

案例来源：（2016）最高法行申43号行政裁定书

　　本专题在主观卷考试中的题目类型是**案例分析题**，需要考生重点掌握行政诉讼裁判的适用范围和行政诉讼裁判的强制执行以及规范性文件的审查处理，难点是熟悉并能够运用行政诉讼一审判决的种类及其适用条件，核心考点是第一审判决的适用（包括行政许可案件的判决、信息公开行政案件的判决、行政协议案件的判决、经过复议案件的判决）。

第40讲　行政诉讼的裁判

核心法条

《行政诉讼法》

　　第69条　行政行为证据确凿，适用法律、法规正确，符合法定程序的，或者原告申请被告履行法定职责或者给付义务理由不成立的，人民法院判决驳回原告的诉讼请求。

　　第70条　行政行为有下列情形之一的，人民法院判决撤销或者部分撤销，并可以判决被告重新作出行政行为：

　　（一）主要证据不足的；

　　（二）适用法律、法规错误的；

　　（三）违反法定程序的；

　　（四）超越职权的；

　　（五）滥用职权的；

　　（六）明显不当的。

　　第72条　人民法院经过审理，查明被告不履行法定职责的，判决被告在一定期限内履行。

　　第73条　人民法院经过审理，查明被告依法负有给付义务的，判决被告履行给付义务。

　　第74条　行政行为有下列情形之一的，人民法院判决确认违法，但不撤销行政行为：

　　（一）行政行为依法应当撤销，但撤销会给国家利益、社会公共利益造成重大损害的；

　　（二）行政行为程序轻微违法，但对原告权利不产生实际影响的。

行政行为有下列情形之一，不需要撤销或者判决履行的，人民法院判决确认违法：

（一）行政行为违法，但不具有可撤销内容的；

（二）被告改变原违法行政行为，原告仍要求确认原行政行为违法的；

（三）被告不履行或者拖延履行法定职责，判决履行没有意义的。

第75条 行政行为有实施主体不具有行政主体资格或者没有依据等重大且明显违法情形，原告申请确认行政行为无效的，人民法院判决确认无效。

第76条 人民法院判决确认违法或者无效的，可以同时判决责令被告采取补救措施；给原告造成损失的，依法判决被告承担赔偿责任。

第77条 行政处罚明显不当，或者其他行政行为涉及对款额的确定、认定确有错误的，人民法院可以判决变更。

人民法院判决变更，不得加重原告的义务或者减损原告的权益。但利害关系人同为原告，且诉讼请求相反的除外。

第78条 被告不依法履行、未按照约定履行或者违法变更、解除本法第12条第1款第11项规定的协议的，人民法院判决被告承担继续履行、采取补救措施或者赔偿损失等责任。

被告变更、解除本法第12条第1款第11项规定的协议合法，但未依法给予补偿的，人民法院判决给予补偿。

第79条 复议机关与作出原行政行为的行政机关为共同被告的案件，人民法院应当对复议决定和原行政行为一并作出裁判。

第89条 人民法院审理上诉案件，按照下列情形，分别处理：

（一）原判决、裁定认定事实清楚，适用法律、法规正确的，判决或者裁定驳回上诉，维持原判决、裁定；

（二）原判决、裁定认定事实错误或者适用法律、法规错误的，依法改判、撤销或者变更；

（三）原判决认定基本事实不清、证据不足的，发回原审人民法院重审，或者查清事实后改判；

（四）原判决遗漏当事人或者违法缺席判决等严重违反法定程序的，裁定撤销原判决，发回原审人民法院重审。

原审人民法院对发回重审的案件作出判决后，当事人提起上诉的，第二审人民法院不得再次发回重审。

人民法院审理上诉案件，需要改变原审判决的，应当同时对被诉行政行为作出判决。

《行诉解释》

第89条 复议决定改变原行政行为错误，人民法院判决撤销复议决定时，可以一并责令复议机关重新作出复议决定或者判决恢复原行政行为的法律效力。

第91条 原告请求被告履行法定职责的理由成立，被告违法拒绝履行或者无正当理由逾期不予答复的，人民法院可以根据行政诉讼法第72条的规定，判决被告在一定期限内依法履行原告请求的法定职责；尚需被告调查或者裁量的，应当判决被告针对原告的请求重新作出处理。

第 92 条　原告申请被告依法履行支付抚恤金、最低生活保障待遇或者社会保险待遇等给付义务的理由成立，被告依法负有给付义务而拒绝或者拖延履行义务的，人民法院可以根据行政诉讼法第 73 条的规定，判决被告在一定期限内履行相应的给付义务。

第 93 条　原告请求被告履行法定职责或者依法履行支付抚恤金、最低生活保障待遇或者社会保险待遇等给付义务，原告未先向行政机关提出申请的，人民法院裁定驳回起诉。

人民法院经审理认为原告所请求履行的法定职责或者给付义务明显不属于行政机关权限范围的，可以裁定驳回起诉。

第 94 条第 1 款　公民、法人或者其他组织起诉请求撤销行政行为，人民法院经审查认为行政行为无效的，应当作出确认无效的判决。

第 109 条第 1~3 款　第二审人民法院经审理认为原审人民法院不予立案或者驳回起诉的裁定确有错误且当事人的起诉符合起诉条件的，应当裁定撤销原审人民法院的裁定，指令原审人民法院依法立案或者继续审理。

第二审人民法院裁定发回原审人民法院重新审理的行政案件，原审人民法院应当另行组成合议庭进行审理。

原审判决遗漏了必须参加诉讼的当事人或者诉讼请求的，第二审人民法院应当裁定撤销原审判决，发回重审。

第 122 条　人民法院审理再审案件，认为原生效判决、裁定确有错误，在撤销原生效判决或者裁定的同时，可以对生效判决、裁定的内容作出相应裁判，也可以裁定撤销生效判决或者裁定，发回作出生效判决、裁定的人民法院重新审理。

第 123 条　人民法院审理二审案件和再审案件，对原审法院立案、不予立案或者驳回起诉错误的，应当分别情况作如下处理：

（一）第一审人民法院作出实体判决后，第二审人民法院认为不应当立案的，在撤销第一审人民法院判决的同时，可以迳行驳回起诉；

（二）第二审人民法院维持第一审人民法院不予立案裁定错误的，再审法院应当撤销第一审、第二审人民法院裁定，指令第一审人民法院受理；

（三）第二审人民法院维持第一审人民法院驳回起诉裁定错误的，再审法院应当撤销第一审、第二审人民法院裁定，指令第一审人民法院审理。

第 136 条　人民法院对原行政行为作出判决的同时，应当对复议决定一并作出相应判决。

人民法院依职权追加作出原行政行为的行政机关或者复议机关为共同被告的，对原行政行为或者复议决定可以作出相应判决。

人民法院判决撤销原行政行为和复议决定的，可以判决作出原行政行为的行政机关重新作出行政行为。

人民法院判决作出原行政行为的行政机关履行法定职责或者给付义务的，应当同时判决撤销复议决定。

原行政行为合法、复议决定违法的，人民法院可以判决撤销复议决定或者确认复议决定违法，同时判决驳回原告针对原行政行为的诉讼请求。

原行政行为被撤销、确认违法或者无效，给原告造成损失的，应当由作出原行政行为的行政机关承担赔偿责任；因复议决定加重损害的，由复议机关对加重部分承担赔偿责任。

原行政行为不符合复议或者诉讼受案范围等受理条件，复议机关作出维持决定的，人民法院应当裁定一并驳回对原行政行为和复议决定的起诉。

《行政许可案件规定》

第10条 被诉准予行政许可决定违反当时的法律规范但符合新的法律规范的，判决确认该决定违法；准予行政许可决定不损害公共利益和利害关系人合法权益的，判决驳回原告的诉讼请求。

第11条 人民法院审理不予行政许可决定案件，认为原告请求准予许可的理由成立，且被告没有裁量余地的，可以在判决理由写明，并判决撤销不予许可决定，责令被告重新作出决定。

第12条 被告无正当理由拒绝原告查阅行政许可决定及有关档案材料或者监督检查记录的，人民法院可以判决被告在法定或者合理期限内准予原告查阅。

《政府信息公开案件规定》

第9条 被告对依法应当公开的政府信息拒绝或者部分拒绝公开的，人民法院应当撤销或者部分撤销被诉不予公开决定，并判决被告在一定期限内公开。尚需被告调查、裁量的，判决其在一定期限内重新答复。

被告提供的政府信息不符合申请人要求的内容或者法律、法规规定的适当形式的，人民法院应当判决被告按照申请人要求的内容或者法律、法规规定的适当形式提供。

人民法院经审理认为被告不予公开的政府信息内容可以作区分处理的，应当判决被告限期公开可以公开的内容。

被告依法应当更正而不更正与原告相关的政府信息记录的，人民法院应当判决被告在一定期限内更正。尚需被告调查、裁量的，判决其在一定期限内重新答复。被告无权更正的，判决其转送有权更正的行政机关处理。

第10条 被告对原告要求公开或者更正政府信息的申请无正当理由逾期不予答复的，人民法院应当判决被告在一定期限内答复。原告一并请求判决被告公开或者更正政府信息且理由成立的，参照第9条的规定处理。

第11条第1款 被告公开政府信息涉及原告商业秘密、个人隐私且不存在公共利益等法定事由的，人民法院应当判决确认公开政府信息的行为违法，并可以责令被告采取相应的补救措施；造成损害的，根据原告请求依法判决被告承担赔偿责任。政府信息尚未公开的，应当判决行政机关不得公开。

第12条 有下列情形之一，被告已经履行法定告知或者说明理由义务的，人民法院应当判决驳回原告的诉讼请求：

（一）不属于政府信息、政府信息不存在、依法属于不予公开范围或者依法不属于被告公开的；

（二）申请公开的政府信息已经向公众公开，被告已经告知申请人获取该政府信息的方式和途径的；

（三）起诉被告逾期不予答复，理由不成立的；

（四）以政府信息侵犯其商业秘密、个人隐私为由反对公开，理由不成立的；

（五）要求被告更正与其自身相关的政府信息记录，理由不成立的；

（六）不能合理说明申请获取政府信息系根据自身生产、生活、科研等特殊需要，且被告据此不予提供的；[1]

（七）无法按照申请人要求的形式提供政府信息，且被告已通过安排申请人查阅相关资料、提供复制件或者其他适当形式提供的；

（八）其他应当判决驳回诉讼请求的情形。

《行政协议案件规定》

第12条　行政协议存在行政诉讼法第75条规定的重大且明显违法情形的，人民法院应当确认行政协议无效。

人民法院可以适用民事法律规范确认行政协议无效。

行政协议无效的原因在一审法庭辩论终结前消除的，人民法院可以确认行政协议有效。

第13条　法律、行政法规规定应当经过其他机关批准等程序后生效的行政协议，在一审法庭辩论终结前未获得批准的，人民法院应当确认该协议未生效。

行政协议约定被告负有履行批准程序等义务而被告未履行，原告要求被告承担赔偿责任的，人民法院应予支持。

第14条　原告认为行政协议存在胁迫、欺诈、重大误解、显失公平等情形而请求撤销，人民法院经审理认为符合法律规定可撤销情形的，可以依法判决撤销该协议。

第15条　行政协议无效、被撤销或者确定不发生效力后，当事人因行政协议取得的财产，人民法院应当判决予以返还；不能返还的，判决折价补偿。

因被告的原因导致行政协议被确认无效或者被撤销，可以同时判决责令被告采取补救措施；给原告造成损失的，人民法院应当判决被告予以赔偿。

第16条　在履行行政协议过程中，可能出现严重损害国家利益、社会公共利益的情形，被告作出变更、解除协议的行政行为后，原告请求撤销该行为，人民法院经审理认为该行为合法的，判决驳回原告诉讼请求；给原告造成损失的，判决被告予以补偿。

被告变更、解除行政协议的行政行为存在行政诉讼法第70条规定情形的，人民法院判决撤销或者部分撤销，并可以责令被告重新作出行政行为。

被告变更、解除行政协议的行政行为违法，人民法院可以依据行政诉讼法第78条的规定判决被告继续履行协议、采取补救措施；给原告造成损失的，判决被告予以赔偿。

第17条　原告请求解除行政协议，人民法院认为符合约定或者法定解除情形且不损害国家利益、社会公共利益和他人合法权益的，可以判决解除该协议。

第19条　被告未依法履行、未按照约定履行行政协议，人民法院可以依据行政诉讼法第78条的规定，结合原告诉讼请求，判决被告继续履行，并明确继续履行的具体内容；被告无法履行或者继续履行无实际意义的，人民法院可以判决被告采取相应的补救措施；给原告造成损失的，判决被告予以赔偿。

原告要求按照约定的违约金条款或者定金条款予以赔偿的，人民法院应予支持。

---

〔1〕　根据2019年修订后的《政府信息公开条例》，该项规定已无实际意义。

第20条 被告明确表示或者以自己的行为表明不履行行政协议，原告在履行期限届满之前向人民法院起诉请求其承担违约责任的，人民法院应予支持。

第21条 被告或者其他行政机关因国家利益、社会公共利益的需要依法行使行政职权，导致原告履行不能、履行费用明显增加或者遭受损失，原告请求判令被告给予补偿的，人民法院应予支持。

第22条 原告以被告违约为由请求人民法院判令其承担违约责任，人民法院经审理认为行政协议无效的，应当向原告释明，并根据原告变更后的诉讼请求判决确认行政协议无效；因被告的行为造成行政协议无效的，人民法院可以依法判决被告承担赔偿责任。原告经释明后拒绝变更诉讼请求的，人民法院可以判决驳回其诉讼请求。

《最高人民法院关于办理行政申请再审案件若干问题的规定》

第1条 当事人不服高级人民法院已经发生法律效力的判决、裁定，依照行政诉讼法第90条的规定向最高人民法院申请再审的，最高人民法院应当依法审查，分别情况予以处理。

第2条 下列行政申请再审案件中，原判决、裁定适用法律、法规确有错误的，最高人民法院应当裁定再审：

（一）在全国具有普遍法律适用指导意义的案件；

（二）在全国范围内或者省、自治区、直辖市有重大影响的案件；

（三）跨省、自治区、直辖市的案件；

（四）重大涉外或者涉及香港特别行政区、澳门特别行政区、台湾地区的案件；

（五）涉及重大国家利益、社会公共利益的案件；

（六）经高级人民法院审判委员会讨论决定的案件；

（七）最高人民法院认为应当再审的其他案件。

第3条 行政申请再审案件有下列情形之一的，最高人民法院可以决定由作出生效判决、裁定的高级人民法院审查：

（一）案件基本事实不清、诉讼程序违法、遗漏诉讼请求的；

（二）再审申请人或者第三人人数众多的；

（三）由高级人民法院审查更适宜实质性化解行政争议的；

（四）最高人民法院认为可以由高级人民法院审查的其他情形。

第4条 已经发生法律效力的判决、裁定认定事实清楚，适用法律、法规正确，当事人主张的再审事由不成立的，最高人民法院可以迳行裁定驳回再审申请。

行政诉讼的裁判包括行政诉讼判决和行政诉讼裁定。<u>行政诉讼判决</u>，是指法院审理行政案件终结时，根据审理所查清的事实，依据法律规定对行政案件实体问题作出的结论性处理决定。<u>行政诉讼裁定</u>，是指法院在审理行政案件过程中或者执行案件过程中，就程序问题所作出的判定。

一、行政诉讼第一审判决的一般情况

（一）行政诉讼第一审判决种类

行政诉讼一审判决主要有六种类型，分别为撤销判决、履行判决、变更判决、驳回原告诉讼请求判决、确认违法判决、确认无效判决。

1. 撤销判决

撤销判决，是指法院认定被诉行政行为部分或者全部违法，从而部分或全部撤销被诉行政行为，并可以责令被告重新作出行政行为的判决。

法院可以适用撤销判决的情形：①行政行为主要证据不足；②行政行为适用法律、法规错误；③行政行为违反法定程序；④超越职权作出行政行为；⑤滥用职权作出行政行为；⑥行政行为明显不当。每一种情形都构成法院撤销判决的独立理由。

[注意] 如果判决撤销违法的被诉行政行为，将会给国家利益、公共利益或他人利益造成损失的，法院在判决撤销的同时，可以分别采取以下方式处理：①判决被告重新作出行政行为；②责令被诉行政机关采取相应的补救措施；③向被告及有关机关提出司法建议；④发现违法犯罪行为的，建议有权机关进行处理。

2. 履行判决

履行判决，是指法院认定被告负有法律职责（作为义务）或给付义务（金钱义务）无正当理由而不履行，责令被告限期履行法定职责和给付义务的判决。法院判决被告履行法定职责，应当指定履行的期限，因情况特殊难以确定期限的除外。金钱义务主要指支付抚恤金、最低生活保障待遇或者社会保险待遇等给付义务。

[注意] 履行判决的适用

（1）法院可以判决被告在一定期限内依法履行原告请求的法定职责；

（2）尚需被告调查或者裁量的，法院应当判决被告针对原告的请求重新作出处理；

（3）原告请求被告履行法定职责或者依法履行支付抚恤金、最低生活保障待遇或者社会保险待遇等给付义务，原告未先向行政机关提出申请的，法院裁定驳回起诉；

（4）法院经审理认为原告所请求履行的法定职责或者给付义务明显不属于行政机关权限范围的，可以裁定驳回起诉。

3. 变更判决

变更判决，是指经法院认定行政处罚行为明显不当，或者其他行政行为涉及对款额的确定、认定确有错误的，运用国家审判权直接改变行政行为的判决。变更判决与撤销判决最大的区别是变更判决直接确定了当事人的权利和义务。变更判决的适用范围：①行政处罚明显不当；②其他行政行为涉及对款额的确定、认定确有错误的。

[注意] 变更判决的适用

（1）原则上只能减轻不能加重，即不得加重原告的义务或者减损原告的权益；

（2）但利害关系人同为原告，且诉讼请求相反的除外。

4. 驳回原告诉讼请求判决

驳回原告诉讼请求判决，是指法院认为被诉行政行为合法或者原告申请被告履行法定职责或者给付义务理由不成立的，法院直接作出否定原告诉讼请求的一种判决形式。

[注意] 驳回原告诉讼请求和驳回原告起诉的区别

（1）使用的裁判形式不同。前者涉及的是案件实体问题，应适用判决；后者涉及的主要为案件程序问题，应适用裁定。

（2）适用情形不同。前者适用的情况在司法解释中有明确的规定；后者则适用于法院受理案件后发现起诉不符合条件的情形。

5. 确认违法判决

确认违法判决，是指法院认为被诉行政行为违法，确认其违法的一种判决形式。其适用的具体情形有：①被诉行政行为违法应当撤销，但撤销将给国家利益和公共利益带来重大损失的；②行政行为程序轻微违法，但对原告实体权利不产生实际影响的；③被告改变原违法行政行为，原告仍要求确认原行政行为违法的；④被告不履行法定职责，但判决责令履行法定职责已无实际意义的。

[注意]

（1）法院判决确认违法的：①可以同时判决责令被告采取补救措施；②给原告造成损失的，依法判决被告承担赔偿责任。

（2）程序轻微违法，是指处理期限轻微违法，通知、送达等程序轻微违法，并且对听证、陈述、申辩等重要程序性权利不产生实质损害。

6. 确认无效判决

确认无效判决，是指原告申请确认行政行为无效，法院认为行政行为重大明显违法，即：

（1）行政行为的实施主体不具有行政主体资格；

（2）减损权利或者增加义务的行政行为没有法律规范依据；

（3）行政行为的内容客观上不可能实施等情形，进而对行政行为确认无效的判决形式。

[注意]　①确认无效诉讼的起诉没有起诉期限限制。②法院判决确认无效的：可以同时判决责令被告采取补救措施；给原告造成损失的，应判决被告承担赔偿责任。

[总结]

判决类型	适用情形
撤销判决	主要证据不足；适用法律、法规错误；违反法定程序；超越职权；滥用职权；明显不当。
履行判决	（1）被告不履行法定职责的； （2）被告依法负有给付义务的。
变更判决	（1）行政处罚明显不当的； （2）其他行政行为涉及对款额的确定、认定确有错误的。
驳回诉讼请求判决	（1）行政行为证据确凿，适用法律、法规正确，符合法定程序的； （2）原告申请被告履行法定职责或者给付义务理由不成立的； （3）被诉行政行为合法，但因法律、政策的变化需要变更或废止的。
确认违法判决	（1）行政行为依法应撤销，但撤销会给国家利益、社会公共利益造成重大损害的； （2）行政行为程序轻微违法，但对原告权利不产生实际影响的； （3）被告改变原违法行政行为，原告仍要求确认原行政行为违法的； （4）被告不履行或者拖延履行法定职责，判决履行没有意义的。
确认无效判决	行政行为有实施主体不具有行政主体资格或者没有依据等重大且明显违法情形，原告申请确认行政行为无效。

（二）判决的逻辑关系

行政诉讼中的受案范围、审查范围和判决对象，实质上都是针对被诉的行政行为，被诉行政行为既属于行政诉讼的受案范围，也属于法院的审查范围，同时也构成法院的判决对象。

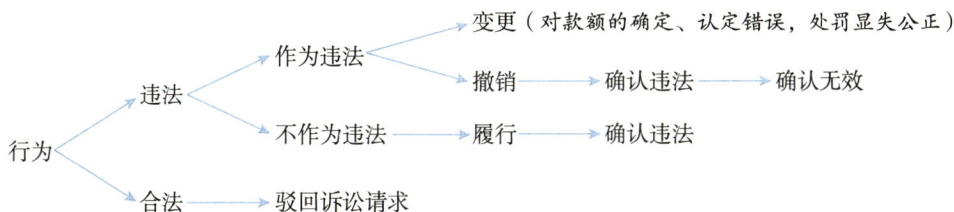

行为 → 违法 → 作为违法 → 变更（对款额的确定、认定错误，处罚显失公正）
作为违法 → 撤销 → 确认违法 → 确认无效
违法 → 不作为违法 → 履行 → 确认违法
行为 → 合法 → 驳回诉讼请求

1. 被诉行政行为经过法院审理后，法院会作出两种认定结果：行政行为合法或行政行为违法。

2. 行政行为违法分为两种情况，即行政作为违法和不作为违法：

（1）对于行政作为违法，法院一般都适用撤销判决，因为撤销判决都是针对行政作为违法的。除了适用撤销判决外，对于行政作为违法还能适用变更判决，但它适用于特定情形——行政处罚明显不当或行政行为的款额错误。只有原告申请、行政行为重大明显违法的，法院才能适用确认无效判决。

（2）对于行政不作为违法，法院一般都适用履行判决。

（3）对于行政作为违法和行政不作为违法，法院都能适用确认违法判决，确认违法是对撤销判决和履行判决的补充判决，即不能判决撤销时判决确认违法，不能判决履行时判决确认违法。确认违法判决适用的四种情形就能体现这一逻辑关系。

另外，原告起诉请求撤销行政行为，法院经审查认为行政行为无效的，应当作出确认无效的判决。原告起诉请求确认行政行为无效，法院审查认为行政行为不属于无效情形，经释明，原告请求撤销行政行为的，应当继续审理并依法作出相应判决；原告请求撤销行政行为但超过法定起诉期限的，裁定驳回起诉；原告拒绝变更诉讼请求的，判决驳回其诉讼请求。

3. 行政行为合法：对于行政行为合法，法院适用驳回原告诉讼请求判决，既包括行政作为合法，也包括行政不作为合法（原告起诉被告不作为理由不成立）。

小练习

1. 案情：某镇政府以一公司所建钢架大棚未取得乡村建设规划许可证为由责令限期拆除。该公司逾期不拆除，镇政府向其现场送达强拆通知书，组织人员拆除了大棚。该公司向法院起诉要求撤销强拆行为。

问题：若法院审理认为强拆行为违反法定程序，如何判决？

参考答案：根据《行政诉讼法》第 74 条第 2 款的规定，强拆行为已实际实施，无可撤销的内容，因此法院适用确认违法判决。

2. 案情：某银行以某公司未偿还贷款为由向法院起诉，法院终审判决认定其请求已过诉讼时效，予以驳回。某银行向某县政府发函，要求某县政府落实某公司的还款责任。某县政府复函："请贵行继续依法主张债权，我们将配合做好有关工作。"尔后，某银行向法院起诉，请求某县政府履行职责。法院经审理认为，某县政府已履行相应职责，某银行的债权不能实现的原因在于其主张债权时已超过诉讼时效。

问题：法院如何判决？

参考答案：在本案中法院审理认为，原告银行起诉被告县政府不作为理由不成立，根据《行政诉讼法》第69条的规定，法院判决驳回原告某银行的诉讼请求。

二、行政许可案件的判决

行政许可案件有**三种案件类型**：不予许可案件、准予许可案件和查阅权案件。根据不同情况适用不同判决。

案件类型	适用情形		判决类型
不予许可案件	不予许可行为<u>违法</u>	原告请求准予许可的理由成立，且被告没有裁量余地的	撤销不予许可决定，责令被告重新作出决定
准予许可案件	准予许可行为<u>合法</u>	被告不举证但行政许可行为合法	驳回原告的诉讼请求
	准予许可行为<u>违法</u>（旧法），合法（新法）	准予行政许可决定违反决定时的法律规范但符合新的法律规范	确认该决定违法
			不损害公共利益和当事人合法权益的，可以判决驳回原告的诉讼请求
查阅权诉讼案件	拒绝行为<u>违法</u>	被告无正当理由拒绝原告查阅行政许可决定及有关档案材料或者监督检查记录的	判决被告在法定或者合理期限内准予原告查阅

[指导案例]

行政许可案件中的确认违法判决：行政机关在作出行政许可时没有告知期限，事后以期限届满为由终止行政相对人行政许可权益的，属于<u>行政程序违法</u>，人民法院应当依法判决撤销被诉行政行为。但如果判决撤销被诉行政行为，将会给社会公共利益和行政管理秩序带来明显不利影响的，人民法院应当判决确认被诉行政行为违法。（最高人民法院指导案例88号：张道文、陶仁等诉四川省简阳市人民政府侵犯客运人力三轮车经营权案）

小练习

案情：余某拟大修房屋，向县规划局提出申请，县规划局作出不予批准答复。余某向法院起诉。法院经审理认定县规划局应当作出批准答复。

问题：本案法院如何判决？

参考答案：县规划局作出不予批准答复属于不予行政许可决定案件。根据《行政许可案件规定》第11条的规定，法院判决撤销不予批准答复，责令县规划局重新作出决定。

三、信息公开行政案件的判决

信息公开行政案件的判决，涉及申请公开信息案件、商业秘密个人隐私案件、申请更正信息案件和申请不答复案件四种情形，根据具体情况适用不同判决。

案件类型	适用情形		判决类型
申请公开信息案件	不公开行为违法	应当公开的政府信息拒绝或者部分拒绝公开。	撤销或者部分撤销被诉不予公开决定，并判决被告在一定期限内公开。
		提供的政府信息不符合申请人要求的内容或者形式。	判决被告按照申请人要求的内容或者形式提供。
		被告不予公开的政府信息内容可以作区分处理。	判决被告限期公开可以公开的内容。
	不公开行为合法	不属于政府信息、政府信息不存在、依法属于不予公开范围或者依法不属于被告公开。	判决驳回原告的诉讼请求。
		申请公开的政府信息已经向公众公开，被告已经告知申请人获取该政府信息的方式和途径。	
		无法按照申请人要求的形式提供政府信息，且被告已通过安排申请人查阅相关资料、提供复制件或其他适当形式提供。	
商业秘密个人隐私案件	公开行为违法	被告公开政府信息涉及原告商业秘密、个人隐私且不存在公共利益等法定事由。	政府信息已公开的，判决确认公开政府信息的行为违法，责令被告采取补救措施，判决被告承担赔偿责任。
			政府信息尚未公开的，判决行政机关不得公开。
	公开行为合法	以政府信息侵犯其商业秘密、个人隐私为由反对公开，理由不成立。	判决驳回原告的诉讼请求。
申请更正信息案件	不更改行为违法	应当更正而不更正与原告相关的政府信息记录。	判决被告在一定期限内更正；被告无权更正的，判决其转送有权更正的行政机关处理。
	不更改行为合法	要求被告更正与其自身相关的政府信息记录，理由不成立。	判决驳回原告的诉讼请求。
申请不答复案件	不作为违法	对要求公开或者更正政府信息的申请无正当理由逾期不予答复。	判决被告在一定期限内答复。
		原告一并请求判决被告公开政府信息且理由成立。	判决被告在一定期限内公开；尚需被告调查、裁量的，判决其在一定期限内答复。
		原告一并请求判决被告更正政府信息且理由成立。	判决被告在一定期限内更正；尚需被告调查、裁量的，判决其在一定期限内答复；被告无权更正的，判决其转送有权更正的行政机关处理。

案件类型	适用情形		判决类型
申请不答复案件	不作为合法	起诉被告逾期不予答复，理由不成立。	判决驳回原告的诉讼请求。

［注意］ 行政机关拒绝更正政府信息案件中，政府信息记录不准确的，原则上要判决被告在一定期限内更正。但有两种特别情形：

（1）尚需被告调查、裁量的，判决其在一定期限内重新答复。这意味着对需要调查或者带有裁量性的判断，法院应遵循行政机关的判断，而不能代替实施。另外，对期限的确定，法院应根据具体情况确定。

（2）被告无权更正的，应当是判决被告转送有权更正的行政机关处理。

小练习

案情： 王某认为社保局提供的社会保障信息有误，要求社保局予以更正。社保局以无权更正为由拒绝更正。王某向法院起诉，法院受理。

问题： 法院经审理认为涉案信息有误，如何判决？

参考答案： 根据《政府信息公开案件规定》第9条第4款的规定，涉案信息有误，法院判决社保局在一定期限内更正；若涉案信息有误但社保局无权更正，法院应当判决社保局转送有权更正的行政机关处理。

四、行政协议案件的判决

案件类型	判决种类	适用情形
行政优益权行为的判决	驳回诉讼请求判决（补偿判决）	在履行行政协议过程中，可能出现严重损害国家利益、社会公共利益的情形，被告作出变更、解除协议的行政行为后，原告请求撤销该行为，人民法院经审理认为该行为合法的，判决驳回原告诉讼请求；给原告造成损失的，判决被告予以补偿。
	撤销判决	被告行使行政优益权的行为违法的，人民法院判决撤销或者部分撤销，并可以责令被告重新作出行政行为。
	履行判决	被告行使行政优益权的行政行为违法，人民法院可以判决继续履行协议、采取补救措施；给原告造成损失的，判决被告予以赔偿。
	补偿判决	被告或者其他行政机关因国家利益、社会公共利益的需要依法行使行政职权，导致原告履行不能、履行费用明显增加或者遭受损失，原告请求判令被告给予补偿的，人民法院应予支持。
行政协议效力的判决	确认无效	行政协议存在重大且明显违法情形的，人民法院应当确认行政协议无效；人民法院可以适用民事法律规范确认行政协议无效。
	确认有效	行政协议无效的原因在一审法庭辩论终结前消除的，人民法院可以确认行政协议有效。

续表

案件类型	判决种类	适用情形
行政协议 效力的判决	确定协议 不发生效力 （赔偿判决）	法律、行政法规规定应当经过其他机关批准等程序后生效的行政协议，在一审法庭辩论终结前未获得批准的，人民法院应当确定该协议不发生效力；行政协议约定被告负有履行批准程序等义务而被告未履行，原告要求被告承担赔偿责任的，人民法院应予支持（被告的缔约过失责任）。
	撤销协议	原告认为行政协议存在胁迫、欺诈、重大误解、显失公平等情形而请求撤销，人民法院经审理认为符合法律规定的可撤销情形的，可以依法判决撤销该协议。
	解除协议	原告请求解除行政协议，人民法院认为符合约定或者法定解除情形且不损害国家利益、社会公共利益和他人合法权益的，可以判决解除该协议。
行政违约 行为的判决	履行判决	被告未依法履行、未按照约定履行行政协议，人民法院可以依法判决被告继续履行，并明确继续履行的具体内容；被告无法履行或者继续履行无实际意义的，人民法院可以判决被告采取相应的补救措施；给原告造成损失的，判决被告予以赔偿。
	赔偿判决	原告要求按照约定的违约金条款或者定金条款予以赔偿的，人民法院应予支持。被告明确表示或者以自己的行为表明不履行行政协议义务，原告在履行期限届满之前向人民法院起诉请求其承担违约责任的，人民法院应予支持。
	确认行政 协议无效 或者驳回 诉讼请求	原告以被告违约为由请求人民法院判令其承担违约责任，人民法院经审理认为行政协议无效的，应当向原告释明，并根据原告变更后的诉讼请求判决确认行政协议无效；因被告的行为造成行政协议无效的，人民法院可以依法判决被告承担赔偿责任。原告经释明拒绝变更诉讼请求的，人民法院可以判决驳回其诉讼请求。

小练习

案情：为了实现节能减排目标，某县政府决定对永佳公司进行关停征收。某县政府与永佳公司签订了《资产转让协议书》，永佳公司关停退出造纸行业，县政府受让永佳公司资产并支付对价。后因付款产生纠纷，永佳公司诉至法院请求判决县政府履行付款义务。法院查明：协议签订后，县政府接受了永佳公司的厂房等资产后，支付了永佳公司部分补偿金，之后经多次催收未再后续付款。

问题：本案法院如何判决？

参考答案：县政府与永佳公司签订了《资产转让协议书》属于行政协议，根据《行政协议案件规定》第19条第1款的规定，法院可以判决县政府继续履行付款义务，给永佳公司造成损失的，判决县政府予以赔偿。

五、经复议案件的判决

经过复议的案件，法院的审理和裁判对象依具体情形而不同：复议改变的，复议机关为被告，法院的审理和裁判对象为复议决定；**复议维持**的，原机关和复议机关为共同被告，法院的审理和裁判对象为原行政行为和复议决定。

案件类型	适用情形	判决类型
复议改变	复议决定改变原行政行为错误	判决撤销复议决定，责令复议机关重新作出复议决定或者判决恢复原行政行为的法律效力
	复议决定改变原行政行为正确	判决驳回原告诉讼请求
复议维持	原行政行为（作为）违法，复议决定违法	判决撤销原行政行为，判决撤销复议决定
	原行政行为（不作为）违法，复议决定违法	判决作出原行政行为的行政机关履行法定职责或者给付义务，判决撤销复议决定
	原行政行为合法，复议决定违法	判决驳回原告对原行为的诉讼请求，判决撤销复议决定或者确认复议决定违法
	原行政行为合法，复议决定合法	判决驳回原告诉讼请求

［注意］原行政行为不符合复议或者诉讼受案范围等受理条件，复议机关作出维持决定的，法院应当裁定一并驳回对原行政行为和复议决定的起诉。

小练习

案情：某县工商局认定王某经营加油站系无照经营，予以取缔。王某不服，向市工商局申请复议，在该局作出维持决定后向法院提起诉讼，要求撤销取缔决定。法院经审理认定取缔决定违法。

问题：本案法院如何判决？

参考答案：根据《行政诉讼法》第70、79条的规定，法院认定县工商局的取缔决定违法，判决撤销县工商局的取缔决定，一并判决撤销市工商局的复议维持决定。

六、二审裁判与再审裁判

（一）二审裁判

1. 维持原判

维持原判必须同时具备两个条件：①原判决认定事实清楚；②适用法律、法规正确。

2. 直接改判或发回重审

（1）直接改判适用于两种情形：①原判决认定事实清楚，但适用法律、法规错误；②原判决认定事实不清、证据不足。

（2）在一审判决认定事实不清的情况下，第二审法院一般应裁定撤销原判：①发回原审法院重审；②第二审法院在查清事实后直接改判。

（3）第一审判决存在遗漏当事人或者违法缺席判决等严重违反法定程序情形的，裁定撤销原判，发回原审法院重审。

> 💡 提　示
>
> 原审判决遗漏诉讼请求和遗漏行政赔偿请求的二审判决区别：
>
> （1）原审判决遗漏了诉讼请求的，第二审法院应当裁定撤销原审判决，发回重审。
>
> （2）原审判决遗漏行政赔偿请求：①第二审法院经审查认为依法不应当予以赔偿的，应当判决驳回行政赔偿请求；②第二审法院经审理认为依法应当予以赔偿的，在确认被诉行政行为违法的同时，可以就行政赔偿问题进行调解；调解不成的，应当就行政赔偿部分发回重审。

3. 指令原审法院立案或者继续审理

原审法院不予立案或者驳回起诉的裁定确有错误且当事人的起诉符合起诉条件的，应当裁定撤销原审法院的裁定，指令原审法院立案或者继续审理。

4. 驳回起诉

第一审法院作出实体判决后，第二审法院认为不应当立案的，在撤销第一审法院判决的同时，可以迳行驳回起诉。

🔭 小练习

案情：某公司提起行政诉讼，要求撤销区教育局作出的《关于不同意申办花蕾幼儿园的批复》，并要求法院判令该局向花蕾幼儿园颁发《办学许可证》。一审法院经审理后作出驳回公司诉讼请求的判决。该公司不服一审判决，提起上诉。二审法院经审理认为区教育局应当向花蕾幼儿园颁发《办学许可证》。

问题：本案二审法院如何判决？

参考答案：根据《行政诉讼法》第 89 条第 1 款第 2 项的规定，二审法院撤销一审判决，撤销区教育局作出的《关于不同意申办花蕾幼儿园的批复》，判决区教育局向花蕾幼儿园颁发《办学许可证》。

（二）再审裁判

1. 原生效裁判正确

法院经过再审审理认为原审判决认定事实和适用法律均无不当时，法院应当裁定撤销原中止执行的裁定，继续执行原判决。

2. 原生效裁判错误

法院经过再审审理认为原审判决、裁定确有错误的，在撤销原生效判决或者裁定的同时，可以对生效判决、裁定的内容作出相应裁判，也可以裁定撤销生效判决、裁定，发回作出生效判决、裁定的法院重新审判。

3. 原审法院不予立案或者驳回起诉错误

（1）第二审法院维持第一审法院不予立案裁定错误的，再审法院应当撤销第一审、第二审法院裁定，指令第一审法院受理；

（2）第二审法院维持第一审法院驳回起诉裁定错误的，再审法院应当撤销第一审、第二审法院裁定，指令第一审法院审理。

4. 最高法院处理行政申请再审案件

当事人申请再审	当事人不服高级法院已经发生法律效力的判决、裁定，向最高法院申请再审	
最高法院审查处理	原判决、裁定适用法律、法规确有错误的，最高法院应当裁定再审	（1）在全国具有普遍法律适用指导意义的案件 （2）在全国范围内或者省、自治区、直辖市有重大影响的案件 （3）跨省、自治区、直辖市的案件 （4）重大涉外或者涉及港澳台的案件 （5）涉及重大国家利益、社会公共利益的案件 （6）经高级法院审判委员会讨论决定的案件 （7）最高法院认为应当再审的其他案件
	最高法院可以决定由作出生效判决、裁定的高级法院审查	（1）案件基本事实不清、诉讼程序违法、遗漏诉讼请求的 （2）再审申请人或者第三人人数众多的 （3）由高级法院审查更适宜实质性化解行政争议的 （4）最高法院认为可以由高级法院审查的其他情形
	最高法院可以迳行裁定驳回再审申请	已经发生法律效力的判决、裁定认定事实清楚，适用法律、法规正确，当事人主张的再审事由不成立的

考点点拨

行政诉讼一审适用判决的思路

（1）确定法院的判决对象，根据原告诉求，确定判决对象。

（2）明确被诉行政行为是合法还是违法。

（3）对于行政作为违法，法院一般都适用撤销判决，行政处罚明显不当和行政行为认定、确定的款额错误的作为违法，法院还能适用变更判决；对于行政不作为违法，法院一般都适用履行判决，行政作为违法不能判决撤销时适用确认违法判决，行政不作为违法不能判决履行时适用确认违法判决。只有原告申请、行政行为重大明显违法的，法院才能适用确认无效判决。

（4）对于行政行为合法，法院适用驳回原告诉讼请求判决。

经典真题

案情： 1997年11月，某省政府所在地的市政府决定征收含有某村集体土地在内的地块作为旅游区用地，并划定征用土地的四至界线范围。2007年，市国土局将其中一地块与甲公司签订《国有土地使用权出让合同》。2008年12月16日，甲公司获得市政府发放的第1号《国有土地使用权证》。2009年3月28日，甲公司将此地块转让给乙公司，市政府向乙公司发放第2号《国有土地使用权证》。后，乙公司申请在此地块上动工建设。2010年9月15日，市政府张贴公告，要求在该土地范围内使用土地的单位和个人，限期自行清理农作物和附着物设施，否则强制清理。2010年11月，某村得知市政府给乙公司颁发第2号《国有土地使用权证》后，认为此证涉及的部分土地仍属该村集体所有，向省政府申请复议要求撤销该土地使用权证。省政府维持后，某村向法院起诉。法院通知甲公司与乙公司作为第三人参加诉讼。

在诉讼过程中，市政府组织有关部门强制拆除了征地范围内的附着物设施。某村为收集证据材料，向市国土局申请公开 1997 年征收时划定的四至界线范围等相关资料，市国土局以涉及商业秘密为由拒绝提供。（2012/4/六）

问题：如某村对市国土局拒绝公开相关资料的决定不服，向法院起诉，法院应采用何种方式审理？如法院经审理认为市国土局应当公开相关资料，应如何判决？[1]

第41讲　行政诉讼中对规范性文件的处理

核心法条

《行政诉讼法》

第 53 条　公民、法人或者其他组织认为行政行为所依据的国务院部门和地方人民政府及其部门制定的规范性文件不合法，在对行政行为提起诉讼时，可以一并请求对该规范性文件进行审查。

前款规定的规范性文件不含规章。

第 64 条　人民法院在审理行政案件中，经审查认为本法第 53 条规定的规范性文件不合法的，不作为认定行政行为合法的依据，并向制定机关提出处理建议。

《行诉解释》

第 146 条　公民、法人或者其他组织请求人民法院一并审查行政诉讼法第 53 条规定的规范性文件，应当在第一审开庭审理前提出；有正当理由的，也可以在法庭调查中提出。

第 147 条　人民法院在对规范性文件审查过程中，发现规范性文件可能不合法的，应当听取规范性文件制定机关的意见。

制定机关申请出庭陈述意见的，人民法院应当准许。

行政机关未陈述意见或者未提供相关证明材料的，不能阻止人民法院对规范性文件进行审查。

第 148 条　人民法院对规范性文件进行一并审查时，可以从规范性文件制定机关是否超越权限或者违反法定程序、作出行政行为所依据的条款以及相关条款等方面进行。

有下列情形之一的，属于行政诉讼法第 64 条规定的"规范性文件不合法"：

（一）超越制定机关的法定职权或者超越法律、法规、规章的授权范围的；

（二）与法律、法规、规章等上位法的规定相抵触的；

（三）没有法律、法规、规章依据，违法增加公民、法人和其他组织义务或者减损公民、法人和其他组织合法权益的；

---

〔1〕　根据《政府信息公开案件规定》第 6 条的规定，法院应当视情况采取适当的审理方式，以避免泄露涉及商业秘密的政府信息。根据《政府信息公开案件规定》第 9 条第 1 款的规定，法院应当撤销或部分撤销不予公开决定，并判决市国土局在一定期限内公开。尚需市国土局调查、裁量的，判决其在一定的期限内重新答复。

（四）未履行法定批准程序、公开发布程序，严重违反制定程序的；

（五）其他违反法律、法规以及规章规定的情形。

第149条 人民法院经审查认为行政行为所依据的规范性文件合法的，应当作为认定行政行为合法的依据；经审查认为规范性文件不合法的，不作为人民法院认定行政行为合法的依据，并在裁判理由中予以阐明。作出生效裁判的人民法院应当向规范性文件的制定机关提出处理建议，并可以抄送制定机关的同级人民政府、上一级行政机关、监察机关以及规范性文件的备案机关。

规范性文件不合法的，人民法院可以在裁判生效之日起3个月内，向规范性文件制定机关提出修改或者废止该规范性文件的司法建议。

规范性文件由多个部门联合制定的，人民法院可以向该规范性文件的主办机关或者共同上一级行政机关发送司法建议。

接收司法建议的行政机关应当在收到司法建议之日起60日内予以书面答复。情况紧急的，人民法院可以建议制定机关或者其上一级行政机关立即停止执行该规范性文件。

法院对规范性文件进行附带性的审查，对于合法的规范性文件，应当作为行政行为合法的依据；对于不合法的规范性文件，不得作为行政行为合法的依据。具体审查要求如下：

规范性文件的范围	（1）国务院部门和地方人民政府及其部门制定的规范性文件，不含规章； （2）规范性文件是被诉行政行为作出的依据。	
审查申请	（1）应当在第一审开庭审理前提出； （2）有正当理由的，也可以在法庭调查中提出。	
管辖法院	由行政行为案件管辖法院一并审查。	
听取意见	（1）法院在对规范性文件审查过程中，发现规范性文件可能不合法的，应当听取规范性文件制定机关的意见； （2）制定机关申请出庭陈述意见的，法院应当准许。	
审查标准	规范性文件制定机关是否超越权限或者违反法定程序、作出行政行为所依据的条款以及相关条款等方面。	
规范性文件合法	应当作为认定行政行为合法的依据。	
规范性文件不合法	具体情形	（1）超越制定机关的法定职权或者超越法律、法规、规章的授权范围； （2）与法律、法规、规章等上位法的规定相抵触； （3）没有法律、法规、规章依据，违法增加公民、法人和其他组织义务或者减损公民、法人和其他组织合法权益； （4）未履行法定批准程序、公开发布程序，严重违反制定程序； （5）其他违反法律、法规以及规章规定的情形。
	处理	（1）不作为人民法院认定行政行为合法的依据，并在裁判理由中予以阐明； （2）法院应当向规范性文件的制定机关提出处理建议，并可以抄送制定机关的同级政府、上一级行政机关、监察机关以及规范性文件的备案机关；

规范性文件 不合法	处　理	（3）法院可以在裁判生效之日起 3 个月内，向规范性文件制定机关提出修改或者废止该规范性文件的司法建议； （4）规范性文件由多个部门联合制定的，法院可以向该规范性文件的主办机关或者共同上一级行政机关发送司法建议； （5）接收司法建议的行政机关应当在收到司法建议之日起 60 日内予以书面答复； （6）情况紧急的，法院可以建议制定机关或者其上一级行政机关立即停止执行规范性文件。

[指导案例]

1. 高校规范性文件违法。高等学校依据违背国家法律、行政法规或规章的校规、校纪，对受教育者作出退学处理等决定的，人民法院不予支持。（最高人民法院指导案例 38 号：田永诉北京科技大学拒绝颁发毕业证、学位证案）

2. 高校规范性文件合法。高等学校依照《学位条例暂行实施办法》的有关规定，在学术自治范围内制定的授予学位的学术水平标准，以及据此标准作出的是否授予学位的决定，人民法院应予支持。（最高人民法院指导案例 39 号：何小强诉华中科技大学拒绝授予学位案）

小练习

案情：某县房管局出台《关于全县商品住宅项目公证摇号销售实施意见》（以下简称《实施意见》），要求即日起全县商品住宅已办理预售许可证的楼盘暂停销售，违者处罚。德利公司为回笼资金，仍然组织楼盘销售，被县房管局依据《实施意见》的有关规定予以 20 万元处罚。德利公司不服该处罚决定提起诉讼，一并请求法院审查《实施意见》的合法性。

问题：

（1）法院审查《实施意见》时，是否应当听取县房管局的意见？

（2）若法院认为《实施意见》不合法，能否判决撤销？

参考答案：

（1）根据《行诉解释》第 147 条第 1 款的规定，法院在对《实施意见》审查过程中，发现《实施意见》可能不合法的，应当听取《实施意见》制定机关——县房管局的意见。

（2）根据《行诉解释》第 149 条第 1 款的规定，法院应当向《实施意见》的制定机关——县房管局提出处理建议，不能判决撤销《实施意见》。

经典真题

案情：孙某与村委会达成在该村采砂的协议，期限为 5 年。孙某向甲市乙县国土资源局申请采矿许可，该局向孙某发放采矿许可证，载明采矿的有效期为 2 年，至 2015 年 10 月 20 日止。

2015 年 10 月 15 日，乙县国土资源局通知孙某，根据甲市国土资源局日前发布的《严禁在自然保护区采砂的规定》，采矿许可证到期后不再延续，被许可人应立即停止采砂行为，撤回采砂设施和设备。

孙某以与村委会协议未到期、投资未收回为由继续开采，并于 2015 年 10 月 28 日向乙县国土资源局申请延续采矿许可证的有效期。该局通知其许可证已失效，无法续期。

2015 年 11 月 20 日，乙县国土资源局接到举报，得知孙某仍在采砂，以孙某未经批准非法采砂，违反《矿产资源法》为由，发出《责令停止违法行为通知书》，要求其停止违法行为。孙某向法院起诉请求撤销通知书，一并请求对《严禁在自然保护区采砂的规定》进行审查。

孙某为了解《严禁在自然保护区采砂的规定》内容，向甲市国土资源局提出政府信息公开申请。（2016/4/七）

问题：

1. 孙某一并审查的请求是否符合要求？根据有关规定，原告在行政诉讼中提出一并请求审查行政规范性文件的具体要求是什么？[1]

2. 行政诉讼中，如法院经审查认为规范性文件不合法，应如何处理？[2]

第42讲 行政诉讼裁判的执行

核心法条

《行政诉讼法》

第 95 条 公民、法人或者其他组织拒绝履行判决、裁定、调解书的，行政机关或者第三人可以向第一审人民法院申请强制执行，或者由行政机关依法强制执行。

第 96 条 行政机关拒绝履行判决、裁定、调解书的，第一审人民法院可以采取下列措施：

（一）对应当归还的罚款或者应当给付的款额，通知银行从该行政机关的账户内划拨；

（二）在规定期限内不履行的，从期满之日起，对该行政机关负责人按日处 50 元至 100 元的罚款；

（三）将行政机关拒绝履行的情况予以公告；

（四）向监察机关或者该行政机关的上一级行政机关提出司法建议。接受司法建议的机关，根据有关规定进行处理，并将处理情况告知人民法院；

（五）拒不履行判决、裁定、调解书，社会影响恶劣的，可以对该行政机关直接负责的主管人员和其他直接责任人员予以拘留；情节严重，构成犯罪的，依法追究刑事责任。

---

〔1〕 本案中，因《严禁在自然保护区采砂的规定》并非被诉行政行为（《责令停止违法行为通知书》）作出的依据，孙某的请求不成立。根据《行政诉讼法》第 53 条和《行诉解释》第 146 条的规定，原告在行政诉讼中一并请求审查规范性文件需要符合下列要求：①该规范性文件为国务院部门和地方政府及其部门制定的规范性文件，但不含规章；②该规范性文件是被诉行政行为作出的依据；③应在第一审开庭审理前提出，有正当理由的，也可以在法庭调查中提出。

〔2〕 根据《行政诉讼法》第 64 条和《行诉解释》第 149 条第 1 款的规定，法院不作为认定被诉行政行为合法的依据，并在裁判理由中予以阐明。作出生效裁判的法院应当向规范性文件的制定机关提出处理建议，并可以抄送制定机关的同级政府、上一级行政机关、监察机关以及规范性文件的备案机关。

《行诉解释》

第 153 条　申请执行的期限为 2 年。申请执行时效的中止、中断，适用法律有关规定。

申请执行的期限从法律文书规定的履行期间最后一日起计算；法律文书规定分期履行的，从规定的每次履行期间的最后一日起计算；法律文书中没有规定履行期限的，从该法律文书送达当事人之日起计算。

逾期申请的，除有正当理由外，人民法院不予受理。

第 154 条　发生法律效力的行政判决书、行政裁定书、行政赔偿判决书和行政调解书，由第一审人民法院执行。

第一审人民法院认为情况特殊，需要由第二审人民法院执行的，可以报请第二审人民法院执行；第二审人民法院可以决定由其执行，也可以决定由第一审人民法院执行。

行政诉讼裁判的执行，是指行政案件当事人逾期拒不履行法院生效的行政案件的法律文书，法院和有关行政机关运用国家强制力量，依法采取强制措施促使当事人履行义务，从而使生效法律文书的内容得以实现的活动。

一、执行主体

执行主体，是指在行政诉讼执行中享有权利义务的各方主体，主要包括执行机关和执行当事人。

（一）执行机关

执行机关，是指拥有行政诉讼执行权、主持执行程序、采取强制执行措施的主体。我国行政案件的执行机关除作为审判机关的法院外，还包括行政机关。

1. 法院

在法院作为执行机关时，①一般由第一审法院负责执行；②如果第一审法院认为情况特殊需要由第二审法院执行的，可以报请第二审法院执行；③第二审法院可以决定由其执行，也可以决定由第一审法院执行。

2. 行政机关

行政机关可以自行执行生效行政裁决有两个条件：①法院驳回原告诉讼请求从而支持被诉行政行为；②并且根据法律享有自行强制执行权。行政机关执行，有助于提高行政效率，减轻法院的执行压力。

（二）执行当事人

执行当事人，是指行政诉讼执行中的执行申请人和被申请执行人。一般情况下，行政诉讼执行由法院负责，执行当事人就是行政诉讼的当事人，胜诉一方的当事人是执行申请人，败诉一方的当事人是被申请执行人。

二、执行根据

执行根据，是指执行申请人申请执行或者执行机关依职权直接采取执行措施所依据的法律文书。

行政诉讼执行的依据包括生效的行政判决书、行政裁定书、行政赔偿判决书和行政调解书。

三、执行程序

行政诉讼执行程序由一系列独立的环节所组成，主要包括：开始、审理、阻却、完毕、补救等。这些程序与民事诉讼执行程序基本相同，与之不同的特别规定是申请执行的期限。

申请执行的期限为2年：①从法律文书规定的履行期间最后一日起计算；②法律文书规定分期履行的，从规定的每次履行期间的最后一日起计算；③法律文书中没有规定履行期限的，从该法律文书送达当事人之日起计算；④逾期申请的，除有正当理由外，法院不予受理。

四、执行措施

执行措施，是指执行机关运用国家强制力，强制被执行人完成所承担的义务的法律手段和方法。行政诉讼的执行措施，对行政机关的执行和对公民、法人或者其他组织的执行不同。

（一）对行政机关的执行措施

行政机关拒绝履行判决、裁定、调解书的，法院可以采取的措施有：

1. 对应当归还的罚款或者应当给付的款额，通知银行从该行政机关的账户内划拨。

2. 在规定期限内不履行的，从期满之日起，对该行政机关负责人按日处50元至100元的罚款。

3. 将行政机关拒绝履行的情况予以公告。

4. 向监察机关或者该行政机关的上一级行政机关提出司法建议，接受司法建议的机关，根据有关规定进行处理，并将处理情况告知法院。

5. 拒不履行判决、裁定、调解书，社会影响恶劣的，可以对该行政机关直接负责的主管人员和其他直接责任人员予以拘留；情节严重，构成犯罪的，依法追究刑事责任。

> **魏语绸缪**
>
> 法院对行政机关拒绝履行生效裁判的执行措施：①从账户划拨；②对负责人罚款；③向社会公告；④提司法建议；⑤司法拘留和刑事处罚。

（二）对公民、法人或者其他组织的执行措施

《行政诉讼法》未规定法院作为执行机关对公民、法人或者其他组织的执行措施，可以适用《民事诉讼法》的有关规定。

[注意] 行政诉讼执行与非诉行政案件执行的比较

（1）执行根据：前者是生效的行政判决书、行政裁定书、行政赔偿判决书和行政调解书，后者是具体行政行为；

（2）执行机关：前者是法院和有强制执行权的行政机关，后者是法院；

（3）申请执行期限：前者申请执行的期限为2年，后者申请执行的期限为3个月。

小练习

案情：某公司向区教委申请《办学许可证》，遭拒后向法院提起诉讼，法院判决区教委在判决生效后30日内对该公司申请进行重新处理。判决生效后，区教委逾期拒不履行，某公司

申请强制执行。

问题：法院可采取哪些执行措施？

参考答案：根据《行政诉讼法》第 96 条的规定，法院可以采取下列措施：①在规定期限内不履行的，从期满之日起，对区教委负责人按日处 50 元至 100 元的罚款；②将区教委拒绝履行的情况予以公告；③向监察机关或者区教委的上一级行政机关提出司法建议；④区教委拒不履行判决书，社会影响恶劣的，可以对区教委直接负责的主管人员和其他直接责任人员予以拘留，情节严重，构成犯罪的，依法追究刑事责任。

经典真题

案情：某县医院根据上级文件的规定和主管部门批准，向县邮电局申请开通"120"急救电话，县邮电局拒绝开通，致使县医院购置的急救车辆和其他设施至今不能正常运转而遭受损失。县医院遂以县邮电局为被告向县法院提起诉讼，请求判令县邮电局立即履行开通"120"急救电话的职责，并赔偿县医院的经济损失。县邮电局辩称："120"急救电话属于全社会，不属于县医院。根据文件的规定，县邮电局确对本县开通"120"急救电话承担义务，但是不承担对某一医院开通"120"急救电话的义务。原告申办"120"急救电话，不符合文件的规定，请求法院驳回县医院诉讼请求。县人民法院经审理查明：医疗机构申请开通"120"急救电话的程序是：经当地卫生行政部门指定并提交书面报告，由地、市卫生行政部门审核批准后，到当地邮电部门办理"120"急救电话开通手续。原告县医院是一所功能较全、急诊科已达标的二级甲等综合医院，具备设置急救中心的条件。县卫生局曾指定县医院开办急救中心，开通"120"急救电话。县医院向被告县邮电局提交了开通"120"急救专用电话的报告，县邮电局也为县医院安装了"120"急救电话，但是该电话一直未开通。县医院曾数次书面请求县邮电局开通"120"急救电话，县邮电局仍拒不开通。（2002/4/九）

问题：如果法院判令县邮电局自判决生效之日起 15 天内为原告开通"120"急救电话，县邮电局拒不开通，法院可以采取哪些措施？[1]

案例拓展

孙桂花诉原浙江省环境保护厅环保行政许可案

关键词：确认违法判决、规范性文件附带审查

2015 年 3 月 17 日，原浙江省环境保护厅（以下简称"原浙江省环保厅"）向

---

〔1〕 根据《行政诉讼法》第 96 条的规定，法院可以采取下列措施：①在规定期限内不履行的，从期满之日起，对县邮电局负责人按日处 50 元至 100 元的罚款。②将县邮电局拒绝履行的情况予以公告。③向监察机关或者县邮电局的上一级行政机关提出司法建议。④拒不履行判决书，社会影响恶劣的，可以对县邮电局直接负责的主管人员和其他直接责任人员予以拘留；情节严重，构成犯罪的，依法追究刑事责任。

孙桂花所有的小型越野客车核发黄色机动车环保检验合格标志，有效期至 2015 年 6 月。同年 11 月 12 日，孙桂花起诉要求撤销该标志，并对原中华人民共和国环境保护部（以下简称"原环保部"）制定的《机动车环保检验合格标志管理规定》（环发〔2009〕87 号，现已失效）进行合法性审查。同年 11 月 19 日，孙桂花提交机动车排放鉴定申请，次日该车经排气污染物检测，结论为合格，原浙江省环保厅为其核发了绿色机动车环保检验合格标志。

法院裁判：

人民法院在行政诉讼中对规范性文件附带审查时应正确把握审查方式，必要时可以征求制定机关的意见。为防治大气污染，全国各地逐步对黄标车进行治理淘汰，案涉机动车环保标志的核发及对原环保部制定的《机动车环保检验合格标志管理规定》进行的附带审查，不仅关系到车主切身利益，同时也关系到大气污染防治的民生大计。原环保部制定的《机动车环保检验合格标志管理规定》专业性和政策性较强，为更好地理解该文件的制定目的、依据及出台背景等，法院向原环保部发函了解情况，原环保部复函详细作了介绍。法院在听取了诉讼双方的主张及制定机关的意见，充分掌握信息后，作出审慎的审查结论。

浙江省杭州市西湖区人民法院一审认为，原浙江省环保厅核发环保标志的职权来自《行政许可法》和《浙江省机动车排气污染防治条例》，而非环发〔2009〕87 号文件。孙桂花提出原浙江省环保厅依据该规范性文件增设标志管理的主张，不能成立。环发〔2009〕87 号文件系由原环保部颁发，内容关于统一全国环保标志标准，其中对核发绿色或黄色环保标志明确了一些技术标准，并未违反上位法的规定，孙桂花提出其不合法的主张不能成立。案涉车辆属于在国家环保部门发布的《环保达标车型公告》目录中无记录的车型，根据《浙江省机动车环保检验合格标志管理办法》及环发〔2009〕87 号文件，应按机动车注册登记时间或采用技术鉴别方式核发环保标志。对行政相对人而言，核发黄色环保标志相较于绿色环保标志属于不利的行政许可，将受到相关区域通行限制。事后，案涉车辆经技术鉴别，实际符合核发绿色环保标志的条件，原浙江省环保厅核发黄色环保标志与事实不符。且原浙江省环保厅未告知孙桂花也可采用技术鉴别方式核发，有违正当程序。因案涉标志已于 2015 年 6 月到期，原浙江省环保厅也于 2015 年 11 月就案涉车辆核发了绿色环保标志，判决撤销被诉核发黄色环保标志的行为已无实际意义，遂判决确认违法。当事人均未上诉，一审判决发生法律效力。

案例来源：2018 年 10 月 30 日最高人民法院发布行政诉讼附带审查规范性文件典型案例之七

本专题需要考生重点掌握行政赔偿和刑事赔偿的范围与程序和国家赔偿的计算标准，难点是能够熟练运用行政赔偿义务机关和刑事赔偿义务的确认规则，核心考点是行政赔偿与刑事赔偿的赔偿范围、赔偿义务机关、赔偿程序和国家赔偿的方式。本专题在主观题考试中的题目类型是案例分析题。

第43讲　行政赔偿

核心法条

《国家赔偿法》

第5条　属于下列情形之一的，国家不承担赔偿责任：

（一）行政机关工作人员与行使职权无关的个人行为；

（二）因公民、法人和其他组织自己的行为致使损害发生的；

（三）法律规定的其他情形。

第6条　受害的公民、法人和其他组织有权要求赔偿。

受害的公民死亡，其继承人和其他有扶养关系的亲属有权要求赔偿。

受害的法人或者其他组织终止的，其权利承受人有权要求赔偿。

第7条第5款　赔偿义务机关被撤销的，继续行使其职权的行政机关为赔偿义务机关；没有继续行使其职权的行政机关的，撤销该赔偿义务机关的行政机关为赔偿义务机关。

第8条　经复议机关复议的，最初造成侵权行为的行政机关为赔偿义务机关，但复议机关的复议决定加重损害的，复议机关对加重的部分履行赔偿义务。

第9条第2款　赔偿请求人要求赔偿，应当先向赔偿义务机关提出，也可以在申请行政复议或者提起行政诉讼时一并提出。

第12条第2、4款　赔偿请求人书写申请书确有困难的，可以委托他人代书；也可以口头申请，由赔偿义务机关记入笔录。

赔偿请求人当面递交申请书的，赔偿义务机关应当当场出具加盖本行政机关专用印章并注明收讫日期的书面凭证。申请材料不齐全的，赔偿义务机关应当当场或者在5日内一次性告知赔偿请求人需要补正的全部内容。

第13条　赔偿义务机关应当自收到申请之日起2个月内，作出是否赔偿的决定。赔偿义务机关作出赔偿决定，应当充分听取赔偿请求人的意见，并可以与赔偿请求人就赔偿方式、赔偿项目和赔偿数额依照本法第四章的规定进行协商。

赔偿义务机关决定赔偿的，应当制作赔偿决定书，并自作出决定之日起10日内送达赔偿请求人。

赔偿义务机关决定不予赔偿的，应当自作出决定之日起10日内书面通知赔偿请求人，并说明不予赔偿的理由。

第14条　赔偿义务机关在规定期限内未作出是否赔偿的决定，赔偿请求人可以自期限届满之日起3个月内，向人民法院提起诉讼。

赔偿请求人对赔偿的方式、项目、数额有异议的，或者赔偿义务机关作出不予赔偿决定的，赔偿请求人可以自赔偿义务机关作出赔偿或者不予赔偿决定之日起3个月内，向人民法院提起诉讼。

第15条　人民法院审理行政赔偿案件，赔偿请求人和赔偿义务机关对自己提出的主张，应当提供证据。

赔偿义务机关采取行政拘留或者限制人身自由的强制措施期间，被限制人身自由的人死亡或者丧失行为能力的，赔偿义务机关的行为与被限制人身自由的人的死亡或者丧失行为能力是否存在因果关系，赔偿义务机关应当提供证据。

第16条第1款　赔偿义务机关赔偿损失后，应当责令有故意或者重大过失的工作人员或者受委托的组织或者个人承担部分或者全部赔偿费用。

第39条第1款　赔偿请求人请求国家赔偿的时效为2年，自其知道或者应当知道国家机关及其工作人员行使职权时的行为侵犯其人身权、财产权之日起计算，但被羁押等限制人身自由期间不计算在内。在申请行政复议或者提起行政诉讼时一并提出赔偿请求的，适用行政复议法、行政诉讼法有关时效的规定。

《行诉解释》

第97条　原告或者第三人的损失系由其自身过错和行政机关的违法行政行为共同造成的，人民法院应当依据各方行为与损害结果之间有无因果关系以及在损害发生和结果中作用力的大小，确定行政机关相应的赔偿责任。

第98条　因行政机关不履行、拖延履行法定职责，致使公民、法人或者其他组织的合法权益遭受损害的，人民法院应当判决行政机关承担行政赔偿责任。在确定赔偿数额时，应当考虑该不履行、拖延履行法定职责的行为在损害发生过程和结果中所起的作用等因素。

第109条第4~6款　原审判决遗漏行政赔偿请求，第二审人民法院经审查认为依法不应当予以赔偿的，应当判决驳回行政赔偿请求。

原审判决遗漏行政赔偿请求，第二审人民法院经审理认为依法应当予以赔偿的，在确认被诉行政行为违法的同时，可以就行政赔偿问题进行调解；调解不成的，应当就行政赔偿部分发回重审。

当事人在第二审期间提出行政赔偿请求的，第二审人民法院可以进行调解；调解不成的，应当告知当事人另行起诉。

《行政赔偿案件规定》

第1条　国家赔偿法第3条、第4条规定的"其他违法行为"包括以下情形：

（一）不履行法定职责行为；

（二）行政机关及其工作人员在履行行政职责过程中作出的不产生法律效果，但事实上损害公民、法人或者其他组织人身权、财产权等合法权益的行为。

第2条　依据行政诉讼法第1条、第12条第1款第12项和国家赔偿法第2条规定，公民、法人或者其他组织认为行政机关及其工作人员违法行使行政职权对其劳动权、相邻权等合法权益造成人身、财产损害的，可以依法提起行政赔偿诉讼。

第7条第2款　受害的公民死亡，支付受害公民医疗费、丧葬费等合理费用的人可以依法提起行政赔偿诉讼。

第8条　两个以上行政机关共同实施侵权行政行为造成损害的，共同侵权行政机关为共同被告。赔偿请求人坚持对其中一个或者几个侵权机关提起行政赔偿诉讼，以被起诉的机关为被告，未被起诉的机关追加为第三人。

第9条　原行政行为造成赔偿请求人损害，复议决定加重损害的，复议机关与原行政行为机关为共同被告。赔偿请求人坚持对作出原行政行为机关或者复议机关提起行政赔偿诉讼，以被起诉的机关为被告，未被起诉的机关追加为第三人。

第10条　行政机关依据行政诉讼法第97条的规定申请人民法院强制执行其行政行为，因据以强制执行的行政行为违法而发生行政赔偿诉讼的，申请强制执行的行政机关为被告。

第12条　原告主张其被限制人身自由期间受到身体伤害，被告否认相关损害事实或者损害与违法行政行为存在因果关系的，被告应当提供相应的证据证明。

第13条第1款　行政行为未被确认为违法，公民、法人或者其他组织提起行政赔偿诉讼的，人民法院应当视为提起行政诉讼时一并提起行政赔偿诉讼。

第14条　原告提起行政诉讼时未一并提起行政赔偿诉讼，人民法院审查认为可能存在行政赔偿的，应当告知原告可以一并提起行政赔偿诉讼。

原告在第一审庭审终结前提起行政赔偿诉讼，符合起诉条件的，人民法院应当依法受理；原告在第一审庭审终结后、宣判前提起行政赔偿诉讼的，是否准许由人民法院决定。

原告在第二审程序或者再审程序中提出行政赔偿请求的，人民法院可以组织各方调解；调解不成的，告知其另行起诉。

第17条　公民、法人或者其他组织仅对行政复议决定中的行政赔偿部分有异议，自复议决定书送达之日起15日内提起行政赔偿诉讼的，人民法院应当依法受理。

行政机关作出有赔偿内容的行政复议决定时，未告知公民、法人或者其他组织起诉期限的，起诉期限从公民、法人或者其他组织知道或者应当知道起诉期限之日起计算，但从知道或者应当知道行政复议决定内容之日起最长不得超过1年。

第18条　行政行为被有权机关依照法定程序撤销、变更、确认违法或无效，或者实施行政行为的行政机关工作人员因该行为被生效法律文书或监察机关政务处分确认为渎职、滥用职权的，属于本规定所称的行政行为被确认为违法的情形。

第19条　公民、法人或者其他组织一并提起行政赔偿诉讼，人民法院经审查认为行政诉讼不符合起诉条件的，对一并提起的行政赔偿诉讼，裁定不予立案；已经立案的，裁定驳回起诉。

第21条 两个以上行政机关共同实施违法行政行为，或者行政机关及其工作人员与第三人恶意串通作出的违法行政行为，造成公民、法人或者其他组织人身权、财产权等合法权益实际损害的，应当承担连带赔偿责任。

一方承担连带赔偿责任后，对于超出其应当承担部分，可以向其他连带责任人追偿。

第22条 两个以上行政机关分别实施违法行政行为造成同一损害，每个行政机关的违法行为都足以造成全部损害的，各个行政机关承担连带赔偿责任。

两个以上行政机关分别实施违法行政行为造成同一损害的，人民法院应当根据其违法行政行为在损害发生和结果中的作用大小，确定各自承担相应的行政赔偿责任；难以确定责任大小的，平均承担责任。

第23条 由于第三人提供虚假材料，导致行政机关作出的行政行为违法，造成公民、法人或者其他组织损害的，人民法院应当根据违法行政行为在损害发生和结果中的作用大小，确定行政机关承担相应的行政赔偿责任；行政机关已经尽到审慎审查义务的，不承担行政赔偿责任。

第24条 由于第三人行为造成公民、法人或者其他组织损害的，应当由第三人依法承担侵权赔偿责任；第三人赔偿不足、无力承担赔偿责任或者下落不明，行政机关又未尽保护、监管、救助等法定义务的，人民法院应当根据行政机关未尽法定义务在损害发生和结果中的作用大小，确定其承担相应的行政赔偿责任。

第25条 由于不可抗力等客观原因造成公民、法人或者其他组织损害，行政机关不依法履行、拖延履行法定义务导致未能及时止损或者损害扩大的，人民法院应当根据行政机关不依法履行、拖延履行法定义务行为在损害发生和结果中的作用大小，确定其承担相应的行政赔偿责任。

第31条第2款 人民法院审理行政赔偿案件，可以对行政机关赔偿的方式、项目、标准等予以明确，赔偿内容确定的，应当作出具有赔偿金额等给付内容的判决；行政赔偿决定对赔偿数额的确定确有错误的，人民法院判决予以变更。

第32条 有下列情形之一的，人民法院判决驳回原告的行政赔偿请求：

（一）原告主张的损害没有事实根据的；

（二）原告主张的损害与违法行政行为没有因果关系的；

（三）原告的损失已经通过行政补偿等其他途径获得充分救济的；

（四）原告请求行政赔偿的理由不能成立的其他情形。

行政赔偿，是指行政机关及其工作人员在行使职权过程中违法侵犯公民、法人或其他组织的合法权益并造成损害，国家对此承担的赔偿责任。行政补偿是国家对行政机关及工作人员的合法行为造成的损失给予的补偿。

[注意] 行政赔偿与行政补偿的区别：①二者的引发原因不同，行政赔偿是违法行为或有过错等特别行为引起的，而行政补偿是合法行为（如征用等）引起的；②二者的性质不同，行政赔偿是普通情况下的行政违法行为引起的法律责任，而行政补偿是例外的特定民事责任，并不具有对行政职权行为的责难。

一、行政赔偿范围

行政赔偿范围，是指国家对行政机关及其工作人员在行使行政职权时侵犯公民、法人和其他组织合法权益造成损害的哪些行为承担赔偿责任，行政赔偿范围是导致行政赔偿责任的原因行为的范围，即国家对哪些事项承担赔偿责任，对哪些事项不承担赔偿责任。

（一）侵犯人身权的行政赔偿范围

1. 侵犯人身自由权的行为

（1）违法行政拘留。

（2）违法限制人身自由的行政强制措施。限制人身自由的强制措施有强制治疗、强制戒毒、强制性教育措施、强制传唤等。

（3）非法拘禁或者以其他方法非法剥夺公民人身自由。这是指行政拘留和行政强制措施以外的其他非法剥夺人身自由的行为。一般表现为没有限制公民人身自由权的行政机关实施的剥夺公民人身自由的行为。

2. 侵犯生命健康权的行为

（1）暴力行为。以殴打、虐待等行为或者唆使、放纵他人以殴打、虐待等行为造成公民身体伤害或者死亡的，不论行政机关公务人员是否有履行职责的权限，不论行政机关公务人员主观上是出于什么样的目的，也不管是行政机关工作人员亲自实施还是唆使或放纵他人实施的，都属于国家赔偿范围。

（2）违法使用武器、警械。武器、警械，是指枪支、警棍、警绳、手铐等，违法使用武器、警械，有多种表现形式。例如，在不该使用武器、警械的场合使用武器、警械；使用武器、警械程度与被管理者的行为不相适应；使用武器、警械的种类选择错误；使用武器、警械违反法定批准程序；等等。

（二）侵犯财产权的行政赔偿范围

1. 违法行政处罚。侵犯财产权的行政处罚包括：罚款、没收、吊销许可证和执照、责令停产停业、侵犯财产权的其他行政处罚。

2. 违法行政强制措施。限制财产权的强制措施主要是查封、扣押、冻结、保全、拍卖。违法的财产强制措施主要表现为：超越职权、违反法定程序、不按照法律规定妥善保管被扣押的财产、行为对象错误、不遵守法定期限等。

3. 违法征收、征用财产。征收，是指行政机关为了公共利益的需要，把私人所有的财产强制地征归国有的行为；征用，是指为了公共利益的需要，强制性地使用公民的私有财产的行为。违法征收、征用财产，是指行政机关在不符合条件的情况下随意征收或征用财产，或不依程序、扩大征收、征用范围等，造成当事人财产受到侵害。

[注意] 行政机关不仅对作出的行政行为、法律行为违法造成的损害要承担行政赔偿责任，对不履行法定职责行为和事实行为违法造成的损害，亦应承担行政赔偿责任。因此，除了上述行为外，其他侵犯人身权、财产权的违法行为也属于行政赔偿范围：①不履行法定职责行为（违法的行政不作为）；②行

> **魏语绸缪**
>
> 行政机关及其工作人员违法行使行政职权对其劳动权、相邻权等合法权益造成人身、财产损害的，属于行政赔偿范围。

政机关及其工作人员在履行行政职责过程中作出的不产生法律效果，但事实上损害了公民、法人或者其他组织人身权、财产权等合法权益的行为（损害合法权益的行政事实行为）。

（三）不承担赔偿责任的情形

1. 行政机关工作人员实施的与行使职权无关的个人行为。行政机关工作人员以普通公民的身份从事活动时，是为了个人的权益，视为其个人行为造成的损害，个人承担民事赔偿责任。

2. 因受害人自己的行为致使损害发生的，行政机关不承担赔偿责任。受害人自己的行为致使损害发生或者扩大的，是对自己的侵权，过错在于本人，后果应当由其个人承担。

3. 不承担赔偿责任的其他情形。主要是不可抗力和第三人过错，行政机关不承担赔偿责任。但是有两个例外：

（1）第三人赔偿不足、无力承担赔偿责任或者下落不明，行政机关又未尽保护、监管、救助等法定义务的，根据行政机关未尽法定义务在损害发生和结果中的作用大小，确定其承担相应的行政赔偿责任；

（2）由于不可抗力等客观原因造成公民、法人或者其他组织损害，行政机关不依法履行、拖延履行法定义务导致未能及时止损或者损害扩大的，根据行政机关不依法履行、拖延履行法定义务行为在损害发生和结果中的作用大小，确定其承担相应的行政赔偿责任。

此外，受害人的损失已经通过行政补偿等其他途径获得充分救济的，行政机关不再承担赔偿责任。

[注意] 行政赔偿中多因一果的赔偿责任，主要有三种情况：

（1）行政共同侵权连带赔偿责任。两个以上行政机关共同实施违法行政行为，或者行政机关及其工作人员与第三人恶意串通作出的违法行政行为，造成公民、法人或者其他组织人身权、财产权等合法权益实际损害的，应当承担连带赔偿责任。

（2）行政分别侵权的连带赔偿责任和按份赔偿责任。①两个以上行政机关分别实施违法行政行为造成同一损害，每个行政机关的违法行为都足以造成全部损害的，各个行政机关承担连带赔偿责任。②两个以上行政机关分别实施违法行政行为造成同一损害的，根据其违法行政行为在损害发生和结果中的作用大小，确定各自承担相应的行政赔偿责任；难以确定责任大小的，平均承担责任。

（3）因第三人提供虚假材料导致行政行为违法的行政赔偿责任。由于第三人提供虚假材料，导致行政机关作出的行政行为违法，造成公民、法人或者其他组织损害的，根据违法行政行为在损害发生和结果中的作用大小，确定行政机关承担相应的行政赔偿责任；行政机关已经尽到审慎审查义务的，不承担行政赔偿责任。

魏语绸缪

行政行为的违法认定：①行政行为被有权机关依照法定程序撤销、变更、确认违法或无效；②实施行政行为的行政机关工作人员因该行为被生效法律文书或监察机关政务处分确认为渎职、滥用职权。

[总结] 国家承担行政赔偿责任既需要有行政侵权的加害行为，又需要有行政侵权的损害后果：

（1）加害行为必须是与行使行政职权有关的行为，与个人行为区分开来；

（2）加害行为可以是作为，也可以是不作为，作为违法可能造成损害，不作为违法也可能造成损害；

（3）加害行为必须是违法行为，造成损害的加害行为应该是违法行为或者非法行为，不具有合法性；

（4）损害后果，要求是人身权、财产权的实际损害。

小练习

案情：丁某以其房屋作抵押向孙某借款，双方到房管局办理手续，提交了房产证原件及载明房屋面积 100 平方米、借款 50 万元的房产抵押合同，房管局以此出具房屋他项权证。丁某未还款，法院拍卖房屋，但因房屋面积只有 70 平方米，孙某遂以房管局办理手续时未尽核实义务造成其 15 万元债权无法实现为由，起诉要求认定房管局行为违法并赔偿损失。

问题：孙某的请求是否属于国家赔偿范围？

参考答案：根据《国家赔偿法》第 4 条的规定，房管局在办理手续时未尽到核实义务的行为违法，造成孙某财产损害，孙某的请求属于国家赔偿范围。

二、行政赔偿的主体

（一）行政赔偿请求人

行政赔偿请求人，是指依法享有取得国家赔偿的权利，请求赔偿义务机关确认和履行国家赔偿责任的公民、法人或者其他组织。

1. 公民

（1）受害的公民本人。

（2）受害公民死亡的，其继承人和其他有扶养关系的亲属，可以成为赔偿请求人。继承人包括遗嘱继承人和法定继承人。法定继承人行使赔偿请求权受继承顺序的限制，前一顺序的继承人不行使请求权的，后一顺序的人就不能逾越行使请求权。其他有扶养关系的亲属，是指上述继承人之外与死亡的公民具有扶养或者被扶养关系的亲属。

[注意] 受害的公民死亡，支付受害公民医疗费、丧葬费等合理费用的人也可以成为行政赔偿请求人。

2. 法人或其他组织

（1）受害的法人或其他组织；

（2）受害的法人或其他组织终止的，承受其权利的法人或其他组织。

（二）行政赔偿义务机关

行政赔偿义务机关，是指代表国家处理赔偿请求、支付赔偿费用、参加赔偿诉讼的行政机关。行政赔偿义务机关确认的基本规则——谁损害，谁赔偿。

1. 一般情况

具体情形	赔偿义务机关
行政机关及其工作人员实施侵权行为 （包括派出机关和法律、法规授权的组织）	行政机关赔偿
2 个以上行政机关共同实施侵权行为	共同机关赔偿（负连带责任）
受委托的组织或个人侵权行为	委托机关赔偿

续表

具体情形	赔偿义务机关
申请法院强制执行行政行为造成损害	申请机关赔偿（具体行政行为错误）
赔偿义务机关被撤销	继续行使职权机关赔偿
	撤销机关赔偿（无继受机关）

[注意] 2个以上行政机关共同行使行政职权时侵犯公民、法人和其他组织合法权益造成损害的，为共同赔偿义务机关。

（1）共同赔偿义务机关之间负连带责任，受害人可以向共同赔偿义务机关中的任何一个赔偿义务机关要求赔偿，该赔偿义务机关应当先予赔偿，然后要求其他行政机关负担部分赔偿费用。

（2）共同侵权行政机关为共同被告。赔偿请求人坚持对其中一个或者几个侵权机关提起行政赔偿诉讼，以被起诉的机关为被告，未被起诉的机关追加为第三人。

小练习

案情：某区规划局以一公司未经批准擅自搭建地面工棚为由，限期自行拆除。该公司逾期未拆除。根据区规划局的请求，区政府组织人员将违法建筑拆除，并将拆下的钢板作为建筑垃圾运走。

问题：该公司申请国家赔偿，谁为赔偿义务机关？

参考答案：根据《国家赔偿法》第7条第1款的规定，作出限期自行拆除决定的机关是某区规划局，而实施拆除行为的机关为区政府，本案是由拆除行为引发的国家赔偿，因此赔偿义务机关应为区政府。

2. 经过行政复议后的赔偿义务机关

一般情况下行政诉讼被告与行政赔偿义务机关的确定是一致的，但经过复议之后的行政诉讼被告与行政赔偿义务机关就大不相同。

（1）复议维持的，行政诉讼中原机关与复议机关为共同被告；行政赔偿中原行为违法的，原机关为赔偿义务机关，但原行为合法、复议程序违法的，复议机关为赔偿义务机关。

（2）复议改变的，行政诉讼中复议机关为被告；行政赔偿中复议减轻改变的，原机关为赔偿义务机关，复议加重改变的，原行为损害部分由原机关赔偿，复议加重部分损害由复议机关赔偿。复议机关与原侵权机关不是共同赔偿义务机关，二者之间不负连带责任。

[总结]

损害情形		行政诉讼被告	行政赔偿义务机关
复议维持		原机关与复议机关	原机关
			复议机关
复议改变	复议减轻	复议机关	原机关
	复议加重	复议机关	原机关（原损害部分）
			复议机关（加重部分）

[注意]　原行政行为造成赔偿请求人损害，复议决定加重损害的，行政赔偿诉讼中复议机关与原行政行为机关为共同被告。赔偿请求人坚持对作出原行政行为机关或者复议机关提起行政赔偿诉讼，以被起诉的机关为被告，未被起诉的机关追加为第三人。

小练习

案情：某市公安局根据市政府《关于进一步加强社会治安工作的通知》以李某参与赌博为由对其罚款 3000 元，李某不服罚款决定向市政府申请行政复议，市政府维持市公安局的罚款决定。李某向法院提起行政诉讼。

问题：如何确定本案的被告和赔偿义务机关？

参考答案：根据《行政诉讼法》第 26 条第 2 款的规定，市政府维持市公安局的罚款决定，市公安局与市政府为共同被告。根据《国家赔偿法》第 8 条的规定，市政府复议维持决定没有加重对李某的处罚，由最初罚款决定机关——市公安局为赔偿义务机关。

三、行政赔偿程序

行政赔偿程序，是指受害人依法取得国家赔偿权利、行政机关或者法院依法办理行政赔偿事务应当遵守的方式、步骤、顺序、时限等手续的总称。行政赔偿分为两大程序：①在行政复议和行政诉讼中一并解决行政赔偿的程序；②单独提起行政赔偿的程序。

（一）在行政复议、行政诉讼程序中一并解决行政赔偿的程序

1. 在行政复议中一并解决行政赔偿的程序

行政复议的目的不是解决赔偿问题，而是解决行政行为合法性和合理性问题，但可以在行政复议中解决行政行为合法性的同时一并解决赔偿问题。行政复议机关作出行政复议决定，可以依法同时决定行政赔偿。这里有两种情形：①申请人提出赔偿请求的；②申请人没有提出赔偿请求的。

（1）行政复议机关依申请作出赔偿决定。根据告诉就处理的原则，行政复议中只要复议申请人一并提出赔偿请求的，那么复议机关就会处理赔偿问题。申请人在申请行政复议时一并提出行政赔偿请求的，行政复议机关在决定撤销或者变更罚款、撤销违法集资、没收财物、征收财物、摊派费用以及对财产的查封、扣押、冻结等具体行政行为时，应当同时责令被申请人返还财产，解除对财产的查封、扣押、冻结措施，或者赔偿相应的价款。

（2）行政复议机关依职权作出赔偿决定。根据不告不理的原则，复议申请人没有提出赔偿请求，一般情况下复议机关不会主动处理赔偿问题，但有例外——行政复议机关可以在法定情形下直接作出赔偿决定。法定情形，是指行政复议机关依法决定撤销或者变更罚款、撤销违法集资、没收财物、征收财物、摊派费用以及对财产的查封、扣押、冻结等具体行政行为时，同时责令被申请人返还财产，解除对财产的查封、扣押、冻结措施，或者赔偿相应的价款。

2. 在行政诉讼一审中一并解决行政赔偿的程序

行政诉讼的目的也不是解决赔偿问题，而是解决行政行为合法性问题，但可以在行政诉讼中解决行政行为合法性的同时一并解决赔偿问题。根据不告不理、告诉才处理的原

则：行政诉讼中只要原告一并提出赔偿请求的，那么法院就会处理赔偿问题。如果原告没有提出赔偿请求，法院一般情况下是不处理赔偿问题的，但有两个例外：①法院作出确认违法或确认无效判决的，可以作出赔偿判决；②行政协议案件中被告不履行、不按约定履行或违法变更、解除协议的，法院判决被告履行协议、采取补救措施或者赔偿。

魏语绸缪

公民、法人或者其他组织提起行政赔偿诉讼时，行政行为未被确认违法且符合行政诉讼起诉条件的，视为提起行政诉讼时一并提起行政赔偿诉讼。

行政诉讼中原告一并提出赔偿请求的程序还有两个要求：①原告一并提出赔偿请求应在一审庭审结束前；②原告在一审庭审终结后、宣判前提起行政赔偿诉讼的，是否准许由法院决定。

[注意]

（1）法院释明义务：原告提起行政诉讼时未一并提起行政赔偿诉讼，法院审查认为可能存在行政赔偿的，应当告知原告可以一并提起行政赔偿诉讼。

（2）主诉裁驳，从诉一并裁驳：行政诉讼的原告一并提起行政赔偿诉讼，法院经审查认为行政诉讼不符合起诉条件的，对一并提起的行政赔偿诉讼，裁定不予立案；已经立案的，裁定驳回起诉。

3. 在行政诉讼二审中一并解决行政赔偿的程序

（1）一审中当事人提出赔偿请求，一审法院漏判：①二审法院认为不应当赔偿的，直接判决驳回赔偿请求；②二审法院认为应当赔偿的，先进行赔偿调解，调解不成的，二审法院不能直接作出赔偿判决，而是将行政赔偿部分发回一审法院重审，主要是保护当事人的上诉权。

（2）当事人一审中没提出赔偿请求，在二审中提出赔偿请求：①二审法院就赔偿问题进行调解；②调解不成的，二审法院告知当事人另行提起行政赔偿诉讼。

[总结]

	情　形	条　件	处　理
行政复议	一并提出	——	同时决定被申请人是否依法给予赔偿。
	没有提出	被复议行为是直接针对财产的	同时责令返还财产，解除对财产的查封、扣押、冻结措施，或者赔偿相应的价款。
行政诉讼一审	一并提出	——	判决被告是否依法给予赔偿。
	没有提出	判决确认违法或者无效的	责令被告采取补救措施，判决承担赔偿责任。
		被告不依法履行、未按约定履行或者违法变更、解除行政协议的	判决被告承担继续履行、采取补救措施或者赔偿损失等责任。
行政诉讼二审	一审判决遗漏行政赔偿请求	二审法院认为不应当赔偿的	判决驳回行政赔偿请求。
		二审法院认为应当赔偿的	可以就行政赔偿问题进行调解；调解不成的，应当就行政赔偿部分发回重审。
	在二审中提出	——	可以进行调解；调解不成的，应当告知当事人另行起诉。

（二）单独提起行政赔偿的程序

单独提出赔偿请求的，应当首先向赔偿义务机关提出，赔偿义务机关拒绝受理赔偿请求、在法定期限内不作出决定的，才可以提起行政赔偿诉讼。单独进行行政赔偿的程序分为两个步骤：①赔偿义务机关先行处理；②提起行政赔偿诉讼。

1. 行政赔偿义务机关的先行处理程序

（1）赔偿请求人请求赔偿的时效为 2 年，自其知道或者应当知道国家机关及其工作人员行使职权时的行为侵犯其人身权、财产权之日起计算，但被羁押等限制人身自由期间不计算在内。

（2）赔偿请求人提出赔偿请求应当递交申请书。申请书应具备：受害人的姓名、性别、年龄、工作单位和住所；具体的要求、事实根据和理由；申请的年、月、日。赔偿请求人书写申请书确有困难的，可以委托他人代书，也可以口头申请，由赔偿义务机关记入笔录。

（3）赔偿请求人当面递交申请书的，赔偿义务机关应当当场出具加盖本行政机关专用印章并注明收讫日期的书面凭证。申请材料不齐全的，赔偿义务机关应当当场或者在 5 日内一次性告知赔偿请求人需要补正的全部内容。

（4）赔偿义务机关在处理赔偿请求、作出赔偿决定前，应当充分听取赔偿请求人的意见，并可以与赔偿请求人就赔偿方式、赔偿项目和赔偿数额依照国家赔偿法规定进行协商。

（5）赔偿义务机关决定赔偿的，应当制作赔偿决定书，并自作出决定之日起 10 日内送达赔偿请求人；决定不予赔偿的，应当自作出决定之日起 10 日内书面通知赔偿请求人，并说明不予赔偿的理由。

（6）赔偿义务机关对赔偿案件处理的法定期间为 2 个月，即赔偿义务机关在收到赔偿请求人赔偿申请书之日起 2 个月内要作出是否赔偿的决定。

2. 行政赔偿诉讼程序

行政赔偿诉讼程序，是指法院受理和裁判行政赔偿请求的程序，是一种特殊的行政诉讼，行政赔偿诉讼程序参照行政诉讼程序。

（1）赔偿义务机关在规定期限内未作出是否赔偿的决定，赔偿请求人可以自期限届满之日起 3 个月内，向法院提起行政赔偿诉讼。赔偿义务机关作出不予赔偿决定，或者虽作出赔偿决定，但赔偿请求人对赔偿的方式、项目、数额有异议的，赔偿请求人可以自赔偿义务机关作出赔偿或者不予赔偿决定之日起 3 个月内向法院提起行政赔偿诉讼。

[注意] 国家赔偿中，赔偿请求人请求国家赔偿的时效为自知道或者应当知道行政行为侵犯其合法权益之日起 2 年。但是注意在行政赔偿中，在申请行政复议或者提起行政诉讼时一并提出赔偿请求的时效（60 日与 6 个月），单独提起行政赔偿诉讼的时效（3 个月）。

（2）赔偿义务机关作出赔偿决定时，未告知赔偿请求人的诉权或者起诉期限，致使赔偿请求人逾期向法院起诉的，其起诉期限从赔偿请求人实际知道诉权或者起诉期限时计算，但逾期的期间自赔偿请求人收到赔偿决定之日起不得超过 1 年。

[注意] 赔偿请求人仅对行政复议决定中的行政赔偿部分有异议，自复议决定书送达之日起 15 日内提起行政赔偿诉讼。有赔偿内容的行政复议决定作出时，未告知赔偿请求人起诉期限的，起诉期限从赔偿请求人知道或者应当知道起诉期限之日起计算，但从知道或者应当知道行政复议决定内容之日起最长不得超过 1 年。

（3）行政赔偿诉讼原则上采用的是"谁主张，谁举证"的规则。但是，这一原则有举证责任倒置的例外，即赔偿义务机关采取行政拘留或者限制人身自由的强制措施期间，被限制人身自由的人死亡、丧失行为能力或者受到其他身体伤害的，若赔偿义务机关否认相关损害事实或者损害与违法行政行为存在因果关系，应当由赔偿义务机关提供证据，目的是保护被限制人身自由人的合法权益。

[注意] 行政赔偿判决尽可能明确和具体：法院审理行政赔偿案件时，可以对行政机关赔偿的方式、项目、标准等予以明确。赔偿内容确定的，应当作出具有赔偿金额等给付内容的判决；行政赔偿决定对赔偿数额的确定确有错误的，判决予以变更。

[总结]

赔偿义务机关 先行处理	申　请	（1）申请期限：知道或者应当知道侵权行为之日起2年； （2）申请形式：书面申请，也可口头申请。
	申请处理	（1）书面凭证：赔偿请求人当面递交申请书的，赔偿义务机关应当当场出具加盖本行政机关专用印章并注明收讫日期的书面凭证； （2）一次性告知：申请材料不齐全的，赔偿义务机关应当当场或者在5日内一次性告知赔偿请求人需要补正的全部内容。
	决　定	听取赔偿请求人的意见，并可以与赔偿请求人就赔偿方式、赔偿项目和赔偿数额进行协商。
		自收到申请之日起2个月内作出决定，作出决定之日起10日内送达。 （不赔偿须说明理由）
行政赔偿诉讼 （参照行政诉讼）		（1）起诉期限：3个月内起诉。（未告知诉权或者起诉期限的，自收到赔偿决定之日起不得超过1年） （2）举证责任：被限制人身自由的人死亡、丧失行为能力或者受到其他身体伤害的，赔偿义务机关应当提供证据。

小练习

案情： 某区公安分局以蔡某殴打孙某为由对蔡某拘留10日并处罚款500元。蔡某向法院起诉，要求撤销处罚决定和赔偿损失。一审法院经审理认定处罚决定违法。

问题：

（1）若一审法院的判决遗漏了蔡某的赔偿请求，二审法院如何处理？

（2）若蔡某在二审期间提出赔偿请求，二审法院如何处理？

参考答案：

（1）根据《行诉解释》第109条第4、5款的规定，二审法院经审查认为依法不应当予以赔偿的，应当判决驳回蔡某的赔偿请求；二审法院经审理认为依法应当予以赔偿的，在确认处罚决定违法的同时，可以就行政赔偿问题进行调解，调解不成的，应当就行政赔偿部分发回重审。

（2）根据《行诉解释》第109条第6款的规定，二审法院可以进行调解，调解不成的，应告知蔡某另行起诉。

四、行政追偿

行政追偿，是指国家在向行政赔偿请求人支付赔偿费用之后，依法责令具有故意或重大过失的工作人员、受委托的组织或者个人承担部分或全部赔偿费用的法律制度。行政追偿必须具备两个条件：①行政赔偿义务机关已经履行了赔偿责任；②行政机关工作人员具有故意或者重大过失。

经典真题

案情：高某系 A 省甲县个体工商户，其持有的工商营业执照载明经营范围是林产品加工，经营方式是加工、收购、销售。高某向甲县工商局缴纳了松香运销管理费后，将自己加工的松香运往 A 省乙县出售。当高某进入乙县时，被乙县林业局执法人员拦截。乙县林业局以高某未办理运输证为由，依据 A 省地方性法规《林业行政处罚条例》以及授权省林业厅制定的《林产品目录》（该目录规定松香为林产品，应当办理运输证）的规定，将高某无证运输的松香认定为"非法财物"，予以没收。高某提起行政诉讼要求撤销没收决定，法院予以受理。

有关规定：

《森林法》（相关规定现已删除）及行政法规《森林法实施条例》涉及运输证的规定如下：除国家统一调拨的木材外，从林区运出木材，必须持有运输证，否则由林业部门给予没收、罚款等处罚。

A 省地方性法规《林业行政处罚条例》规定"对规定林产品无运输证的，予以没收"。（2009/4/六）

问题：如高某在起诉时一并提出行政赔偿请求，法院应如何立案？对该请求可否进行单独审理？[1]

第44讲　刑事赔偿

核心法条

《国家赔偿法》

第 17 条　行使侦查、检察、审判职权的机关以及看守所、监狱管理机关及其工作人员在行使职权时有下列侵犯人身权情形之一的，受害人有取得赔偿的权利：

（一）违反刑事诉讼法的规定对公民采取拘留措施的，或者依照刑事诉讼法规定的条件和程序对公民采取拘留措施，但是拘留时间超过刑事诉讼法规定的时限，其后决定撤销案件、不起诉或者判决宣告无罪终止追究刑事责任的；

（二）对公民采取逮捕措施后，决定撤销案件、不起诉或者判决宣告无罪终止追究刑

---

〔1〕根据原《行政赔偿案件规定》第 28 条（该条文现已删除，但在司法实践中继续适用）的规定，法院应当对撤销没收决定请求与赔偿请求分别立案；可以根据具体情况对行政赔偿的请求进行单独审理或对两项请求合并审理。

事责任的；

（三）依照审判监督程序再审改判无罪，原判刑罚已经执行的；

（四）刑讯逼供或者以殴打、虐待等行为或者唆使、放纵他人以殴打、虐待等行为造成公民身体伤害或者死亡的；

（五）违法使用武器、警械造成公民身体伤害或者死亡的。

第18条 行使侦查、检察、审判职权的机关以及看守所、监狱管理机关及其工作人员在行使职权时有下列侵犯财产权情形之一的，受害人有取得赔偿的权利：

（一）违法对财产采取查封、扣押、冻结、追缴等措施的；

（二）依照审判监督程序再审改判无罪，原判罚金、没收财产已经执行的。

第19条 属于下列情形之一的，国家不承担赔偿责任：

（一）因公民自己故意作虚伪供述，或者伪造其他有罪证据被羁押或者被判处刑罚的；

（二）依照刑法第17条、第18条规定不负刑事责任的人被羁押的；

（三）依照刑事诉讼法第15条（现为第16条）、第173条（现为第177条）第2款、第273条（现为第284条）第2款、第279条（现为第290条）规定不追究刑事责任的人被羁押的；

（四）行使侦查、检察、审判职权的机关以及看守所、监狱管理机关的工作人员与行使职权无关的个人行为；

（五）因公民自伤、自残等故意行为致使损害发生的；

（六）法律规定的其他情形。

第21条 行使侦查、检察、审判职权的机关以及看守所、监狱管理机关及其工作人员在行使职权时侵犯公民、法人和其他组织的合法权益造成损害的，该机关为赔偿义务机关。

对公民采取拘留措施，依照本法的规定应当给予国家赔偿的，作出拘留决定的机关为赔偿义务机关。

对公民采取逮捕措施后决定撤销案件、不起诉或者判决宣告无罪的，作出逮捕决定的机关为赔偿义务机关。

再审改判无罪的，作出原生效判决的人民法院为赔偿义务机关。二审改判无罪，以及二审发回重审后作无罪处理的，作出一审有罪判决的人民法院为赔偿义务机关。

第22条第2款 赔偿请求人要求赔偿，应当先向赔偿义务机关提出。

第23条 赔偿义务机关应当自收到申请之日起2个月内，作出是否赔偿的决定。赔偿义务机关作出赔偿决定，应当充分听取赔偿请求人的意见，并可以与赔偿请求人就赔偿方式、赔偿项目和赔偿数额依照本法第四章的规定进行协商。

赔偿义务机关决定赔偿的，应当制作赔偿决定书，并自作出决定之日起10日内送达赔偿请求人。

赔偿义务机关决定不予赔偿的，应当自作出决定之日起10日内书面通知赔偿请求人，并说明不予赔偿的理由。

第24条 赔偿义务机关在规定期限内未作出是否赔偿的决定，赔偿请求人可以自期限届满之日起30日内向赔偿义务机关的上一级机关申请复议。

赔偿请求人对赔偿的方式、项目、数额有异议的，或者赔偿义务机关作出不予赔偿决定的，赔偿请求人可以自赔偿义务机关作出赔偿或者不予赔偿决定之日起 30 日内，向赔偿义务机关的上一级机关申请复议。

赔偿义务机关是人民法院的，赔偿请求人可以依照本条规定向其上一级人民法院赔偿委员会申请作出赔偿决定。

第 25 条 复议机关应当自收到申请之日起 2 个月内作出决定。

赔偿请求人不服复议决定的，可以在收到复议决定之日起 30 日内向复议机关所在地的同级人民法院赔偿委员会申请作出赔偿决定；复议机关逾期不作决定的，赔偿请求人可以自期限届满之日起 30 日内向复议机关所在地的同级人民法院赔偿委员会申请作出赔偿决定。

第 26 条 人民法院赔偿委员会处理赔偿请求，赔偿请求人和赔偿义务机关对自己提出的主张，应当提供证据。

被羁押人在羁押期间死亡或者丧失行为能力的，赔偿义务机关的行为与被羁押人的死亡或者丧失行为能力是否存在因果关系，赔偿义务机关应当提供证据。

第 27 条 人民法院赔偿委员会处理赔偿请求，采取书面审查的办法。必要时，可以向有关单位和人员调查情况、收集证据。赔偿请求人与赔偿义务机关对损害事实及因果关系有争议的，赔偿委员会可以听取赔偿请求人和赔偿义务机关的陈述和申辩，并可以进行质证。

第 28 条 人民法院赔偿委员会应当自收到赔偿申请之日起 3 个月内作出决定；属于疑难、复杂、重大案件的，经本院院长批准，可以延长 3 个月。

第 31 条第 1 款 赔偿义务机关赔偿后，应当向有下列情形之一的工作人员追偿部分或者全部赔偿费用：

（一）有本法第 17 条第 4 项、第 5 项规定情形的；

（二）在处理案件中有贪污受贿，徇私舞弊，枉法裁判行为的。

《最高人民法院、最高人民检察院关于办理刑事赔偿案件适用法律若干问题的解释》第 7 条根据国家赔偿法第 19 条第 2 项、第 3 项的规定，依照刑法第 17 条、第 18 条规定不负刑事责任的人和依照刑事诉讼法第 15 条（现为第 16 条）、第 173 条（现为第 177 条）第 2 款规定不追究刑事责任的人被羁押，国家不承担赔偿责任。但是，对起诉后经人民法院错判拘役、有期徒刑、无期徒刑并已执行的，人民法院应当对该判决确定后继续监禁期间侵犯公民人身自由权的情形予以赔偿。

刑事赔偿，是指因刑事司法机关及其工作人员在行使侦查权、检察权、审判权和看守所、监狱管理职权时违法给公民、法人或者其他组织的人身权和财产权造成损害，国家承担赔偿责任的赔偿。

一、刑事赔偿范围

刑事赔偿范围，是指国家对刑事司法机关及其工作人员在行使职权时的哪些行为承担赔偿责任。

刑事赔偿的范围中对人身权造成的损害，涉及五种行为：三种刑事职权行为，两种刑事职权相关行为。

（一）侵犯人身权的刑事赔偿范围

1. 错误刑事拘留。错误刑事拘留包括两种情形：

（1）违法采取刑事拘留措施。具体包括：违反《刑事诉讼法》规定的条件采取拘留措施的；违反《刑事诉讼法》规定的程序采取拘留措施的。

（2）合法采取刑事拘留措施后终止追究刑事责任。行使侦查权的机关采取刑事拘留本身合法，但拘留超过法定期限，且其后决定撤销案件、不起诉或者判决宣告无罪终止追究刑事责任的。

2. 错误逮捕。对公民采取逮捕措施后，决定撤销案件、不起诉或者判决宣告无罪终止追究刑事责任的。只要公民被逮捕后刑事司法机关终止追究刑事责任的，就视为错误逮捕。

3. 错误判决。国家承担赔偿责任的错判必须同时具备以下三个条件：

（1）法院对无罪的公民判处刑罚。无罪，包括公民没有实施犯罪行为和没有充分确凿的证据证明公民实施了犯罪行为两种情形。

（2）原判刑罚已经执行。在刑罚执行中保外就医的，人身自由虽受限制但实际上未被羁押，此期间国家不负赔偿责任；判处管制、有期徒刑缓刑、剥夺政治权利等刑罚被依法改判无罪的，国家也不负赔偿责任。但赔偿请求人在判决生效前被羁押的，国家应当承担赔偿责任。

（3）原判决经审判监督程序撤销并且被告人被宣告无罪的。改判必须是依据审判监督程序作出的，而且必须是改判无罪的。

4. 刑讯逼供、殴打和虐待等暴力行为。对暴力行为国家承担赔偿责任必须同时具备以下三个条件：

（1）实施这种暴力侵权行为的主体不限于司法机关的工作人员，也包括受司法机关及其工作人员唆使或放纵的人员；

（2）这种暴力侵权行为必须发生在执行职务的活动过程中，且与职权行使有密切的联系；

（3）此类暴力行为必须造成了公民身体伤害或者死亡的后果。

5. 违法使用武器、警械。司法人员在执行职务中因正当防卫使用武器、警械造成他人伤亡的，国家不予赔偿；正当防卫明显超过必要限度造成重大损害的，国家应予赔偿。

（二）侵犯财产权的刑事赔偿范围

1. 违法对财产采取查封、扣押、冻结、追缴等措施。

2. 依照审判监督程序再审改判无罪，原判罚金、没收财产已经执行的。罚金和没收财产产生国家赔偿责任的条件：①判处罚金或者没收财产的判决必须生效，而且已经执行；②生效判决经审判监督程序撤销，受害人被宣告无罪。如果经审判监督程序，公民仍然被确认有罪，即使原判决被变更，国家仍然不承担赔偿责任。

（三）国家不承担赔偿责任的情形

1. 因公民故意作虚伪供述或者伪造其他有罪证据被羁押或者被判处刑罚：①必须是被害人本人故意作虚伪供述，或者伪造有罪证据。如果司法机关因某一公民提供伪证而错误羁押或错判了另一公民，国家的刑事赔偿责任不能免除。②必须是公民自愿虚伪供述或者伪造证据。受害人虚伪供述或者伪造证据时往往具有不正当的目的。因司法机关工作人员的威胁、引诱实施这种行为的，构成国家的违法行为，国家应当承担赔偿责任。

2. 法律规定不负刑事责任的人被羁押。实施犯罪行为而**不负刑事责任**的人包括三类：

（1）犯罪时不满 14 周岁的（注意，恶性事件，经特别程序，刑事责任年龄适当降低至 12 周岁）；

（2）已满 14 周岁不满 16 周岁的人，犯故意杀人、故意伤害致人重伤或者死亡、强奸、抢劫、贩卖毒品、放火、爆炸、投放危险物质罪以外的罪行的；

（3）不能辨认或者不能控制自己行为的精神病人在不能辨认和控制自己行为的时候犯罪的。

3. 依照法律规定不追究刑事责任的人被羁押

不负刑事责任的人和不追究刑事责任的人被羁押，国家不承担赔偿责任。但是，对起诉后经法院错判拘役、有期徒刑、无期徒刑并已执行的，法院应当对该判决确定后继续监禁期间侵犯公民人身自由权的情形予以赔偿。

4. 司法机关工作人员实施的<u>与行使职权无关的个人行为</u>。

5. 因公民自伤、自残等故意行为致使损害发生的。为了解除羁押或逃避劳动及其他个人原因，自伤自残行为致使身体受到伤害或死亡的，国家不承担赔偿责任。但是，因司法人员的刑讯逼供或殴打、威胁、折磨等致使公民难以忍受而自杀身亡或自杀未遂造成身体伤害的，不属于公民故意自伤自残，其损害应当由国家承担赔偿责任。

[注意]

1. 刑事拘留、逮捕和刑事裁判赔偿的归责要求不同：

（1）对刑事裁判要求<u>再审改判无罪</u>，且原判刑罚已经执行；

（2）对刑事拘留采用<u>违法原则</u>，即违法采取刑事拘留措施或超期拘留，后终止追究刑事责任；

（3）对逮捕则实行<u>结果归责</u>，只要公民被逮捕后刑事司法机关终止追究刑事责任的，公民即可要求国家赔偿，不论之前的逮捕是否合法。

2. 取保候审、监视居住由于没有对人身自由进行实际限制，不属于国家赔偿范围。

[指导案例] 执行生效刑事判决发还赃物不属于国家赔偿范围

公安机关根据人民法院生效刑事判决将判令追缴的赃物发还被害单位，并未侵犯赔偿请求人的合法权益，不属于《国家赔偿法》第 18 条第 1 项规定的情形，不应承担国家赔偿责任。（最高人民法院指导案例 44 号：卜新光申请刑事违法追缴赔偿案）

[总结]

	案件类型	主要含义	不赔偿的例外情况
人 身	错拘案件	违法采取拘留措施的，或者依法采取拘留措施，但是拘留时间超过法定的时限，其后决定撤销案件、不起诉或者判决宣告无罪终止追究刑事责任。	无刑事责任能力或免于追究的人；故意作虚伪供述和伪造有罪证据。
	错捕案件	采取逮捕措施后，决定撤销案件、不起诉或者判决宣告无罪终止追究刑事责任。	

续表

	案件类型	主要含义	不赔偿的例外情况
人 身	错判案件	依照审判监督程序再审改判无罪，原判刑罚已经执行。	故意作虚伪供述和伪造有罪证据。
	暴力伤害	刑讯逼供或以殴打、虐待等行为或唆使、放纵他人以殴打、虐待等行为造成公民身体伤害或者死亡。	公民自伤自残行为；司法人员个人行为。
	违法使用武器警械	司法机关人员在执行职务时违法使用。	正当防卫使用武器、警械。
财 产	查封扣押冻结追缴	违法对财产查封、扣押、冻结、追缴。	——
	罚没财产	再审改判无罪，原判罚金、没收财产已执行。	原判决被改变，但仍有罪。

小练习

案情： 某县公安局以涉嫌诈骗为由将张某刑事拘留，并经县检察院批准逮捕。后县公安局以证据不足为由撤销案件，张某遂申请国家赔偿。

问题： 张某的赔偿请求是否属于国家赔偿范围？

参考答案： 根据《国家赔偿法》第17条第2项的规定，对张某采取逮捕措施后，县公安局决定撤销案件的，张某的赔偿请求属于国家赔偿范围。

二、刑事赔偿义务机关

刑事赔偿义务机关，是指在刑事赔偿中代表国家接受赔偿请求、具体承担赔偿义务并支付赔偿费用的国家机关。刑事赔偿义务机关采取后置确定原则，即在哪个阶段行为被确定为错误，就由哪个阶段的行为机关赔偿。

1. 违法采取拘留措施，作出拘留决定的机关为赔偿义务机关。检察机关对于其自行侦查的案件，请求公安机关以强制措施限制受害人人身自由的，该公安机关不是赔偿义务机关，检察机关是赔偿义务机关。

2. 对公民采取逮捕措施后决定撤销案件、不起诉或者判决宣告无罪的，作出逮捕决定的机关为赔偿义务机关。对公民采取拘留措施后又采取逮捕措施，国家承担赔偿责任的，依后置确定原则，作出逮捕决定的机关为赔偿义务机关。

3. 再审改判无罪的，作出原生效判决的法院为赔偿义务机关。原生效判决为一审判决的，原一审法院为赔偿义务机关；原生效判决为二审判决的，原二审法院为赔偿义务机关。

4. 二审改判无罪，以及二审发回重审后作无罪处理的，作出一审有罪判决的法院为赔偿义务机关。一审判决有罪，二审发回重审后具有下列情形之一的，属于重审无罪赔偿：①原审法院改判无罪并已发生法律效力的；②重审期间检察院作出不起诉决定的；③检察院在重审期间撤回起诉超过30日或者法院决定按撤诉处理超过30日未作出不起诉决定的。

> **提　示**
>
> 刑事赔偿义务机关的确定：
>
> （1）违法采取拘留措施的，作出拘留决定的机关为赔偿义务机关；
>
> （2）错误采取逮捕措施的，作出逮捕决定的机关为赔偿义务机关；
>
> （3）再审改判无罪的，作出原生效判决的法院为赔偿义务机关；
>
> （4）二审改判无罪以及二审发回重审后作无罪处理的，作出一审有罪判决的法院为赔偿义务机关。

5. 在刑事赔偿中，司法机关工作人员刑讯逼供或者以殴打等暴力行为或者唆使他人以殴打等暴力行为造成公民身体伤害或者死亡的；违法使用武器、警械造成公民身体伤害或者死亡的；违法对财产采取查封、扣押、冻结、追缴等措施的，该司法工作人员所在的机关为赔偿义务机关。

[注意]　看守所及其工作人员在行使职权时侵犯公民合法权益造成损害的，看守所的主管机关是赔偿义务机关，即公安机关。

小练习

案情：区公安分局以涉嫌故意伤害罪为由将方某刑事拘留，区检察院批准对方某的逮捕。区法院判处方某有期徒刑 3 年，方某上诉。市中级法院以事实不清为由发回区法院重审。区法院重审后，判决方某无罪。判决生效后，方某请求国家赔偿。

问题：

（1）谁是赔偿义务机关？

（2）若区检察院在审查起诉阶段决定撤销案件，方某请求国家赔偿，谁是赔偿义务机关？

参考答案：

（1）根据《国家赔偿法》第 21 条第 4 款的规定，经市中级法院二审发回区法院重审而改判无罪的，由作出一审有罪判决的区法院作为赔偿义务机关。

（2）根据《国家赔偿法》第 21 条第 3 款的规定，区检察院在审查起诉阶段决定撤销案件，由作出逮捕决定的区检察院作为赔偿义务机关。

三、刑事赔偿程序

刑事赔偿程序，是指公民、法人或者其他组织要求国家的侦查机关、检察机关、审判机关、看守所、监狱管理机关履行国家赔偿责任的程序。

（一）赔偿义务机关处理程序

司法赔偿义务机关处理程序，是指赔偿请求人要求赔偿，应当先向司法赔偿义务机关提出，由其处理赔偿的程序。

1. 司法赔偿请求的提出

（1）赔偿请求人提出赔偿请求应当递交申请书。赔偿请求人书写申请书确有困难的，可以委托他人代书，也可以口头申请，由司法赔偿义务机关作笔录。赔偿请求人根据受到的不同损害，可以同时提出数项赔偿请求。

（2）赔偿请求期限为 2 年，赔偿请求人自其知道或者应当知道国家机关及其工作人员行使职权时的行为侵犯其人身权、财产权之日起计算，但被羁押等限制人身自由期间不计算在内。

2. 司法赔偿请求的处理

（1）司法赔偿义务机关在收到申请书之日起 2 个月内作出处理。

（2）司法赔偿义务机关可以根据案件的具体情况采取协议或者决定的方式。在查清事实的基础上，司法赔偿义务机关可以与赔偿请求人就赔偿方式、赔偿项目和赔偿数额进行协商，签订赔偿协议；协商不成的，由司法赔偿义务机关单方面作出决定。

（3）司法赔偿义务机关决定赔偿的，应当制作赔偿决定书，并自作出决定之日起 10 日内送达赔偿请求人；决定不予赔偿的，应当自作出决定之日起 10 日内书面通知赔偿请求人，并说明不予赔偿的理由。

（二）赔偿复议程序

司法赔偿复议程序，是指司法赔偿请求人不服赔偿义务机关的裁决或者未与其达成协议的，有权向赔偿义务机关的上一级机关提出复议申请，由复议机关进行审查并对司法赔偿争议作出决定的程序。①司法赔偿复议程序仅适用于公安机关、安全机关、检察机关和监狱管理机关等作为赔偿义务机关的情况；②法院为赔偿义务机关的，在经过先行处理程序之后，受害人应当直接向赔偿义务机关的上一级法院的赔偿委员会申请，由赔偿委员会作出决定。

> 💡 **提 示**
>
> 刑事赔偿程序中是否需要向赔偿义务机关的上一级机关申请复议，取决于赔偿义务机关是否为法院：
>
> （1）赔偿义务机关不是法院的，需要向赔偿义务机关的上一级机关申请复议，其后再向复议机关的同级法院赔偿委员会申请作出赔偿决定；
>
> （2）赔偿义务机关是法院的，无需向赔偿义务机关的上一级机关申请复议，而是直接向其上一级法院赔偿委员会申请作出赔偿决定。

1. 复议申请

（1）赔偿请求人对赔偿的方式、项目、数额有异议的，或者赔偿义务机关作出不予赔偿决定的，赔偿请求人可以自赔偿义务机关作出赔偿或者不予赔偿决定之日起 30 日内申请复议；

（2）赔偿义务机关在规定期限内未作出是否赔偿的决定，赔偿请求人可以自赔偿义务机关决定期限届满之日起 30 日内向赔偿义务机关的上一级机关申请复议。

2. 复议审理

（1）复议机关与请求人就赔偿数额、赔偿方式和期限进行协商；

（2）复议可以采取书面方式审理，认为有必要时，也可以采取其他方式审理。

3. 复议决定

（1）复议机关应当自收到申请之日起 2 个月内作出决定；

（2）如果复议机关逾期不作出复议决定，请求人可以在 2 个月期满之日起 30 日内申请复议机关所在地的同级法院赔偿委员会作出赔偿决定；

（3）如果请求人对复议机关作出的决定不服，可以在收到复议决定书之日起 30 日内向复议机关所在地的同级法院赔偿委员会申请作出赔偿决定。

（三）赔偿决定程序

司法赔偿决定程序，是指法院赔偿委员会受理司法赔偿请求、作出决定的程序。中级以上法院设立赔偿委员会，由法院 3 名以上审判员组成，组成人员的人数应当为单数。司法赔偿决定程序适用于两类案件：①赔偿义务机关不是法院的，赔偿请求人依法提出司法赔偿复议申请的，因对复议决定不服或者复议机关逾期不作出决定，在法定期间内向复议机关所在地的同级法院赔偿委员会申请作出赔偿决定的；②赔偿义务机关是法院的，赔偿请求人经申请赔偿，因赔偿义务机关逾期不予赔偿或者赔偿请求人对赔偿数额有异议，在法定期间内向赔偿义务机关的上一级法院赔偿委员会申请作出赔偿决定的。

1. 申请

赔偿请求人向赔偿委员会申请作出赔偿决定，原则上应采用书面方式，递交赔偿申请书，一式四份。但是，赔偿请求人书写申请书确有困难的，也可以口头申请。

2. 立案

（1）赔偿委员会收到赔偿申请，经审查认为符合申请条件的，应当在 7 日内立案，并通知赔偿请求人、赔偿义务机关和复议机关；认为不符合申请条件的，应当在 7 日内决定不予受理。

（2）如果申请材料不齐全的，赔偿委员会应当在 5 日内一次性告知赔偿请求人需要补正的全部内容。收到赔偿申请的时间应当自赔偿委员会收到补正材料之日起计算。

（3）赔偿委员会应当在立案之日起 5 日内将赔偿申请书副本送达赔偿义务机关和复议机关。

3. 审理

（1）审理的组织形式。赔偿委员会审理赔偿案件，应当指定 1 名审判员负责具体承办。赔偿委员会作出赔偿决定，必须有 3 名以上审判员参加，按照少数服从多数的原则作出决定。赔偿委员会认为重大、疑难的案件，应报请院长提交审判委员会讨论决定。

（2）协商。赔偿委员会审理赔偿案件，可以组织赔偿义务机关与赔偿请求人就赔偿方式、赔偿项目和赔偿数额进行协商。

（3）审理方式。人民法院赔偿委员会处理赔偿请求，采取书面审查的办法。对于事实没有争议、只涉及法律适用的可采用书面审理方式；对于事实有争议的原则上均应当采用质证审理方式。

（4）举证责任。人民法院赔偿委员会处理赔偿请求，赔偿请求人和赔偿义务机关对自己提出的主张，应当提供证据。

4. 决定

法院赔偿委员会应当自收到赔偿申请之日起 3 个月内作出决定。属于疑难、复杂、重大案件的，经本院院长批准，可以延长 3 个月。

[总结]

赔偿义务机关处理	(1) 先行处理：赔偿请求人要求赔偿，应当先向赔偿义务机关提出； (2) 赔偿申请、赔偿协商、赔偿决定同行政赔偿义务机关处理程序。
赔偿复议 （法院例外）	(1) 复议申请期限：赔偿请求人 30 日内申请复议； (2) 复议决定期限：复议机关应当自收到申请之日起 2 个月内作出决定。
赔偿决定 （复议机关 所在地的 同级法院 赔偿委员会）	(1) 申请期限：赔偿请求人收到复议决定之日起 30 日内申请。 (2) 申请方式：书面申请，也可以口头申请。 (3) 申请处理：自收到赔偿申请之日起 7 日内立案或决定不予受理（申请材料不齐全的，应在 5 日内一次性告知需要补正的全部内容）。 (4) 审查方式：书面审查；必要时调查情况、收集证据、听取赔偿请求人和赔偿义务机关的陈述和申辩以及质证。 (5) 举证责任：谁主张谁举证；被限制人身自由的人死亡或者丧失行为能力的，赔偿义务机关应当提供证据；赔偿义务机关对其职权行为的合法性负有举证责任。 (6) 审理程序：赔偿委员会由法院 3 名以上审判员组成；赔偿委员会可以组织赔偿义务机关与赔偿请求人就赔偿方式、赔偿项目和赔偿数额进行协商。 (7) 决定期限：收到赔偿申请之日起 3 个月内作出决定；特殊案件可延长 3 个月。

小练习

案情： 甲市某县公安局以李某涉嫌盗窃罪为由将其刑事拘留，经县检察院批准逮捕，县法院判处李某有期徒刑 6 年，李某上诉，甲市中级法院改判无罪。李某被释放后申请国家赔偿，赔偿义务机关拒绝赔偿，李某向甲市中级法院赔偿委员会申请作出赔偿决定。

问题：

（1）赔偿义务机关可否与李某就赔偿方式进行协商？

（2）李某向甲市中级法院赔偿委员会申请作出赔偿决定前，可否申请复议？

参考答案：

（1）根据《国家赔偿法》第 21 条第 4 款的规定，县法院为赔偿义务机关。根据《国家赔偿法》第 23 条第 1 款的规定，县法院作出赔偿决定，应当充分听取李某的意见，并可以与李某就赔偿方式、赔偿项目和赔偿数额进行协商。

（2）根据《国家赔偿法》第 24 条第 3 款的规定，县法院拒绝赔偿，李某向甲市中级法院赔偿委员会申请作出赔偿决定，不能申请复议。

四、刑事追偿

刑事追偿，是指刑事赔偿义务机关在履行赔偿责任后依法责令有责任的工作人员承担部分或全部赔偿费用。

刑事追偿的范围：①实施暴力侵权行为的工作人员；②违法使用武器或者警械造成公民受害或者死亡的工作人员；③在执行职务过程中贪污受贿、徇私舞弊、枉法裁判的工作人员。

案情：经工商局核准，甲公司取得企业法人营业执照，经营范围为木材切片加工。甲公司与乙公司签订合同，由乙公司供应加工木材 1 万吨。不久，省林业局致函甲公司，告知按照本省地方性法规的规定，新建木材加工企业必须经省林业局办理木材加工许可证后，方能向工商行政管理部门申请企业登记，违者将受到处罚。1 个月后，省林业局以甲公司无证加工木材为由没收其加工的全部木片，并处以 30 万元罚款。期间，省林业公安局曾传唤甲公司人员李某到公安局询问该公司木材加工情况。甲公司向法院起诉要求撤销省林业局的处罚决定。

因甲公司停产，无法履行与乙公司签订的合同，乙公司要求支付货款并赔偿损失，甲公司表示无力支付和赔偿，乙公司向当地公安局报案。2010 年 10 月 8 日，公安局以涉嫌诈骗为由将甲公司法定代表人张某刑事拘留，1 个月后，张某被批捕。2011 年 4 月 1 日，检察院以证据不足为由作出不起诉决定，张某被释放。张某遂向乙公司所在地公安局提出国家赔偿请求，公安局以未经确认程序为由拒绝张某请求。张某又向检察院提出赔偿请求，检察院以本案应当适用修正前的《国家赔偿法》，此种情形不属于国家赔偿范围为由拒绝张某请求。（2011/4/六）

问题：

1. 对张某被羁押是否应当给予国家赔偿？为什么？[1]
2. 公安局拒绝赔偿的理由是否成立？为什么？[2]

第45讲　国家赔偿的方式、标准和费用

核心法条

《国家赔偿法》

第 32 条　国家赔偿以支付赔偿金为主要方式。

能够返还财产或者恢复原状的，予以返还财产或者恢复原状。

第 33 条　侵犯公民人身自由的，每日赔偿金按照国家上年度职工日平均工资计算。

第 34 条　侵犯公民生命健康权的，赔偿金按照下列规定计算：

（一）造成身体伤害的，应当支付医疗费、护理费，以及赔偿因误工减少的收入。减少的收入每日的赔偿金按照国家上年度职工日平均工资计算，最高额为国家上年度职工年平均工资的 5 倍；

（二）造成部分或者全部丧失劳动能力的，应当支付医疗费、护理费、残疾生活辅助

---

[1]　对张某被羁押应当给予国家赔偿。因为根据《国家赔偿法》第 21 条第 3 款的规定，对公民采取逮捕措施后，决定不起诉终止追究刑事责任的，受害人有取得国家赔偿的权利。

[2]　公安局拒绝赔偿的理由不成立。因为 2010 年修正后的《国家赔偿法》已经取消了刑事赔偿的确认程序，以此为由拒绝赔偿缺乏法律依据。

具费、康复费等因残疾而增加的必要支出和继续治疗所必需的费用，以及残疾赔偿金。残疾赔偿金根据丧失劳动能力的程度，按照国家规定的伤残等级确定，最高不超过国家上年度职工年平均工资的 20 倍。造成全部丧失劳动能力的，对其扶养的无劳动能力的人，还应当支付生活费；

（三）造成死亡的，应当支付死亡赔偿金、丧葬费，总额为国家上年度职工年平均工资的 20 倍。对死者生前扶养的无劳动能力的人，还应当支付生活费。

前款第 2 项、第 3 项规定的生活费的发放标准，参照当地最低生活保障标准执行。被扶养的人是未成年人的，生活费给付至 18 周岁止；其他无劳动能力的人，生活费给付至死亡时止。

第 35 条　有本法第 3 条或者第 17 条规定情形之一，致人精神损害的，应当在侵权行为影响的范围内，为受害人消除影响，恢复名誉，赔礼道歉；造成严重后果的，应当支付相应的精神损害抚慰金。

第 36 条　侵犯公民、法人和其他组织的财产权造成损害的，按照下列规定处理：

（一）处罚款、罚金、追缴、没收财产或者违法征收、征用财产的，返还财产；

（二）查封、扣押、冻结财产的，解除对财产的查封、扣押、冻结，造成财产损坏或者灭失的，依照本条第 3 项、第 4 项的规定赔偿；

（三）应当返还的财产损坏的，能够恢复原状的恢复原状，不能恢复原状的，按照损害程度给付相应的赔偿金；

（四）应当返还的财产灭失的，给付相应的赔偿金；

（五）财产已经拍卖或者变卖的，给付拍卖或者变卖所得的价款；变卖的价款明显低于财产价值的，应当支付相应的赔偿金；

（六）吊销许可证和执照、责令停产停业的，赔偿停产停业期间必要的经常性费用开支；

（七）返还执行的罚款或者罚金、追缴或者没收的金钱，解除冻结的存款或者汇款的，应当支付银行同期存款利息；

（八）对财产权造成其他损害的，按照直接损失给予赔偿。

《行政赔偿案件规定》

第 26 条　有下列情形之一的，属于国家赔偿法第 35 条规定的"造成严重后果"：

（一）受害人被非法限制人身自由超过 6 个月；

（二）受害人经鉴定为轻伤以上或者残疾；

（三）受害人经诊断、鉴定为精神障碍或者精神残疾，且与违法行政行为存在关联；

（四）受害人名誉、荣誉、家庭、职业、教育等方面遭受严重损害，且与违法行政行为存在关联。

有下列情形之一的，可以认定为后果特别严重：

（一）受害人被限制人身自由 10 年以上；

（二）受害人死亡；

（三）受害人经鉴定为重伤或者残疾一至四级，且生活不能自理；

（四）受害人经诊断、鉴定为严重精神障碍或者精神残疾一至二级，生活不能自理，且与违法行政行为存在关联。

第27条　违法行政行为造成公民、法人或者其他组织财产损害，不能返还财产或者恢复原状的，按照损害发生时该财产的市场价格计算损失。市场价格无法确定，或者该价格不足以弥补公民、法人或者其他组织损失的，可以采用其他合理方式计算。

违法征收征用土地、房屋，人民法院判决给予被征收人的行政赔偿，不得少于被征收人依法应当获得的安置补偿权益。

第28条　下列损失属于国家赔偿法第 36 条第 6 项规定的"停产停业期间必要的经常性费用开支"：

（一）必要留守职工的工资；

（二）必须缴纳的税款、社会保险费；

（三）应当缴纳的水电费、保管费、仓储费、承包费；

（四）合理的房屋场地租金、设备租金、设备折旧费；

（五）维系停产停业期间运营所需的其他基本开支。

第29条　下列损失属于国家赔偿法第 36 条第 8 项规定的"直接损失"：

（一）存款利息、贷款利息、现金利息；

（二）机动车停运期间的营运损失；

（三）通过行政补偿程序依法应当获得的奖励、补贴等；

（四）对财产造成的其他实际损失。

《最高人民法院、最高人民检察院关于办理刑事赔偿案件适用法律若干问题的解释》第 21 条第 1 款　国家赔偿法第 33 条、第 34 条规定的上年度，是指赔偿义务机关作出赔偿决定时的上一年度；复议机关或者人民法院赔偿委员会改变原赔偿决定，按照新作出决定时的上一年度国家职工平均工资标准计算人身自由赔偿金。

《最高人民法院关于审理国家赔偿案件确定精神损害赔偿责任适用法律若干问题的解释》

第1条　公民以人身权受到侵犯为由提出国家赔偿申请，依照国家赔偿法第 35 条的规定请求精神损害赔偿的，适用本解释。

法人或者非法人组织请求精神损害赔偿的，人民法院不予受理。

第2条　公民以人身权受到侵犯为由提出国家赔偿申请，未请求精神损害赔偿，或者未同时请求消除影响、恢复名誉、赔礼道歉以及精神损害抚慰金的，人民法院应当向其释明。经释明后不变更请求，案件审结后又基于同一侵权事实另行提出申请的，人民法院不予受理。

第3条　赔偿义务机关有国家赔偿法第 3 条、第 17 条规定情形之一，依法应当承担国家赔偿责任的，可以同时认定该侵权行为致人精神损害。但是赔偿义务机关有证据证明该公民不存在精神损害，或者认定精神损害违背公序良俗的除外。

第4条　侵权行为致人精神损害，应当为受害人消除影响、恢复名誉或者赔礼道歉；侵权行为致人精神损害并造成严重后果，应当在支付精神损害抚慰金的同时，视案件具体情形，为受害人消除影响、恢复名誉或者赔礼道歉。

消除影响、恢复名誉与赔礼道歉，可以单独适用，也可以合并适用，并应当与侵权行为的具体方式和造成的影响范围相当。

第5条　人民法院可以根据案件具体情况，组织赔偿请求人与赔偿义务机关就消除影响、恢复名誉或者赔礼道歉的具体方式进行协商。

协商不成作出决定的，应当采用下列方式：

（一）在受害人住所地或者所在单位发布相关信息；

（二）在侵权行为直接影响范围内的媒体上予以报道；

（三）赔偿义务机关有关负责人向赔偿请求人赔礼道歉。

第6条 决定为受害人消除影响、恢复名誉或者赔礼道歉的，应当载入决定主文。

赔偿义务机关在决定作出前已为受害人消除影响、恢复名誉或者赔礼道歉，或者原侵权案件的纠正被媒体广泛报道，客观上已经起到消除影响、恢复名誉作用，且符合本解释规定的，可以在决定书中予以说明。

第7条 有下列情形之一的，可以认定为国家赔偿法第35条规定的"造成严重后果"：

（一）无罪或者终止追究刑事责任的人被羁押6个月以上；

（二）受害人经鉴定为轻伤以上或者残疾；

（三）受害人经诊断、鉴定为精神障碍或者精神残疾，且与侵权行为存在关联；

（四）受害人名誉、荣誉、家庭、职业、教育等方面遭受严重损害，且与侵权行为存在关联。

受害人无罪被羁押10年以上；受害人死亡；受害人经鉴定为重伤或者残疾一至四级，且生活不能自理；受害人经诊断、鉴定为严重精神障碍或者精神残疾一至二级，生活不能自理，且与侵权行为存在关联的，可以认定为后果特别严重。

第8条 致人精神损害，造成严重后果的，精神损害抚慰金一般应当在国家赔偿法第33条、第34条规定的人身自由赔偿金、生命健康赔偿金总额的50%以下（包括本数）酌定；后果特别严重，或者虽然不具有本解释第7条第2款规定情形，但是确有证据证明前述标准不足以抚慰的，可以在50%以上酌定。

第9条 精神损害抚慰金的具体数额，应当在兼顾社会发展整体水平的同时，参考下列因素合理确定：

（一）精神受到损害以及造成严重后果的情况；

（二）侵权行为的目的、手段、方式等具体情节；

（三）侵权机关及其工作人员的违法、过错程度、原因力比例；

（四）原错判罪名、刑罚轻重、羁押时间；

（五）受害人的职业、影响范围；

（六）纠错的事由以及过程；

（七）其他应当考虑的因素。

第10条 精神损害抚慰金的数额一般不少于1000元；数额在1000元以上的，以千为计数单位。

赔偿请求人请求的精神损害抚慰金少于1000元，且其请求事由符合本解释规定的造成严重后果情形，经释明不予变更的，按照其请求数额支付。

第11条 受害人对损害事实和后果的发生或者扩大有过错的，可以根据其过错程度减少或者不予支付精神损害抚慰金。

国家赔偿方式，是指国家对自己的侵权行为承担赔偿责任的各种形式。我国的国家赔偿是以金钱赔偿为主要方式，以返还财产、恢复原状为补充，还有恢复名誉、赔礼道歉、消除影响等赔偿方式。

一、人身权损害的赔偿

对于人身权损害赔偿涉及以下几种权利：自由权、健康权、生命权、名誉权和荣誉权。

（一）人身自由权损害赔偿

限制、剥夺人身自由的赔偿，按日支付赔偿金，每日的赔偿金按照国家上年度职工日平均工资计算，一般以受害人被羁押的时间乘以每日赔偿金额计算。

（二）健康权损害赔偿

1. 造成一般身体损害的，应当支付医疗费、护理费，以及赔偿因误工减少的收入。

（1）医疗费，是指受害人身体受到损害后恢复健康进行治疗所支出的费用，包括医疗费、住院费、化验费等；

（2）护理费，是指受害人因遭受人身损害，生活无法自理需要他人护理而支出的费用；

（3）误工减少的收入，是指受害人因受伤后不能工作而损失的收入，减少的收入每日赔偿金按国家上年度职工日平均工资计算，其最高额为国家上年度职工年平均工资的 5 倍。

2. 造成严重身体损害（部分或全部丧失劳动能力）的，应当支付医疗费、护理费、残疾生活辅助具费、康复费等因残疾而增加的必要支出和继续治疗所必需的费用，以及残疾赔偿金。造成全部丧失劳动能力的，对其扶养的无劳动能力的人，还应当支付生活费。

（1）残疾生活辅助具费，是指受害人因残疾而造成身体功能全部或者部分丧失后需要配制补偿功能的残疾辅助器具的费用。

（2）康复费，是指残疾人为恢复肌体的正常机能而进行的康复训练而支付的费用。

（3）残疾赔偿金，是指国家机关及其工作人员因违法行使职权侵犯公民生命健康权，致使公民部分或全部丧失劳动能力后，国家支付给受害人的赔偿金。残疾赔偿金根据丧失劳动能力的程度，按照国家规定的伤残等级确定，最高不超过国家上年度职工年平均工资的 20 倍。

（4）生活费，是指国家因国家机关工作人员违法行使职权侵犯公民的生命健康权，致使其全部丧失劳动能力，对其所扶养（或抚养）的无劳动能力的人支付维持生活的费用。凡是被扶养人是未成年人的，生活费给付至 18 周岁；其他无劳动能力的人，生活费给付至死亡。

［注意］只有造成全部丧失劳动能力的，才对其扶养的无劳动能力的人支付生活费。部分丧失劳动能力的，不存在该项费用。

🔭 小练习

案情：廖某在监狱服刑，因监狱管理人员放纵被同室服刑人员殴打，致一条腿伤残。廖某经 6 个月治疗，部分丧失劳动能力，申请国家赔偿。

问题：廖某扶养的无劳动能力人的生活费是否属于国家赔偿范围？

参考答案：根据《国家赔偿法》第 34 条第 1 款的规定，只有造成当事人全部丧失劳动能力的，才会对其扶养的无劳动能力的人支付生活费。廖某属于部分丧失劳动能力，廖某扶养的无劳动能力人的生活费不属于国家赔偿范围。

（三）生命权损害赔偿

造成公民死亡的，应当支付死亡赔偿金、丧葬费，死亡赔偿金和丧葬费是一个固定的数额，总额为国家上年度职工年平均工资的 20 倍。对死者生前扶养的无劳动能力的人，还应当支付生活费。

[注意] "上年度"应为赔偿义务机关、复议机关或者法院赔偿委员会作出决定时的上年度；复议机关或者法院赔偿委员会维持原赔偿决定的，按作出原赔偿决定时的上年度执行；复议机关或者法院赔偿委员会改变原赔偿决定，按照新作出决定时的上一年度国家职工平均工资标准计算。

[总结]

损害情形	赔偿项目	标 准
侵犯人身自由	按日支付赔偿金。	国家上年度职工日平均工资。
造成身体伤害	（1）医疗费；	——
	（2）按日支付误工收入赔偿金。	最高额为国家上年度职工年平均工资 5 倍。
造成丧失劳动能力（包括部分丧失和全部丧失）	（1）医疗费；	——
	（2）护理费；	
	（3）残疾生活辅助具费、康复费等因残疾而增加的必要支出和继续治疗所必需的费用；	
	（4）残疾赔偿金；	最高额为国家上年度职工年平均工资 20 倍。
	（5）造成全部丧失劳动能力的：其扶养的无劳动能力的人的生活费。	未成年，付至 18 周岁；其他，付至死亡。
造成死亡	（1）其生前扶养的无劳动能力的人的生活费；	
	（2）丧葬费；	最高额为国家上年度职工年平均工资 20 倍。
	（3）死亡赔偿金。	

（四）名誉权、荣誉权的精神损害赔偿

精神损害赔偿的申请与受理	（1）法人或者非法人组织请求精神损害赔偿的，法院不予受理。
	（2）公民以人身权受到侵犯为由提出赔偿申请，未请求精神损害赔偿或未同时请求消除影响、恢复名誉、赔礼道歉以及精神损害抚慰金的： ①法院应当向其释明； ②经释明后不变更请求，案件审结后又基于同一侵权事实另行提出申请，法院不予受理。
	（3）赔偿义务机关应当承担国家赔偿责任的： ①赔偿义务机关可以同时认定该侵权行为致人精神损害； ②但赔偿义务机关有证据证明该公民不存在精神损害或认定精神损害违背公序良俗的除外。

续表

精神损害赔偿责任具体方式的适用	适用范围	（1）侵权行为致人精神损害，应当为受害人消除影响、恢复名誉或者赔礼道歉； （2）侵权行为致人精神损害并造成严重后果，应当在支付精神损害抚慰金的同时，视案件具体情形，为受害人消除影响、恢复名誉或者赔礼道歉。	
	具体适用	可以单独适用，也可以合并适用，并应当与侵权行为的具体方式和造成的影响范围相当。	
	适用程序	协商	法院可以根据案件具体情况，组织赔偿请求人与赔偿义务机关就消除影响、恢复名誉或者赔礼道歉的具体方式进行协商。
		协商不成，作出决定	（1）在受害人住所地或者所在单位发布相关信息； （2）在侵权行为直接影响范围内的媒体上予以报道； （3）赔偿义务机关有关负责人向赔偿请求人赔礼道歉。
	适用载体	（1）为受害人消除影响、恢复名誉或者赔礼道歉的，应当载入决定主文； （2）赔偿义务机关在决定作出前已为受害人消除影响、恢复名誉或者赔礼道歉，或者原侵权案件的纠正被媒体广泛报道，客观上已经起到消除影响、恢复名誉作用，且符合司法解释规定的，可以在决定书中予以说明。	
精神损害严重的认定标准	严重后果	（1）无罪或者终止追究刑事责任的人被羁押、受害人被非法限制人身自由6个月以上； （2）受害人经鉴定为轻伤以上或者残疾； （3）受害人经诊断、鉴定为精神障碍或者精神残疾，且与侵权行为或者违法行政行为存在关联； （4）受害人名誉、荣誉、家庭、职业、教育等方面遭受严重损害，且与侵权行为或者违法行政行为存在关联。	
	特别严重后果	（1）受害人无罪被羁押或者被限制人身自由10年以上； （2）受害人死亡； （3）受害人经鉴定为重伤或者残疾一至四级，且生活不能自理； （4）受害人经诊断、鉴定为严重精神障碍或者精神残疾一至二级，生活不能自理，且与侵权行为或者违法行政行为存在关联。	
精神损害抚慰金	抚慰金标准	（1）造成严重后果的，精神损害抚慰金一般应当在人身自由赔偿金、生命健康赔偿金总额的50%以下（包括本数）酌定； （2）后果特别严重，或者确有证据证明50%以下标准不足以抚慰的，精神损害抚慰金可以在50%以上酌定。	
	抚慰金数额	抚慰金数额的确定应兼顾社会发展整体水平的同时参考的因素	（1）精神受到损害以及造成严重后果的情况； （2）侵权行为的目的、手段、方式等具体情节； （3）侵权机关及其工作人员的违法、过错程度、原因力比例； （4）原错判罪名、刑罚轻重、羁押时间； （5）受害人的职业、影响范围； （6）纠错的事由以及过程； （7）其他应当考虑的因素。

续表

精神损害抚慰金	抚慰金数额	具体数额要求	（1）精神损害抚慰金的数额一般不少于1000元；数额在1000元以上的，以千为计数单位。 （2）赔偿请求人请求的精神损害抚慰金少于1000元，且其请求事由符合造成严重后果情形，经释明不予变更的，按照其请求数额支付。
	抚慰金减少和不予支付		受害人对损害事实和后果的发生或者扩大有过错的，可以根据其过错程度减少或者不予支付精神损害抚慰金。

[注意] 精神损害是因人身自由权、健康权、生命权损害而带来的损害，只要有人身自由权、健康权、生命权的损害就有精神损害，精神损害赔偿有两种方式：①为受害人消除影响，恢复名誉，赔礼道歉；②支付精神损害抚慰金。

[指导案例] 精神损害及其抚慰金的确定

国家机关及其工作人员行使职权时侵犯公民人身自由权，严重影响受害人正常的工作、生活，导致其精神极度痛苦，属于造成精神损害严重后果。赔偿义务机关支付精神损害抚慰金的数额，应当根据侵权行为的手段、场合、方式等具体情节，侵权行为造成的影响、后果，以及当地平均生活水平等综合因素确定。（最高人民法院指导案例42号：朱红蔚申请无罪逮捕赔偿案）

小练习

案情：2006年9月7日，县法院以销售伪劣产品罪判处杨某有期徒刑8年，并处罚金45万元。杨某不服上诉。12月6日，市中级法院维持原判交付执行。杨某仍不服，向省高级法院提出申诉。2010年9月9日，省高级法院宣告杨某无罪释放。2011年4月，杨某申请国家赔偿。

问题：本案是否应当支付精神损害抚慰金？

参考答案：根据《国家赔偿法》第35条的规定，本案中杨某被限制人身自由属于造成严重后果的情形，应当支付相应的精神损害抚慰金。

二、财产权损害的赔偿

财产损害的赔偿只赔偿直接损失不赔偿间接损失。采取的赔偿方式是能返还的返还，能恢复原状的恢复原状，不能返还和不能恢复原状的给予金钱赔偿。

1. 罚款、罚金、追缴、没收财产或者征收、征用财产的赔偿，采取的赔偿方式是返还财产，返还执行的罚款或者罚金、追缴或者没收的金钱，支付银行同期存款利息。

2. 查封、扣押、冻结财产的赔偿，采取的赔偿方式是恢复原状，解除对财产的查封、扣押、冻结，解除冻结的存款或者汇款的，支付银行同期存款利息。

3. 造成财产损坏或者灭失的赔偿，采取金钱赔偿方式，按照损害程度给付相应的赔偿金。按照损害发生时该财产的市场价格计算损失。市场价格无法确定，或者该价格不足以弥补损失的，可以采用其他合理方式计算。

4. 财产已经拍卖或变卖的赔偿，采取金钱赔偿方式，对已拍卖财产的赔偿，给付拍卖所得价款，对已变卖的财产，给付变卖所得的价款。变卖的价款明显低于财产价值的，应当支付相应的赔偿金。

5. 吊销许可证和执照、责令停产停业的损害赔偿，采取金钱赔偿方式，赔偿停产停业期间必要的经常性费用开支。

必要的经常性费用开支，是指法人、其他组织和个体工商户为维系停产停业期间运营所需的基本开支，包括：①必要留守职工的工资；②必须缴纳的税款、社会保险费；③应当缴纳的水电费、保管费、仓储费、承包费；④合理的房屋场地租金、设备租金、设备折旧费；⑤维系停产停业期间运营所需的其他基本开支。

6. 财产权其他损害赔偿，采取金钱赔偿方式，按照直接损失给予赔偿。直接损失包括：①存款利息、贷款利息、现金利息；②机动车停运期间的营运损失；③通过行政补偿程序依法应当获得的奖励、补贴等；④对财产造成的其他实际损失。

[注意]

1. 吊销许可证和执照、责令停产停业的，只赔偿停产停业期间必要的经常性费用开支，不赔偿在正常情况下在此期间必定能获得的利益。

2. 财产被变卖和财产被拍卖的赔偿方式和项目不同：①财产被变卖的，给付变卖所得的价款，如果变卖的价款明显低于财产价值的，还应当支付相应的赔偿金；②财产被拍卖的，一般只给付拍卖价款。

3. 违法征收征用土地、房屋的，给予被征收人的行政赔偿，不得少于被征收人依法应当获得的安置补偿权益。

[总结]

损害情形	赔偿结果
处罚款、罚金、追缴、没收财产或者征收、征用财产	返还财产
查封、扣押、冻结财产	解除对财产的查封、扣押、冻结
造成财产损坏或者灭失	按照损害程度给付相应的赔偿金
财产已经拍卖或者变卖	给付拍卖或者变卖所得的价款；变卖的价款明显低于财产价值的，应当支付相应的赔偿金
吊销许可证和执照、责令停产停业	赔偿停产停业期间必要的经常性费用开支
返还执行的罚款或者罚金、追缴或者没收的金钱，解除冻结的存款或者汇款	支付银行同期存款利息

小练习

案情：县工商部门以办理营业执照存在问题为由查封了张某开办的美容店。查封时，工商部门工作人员将美容店的窗户、仪器损坏。张某向法院起诉，法院撤销了工商部门的查封决定。张某要求行政赔偿。

问题： 张某的哪些损失属于国家赔偿范围？

参考答案： 根据《国家赔偿法》第36条的规定，张某的两项损失属于国家赔偿范围：①美容店被损坏仪器及窗户所需修复费用，这属于查封造成财产损坏，并且不能恢复原状的，按照损害程度给付相应的赔偿金，属于县工商部门应予赔偿的费用；②查封张某开办的美容店导致美容店停业，美容店被查封停业期间必要的经常性费用开支属于县工商部门应予赔偿的费用。

经典真题

案情： 2006年10月11日晚，王某酒后在某酒店酗酒闹事，砸碎店里玻璃数块。此时某区公安分局太平派出所民警任某、赵某执勤路过酒店，任某等人欲将王某带回派出所处理，王某不从，与任某发生推搡。双方在扭推过程中，王某被推倒，头撞在水泥地上，当时失去知觉，送往医院途中死亡，后被鉴定为颅内出血死亡。2006年12月20日，王某之父申请国家赔偿。（2008延/4/六）

问题： 若本案公安机关需承担赔偿责任，赔偿方式和标准是什么？[1]

案例拓展

张美华等五人诉天水市公安局麦积分局行政不作为赔偿案

关键词： 行政赔偿的范围与标准

2006年3月3日凌晨3时许，被害人刘伟洲路过甘肃省天水市麦积区桥南伯阳路农行储蓄所门前时，遭到罪犯苏福堂、吴利强、佟彬的拦路抢劫。刘伟洲被刺伤后喊叫求救，个体司机胡某、美容中心经理梁某听到呼救后，先后用手机于4时02分、4时13分、4时20分三次拨打"110"电话报警，"110"值班人员让给"120"打电话，"120"让给"110"打电话。梁某于4时24分20秒（时长79秒）再次给"110"打电话报警后，"110"值班接警人员于6时23分35秒电话指令桥南派出所出警。此时被害人刘伟洲因失血过多已经死亡。经法医鉴定：被害人刘伟洲系被他人持锐器刺破股动脉，致失血性休克死亡。天水市麦积区人民法院于2007年3月23日作出（2007）麦刑初字第4号刑事判决，认定麦积分局"110"值班民警高某犯玩忽职守罪，免予刑事处罚。高某上诉后，二审维持原判。

天水市中级人民法院作出（2006）天刑一初字第24号刑事附带民事判决，判决被告人苏福堂、吴利强、佟彬赔偿刘伟洲相应的死亡赔偿金等。在民事判决执行

---

〔1〕 根据《国家赔偿法》第34条第1款第3项和第2款的规定，若公安机关承担国家赔偿责任，赔偿方式为支付被害人死亡赔偿金和丧葬费，总额为国家上年度职工年平均工资的20倍；对死者生前抚养的无劳动能力的人还应当支付生活费，标准参照当地民政部门有关生活救济规定办理，被抚养人是未成年人的，支付到18周岁为止，其他无劳动能力的人支付到死亡时止。

中，因被告人苏福堂已被执行死刑，无财产可供执行；被告人吴利强、佟彬服刑前靠父母养活，暂无财产可供执行，天水市中级人民法院于 2008 年 6 月 3 日以（2008）天执字第 29 号民事裁定终结执行。被害人刘伟洲的近亲属张美华、刘宇、刘沛、刘忠议、张凤仙 5 人于 2009 年 1 月 16 日以公安机关行政不作为为由向天水市公安局麦积分局提出行政赔偿申请，该局作出不予行政赔偿的决定。张美华等 5 人遂以该局为被告，向法院提起行政赔偿诉讼，请求判令被告赔偿刘伟洲死亡赔偿金和丧葬费 498 640 元，被扶养人生活费 26 959.95 元。

法院裁判：

天水市麦积区人民法院一审认为，《国家赔偿法》第 34 条第 1 款第 3 项规定，侵犯公民生命健康权的，赔偿金按照下列规定计算：……③造成死亡的，应当支付死亡赔偿金、丧葬费，总额为国家上年度职工年平均工资的 20 倍。对死者生前扶养的无劳动能力的人，还应当支付生活费。本案天水市公安局麦积分局应当按国家规定支付死亡赔偿金、丧葬费总额的 20% 份额。故判决：一、由该局按照 2008 年全国在岗职工年平均工资 29 229 元×20 倍×20% 的标准，在判决生效之日起 10 日内给张美华等 5 人赔偿刘伟洲死亡赔偿金和丧葬费 116 916 元；二、驳回张美华等五人关于要求赔偿被扶养人生活费的诉讼请求。

一审宣判后，张美华等 5 人认为判决以 20% 承担赔偿责任太少、被告天水市公安局麦积分局则认为不应予以赔偿，双方均不服提出上诉。在天水市中级人民法院二审期间，经该院主持调解，双方当事人于 2014 年 4 月 25 日达成调解协议：一、天水市公安局麦积分局在 2014 年 6 月 10 日前一次性给张美华、刘宇、刘沛、刘忠议、张凤仙支付刘伟洲死亡赔偿金 20 万元；二、张美华、刘宇、刘沛、刘忠议、张凤仙放弃要求天水市公安局麦积分局支付被扶养人生活费及刘伟洲丧葬费的诉讼请求。

案例来源：2015 年 1 月 15 日最高人民法院
发布行政不作为十大案例之十

图书在版编目（ＣＩＰ）数据

主观题专题精讲·魏建新讲行政法/魏建新编著.—北京：中国政法大学出版社，2022.3
ISBN 978-7-5764-0205-6

Ⅰ.①主… Ⅱ.①魏… Ⅲ.①行政法－中国－资格考试－自学参考资料 Ⅳ.①D922.1

中国版本图书馆 CIP 数据核字(2022)第 029768 号

出 版 者	中国政法大学出版社
地　　址	北京市海淀区西土城路 25 号
邮寄地址	北京 100088 信箱 8034 分箱　邮编 100088
网　　址	http://www.cuplpress.com（网络实名：中国政法大学出版社）
电　　话	010-58908285(总编室) 58908433 （编辑部） 58908334(邮购部)
承　　印	北京铭传印刷有限公司
开　　本	787mm×1092mm　1/16
印　　张	19.5
字　　数	465 千字
版　　次	2022 年 3 月第 1 版
印　　次	2022 年 3 月第 1 次印刷
定　　价	79.00 元

厚大法考(西安)2022 年主观题面授教学计划

班次名称		授课时间	标准学费(元)	授课方式	阶段优惠(元)			备 注
					3.10 前	5.10 前	7.10 前	
大成系列	主观旗舰 A 班	5.8~10.9	36800	视频+面授	协议保障、军事化管理、面批面改、小组辅导、答疑解惑、定期抽背、写作方法指导;若2022 年主观题考试未通过仅收取服务费、资料费 2800 元。			配备本班次配套图书及随堂内部资料
	主观旗舰 B 班				11880	12380	12880	
	主观集训 A 班	7.5~10.9	29800	视频+面授	协议班次无优惠,签订协议;不过退 22800元;专属辅导,小班批阅。			
	主观集训 B 班				10880	11380	11880	
	主观特训 A 班	8.16~10.9	24800	视频+面授	协议班次无优惠,签订协议;不过退 18800元;小组辅导,小班批阅。			
	主观特训 B 班				9880	10380	10880	
	主观短训 A 班	9.21~10.9	19800	面 授	协议班次无优惠,签订协议;不过退 16800元;小组辅导,小班批阅。			
	主观短训 B 班				8880	9380	9880	
冲刺系列	主观冲刺密训班	10.3~10.9	9800	面 授	4380	4880	5380	

其他优惠:

1. 3 人（含）以上团报,每人优惠 180 元;5 人（含）以上团报,每人优惠 280 元;8 人（含）以上团报,每人优惠 380 元。
2. 厚大面授老学员（2021 届）报班享阶段性优惠 500 元,不再享受其他优惠。
3. 公、检、法工作人员凭工作证报名享阶段性优惠 300 元,可适用团报,不再享受其他优惠。
4. 其他机构学员凭报名凭证享阶段优惠 300 元,不再享受其他优惠。
5. 协议班次不适用以上优惠政策。

【西安分校】西安市雁塔区西北政法大学北校区对面丽融大厦 A 座 1802 室
　　　联系方式：18691857706 李老师　18636652560 李老师　13891432202 王老师

厚大法考 APP　　　厚大法考官博　　　西安厚大法考官微　　　西安厚大法考官博

厚大法考(深圳)2022年主观题面授教学计划

班次名称		授课时间	标准学费（元）	阶段优惠（元）		配套资料
				4.10前	5.10前	
全日制(脱产)系列						
大成系列	主观集训A班	7.5~10.7	30800	20800	22800	主观题学习包+课堂内部讲义
	主观暑期班	7.5~9.3	20800	12800	13800	
	主观特训班	8.10~10.7	23800	15800	16800	
冲刺系列	主观短训班	9.19~10.7	19800	10800	11000	主观题冲刺包+课堂内部讲义
	主观衔接班	9.24~10.7	14800	9000	9500	随堂密训资料
	主观密训营	10.1~10.7	11800	6000	6500	
周末(在职)系列						
周末系列	主观周末全程班	3.19~10.7	20800	15800	16800	主观题学习包+课堂内部讲义
	主观周末精英班	3.19~9.18	17800	12800	13800	
	主观周末特训班	8.6~10.7	16800	11800	12800	

厚大法考(成都)2022年主观题面授教学计划

全日制(脱产)系列							
班次名称	授课形式	授课时间	标准学费（元）	阶段优惠（元）			配套资料
				3.10前	5.10前	7.10前	
主观短训A班	直播+面授	9.19~10.7	19800	9380	9880	10800	主观题冲刺包+课堂内部讲义
主观短训B班	直播+面授	9.19~10.7	19800	协议班次无优惠，签订协议；不过退16800元；小组辅导，小班批阅。			
主观衔接A班	直播+面授	9.26~10.7	14800	7080	7280	7580	课堂内部讲义
主观衔接B班	直播+面授	9.26~10.7	14800	协议班次无优惠，签订协议；不过退11800元；小组辅导，小班批阅。			
主观密训营	面授	10.1~10.7	11800	6080	6380	6580	

其他优惠：

1. 团报：3人（含）以上报名，每人优惠200元；5人（含）以上报名，每人优惠300元；8人（含）以上报名，每人优惠400元。
2. 厚大老学员（直属面授）报名享9折优惠，厚大老学员（非直属面授）报名优惠200元。
3. 公、检、法、司工作人员凭工作证报名优惠500元。

备注：部分面授班次时间将根据2022年司法部公布的主观题考试时间进行微调。

【深圳分校】深圳市罗湖区解放路4008号深圳大学继续教育学院B座11楼　　咨询热线：0755-22231961
【成都分校】四川省成都市成华区锦绣大道5547号梦魔方广场1栋1318室
　　报名咨询：028-83533213　　王老师19938018216　　彭老师18113150178

厚大法考APP　　　　厚大法考官博　　　　深圳厚大法考官微　　　　成都厚大法考官微

厚大法考 2022 年 "客观题学习包" 免费网络课堂课程安排

阶段	教学内容 / 教学目标	部门法	授课教师	课时	部门法	授课教师	课时	配套资料	上传时间
超级系统强化阶段——法考实务基础 （☆夯实基础——主讲各科主要内容，全面学习和掌握各科知识点）	教学内容：系统讲解各科的考试主要内容及核心内容。 教学目标：让学生领悟各学科内容的精髓，掌握重点难点，具备应试能力。 课程安排	民法	张翔	8天	民诉法	刘鹏飞	4天	理论卷	2022 年 1 月中旬开始陆续上传
		刑法	罗翔	8天	刑诉法	向高甲	5天		
		行政法	魏建新	5天	三国法	殷敏	4天		
		商经知	郝梦萱	5+1天	理论法	高晖云	5天		
真题阶段 （☆重者恒重——法考客观题怎么考，通过剖析真题来掌握客观题真谛）	教学内容：对历年经典真题进行归类讲解，归纳考试重点，剖析命题陷阱，掌握法考方向等，一方面巩固课程内容，另一方面使学生领悟法考真谛。 教学目标：使学生深刻领悟临考考什么，怎么考，培养法考真题解题技巧，领会命题思路，领悟法考真谛。 课程安排	民法	张翔	2天	民诉法	刘鹏飞	2天	真题卷	2022 年 5 月底开始陆续上传
		刑法	罗翔	2天	刑诉法	向高甲	2天		
		行政法	魏建新	2天	三国法	殷敏	2天		
		商经知	郝梦萱	2天	理论法	高晖云	2天		
119 必背阶段 （☆浓缩精华——客观题考前必背的精华提练总结）	教学内容：临考之前，将各科进行精华总结，提练各科核心，将"重中之重，2022 年浓缩版必背考点"进行总结提练与讲授。 教学目标：在客观题临考之前，帮学生归纳总结，去粗取精，提高核心内容学习效果，提升应试能力。 课程安排	民法	张翔	4天	民诉法	刘鹏飞	3天	119 考前必背	2022 年 7 月初开始陆续上传
		刑法	罗翔	4天	刑诉法	向高甲	3天		
		行政法	魏建新	3天	三国法	殷敏	3天		
		商经知	郝梦萱	4天	理论法	高晖云	4天		
168 金题串讲阶段 （☆模拟训练——考前冲刺，轻松应战客观题）	教学内容：带领学生进行高仿真模拟训练，以题带点，以点带面，适应法考命题趋势，提升客观题应试能力。 教学目标：迅速对知识查漏补缺，提升做题应试能力。 课程安排	民法	张翔	2天	民诉法	刘鹏飞	2天	168 金题串讲	2022 年 8 月初开始陆续上传
		刑法	罗翔	2天	刑诉法	向高甲	2天		
		行政法	魏建新	2天	三国法	殷敏	2天		
		商经知	郝梦萱	2天	理论法	高晖云	2天		

2022厚大法考主客一体学习包

专属学习平台
学习中心——监控,记录你的
学习进度

全名师阵容
严选八大名师,更能把握改革趋势

全套免费课件
全高清/全名师/全课程/全免费

专业答疑服务
高分导学师,专业答疑

更多过关学员选择
累计销售30余万套,业内遥遥领先

专属机考AB卷
让你提前体验实战感觉

八大名师

民法|张 翔　　刑法|罗 翔　　民诉|刘鹏飞　　刑诉|向高甲

行 政|魏建新　　商 经|鄢梦萱　　三 国|殷 敏　　理论|高晖云

全套图书

《理论卷》　　《真题卷》　　《119必背》　　《168金题》
8本　　　　8本　　　　8本　　　　8本

《主观题冲刺一本通》　《主观题历年真题破译》　《主观题模板写作一本通》　《主观题应试重点法条解读》　《主观题模拟四套卷》
7本　　　　1本　　　　1本　　　　1本　　　　1本

请打开手机淘宝扫一扫
厚大教育旗舰店